数学文化的探索之旅

写给中学生的数学文化入门书

SHUXUE WENHUA DE TANSUO ZHI LV

胡典顺　邵贵明　姚　曼　编著

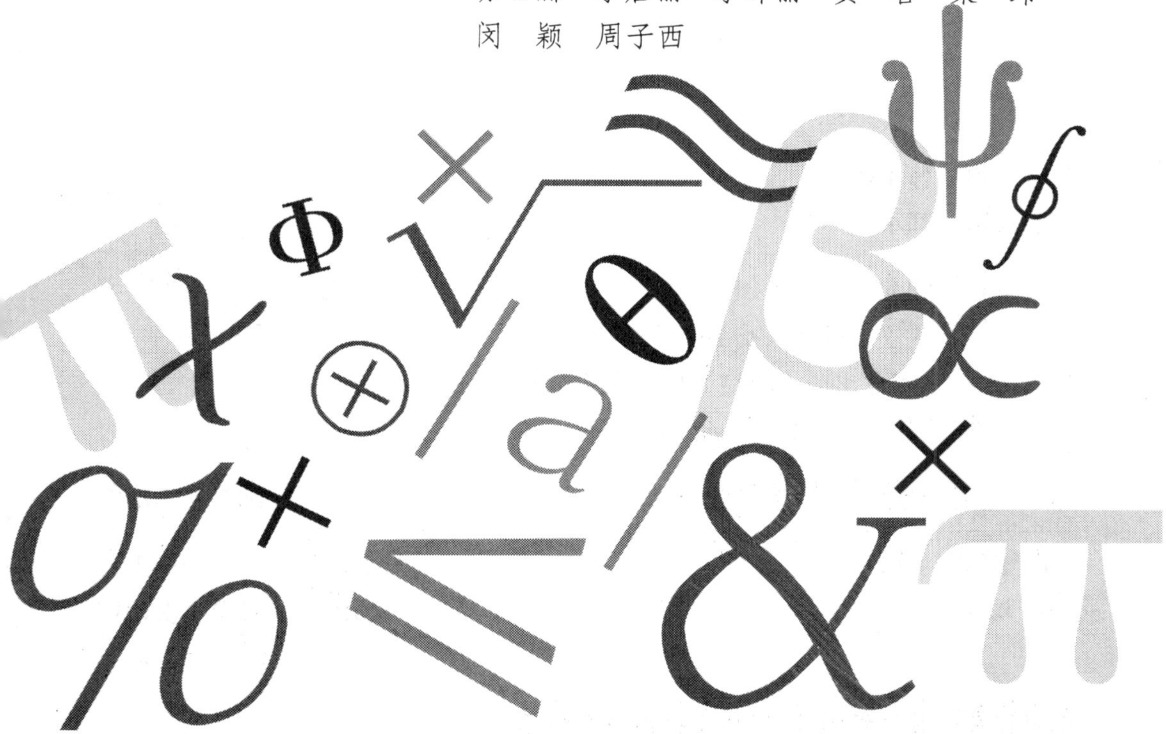

长江出版传媒　湖北科学技术出版社

图书在版编目(CIP)数据

数学文化的探索之旅：写给中学生的数学文化入门书／胡典顺，邵贵明，姚曼编著. —武汉：湖北科学技术出版社，2019.3

ISBN 978-7-5706-0577-4

Ⅰ. ①数… Ⅱ. ①胡… ②邵…③姚… Ⅲ. ①中学数学课—教学参考资料 Ⅳ. ①G634.603

中国版本图书馆 CIP 数据核字（2019）第 018525 号

策　　划：韩小婷

责任编辑：韩小婷　胡　静　　　封面设计：胡　博

出版发行：湖北科学技术出版社　　　电话：027-87679468

地　　址：武汉市雄楚大街 268 号　　　邮编：430070

（湖北出版文化城 B 座 13-14 层）

网　　址：http: //www.hbstp.com.cn

印　　刷：湖北恒泰印务有限公司　　　邮编：430223

700×1000　1/16　　　22 印张　　300 千字

2019 年 3 月第 1 版　　　2019 年 3 月第 1 次印刷

定价：35.00 元

前　　言

数学是鲜活的、有趣的、有用的，然而在现实中，它给人留下更多的感受是形式抽象、内容复杂、逻辑严谨. 长久以来，数学教育强调的是知识的传授和技能的训练. 学习以听讲、模仿、记忆和再现教师所传授的知识为主. 为什么要学数学？不少人认为，学数学就是为了应付考试. 之所以造成这样的现象，是因为我们在讲定义、定理、证明和推论的时候，很少理会数学的来龙去脉，不太关注数学的精神实质和思想方法，没有拓展其丰富内涵和广泛应用，更没有钻研异彩纷呈的“数学文化”. 事实上，数学既是一种文化、一种思想的体现，更是现代理性文化的核心. 数学不仅是数学知识的简单汇集，更包含着十分丰富而深刻的文化内涵. 如果说一个具体的公式、命题、定理以及计算是我们可以看到的数学知识，那么，数学文化则是一种无形的客观存在.

教育的目的不仅是学会知识，更是学习一种思维方式. 研究数学文化、探究数学本质就是一种很好的途径. 特别是在教与学的过程中挖掘数学内容蕴含的数学文化，能有效培养学生情操、提升数学素养. 我国著名数学家张恭庆院士认为，数学作为现代理性文化的核心，更提供了一种思维方式. 这种思维方式包括：抽象化、运用符号、建立模型、逻辑分析、推理、计算，不断地改进、推广，更深入地洞察内在的联系，在更大范围内进行概括，建立更为一般的统一理论等一整套严谨的、行之有效的科学方法. R. 柯朗在名著《数学是什么》一书中指出：数学，作为人类思维的表达形式，反映了人们积极进取的意志、缜密周详的推理以及对完美境界的追求. 庞加莱曾经说过，感受数学的美，感受数与形的调和，感受几何学的优雅，这是所有数学家都知道的真正的美感.

在中学数学课堂里，教师主要致力于讲授数学的技巧，很少讲数学是什么. 长此以往，学生们不会懂得数学在人类认识世界和改造世界中，会发挥什么样的关键作用，也不会自觉地接受数学文化的熏陶. 数学教学应该让学生尽早地像数学大师那样去追求和探索，进行大量的创造性思维活动，而不是无休止地在习题训练中僵化和束缚他们睿智的头脑．数学文化不仅仅可以陶冶情操、开阔视野，还可以使看似枯燥的数学知识更加鲜活．让中学生能够尽早踏上数学文化的探索道路、运用数学文化思维更好地掌握数学知识，一直是华中师范大学数学与统计学学院胡典顺教授研究团队努力探索的课题之一，本书正是研究团队在这方面努力探索的成果之一．参与本书编写工作的有：胡典顺、邵贵明、姚曼、雷沛瑶、于文宇、刘真真、修燕苹、刘倩、吴柳莹、唐蜜、王蓬苁、魏梦娟、方玉泉、李伟、苏日娜、李启丽、李坤丽、黄杏、梁玮、闵颖、周子西等．全书由华中师范大学数学与统计学学院博士研究生导师胡典顺教授整体设计、规划，并最后统稿．黄冈师范学院数理学院副教授邵贵明博士，全国著名中学华中师范大学第一附属中学初中部年级主任姚曼老师全程参与书稿的策划、讨论与写作，并审读全文．

在创作过程中，我们参阅了国内外大量相关文献资料，谨向这些文献的作者表示衷心感谢！本书编写得到了华中师范大学数学与统计学学院领导的大力支持，湖北省武汉市吴家山第三中学特级教师陈良俊老师，江西科技师范大学林子植博士，华中师范大学数学与统计学学院余晓娟博士，湖北省应城市第一高级中学乔安国老师以及华中师范大学数学与统计学学院胡吉振博士等参与研讨，提出了许多有益的建议，在此致以诚挚谢意！能完成本书，我们要向湖北科学技术出版社韩小婷主任表示衷心感谢，正是她给予我们出版本书的机会，也正是她仔细审阅书稿，提出了许多宝贵的修改意见，为本书增添了不少亮色．由于我们水平所限，书中出现的任何错误和疏漏都由本书作者负责，同时敬请专家和读者批评指正．

编　者

2018 年 9 月

目录

CONTENTS

第 1 章　竞夸天下无双绝　独有整式立人间

——探究整式的相关问题 / 1

第 2 章　数千年间同晓梦　方程奥妙解中寻

——探索一元一次方程的解法 / 22

第 3 章　天圆地方寻何处　坐标系里定乾坤

——走进平面直角坐标系 / 42

第 4 章　二元一次两不知　方程组之疑难解

——探究二元一次方程(组) / 63

第 5 章　生活处处有不等　妙趣无时不数学

——探究无处不在的“不等关系” / 82

第 6 章　漫言古今纷繁事　闲拈一图付笑谈

——统计图和数据可视化 / 97

第 7 章　世事茫茫本难料　抽样调查有奥妙

——探索抽样调查 / 122

第 8 章　轻鸥数点千峰碧　碧峰千点数鸥轻

——领略对称思想的魅力 / 138

第 9 章　古来青史谁不见　勾股定理耀千年
——探究“千古第一定理”勾股定理 / 154
第 10 章　绝处逢生化危机　无理数出平风波
——无理数的探究之旅 / 173
第 11 章　闲来卧听风雨声　静思方程漫漫路
——走进一元二次方程 / 190
第 12 章　圆承千年古今喜　寄思寻用美中求
——走进圆的世界 / 209
第 13 章　描摹万象得神韵　圆周之率算古今
——品味 π 的神奇之旅 / 227
第 14 章　大千世界观豪芒　精义测量寻门径
——探究相似三角形的神奇奥妙 / 246
第 15 章　绣面芙蓉一笑开　黄金分割美人来
——走进美妙的黄金分割 / 265
第 16 章　福祸依存有概率　风云变幻存天机
——走进神奇莫测的概率世界 / 288
第 17 章　神通变化幻方术　如梦如幻复如戏
——探究神奇的幻方 / 307
第 18 章　七巧灵动遍乾坤　千形万象还复来
——走进魔力七巧板 / 327
参考文献 / 346

第1章

竞夸天下无双绝　独有整式立人间

——探究整式的相关问题

引子

初学整式后，方伟兴奋地对同桌王小倩说："我有一个办法能猜出你的生日是几月几号，只要把你生日的月份数字翻倍，加上6，再把这个和乘以50，得到的数字加上你的出生日期，最后减去365. 只要你告诉我这个结果，我就能猜到你的生日，不信的话咱们来试试吧！"王小倩想：这可能吗？于是她按照方伟说的步骤用自己的生日在纸上计算，不出1分钟就给方伟报出数字955. 方伟不假思索地对王小倩说："你的生日是10月20日，对吧？"

王小倩点了点头，惊奇的同时也陷入思考：自己计算的数字955和生日10月20日有什么关系？方伟看出了她的疑惑，得意地说道："我的办法不仅能猜到你的生日，事实上，任何一个人的生日经过这样的运算我都能猜出来."

聪明的你知道这是怎么回事吗？想要揭开这个"秘密"，我们必须借助整式这一法宝. 那么，方伟是如何通过整式来猜出生日的呢？就让我们一起寻找答案吧！

整式的探索之旅

在科学的各个分支中，数学古老而又充满活力，它的历史几乎与人类历史同样久远. 数学的宏伟大厦是世界各国人民用智慧共同构筑的. 在数学的王国里，有这样一位主角——整式，它所包含的字母代替数的思想是代数学的基础，探索的故事就从它讲起吧！

1984 年，在湖北省江陵市张家山的第 247 号汉墓中出土了一批竹简，其中就包含一部数学著作——《算术书》(图 1.1). 它的名字来自一支背面刻有“算术书”三字的竹简.《算术书》成书于西汉初期，是我国已知最早论述算术问题的数学著作，历史学家李学勤先生称其为“中国数学史上的重大发现”.

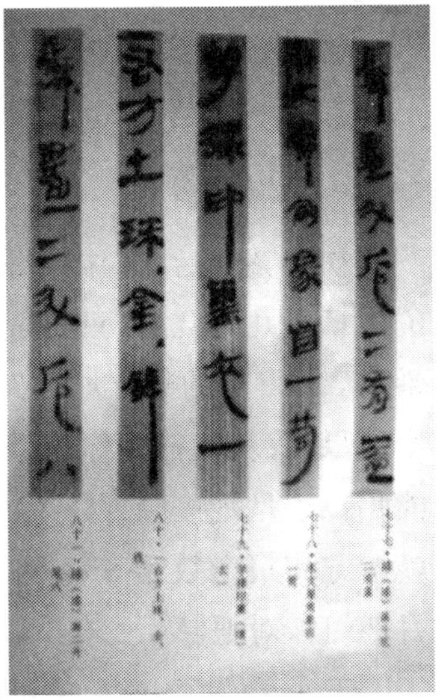

图 1.1 算术书

一般认为“算术”一词由希腊文演变而来，其原意是数(shù)和数数(shǔshù)的学问. 出土于古埃及的“纸草书”上记载了公元前 3500 年左右人类已掌握的算术知识；古巴比伦人很早就在泥板书上记录了十进制与六十进制混合记数法、四则运算法则和一些面积、体积的计算；古印度人创造了流传至今的“阿拉伯数字”和位置记数法……中外算术的发展硕果累累、源远流长.

在算术蓬勃发展的过程中，其自身只允许对具体数值进行计算的特点严重束缚了它前进的步伐. 为解决这一问题，代数应运而生. 代数的核心思想是把未知数和已知数放在同样的地位，使其能够参与运算. 整式是代数的重要内容，它所包含的字母代替数的思想和数字与字母、字母与字母之间的运算法则，都是解决其他代数问题的基础.

1. 字母示数，事捷功倍——字母

(1)字母之简

在现在看来，“字母表示数”已是再寻常不过的事了(图 1.2，用字母表示图形面积). 例如，三角形的一条边可以记作“AB”或“c”，正方形的周长可以表示为“$l=4a$”，直线 l_1 和 l_2 的夹角记为“θ”……可是这种用字母代替未知数的做法是自古有之吗？就让我们带着这个疑问开始字母表示数的探索吧！

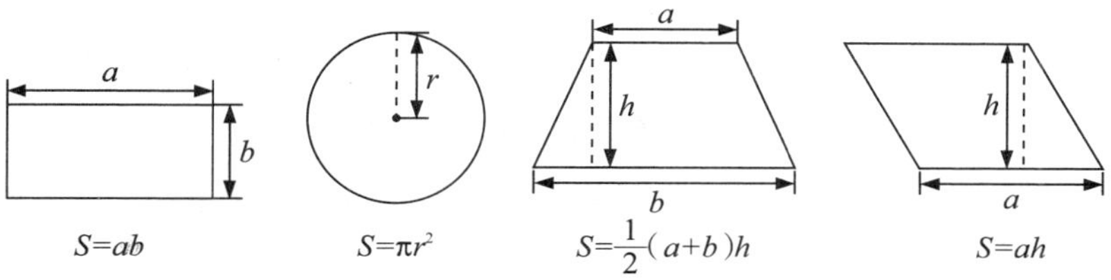

图 1.2　用字母表示图形面积

《九章算术》是我国现存最古老的一部数学巨著，影响我国数学的发展长达两千年之久. 它的第八章叫“方程章”，主要讲一次方程组的解法和正负数的加减运算法则. “方程章”中记载着这样一个问题：

“今有五家共井，甲二绠不足，如乙一绠；乙三绠不足，如丙一绠；丙四绠不足，如丁一绠；丁五绠不足，如戊一绠；戊六绠不足，如甲一绠. 如各得所不足一绠，皆逮. 问井深、绠长各几何？”

其大意是：有一口不知深度的井，五家人共用. 如果用甲家的绳去量井深，2 倍绳长还不够，刚好需要加上乙家绳子长度；用乙家的绳去量井深，3 倍绳长还不够，刚好需要加上丙家绳子长度……最后问这口井到底有多深？

不难看出，这个问题用语言文字描述起来非常晦涩难懂，难以直观地反映各个量之间的关系. 但是如果我们尝试使用字母，即设五家人所用绳长分别是 a、b、c、d、e，在井深固定的前提下，可以列出等式：

$$2a+b=3b+c=4c+d=5d+e=6e+a.$$

这个式子直观清晰地表达了几个量之间的关系，省去了语言赘述. 可见用字母来表示数是一件多么精妙的事情啊！那么，前人到底是从什么时候开始意识到可以用字母代替数的呢？

(2)发展之路

“路漫漫其修远兮”，人们一开始只会用语言文字描述数与式，后来逐渐创造出用字母表示数与式的方法. 这一发展历程相当久远，其间充满了坎坷与传奇.

19 世纪德国数学家内塞尔曼(Nesselmann，1811—1881)在《希腊代数史》(1842)中将代数学的发展过程分为三个阶段：修辞代数、缩略代数和符号代数.

所谓修辞代数，就是用语言文字去描述问题的求解过程，并不使用任何字母符号来表示未知数. 例如，我国古人称“天”“地”“人”为“三元”，后来用“天地人”代表未知的事物. 数学中表示未知数的“元”就来源于此.

缩略代数又叫简化代数，是指将常见的量和运算进行缩写的代数. 最早将未知数进行缩略表示的人是古希腊代数学鼻祖丢番图(Diophantus，约 246—330)，他是 3 世纪亚历山大里亚城人，他的名著《算术》是代数学的最早论著，其对后世影响之深远，可媲美欧几里得(Euclid，前 330—前 275)的《几何原本》了. 丢番图在《算术》中首次用字母“ζ”来表示未知数，开启了从修辞代数到缩略代数的新阶段. 但令人遗憾的是，丢番图没有意识到用字母来表示已知数，这也成为缩略代数和符号代数最显著的差异.

事实上，用字母表示未知数出于人们研究与分析数学问题时的实际需要. 例如，命题“两个数和的一半加上它们差的一半等于较大的数”，如果我们用“大数”表示较大的数，用“小数”表示较小的数，就有

$$\frac{\text{大数}+\text{小数}}{2}+\frac{\text{大数}-\text{小数}}{2}=\frac{\text{大数}+\text{大数}}{2}=\text{大数}.$$

我们发现，不管大数和小数具体取何值，结论都是成立的. 但书写

“大数”和“小数”相当地烦琐，如果用x表示“大数”，用y表示“小数”，上面的恒等式就被替换成：

$$\frac{x+y}{2}+\frac{x-y}{2}=\frac{x+x}{2}=x.$$

由此，我们能快速、简洁地表达出这个等式对任意数对都成立的事实. 历史上缩略代数的产生和用字母表示数的做法正是起源于这种简化的思想，你体会到了吗？

16世纪，韦达(F. Viete，1540—1603)在《分析方法入门》(1591)中采用大写元音字母来表示未知数，大写辅音字母来表示已知数，从而发明了符号代数. 数学家笛卡尔(R. Descartes，1596—1650)继承了韦达开创的符号代数工作，对它做了一些改进. 他采用小写字母来表示数，而且用字母表靠前的小写字母(a、b、c等)表示已知数或常量，用字母表靠后的小写字母(x、y、z等)表示未知数或变量，它与我们今天的书写习惯是一脉相承的.

代数学的发展远没有我们想象的那样一帆风顺，从修辞代数到符号代数，代数学走过了三千多年的漫长历程. 而其中字母代替数的符号代数新时代只有数百年，这从侧面反映了在代数发展的前两个阶段，前人经历了多少艰辛和曲折啊！

2. 玉圭金臬，盘踞要津——乘方

(1)定义之由

我们知道，4个6相加，写成$6+6+6+6$. 当连续相加的个数变得很多时，需要用乘法来快速表示. 例如将99个6相加，记作99×6，而不需要把99个6全部写出. 如果a个相同的数b累加，可以记作$a\times b$或$a\cdot b$. 说到这儿，乘号的符号“×”和“·”来历还有个有趣的故事呢！

1631年英国数学家威廉·奥特雷德(William Oughtred，1575—1660)认为乘法因加法而来，于是在他的著作《数学之钥》中提出，将“+”旋转45°写成“×”，以表示快速地累加. 他的这一做法巧妙地表示了乘法和加法的关系，一时流行起来. 德国大数学家莱布尼茨(G. W. Leibniz，1646—1716)却对此表示反对，他会因为什么而反对使用“×”呢？原来

图 1.3 莱布尼茨

呀，他于 1698 年给数学家约翰·伯努利(Johann Bernoulli，1667—1748，图 1.3)写了一封信，信中说，“×”号非常容易和大写字母“X”混淆，应该用“·”号表示乘法. 笛卡尔十分赞同莱布尼茨的提议，其后“·”也逐渐流行起来. 如今，“×”和“·”号都被沿用下来.

简化书写的做法也体现在乘方的引入上. 如果要书写 99 个 6 相乘，难道要像 6×6×…×6 这样烦琐地写下 99 个数吗？当然不会，聪明的古人定义了一个新的运算——乘方——来进行简化. 99 个 6 连乘，记作 6^{99}，读作“6 的 99 次方”或“6 的 99 次幂”. 同样的，m 个 a 连乘，记作 a^m，读作“a 的 m 次方” 或“a 的 m 次幂”.

缅怀漫漫岁月，凝聚缕缕遐想. 历史的长河中，乘方记法和符号的发明同字母代替数一样，经历了漫长的演变过程. 接下来就让我们漫游于这一历史长河，开始一段新的历程吧.

(2)记数之始

在 17 世纪以前，人们尚没有发现书写庞大数字的简便方法，古希腊大数学家阿基米德(Archimedes，前 287—前 212)也不例外. 阿基米德是一个百科全书式的人物，除了精通数学、物理和哲学外，他还有许多特长. 公元前 212 年，由阿基米德设计的武器被用于反抗罗马人对他的家乡锡拉库萨的侵略. 他还设计了能汇聚太阳光的反光镜阵，使罗马战船起火燃烧. 对阿基米德来说，这些小成就只不过是他研究数学之余的消遣. 阿基米德曾说，他所命名的大数能超过装满整个宇宙的沙粒数. 故事是这样的：

公元前 3 世纪后半叶的一天，阿基米德和朋友盖洛在海边散步，他们谈起了大数问题.

“我们走过的这片沙滩有多少粒沙呢？”阿基米德问盖洛.

“想必有无穷多吧. ”盖洛回答道.

“那么，整个西西里岛上又有多少粒沙呢?”阿基米德继续问.

“当然也是无穷多.”盖洛立马回答.

“亲爱的朋友，我可以肯定，世界上任何地方的沙粒数量都是有限的.我可以找到一个大于整个宇宙中沙粒数量的数!”阿基米德非常自信地说道.

接着，阿基米德向盖洛详细介绍了自己的大数记数法(图 1.4).自然数从 1 数到 1 万万称为一阶数，从 1 万万数到一万万个一万万称为二阶数，以此类推.最后他告诉盖洛，宇宙中沙粒数量不超过 1000 个七阶数.1000 个七阶数是多大呢?按照阿基米德的定义，使用乘方表示，结果就是 1000 乘以 10^{48}，即10^{51}.

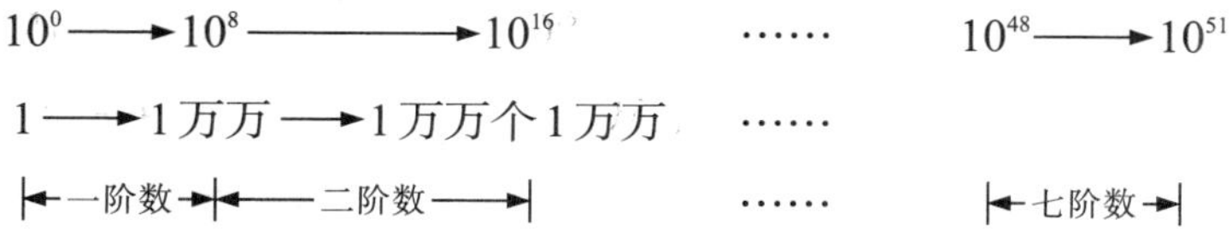

图 1.4　阿基米德规定的阶数

可以看出，阿基米德表示10^{51}的方法远没有乘方式子来得简便.不过，阿基米德表示大数的记法蕴含着以 10 为底的幂的乘方法则，为后人定义乘方记法奠定了根基，这在当时可是一件相当了不起的事情!

(3)符号之法

3 世纪，丢番图首次使用字母来表示未知数的平方、立方和一些低次方.例如，他把 x^2 写成 Δ^Y，把 x^3 写成 K^Y.1637 年，笛卡尔对丢番图的写法做出了创造性的改变，他系统地采用了正整数指数来表示乘方，例如用 a^3 表示 aaa(三个 a 连乘)，用 a^4 表示 $aaaa$ 等.更有意思的是，对于 a 的平方，“任性”的笛卡尔有时会写 a^2，有时也写成 aa，因为他觉得这两种写法所占的空间大小一样，没有什么区别.因此，我们一般认为笛卡尔是第一个给出形如 a^m 记号的人.

1765 年，幂的定义和指数的概念终于横空出世.瑞士数学家欧拉(L. Euler，1707—1783)在他的著作《代数学基础》中介绍了幂指数的相关概念，同时还给出了幂的乘方运算法则. 此后，乘方运算律被广泛地写进代数学书籍之中.

1. 租地之惑，几何巧解——平方差

从前，有一个吝啬而且狡猾的地主，将他的一块正方形土地(假定边长足够大)租给农夫耕种. 有一天地主对农夫说："我的地要重新规划一下，从现在起，给你种的地要进行调整，一边缩短十米，一边增加十米，租金不变，你也没有吃亏，你觉得如何？"农夫听罢，觉得对自己也没什么影响，就同意了地主的要求. 等他回家把这件事讲给他的邻居听，邻居想了想，大叫不好："你吃亏了呀！"农夫非常惊讶，不知道这是怎么一回事，你知道个中缘由吗？

我们通过设未知数来分析这个问题. 假设原来正方形土地的边长为 x，原来的面积就是 x^2. 而地主将一边减少 10，一边增加 10，现在的面积就是 $(x+10)(x-10)$. 利用平方差公式不难得出结果：x^2-100，也就是说，变化后的面积足足比原来少了 100 平方米呢(图 1.5)！这个地主真是阴险狡诈啊！

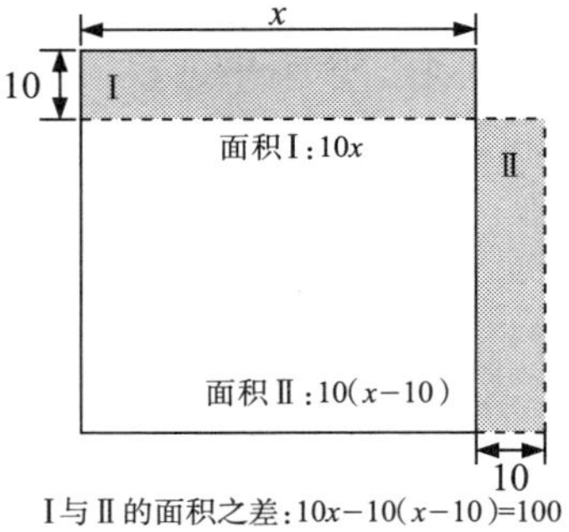

图 1.5　土地面积前后变化

你有没有意识到用平方差公式来分析这个小故事中的问题呢？历史上人们认识平方差公式由来已久，最早可以追溯到古巴比伦时期. 古巴比伦人擅长利用"和差术"来解决"已知两数和与积或差与积，求这两个数"的问题，这说明他们已经学会通过构造平方差来解决这一类一元二次方程问题.

古希腊著名哲学家柏拉图(Plato，前 427—前 347)曾在他的《蒂迈欧篇》中说道："几何是解密宇宙万物的关键."这个观点至今仍被数学家们认同. 柏拉图创办的著名学府——学园——门前曾经悬挂过一条标语："不懂几何之人勿入此门."由此可见，柏拉图是多么地重视几何啊！历史上有不少数学家进行过平方差公式的几何证明，我们一起来感受几何证明的魅力吧！

公元前 3 世纪，欧几里得就利用几何图形证明了下面的式子：

$$\left(\frac{a+b}{2}\right)^2-\left(\frac{a-b}{2}\right)^2=ab.$$

他所使用的图形如图 1.6 所示：

该式子是平方差公式 $(a+b)(a-b)=a^2-b^2$ 的一个变式，其意义是以 a 和 b 为边的长方形面积等于以 $\frac{a+b}{2}$ 为边的正方形面积减去以 $\frac{a-b}{2}$ 为边的正方形面积. 可见，用几何图形证明是多么清晰直观呀！

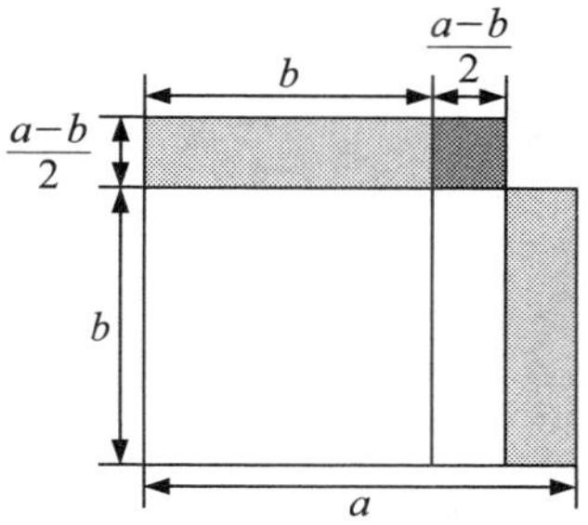

图 1.6　欧几里得的证明图形

我国数学家也很早就采用了几何方法证明平方差公式. 魏晋时期的刘徽（约 225—295）和三国时期的赵爽（约 182—250）几乎同时给出了证明图形，他们的做法比较类似. 如图 1.7 所示，在边长为 a 的正方形中作一个边长为 b 的正方形，则余下的两个矩尺形面积等于以 $a+b$ 为长，$a-b$ 为宽的矩形面积，即 $(a+b)(a-b)=a^2-b^2$. 由此可见，相比西方数学家，我国古人的数学智慧毫不逊色！

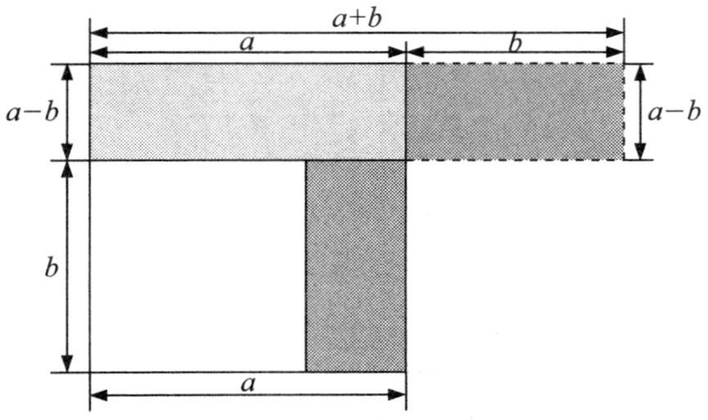

图 1.7　刘徽和赵爽的证明图形

2. 图形妙证，再续前缘——完全平方

完全平方公式也是整式的一大重点，它同样能用许多巧妙的几何图形加以证明. 我们一起欣赏与之相关的几个恒等式的图形证明吧(图 1.8～图 1.11)!

(1) $(a+b)^2=a^2+2ab+b^2$.

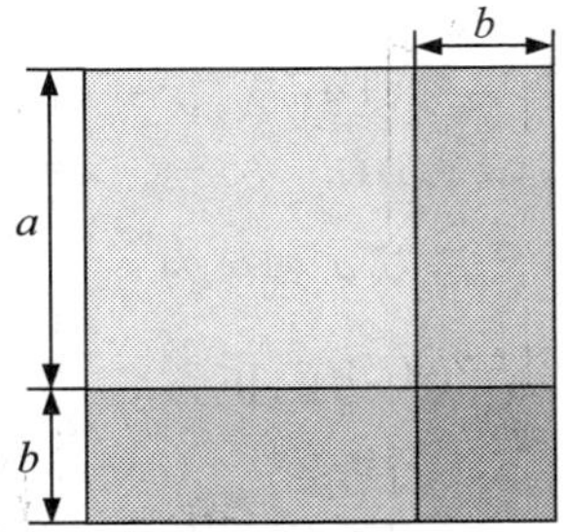

图 1.8

(2) $(a-b)^2=a^2-2ab+b^2$.

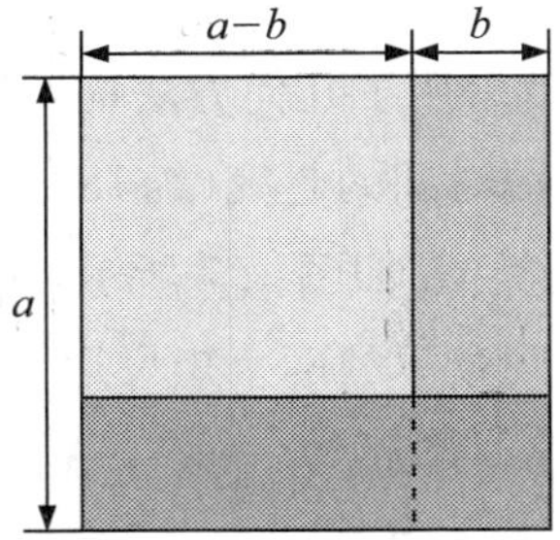

图 1.9

(3) $(a+b)^2=(a-b)^2+4ab$.

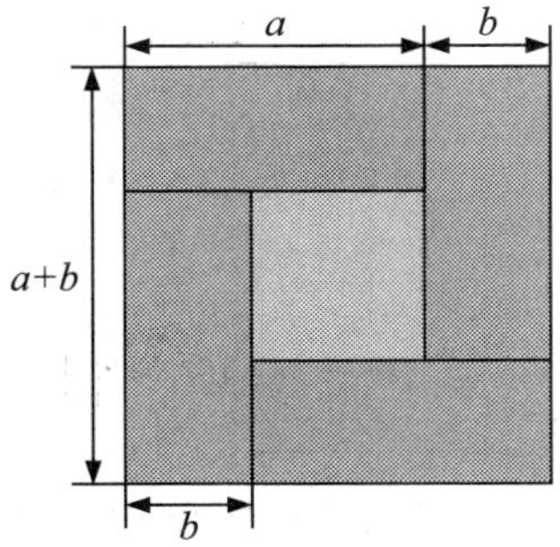

图 1.10

(4) $(a+b)^2+(a-b)^2=2(a^2+b^2)$.

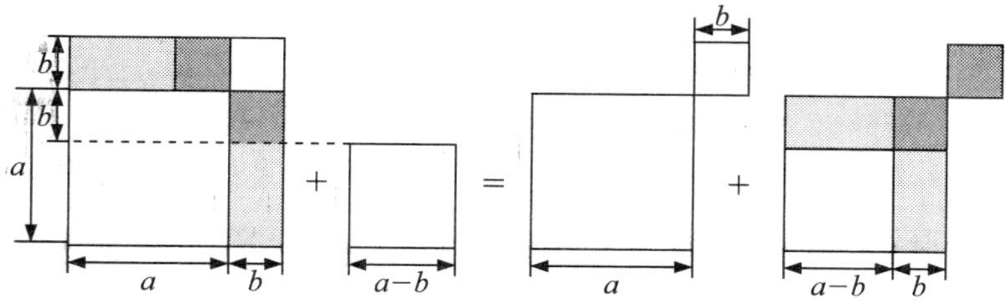

图 1.11

3. 不二法门，出奇制胜——因式分解

因式分解在代数中的地位十分重要. 它既是解决整式和分式问题的基础知识，又能用来解高次方程，还是研究代数恒等变形的工具.

我国宋朝著名数学家秦九韶（1208—1261）在《数书九章》第五卷中提出了著名的“三斜求积术”. “三斜求积术”就是根据三角形的三边求面积的方法，书中原题是：

“问有沙田一段，有三斜. 其小斜一十三里，中斜一十四里，大斜一十五里，里法三百步，欲知田为几何？答曰：田积三百一十五顷. 求曰：以少广求之. 以小斜幂并大斜幂，减上，余四约之，为实；一为从隅，开平方得积.”

其大意是：“有一片沙田，形状是三角形，其三边从小到大依次为 13 里、14 里和 15 里，1 里等于 300 步，问这段沙田的面积是多大？答曰：沙田的面积是 315 顷. 求法是：用小斜平方加上大斜平方，减去中斜平方，取差的一半自乘得到一数，再用小斜平方乘以大斜平方，减去前面得到的结果，相减后余数被 4 除所得的数作为‘实’，开平方后即得面积.”

秦九韶把三角形的三边按长短分别称为小斜、中斜和大斜. 若依次用字母 a、b、c 表示小斜、中斜和大斜，s 表示面积，则由求解过程可列出公式：

$$s=\sqrt{\frac{a^2c^2-\left(\frac{a^2+c^2-b^2}{2}\right)^2}{4}}.$$

在秦九韶发现“三斜求积术”之前，古希腊数学家海伦（Heron of

Alexandria，约 1 世纪）在他的著作《测地术》中也给出了一个利用三角形三边来求面积的公式：

$$s=\sqrt{p(p-a)(p-b)(p-c)}，\text{其中 } p=\frac{a+b+c}{2}.$$

这就是著名的海伦公式. 同样的问题，为何秦九韶和海伦得出两个“大相径庭”的式子呢？其实，这两个公式本质是一样的. 对秦九韶的公式进行因式分解，我们就能明白其中的玄机.

$$\begin{aligned}
s&=\sqrt{\frac{a^2c^2-\left(\frac{a^2+c^2-b^2}{2}\right)^2}{4}}\\
&=\sqrt{\frac{4a^2c^2-(a^2+c^2-b^2)^2}{16}}\\
&=\sqrt{\frac{(2ac)^2-(a^2+c^2-b^2)^2}{16}}\\
&=\sqrt{\frac{(2ac+a^2+c^2-b^2)(2ac-a^2-c^2+b^2)}{16}}\\
&=\sqrt{\frac{[(a+c)^2-b^2][b^2-(a-c)^2]}{16}}\\
&=\sqrt{\frac{(a+c+b)(a+c-b)(b+a-c)(b-a+c)}{16}}\\
&=\sqrt{\frac{a+b+c}{2}\times\frac{a+c-b}{2}\times\frac{a+b-c}{2}\times\frac{b+c-a}{2}}.
\end{aligned}$$

然后令 $p=\frac{a+b+c}{2}$，对式子进行整理就得到了海伦公式. 虽然秦九韶“三斜求积术”比西方的海伦公式出现得晚，但可以肯定的是，秦九韶独立提出了已知三角形三边求面积的方法，这说明我国古代已经具有相当高的数学水平.

在代数的发展史中，因式分解的出现是为了快捷地求解代数方程. 韦达首先发现了因式分解的重要性，并给出了代数方程的多项式因式分解方法. 仿照韦达，英国数学家哈利奥特（Harriot，1560—1621）讨论了如何应用因式分解法求解代数方程. 1637 年笛卡尔在其《几何学》中首次给出因式分解定理. 可以看出，众多数学家都对因式分解进行了探索.

在感受整式乘法公式的几何证明之余，我们不妨也来用几何证明的方法探究几种常见的因式分解方法吧！

(1)提公因式法(图 1.12)

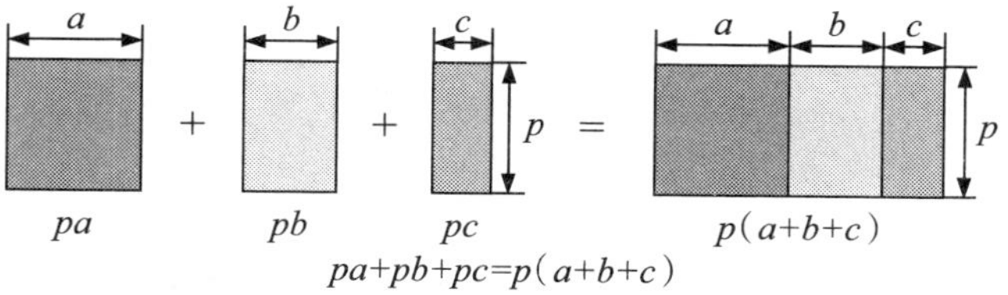

图 1.12　提公因式法

(2)公式法

①平方差公式(图 1.13).

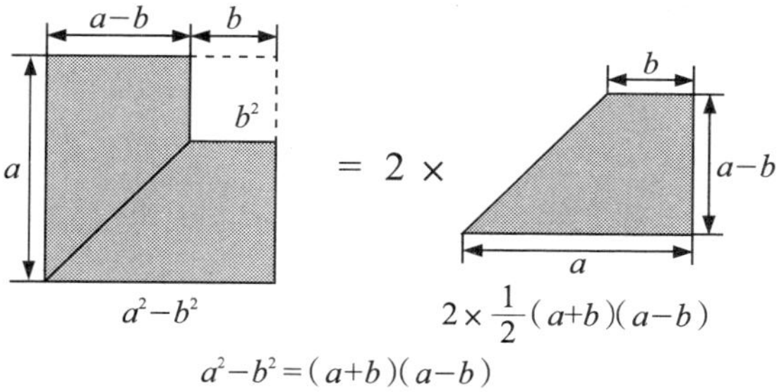

图 1.13　平方差公式

②完全平方公式(图 1.14).

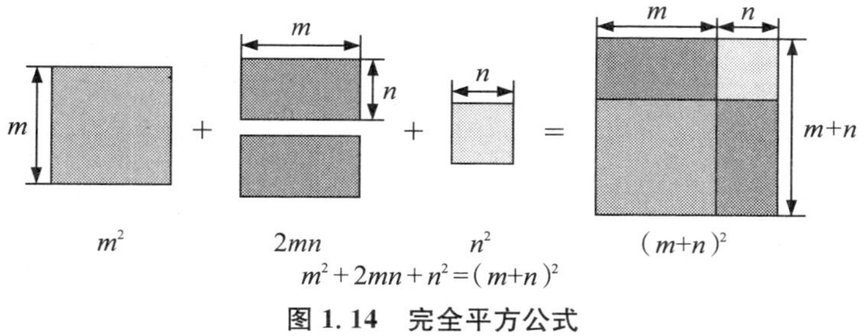

图 1.14　完全平方公式

(3)十字相乘法(图 1.15)

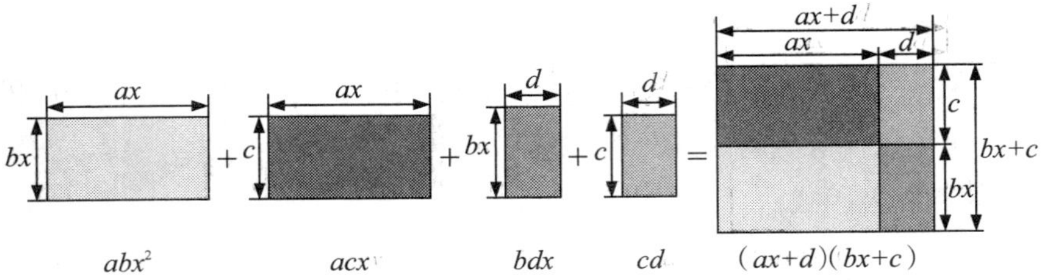

$$abx^2+acx+bdx+cd=(ax+d)(bx+c)$$

图 1.15　十字相乘法

整式的拓展应用

用字母代替数的思想给我们分析和解决代数问题带来了帮助和便利，不仅如此，整式的学问里还有许多非常有趣的游戏呢！在本章引子里的“猜生日”游戏中，方伟是如何“猜”出王小倩的出生日期呢？现在就一起去揭开谜底！

在游戏中，方伟事先并不知道王小倩的生日. 但是如果他用 m 代表王小倩出生的月份(month)，用 d 代表出生的日期(day)，按照他所描述的步骤进行如表 1.1 所示的操作.

表 1.1　游戏操作步骤

步骤	操作	结果	
1	月份	10	m
2	数字乘以 2	20	$2m$
3	加上 6	26	$2m+6$
4	乘以 50	1300	$(2m+6)\times 50=100m+300$
5	加上日期	1320	$100m+300+d$
6	减去 365	955	$100m-65+d$
7	暗中加 65	1020	$100m+d$

在表 1.1 中，第六步的结果 955 正是王小倩报给方伟的数字，然后方伟在自己心中悄悄地进行第七步，得到结果 1020. 这个时候，他只需要计算出这个数除以 100 的商和余数，就能马上“猜”出生日了，聪明的你发现了吗？原来，第七步的结果 $100m+d$ 除以 100 得到的商就是月份 m，余数就是日期 d. 由于 m 可以取 $1\sim12$，d 可以取 $1\sim31$，这样无论一个人的生日是哪一天，都能用这样的方法计算出来，这就是方伟自信的理由，是不是很有趣呢！

试一试

快去和周围的小伙伴玩“猜生日”的游戏吧！

继方伟向王小倩展示“猜生日”游戏之后，王小倩也不甘示弱，决定出题考考方伟. 这天课间，王小倩给方伟出了一道看似“不可能解决”的难题.

王小倩神秘地对方伟说：“我的抽屉里有 10 枚硬币，其中 6 枚硬币正面朝上，4 枚反面朝上，你可以移动和翻转任意的硬币，但不能看这些硬币. 那么，你知道如何把这 10 枚硬币分成两堆，使每堆硬币正面朝上的数量一样吗？”听完王小倩的问题，方伟当即表示要尝试一番. 只见他在抽屉中鼓捣了一阵子，几番尝试之后，方伟垂头丧气地对王小倩说：“在看不见硬币的前提下解决你的问题，这根本是做不到的！”王小倩得意地对方伟说：“这次可难住你了吧！不要急，我也用整式的知识将这道难题的解决办法演示给你看吧！”

抽屉里有 10 枚硬币，6 枚正面朝上，4 枚反面朝上. 当王小倩在看不见的抽屉内部移动和翻转硬币时，并不知道哪枚硬币是正或是反. 王小倩只能在将硬币分成两堆时，知道两堆分别有多少枚. 如果王小倩把硬币分成 4 枚和 6 枚的两堆，分别记作“A 堆”和“B 堆”（图 1.16）. 假设在

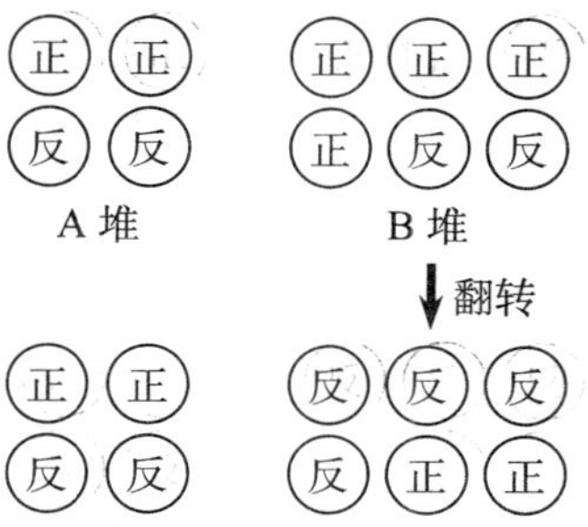

图 1.16　$x=2$ 时的游戏示意

“A 堆”中有 $x(0\leqslant x\leqslant 4)$ 枚硬币正面朝上，那么其中一定有$(4-x)$枚硬币反面朝上. 由初始条件可以推断，在“B 堆”中有$(6-x)$枚硬币正面朝上，也一定有$[4-(4-x)]$枚硬币反面朝上，即 x 枚. 可以看出，“A 堆”中正面朝上的硬币数和“B 堆”中反面朝上的硬币数都是 x 枚. 那么，把“B 堆”中的所有硬币翻转一次，其正面朝上的数量变成 x，也就和“A 堆”硬币正面朝上的数量一样多了.

所以，王小倩只需要把硬币分成 4 枚和 6 枚的两堆，并把那堆 6 枚的硬币全部翻转过来，就完成了这个看似“不可能解决”的难题. 聪明的你明白其中的奥妙了吗?

整式的趣味之处远不止这些小游戏，现在我们来观察这样一组等式：

$$34\times 86=68\times 43;$$

$$46\times 96=69\times 64;$$

$$45\times 594=495\times 54.$$

你有什么发现? 这一组算式每一个等式的两边都是关于等号对称的，也就是把两个乘积的因数按从右到左的次序写成新的因数之后，乘积保持不变. 我们称满足这个特点的乘积等式为“对称式”. 你可能会想，这样的对称式一定还有很多吧！是的，如果我们要继续找出这样的式子，就要先去探究它的性质. 这时，整式的知识又派上用场了！

用字母来表示一对两位数的对称数组，记作 $\overline{xy}$ 和$\overline{mn}$，这里字母 xy 和 mn 上面的横线是数位的记法，从右往左依次是个位和十位. 那么 $\overline{xy}=10x+y$，$\overline{mn}=10m+n$，$\overline{xy}\times\overline{mn}=\overline{nm}\times\overline{yx}$，即

$$(10x+y)\times(10m+n)=(10n+m)\times(10y+x).$$

对这个式子进行多项式展开，合并同类项可得：$x\cdot m=y\cdot n$，这就是两位数对称式的特点. 按照这个构造特点，我们可以轻松地找到许多对称式. 例如，令 $x\cdot m=y\cdot n=9$，取 $x=1$，$m=9$，$y=3$，$n=3$，可得等式：$13\times 93=39\times 31$；令

试一试

你能找到两位数乘以三位数的对称式规律吗?

$x \cdot m = y \cdot n = 24$，取 $x = 3, m = 8, y = 6, n = 4$，可得等式：$36 \times 84 = 48 \times 63$. 令 $x \cdot m$ 或 $y \cdot n$ 为不同的值，x、y、m、n 又各自取不同的组合，就能够得到非常多两位数的对称式. 大家不妨试一试.

1. 名称之源

在我国南宋数学家杨辉（约 13 世纪）所著的《详解九章算术》（1261）一书中有这样的一个三角形（图 1.17），杨辉用这个如今被我们称为“杨辉三角”的图形，解释乘方规律和进行高次开方运算.

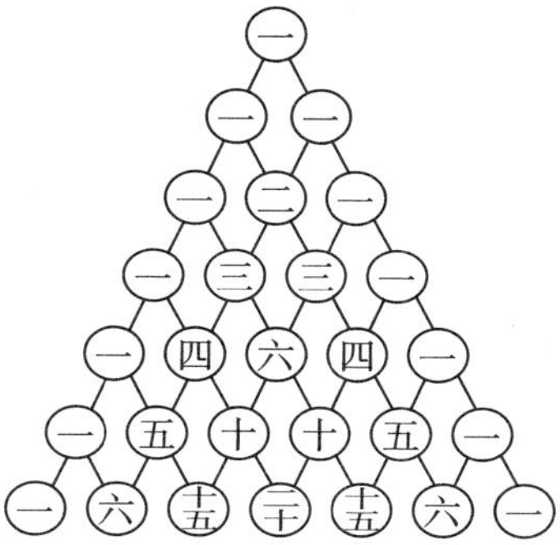

图 1.17　杨辉三角

其实杨辉三角并非杨辉本人发明，原来的名字也不叫“杨辉三角”，而是称“开方作法本源图”. 杨辉在《详解九章算术》中提到，这个图形出自北宋初年数学家贾宪所著的《释锁算书》. 但该书早已失传，我们无法得知贾宪是否最早提出以及如何得到这个图形. 不过有一点可以肯定，杨辉三角在我国被发现的时间早于欧洲学者帕斯卡（B. Pascal，1623—1662）发现的时间. 由于这个图形在我国最早被杨辉直接提出，所以人们习惯称它为“杨辉三角”.

2. 图形之秘

杨辉三角的特点是：三角形两腰上的数字都是 1，其余数字等于它左右上方的两个数字之和. 杨辉是如何用杨辉三角解释乘方规律的呢？原来，杨辉三角中的秘密是各行数字恰好对应 $a+b$ 某一次方的展开（按 a 的升幂排列）系数，从第二行开始对应一次方，第三行对应平方，以此类推…… 例如，第四行的 4 个数字 1，3，3，1，正好对应 $(a+b)^3 = a^3 + 3a^2b + 3ab^2 + b^3$ 展开式中的系数. 有了这个三角图形的帮助，就能把 $a+b$ 任意次的二项式进行展开，这可是数学史上的一项重要发现呢！

3. 开方之例

杨辉三角在我国古代还有一个非常重要的作用——开方运算，这也是它的原名“开方作法本源图”的由来. 在没有计算器辅助计算的古代，数的开方是需要通过笔算进行的. 我们以开平方术和开立方术为例，看看古人是如何利用他们的聪明才智解决开方问题的.《九章算术》卷四“少广章”中第 12 题写道：

“今有积五万五千二百二十五步，问为方几何？答：二百三十五步.”

借助筹算，书中给出问题的解法：“置积为实. 借一算步之，超一等. 议所得，以一乘所借一算为法，而以除. 除已，倍法为定法. 其复除，折法而下. 复置借算步之如初，以复议一乘之，所得副之，以加定法，以除. 以所得副从定法. 复除折下如前.”古文的问题和所描述的解法略为复杂，我们仿照《九章算术》的解法，以一个简单的例子作为说明.

【例 1】 求 2209 的算术平方根.

第一步：分析可得 2209 的算术平方根结果是一个两位数，那么假设 $2209=(a+b)^2$，其中 a 是 10 的整数倍，b 是个位数字.

第二步：考虑到 $40^2=1600$，$50^2=2500$，而 $1600<2209<2500$，可得 $a=40$.

第三步：根据杨辉三角第二行所给出的系数，展开第一步中假设的式子，即 $2209=a^2+2ab+b^2=1600+80b+b^2$，继续整理得 $80b+b^2=609$，由于 $b^2>0$，可以推出 $80b<609$，即 $b<7.61$.

第四步：因为 b^2 比较小，可以判断出 b 的值会比 7.61 稍小. 当取 7 时，$a+b=47$，经过验算，该结果即为所求. 有时 b 的值取不能一次满足，就需要多考虑一次取值情况.

《九章算术》中也有很多涉及开立方术的问题及求解，这里同样对其解法不再赘述，只以一个例子简要说明.

【例 2】 求 103823 的立方根.

第一步：$103823<100^3$，判断结果是两位数，同样假设 $103823=(a+b)^3$.

第二步：考虑到$40^3=64000$，$50^3=125000$，而$64000<103823<125000$，可得$a=40$.

第三步：根据杨辉三角第三行所给出的系数，展开第一步中假设的式子，即$103823=a^3+3a^2b+3ab^2+b^3$，整理得$39823=4800b+120b^2+b^3$，由于$120b^2>0$，$b^3>0$，可以推出$4800b<39823$，即$b<8.30$.

算一算

你能算出 140608 的立方根吗？

第四步：同理，b 的值会比 8.3 稍小. 当取$b=8$时，$a+b=48$，经检验，48 不是 103823 的立方根；向下取$b=7$，$a+b=47$，经检验，该结果即为所求.

开平方术和开立方术还没有发挥杨辉三角的真正用处，借助杨辉三角多项式展开求系数的特点进行更高次的开方运算才是重头戏. 我国元代数学家朱世杰(1249—1314)就曾利用杨辉三角进行数的开八次方计算. 事实上，随着杨辉三角行数的增加，我们能很快得到更高次的展开系数，从而进行更高次方的运算. 小小图形，彰显神通，足以见得我国古代数学成就的辉煌卓越！

经典赏与练

【例 1】 一个自然数的立方，可以“分裂”成若干个连续奇数的和. 例如：2^3、3^3 和 4^3 分别可以按如图 1.18 所示的方式“分裂”成 2 个、3 个和 4 个连续奇数的和，即$2^3=3+5$；$3^3=7+9+11$；$4^3=13+15+17+19$. 若 6^3 也按照此规律来进行“分裂”，则“分裂”出的连续奇数中，最大的是________.

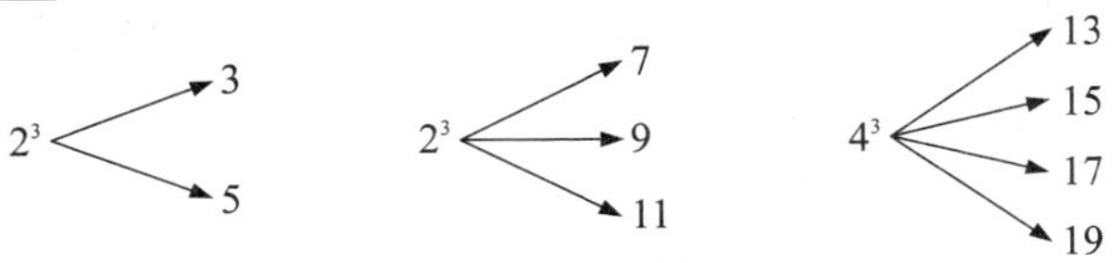

图 1.18　分裂数

解析：寻找“分裂”后最大奇数的规律：2^3“分裂”后的最大奇数$5=2\times3-1$，3^3“分裂”后的最大奇数$11=3\times4-1$，同理，$19=4\times5-1$. 那

么，n^3“分裂”后的最大奇数是 $n\times(n+1)-1$. 将 $n=6$ 代入其中，得到 6^3“分裂”的最大奇数是 41.

【例 2】 我国南宋数学家杨辉用三角形解释二项和的乘方规律，后人称之为“杨辉三角”. 这个三角形给出了 $(a+b)^n(n=1,2,3\cdots)$ 的展开式系数规律(按 a 的次数由大到小的顺序)，如图 1.19 所示：

1	
1 1	$(a+b)^1=a+b$
1 2 1	$(a+b)^2=a^2+2ab+b^2$
1 3 3 1	$(a+b)^3=a^3+3a^2b+3ab^2+b^3$
1 4 6 4 1	$(a+b)^4=a^4+4a^3b+6a^2b^2+4ab^3+b^4$

图 1.19 杨辉三角

请依据上述规律，写出 $\left(x-\dfrac{2}{x}\right)^{2016}$ 展开式中含 x^{2014} 项的系数是____.

解析：根据杨辉三角多项式展开规律可得，$\left(x-\dfrac{2}{x}\right)^{2016}$ 展开式中第一项为 x^{2016}，第二项为 $2016\times x^{2015}\times\left(-\dfrac{2}{x}\right)$，即 $-4032x^{2014}$，第三项及其后的项中 x 的次数将小于 2014，所以满足题意项只有 $-4032x^{2014}$，其系数为 -4032.

小试牛刀

1. 我们常用的数是十进制数，而计算机程序处理数据时使用的数码是只有 0 和 1 的二进制数，这两者可以相互换算. 如将二进制数 1011 换算成十进制数应为：$1\times2^3+0\times2^2+1\times2^1+1\times2^0=11$. 按此方式，将二进制数 11010 换算成十进制数为________.

2. 阅读材料并解答问题.

我们已经知道，乘法公式可以用几何图形的面积来表示. 实际上，还有许多代数恒等式也可以用这种形式表示，例如：$(2a+b)(a+b)=2a^2+3ab+b^2$ 可以用图 1.20(1) 或图 1.20(2) 来表示.

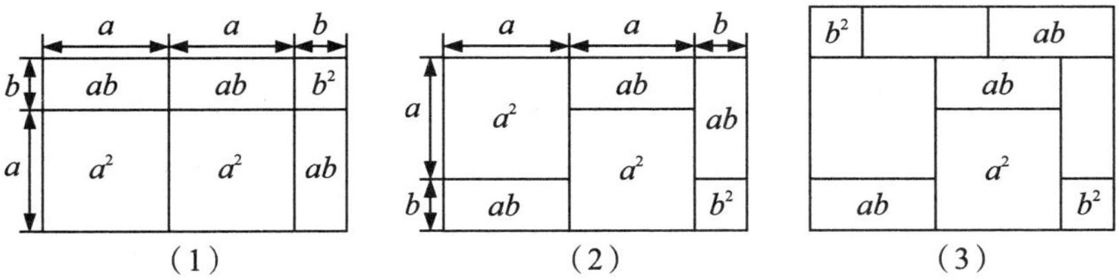

图 1.20

(1) 请写出图 1.20(3) 所表示的代数恒等式；

(2) 请画出一个几何图形来表示：$(a+b)(a+3b)=a^2+4ab+3b^2$.

第 2 章

数千年间同晓梦　方程奥妙解中寻

——探索一元一次方程的解法

引子

通古今、晓中外，数学家的墓志铭总是别具神韵．他们的墓碑上往往刻着某个图形或数字，正是这些简单的图形或数字，彰显了数学家们的风采与追求．在众多数学家的墓志铭中，丢番图（被誉为代数学始祖）的墓志铭颇具特色，短短的几行字书写了他的一生．500 年，古希腊语法学家麦特劳德尔（Metrodorus，生卒年不详）在其著作《数学问题集》中收录了这段有趣的墓志铭：

过路的人呀！

此处安葬着丢番图．

倘若你懂得碑文的奥妙，

它会告诉你丢番图的寿命．

他一生的六分之一是幸福的童年，

十二分之一是无忧无虑的少年，

此时他两颊长起了细细的胡须．

再过七分之一的年华，

他建立了幸福的家庭．

五年之后天赐贵子，

不料他的爱子竟然早逝，
年龄不及父亲寿命的二分之一.
悲伤只有用数论的研究去弥补，
又度过了四年，
他也走完了人生的旅途.
请你算一算，丢番图活到几岁，
才和死神见面?

这段妙趣横生的墓文(图 2.1)是历史留给后人关于丢番图生平的唯一信息. 身处墓碑前，我们如同亲眼见证了他的一生. 你肯定也注意到了墓碑上的趣题——一道一元一次方程问题. 根据这些信息，我们便可以计算出丢番图在世的年数，还可以知道丢番图何时结婚，何时得子.

在现代解一元一次方程时，我们一般通过去分母、去括号、移项、合并同类项和系数化为 1 等方式求解. 那么历史上，数学家们是如何求解一元一次方程的呢? 是否和现如今的求解方法一样? 那么，就让我们一起漫游历史的长河，探索古今中外数学家们求解一元一次方程的方法吧!

图 2.1　丢番图的墓志铭

一元一次方程解法的探索之旅

1. 文明圣火，彪炳千秋——方程和元的历史

世界的奇妙在于充满着未知，你永远不知道下一秒会发生什么. 这种未知以极强的诱惑力吸引着我们为之探索. 在数学中，形形色色的方程无疑是自然界最为简明的、"未知"的表示方式. 在数千年的历史长河中，我们的祖先用自己的智慧并借助方程，开辟了无数条从"未知"通向"已知"的道路，使巍峨的代数学宫殿由此显得格外金碧辉煌.

"方程"一词在我国最早出现在古代算经《九章算术》中. 但那时所说的"方程"并不同于现在所定义的方程. 在《九章算术》中，所谓"方程"是指在某一问题中，将问题所包含的若干相关数据并肩排列成方形. 这是由于我国古代数学家求解方程时是在一种叫作"筹算盘"的工具上进行的，而这种工具实际上是一种放大了的方格阵. 从严格意义上讲，当时的"方程"指的是方程组. 16 世纪，随着法国数学家韦达首次用字母表示一类数或任意数之后，西方数学家们便用"含有未知数的等式"这一专门概念来表示方程. 西学东渐之后，清末数学家李善兰(1811—1882)和华蘅芳(1833—1902)将"equation"翻译为"方程式"，随后改名为"方程". 自此，现代意义的方程在我国才逐渐流传下来. 虽然现今方程和我国古代"方程"的原意不同，但将现今方程视为我国古代"方程"(即方程组)的特殊形式也未尝不可.

当一个方程只含有一个未知数，未知数的次数都是 1 且等号两边都为整式时，我们会称这个方程为一元一次方程. 那么问题来了：为什么未知数叫作"元"呢？实际上，用"元"这个字表示未知数源于我国宋元时期的天元术. 元代数学家李冶(1192—1279)在其著作《测圆海镜》中对天元术做了详细的介绍.

所谓天元术，就是在解决代数问题时，先"立天元一为某某"，再根据

题设条件，建立等式，最后通过移项和合并同类项得到一个方程. 其中，“立天元一为某某”相当于现在的“设某某为 x”. 李冶在著作中还向我们展示了如何用天元术来表示方程. 例如，图 2.2 就是用天元术表示的一元一次方程 $480+2x=0$(此图为算筹摆法). 当然，天元术不仅仅只是用来表示一元一次方程，它还可以表示一元高次方程. 正所谓“芳林新时催陈叶，流水前波让后波”，元代数学家朱世杰在《四元玉鉴》中将天元术拓广为四元术，除了天元，又引入地元、人元和物元，用以解决多元高次方程组.

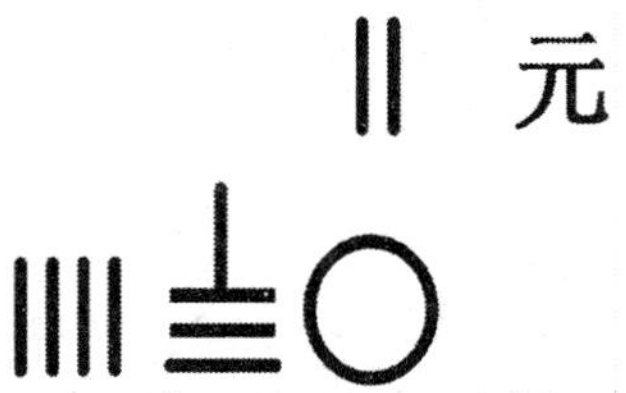

图 2.2　天元术

那么，“元”字是什么时候成为未知数的代名词呢? 清末，李善兰和伟烈亚力(Alexander Wylie，1815—1887)合译德摩根(D. Morgan，1806—1871)的著作《代数学》，创用了“多元一次方程”这一术语. 此术语是西方数学术语与中国传统数学术语完美结合的典范. 在《代数学》中，李善兰用天、地、人和物分别代替英文字母 x、y、z 和 w (前 22 个字母分别用天干地支代替)，将“元”作为未知数的统称. 自此以后，“元”字就成为方程中未知数的代名词. 可见“元”这一称谓并非舶来品，而是我国古代数学所独有的，这多么令人自豪啊!

2. 推本溯源，古书奇术——盈不足术

英国剑桥大学李约瑟教授(Joseph Needham，1900—1995)曾说：“自远古以来，中国人在数学工作中一贯具有算术和代数的头脑. ”在我国，数学家很早便开始了对方程的探索. 《九章算术》(图 2.3)中，展示了古人求解方程的探索历程. 在今天看来，一元一次方程作为一种最简单的方程，其求解方法也是相当简单的，但在古代，事实却

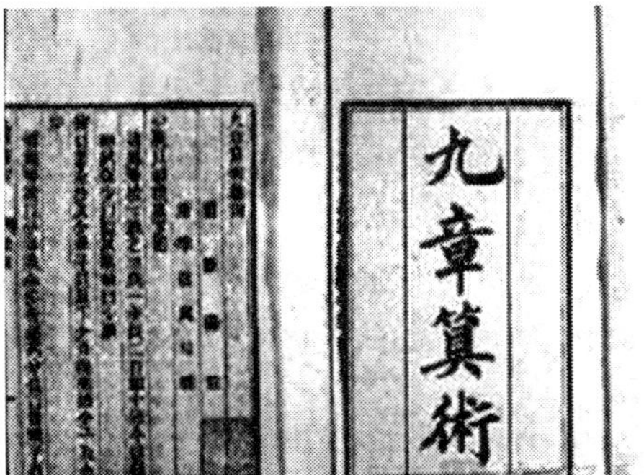

图 2.3　《九章算术》

并非如此.就让我们一起来感受古人的智慧吧!

首先我们了解一下古人的数学结晶——《九章算术》.它是我国现存的最古老的一部数学书,大约成书于1世纪的东汉初期,是“算经十书”(汉唐之间出现的十部古算书)中最重要的一本.我国古代是靠天吃饭的,某一年风调雨顺、五谷丰登,粮价就会低;某一年天灾物怪、农业歉收,就会引起饥荒,甚至引发战争和动乱,危及国家政局.因此,《九章算术》中涉及的问题都是与人们现实生活、农业生产息息相关的内容,并且依照问题的性质和解法,分别隶属于方田、粟米、衰分、少广、商功、均输、盈不足、方程及勾股九章.但是《九章算术》在解答一系列数学问题时只讲了“怎么办”,没有讲“为什么”,于是后续的数学家如同参与接力赛跑一般,纷纷为《九章算术》作注,其中最著名的有魏晋刘徽注、唐代李淳风注释、北宋贾宪注解与南宋杨辉详解.正是这些数学家们的接力赛跑,成就了那时《九章算术》在世界数学方面的领先地位,彰显了中华民族的文化底蕴.

最早,我们的祖先并不是用代数方法来求解一元一次方程的.在《九章算术》中,所有的一元问题都是通过算术方法进行求解的,其中最重要的方法就是“盈不足术”.

行程问题是一类典型的一元一次方程问题,有着悠久的历史,在历史文献中出现次数较多.如《九章算术》中“盈不足章”第10题:

“今有垣高九尺.瓜生其上,蔓日长七寸.瓠生其下,蔓日长一尺.问几何日相逢?”

其大意是:现有一矮墙高9尺(1尺=10寸),墙上有瓜藤,瓜藤每天向下生长7寸.墙下种着瓠,瓠蔓每天向上生长1尺.问:瓜藤和瓠蔓多少天可以相逢?

这样的一元一次方程问题对于今天的我们来说轻而易举.可以假设经过x天瓜藤和瓠蔓相逢,也就是说经过x天,瓜藤和瓠蔓的长度之和正好等于矮墙的高度,便可以列出方程:$17x=90$,求解得$x=5\frac{5}{17}$,即经过$5\frac{5}{17}$天两者相逢.

但正如前文所说,古人对这样的问题有着独特的解法:假设瓜藤和瓠蔓 5 天后相逢,那么它们的长度之和离矮墙的实际高度还差 5 寸;假设 6 天后相逢,则它们的长度之和超过了矮墙的实际高度 12 寸. 在做出这样的假设之后,通过“盈不足术”进行求解,便可知道瓜藤和瓠蔓多少天可以相逢.

何为“盈不足术”? 能如此神奇,在做出两次假设之后便可以得到最终结果. 在《九章算术》中,原文给出了这样的解释:

“盈不足术曰:置所出率,盈、不足各居其下. 令维乘所出率,并以为实. 并盈、不足为法. 实如法而一.”

看到这里,想必大家已经是一脸疑惑了,这一连串的古文,到底是什么意思呢? 那接下来就让我们一起走进“盈不足术”,去欣赏它的巧妙之处吧!

我们的祖先是在“筹算盘”上求解方程的,而上述这段关于“盈不足术”的古文就向我们演示了他们是如何运用算筹解决问题的. 在这段古文中,所谓“置所出率,盈、不足各居其下”,就是对问题进行两次假设,得到两个假设的结果,再用算筹进行演草. 结合之前的行程问题,就是说假设瓜藤和瓠蔓 5 天后相逢,则它们的长度之和离墙的高度还差 5 寸(不足);假设 6 天后相逢,则它们的长度之和超过墙高度 12 寸(盈余),再在筹算盘上进行演草(图 2.4). 所谓“维乘所出率,并以为实”,就是将这四个数字交叉相乘,并将交叉相乘之后的数字加起来记为实,即:$5\times6+12\times5=90$. 所谓“并盈、不足为法”,即将盈余与不足的两个数字相加记为法,得 $5+12=17$. 最后“实如法而一”就是用实去除以法,即 $\frac{5\times6+12\times5}{5+12}=\frac{90}{17}=5\frac{5}{17}$. 这就是古人所创的“盈不足术”.

所出率	6	5
盈与不足	12	5
实	90	
法	17	

图 2.4 “盈不足术”摆法

从现代代数角度来看,用“盈不足术”求解一元一次方程,就是对已给一元一次方程 $ax=b$,取 x_1 和 x_2,使得 $ax_1=b_1<b$,$ax_2=b_2>b$($x_2>$

x_1)，于是可得 $a(x-x_1)=b-b_1$，$a(x_2-x)=b_2-b$. 因此，$a(x-x_1)=b-b_1$ 为不足，$a(x_2-x)=b_2-b$ 为盈余. 那么再进行交叉相乘便可得 $a(x-x_1)x_2+a(x_2-x)x_1=x_2(b-b_1)+x_1(b_2-b)$，即 $a(x_2-x_1)x=x_2(b-b_1)+x_1(b_2-b)$. 又因为 $a(x-x_1)+a(x_2-x)=(b-b_1)+(b_2-b)$，即 $a(x_2-x_1)=(b-b_1)+(b_2-b)$，于是得 $x=\dfrac{x_2(b-b_1)+x_1(b_2-b)}{(b-b_1)+(b_2-b)}$.

“谁谓河广，一苇杭之”“盈不足术”是我国古代数学家解开算术问题的万能钥匙. 因为任何一般的算术问题都有一个确定的解，所以我们可以任意取一个数作为答案，再根据题意进行计算，如果算到的结果符合题意，那就表示所取的数就是所求的答案；如果所得的结果不符合题意，那么就和题目中已知数进行比较，不是盈余就是不足，最后再通过如上进行的两次假设，将原题变成一个盈不足问题进行求解. 这也正是古人用“盈不足术”求解的思路.

在千百年前，我们的祖先虽然没有像现在这样用设未知数列方程的方法来求解一元一次方程，但是“盈不足术”已经让我们感受到了他们在数学上的造诣之深，功力之厚.

3. 震古烁今，继往开来——解法的发展

“江山代有才人出，各领风骚数百年. ”自《九章算术》出现后，别开生面的“盈不足术”得到了我国古代数学家的青睐，如魏晋刘徽、南北朝张丘建(约 5 世纪)、宋朝杨辉、明朝程大位(1533—1606)以及清朝梅氏家族等，在他们的著作中都对其有所研究和发展. 不同的是，后世的数学家以一种独特的方式来进行数学探究，宋代数学家杨辉在写数学著作时诗兴大发，在专门的著作章节中首开创作数学诗歌题的先河，此后数学家朱世杰、吴敬等纷纷效仿，在自己著作中编写数学诗歌题，为数学创造了一种深邃的意境，展示了数学背后的文艺之美.

明代数学家程大位在其著作《算法统宗》中也彰显了他的文学气息，编写了“动听的牧羊之歌(凤栖梧)”来展示对一元一次方程解法的探究过程. 其数学诗歌题如下：

甲赶羊群逐草茂，
乙拽肥羊随其后，
戏问甲及一百否？
甲云所说无差缪，
若得这般一群凑，
再添半群小半群，
得你一只来方凑，
玄机奥妙谁参透？

其大意是：牧羊人赶着一群羊去寻找草长得茂密的地方放牧. 有一个过路人牵着一只肥羊从后面跟了上来，他对牧羊人说："你好，牧羊人！你赶的这群羊大概有 100 只吧？"牧羊人回答说："如果这一群羊加上一倍，再加上原来这群羊的一半，又加上原来这群羊的四分之一，连你牵着的这只肥羊也算进去，才刚好凑满 100 只."谁能够知道这群羊一共有多少只？

今天，我们可以设羊群共有 x 只羊，进而列出一元一次方程 $2x+\frac{1}{2}x+\frac{1}{4}x+1=100$，即 $2x+\frac{1}{2}x+\frac{1}{4}x=99$，便可以轻松得到 $x=36$. 那么程大位是如何求解的呢？在《算法统宗》中程大位运用了"假设法"来求解这个方程. 他假设牧羊人有 10 只羊，那么根据牧羊人的说法，算得结果为 $2\times10+\frac{1}{2}\times10+\frac{1}{4}\times10=\frac{55}{2}$，但是实际结果为 99，因此可以得到羊群中羊的数目为 $x=\frac{99\times10}{\frac{55}{2}}$，即 $x=36$. 可见，程大位的"假设法"正是源于先人开创的"盈不足术"，但又高于先人.

科学家有国界，但科学知识没有畛域. "动听的牧羊之歌"不仅流入国内数学爱好者们的心田，而且也被收录进国外的数学宝库中. 俄国数学家马格尼茨基(1669—1739)在其著作《算术》中就记录了由"动听的牧羊之歌"改编而成的题目. 马格尼茨基是一位有才干的数学家，他原来的姓氏为杰利亚金，俄国彼得一世赞赏他能像磁石一样吸引学者，便赐他姓马格尼茨基，意思是“磁石”. 在这位大师的《算术》一书中有这样一题：

父亲送儿子进学校，问老师：“请告诉我，您有多少学生？”

老师回答说：“如果招收一批像现在那么多的学生，再招收半数，再招收四分之一，再加上你儿子在内，才有100个学生.”

问：学校现在有多少学生？

聪明的你一定一眼便可以看出这题和程大位的牧羊一题的实质是相同的，只不过是将“百羊”问题变成了“百人”问题. 并且，在书中，马格尼茨基所用的方法也正是“假设法”. 可见，我国古代数学知识对国外数学发展的影响之大. 不禁感慨我国古代的数学成就震古烁今！

在追溯我国一元一次方程解法的过程中，我们发现对于方程解法的探究是一个持续开拓的过程. 在没有符号代数的几千年前，我们的祖先能够攻克难关，开创别具一格的求解一元一次方程的方法，这让我们感受到了古人对于数学的热情和独特见解. 所以，我们更应该向祖先学习，勇于攻克难题，敢于开拓创新.

1. 跨越时光，异曲同工——古埃及、古印度的假设法

自《九章算术》开始，我国古色古香的瑰宝——“盈不足术”让世人耳目一新. 但是对于求解一元一次方程的探究从来不是旷世独存的，而是如星火燎原般，遍及全世界. 作为四大文明古国之一的古埃及也在方程求解上做出了巨大的贡献. 现在就让我们一起漫游古埃及，了解古埃及是如何求解一元一次方程的吧！

事实上，现在对于古埃及数学知识水平的了解主要通过两本纸草书：一本是苏格兰收藏家莱因德在埃及发现的，现存在英国博物馆的《莱因德纸草书》，这本书是由埃及僧人阿姆士（约公元前17世纪）所抄录的，为纪念抄录者，这本纸草书又被命名为《阿姆士纸草书》；另一本是由俄罗斯收藏家格列尼切夫所获得的，后转存在莫斯科博物馆的《莫斯科纸草书》.“吟寄短篇追往事，留文功业不寻常.”这两本纸草书作为古埃

及最重要的传世数学文献，涉及各种类型的数学问题. 埃及纸草书（图 2.5）向世人反映了古埃及人的智慧以及他们所掌握的数学知识. 有兴趣的你可以翻阅文献进行了解.

图 2.5 埃及纸草书

著名的《莱因德纸草书》的第 24 ～ 29 题中就有形如 $ax+bx=c$ 的一元一次方程问题. 如该纸草书的第 24 题：

“一个量，加上它的$\frac{1}{7}$等于 19，求这个量.”

在现在看来，这个问题可以说是再简单不过了. 我们只要设这个量为 x，并列出方程 $x+\frac{1}{7}x=19$，便可以求解这个方程了. 但是在古埃及，并没有出现用字母表示未知量关系的方法. 相对而言，这样的问题就成为他们的阻碍. 正如著名数学史家史密斯（D. E. Smith，1860—1944）曾评述到：“世界竟曾经为形如 $ax+b=0$ 的方程所困惑过，这似乎是不可思议的，但是古代数学家为解这种方程，确实曾求助于一种比较烦琐的方法，这种方法后来在欧洲被称为‘假位法’.” 所谓“假位法” 就是我们前面所说的“假设法”. 古埃及祭司先假设一个答案 $x_1=7$，并根据题目要求算得结果为 8，而实际结果为 19，所以这个时候祭司借助比例的思想，让所假设的值乘以$\frac{19}{8}$，这样就能得到他们想要的实际结果 19，也就求出了这个量为 $16\frac{5}{8}$. 但是由于古埃及没有通分的概念，所以他们将此

量表示为 $16+\frac{1}{2}+\frac{1}{8}$.

无独有偶，古印度著名数学家婆什伽罗(Bhaskara，1114—1185)在其著作《丽罗娃蒂》中也用“假设法”求解一元一次方程问题. 丽罗娃蒂(原意：美丽或美好的)是他女儿的名字. 婆什伽罗一生忙于教书和研究数学，生活贫困，但他喜欢和女儿一起谈论数学问题. 女儿出嫁时，父亲便把呕心沥血写成的一本数学书取名《丽罗娃蒂》，以此作为嫁妆送给女儿. 在这本书的扉页上，他写下这样一句话和一道题：

“献给爱女丽罗娃蒂——我之称心绝妙的解法.

一个数乘以 5，减去所得乘积的 $\frac{1}{3}$，差除以 10，加上原数的 $\frac{1}{3}$、$\frac{1}{2}$ 和 $\frac{1}{4}$，结果为 68，求这个数.”

婆什伽罗在书中这样解答：假设所求数为 3，依据题意计算的结果为 $\frac{17}{4}$，但是实际结果为 68，所求得的结果相当于 68 的 $\frac{1}{16}$，因此，所求数应该为 $x=3\times16$，即 $x=48$. 由于假设的数可以是任意正数，因此婆什伽罗称这个方法为“任意数算法”，并在这种方法的基础上，提出了他写的“我之称心绝妙的解法”来求解更复杂的问题. 我们可以发现，这种“任意数算法”其实就是“假设法”.

在符号代数的年代到来之前，“假设法”似乎成为各国数学家都喜爱的一种方法. 13 世纪，阿拉伯数学家伊本·阿尔班纳就特别喜欢这种方法，并给它起了一个有趣的名字——秤盘法. 在他看来，求解一元一次方程的过程就好比有一杆秤，题目里的已知量相当于秤砣. 任意选一个数放进秤盘里，如果选对了，秤杆就会平，说明这个数就是题目的答案；如果没选对，秤杆就会不平衡，此时把它的误差记下来；另外再选一个数放进秤盘，如果又没选对，再把它的误差记下来；用第一次的误差乘以第二次放入秤盘的数，用第二次的误差乘以第一次放入秤盘的数，然后相加起来. 如果两次的误差一大一小，用前面算出来的加数除以误差的差，得出的结果就是题目的答案.

明代程大位解决"动听的牧羊之歌"问题就是用的"假设法",其原理和古埃及的"假设法"、古印度的"任意数算法"以及阿拉伯的"秤盘法"可以说是如出一辙.不同的地域、不同的年代,数学家们却能在同一个问题上找到连接点,犹如春天的紫罗兰竞相绽放.可见数学是多么神奇啊,它能让数学家跨越历史,跨越千山万水,做着同一个的"数学梦"!

2. 亘古通今,一脉相承——还原对消法

阿拉伯数学是后起之秀.从 9 世纪到 15 世纪,一大批阿拉伯数学家借鉴古希腊、古印度、古巴比伦和中国的数学成果,对数学的发展做出了巨大的贡献.其中最卓越的代表人物就是花拉子米(Al-Khowarizmi,约 780—850,图 2.6).他将一生奉献于代数的研究之中,完成了两本传世著作《代数学》和《印度的计算术》.在《印度的计算术》中,花拉子米系统地介绍了印度数码和十进制记数法,将"印度数字"称为"阿拉伯数字",使得这些数学成就在阿拉伯国家广泛流传.而《代数学》更加彰显了他在代数上的成就,他在书中论述的求解方程的方法对后世影响深远,并且"代数学"一词的产生,以及现在把解方程求未知量叫作求根这一说法,也都源于此书.正是由于花拉子米对代数做出的巨大贡献,他被后世称为"代数学之父".

在《代数学》中,花拉子米给出了解方程所需要的两种基本变换方法.第一种是"还原法",即将方程中的负数项移到方程的另一侧化为正数项;第二种是"对消法",即将方程两端相同的项消去或合并同类项.在书中,花拉子米对于方程的求解无不用到上述两种基本变换方法.

图 2.6　花拉子米

"将 10 拆成两部分,各部分自乘,大的减去小的,差为 40,求这两部分."

花拉子米在书中的解答用现代数学语言描述为:设较小部分为 x,那么便可列出方程 $(10-x)^2-x^2=40$,通过完全平方式化简可得 $100-20x=40$,然后在这个一元一次方程中通过第一种变换"还原法",将 $-20x$ 移到方程右边化为正项得 $100=20x+40$,再用第二种变换"对消法”将方程两边同时减去 40，从而得到方程 $60=20x$，从而求得 $x=3$.

诗无国界，用诗歌传达数学知识、提出问题和定义法则等现象不约而同地出现在各文明古国中. 在 12 世纪的波斯(今阿拉伯)，就有人将花拉子米的“还原法”“对消法”编成了诗歌：

方程做整理，负项当先移.
符号须改变，还原无偏离.
两边看仔细，同类合而一.
对消有智巧，古法人称奇.

由此可见，今天解一元一次方程的步骤就来自古法. 花拉子米所用的“还原法”和“对消法”，其实就是现在所用的“移项法”和“合并同类项法”. 但是由于花拉子米在解方程时完全用文字叙述，没有用现在求解方程的形式进行表达，因此求解过程较为烦琐. 另外，细心的你会发现花拉子米在解题时，特意将 $-20x$ 移到方程右边化为正项，这在现在看来是多此一举，但是正如婆什伽罗所说：“人们不赞成抽象的负数.”当时的花拉子米也并不承认负数，所以就多了这样一步“可有可无”的移项步骤.

3. 拨云见日，单双假设——单双假设法

图 2.7　斐波那契

一提到中世纪的欧洲，大都是这样的评述：黑暗的欧洲中世纪，理性受到压抑，欧洲的文明注定处于凝滞状态，数学作为科学的皇后，其发展同样受到很大的影响. 直至 12 世纪，随着阿拉伯著作和希腊著作的翻译和传播，欧洲数学才开始复苏. 在欧洲黑暗时期过后，作为欧洲中世纪最杰出的数学家，斐波那契(L. Fibonacci，1170—1250，图 2.7)所取得的数学成就对欧洲数学的发展产生了巨大的影响. 斐波那契出生于意大利比萨，其父亲是商人，曾任海关总督. 年幼时随父亲到北非，师从阿拉伯人学习算学，后来成为一名商人. 他游历地中海沿岸诸国，留心各国数学的发展，回意大利后于 1202 年写成《计算之书》. 这本书主要汇集了古代中国、古印度和古希腊的数学问题. 在此后的 300 多年中，该书一直是意大利数学教科书的样板，在意大利甚至是那个时代的欧洲，任何一位想成为商人或是想掌握数学的人都要学习这本书. 可见，这本书在当时及对后世的影响多么深远！

在《计算之书》中，斐波那契曾对一元一次方程问题的求解过程进行探究. 他结合古埃及、阿拉伯以及古代中国的数学成就，提出了解一元一次方程的“单假设法”和“双假设法”.

事实上，斐波那契的“单假设法”和古埃及人的“假设法”是一脉相承的. 其求解的过程和古埃及求解过程没有本质的区别，同样是先假设一个数，根据题意计算出结果，再按题设的结果扩大或缩小所设的数，即可求得结果. 在《计算之书》的第 12 章中，斐波那契均运用“单假设法”求解关于树长的一元一次方程问题.

那什么又是“双假设法” 呢?用现在代数语言解释就是对于一元一次方程 $ax=b$，假设 $x=x_1$，得 b_1；假设 $x=x_2$，得 $b_2(x_1>x_2)$. 那么，如果假设的值变化 x_2-x_1，则结果变化 b_2-b_1. 那么，在第二次假设的基础上，假设值变化多少，结果才能变化 $b-b_2$? 于是，原方程就可以转化为 $\dfrac{x-x_2}{x_2-x_1}=\dfrac{b-b_2}{b_2-b_1}$，解得 $x=x_2+\dfrac{(b-b_2)\times(x_2-x_1)}{b_2-b_1}$.

在《计算之书》第 13 章中，斐波那契就向人们展示了“双假设法”解一元一次方程的过程. 该题依旧以树长问题为原型：

“有一棵树，它的 $\dfrac{7}{12}$ 部分在地下，剩下的地上部分长 20 腕尺，求树长?”

这就相当于求解一元一次方程 $x-\dfrac{7}{12}x=20$. 斐波那契在求解这一问题时，进行两次假设，分别求解树长为 12 腕尺、树长为 24 腕尺时的情况，再根据题设得出正确答案.

> **想一想**
>
> 你知道斐波那契求解的过程吗?

斐波那契的“双假设法”是不是让你感到似曾相识呢? 没错，“双假设法”就是我国的“盈不足术”. 大约在 9 世纪，中国文化由我国古代的西辽国人（契丹人）传至中亚细亚的阿拉伯地区，“盈不足术”深受阿拉伯数学家重视，被广泛用来解决一般算术问题，并且将它叫作“契丹算法”. 到了宋元时期，斐波那契在游历阿拉伯地区时，被“契丹算法”的魅力深深吸引，在其著作《计算之书》中首次用拉丁文介绍了这种算法. 由于用“契丹算法”解一般算术问题要进行两次假设，所以在西欧各国的算术书中都将它改名为“双假设法”. 在 16—17 世纪的西欧，代数学还没有发展到充分利用符号的阶段，西欧人的解题技术还很稚嫩，这种万能的算法就长期统治了他们的数学王国. 可见，我国古代数学成就之高，在解决算术问题的方法上影响深远.

4. 简明扼要，字母来助——欧拉对一元一次方程的求解

欧拉(L. Euler，1703—1783)是 18 世纪最多产的一位数学家. 他出生于瑞士的贝塞尔，在那里上了大学，不久又得到伯努利家族的栽培. 特别是丹尼尔·伯努利(Daniel Bernoulli，1700—1782)，他培养起了欧拉对数学的兴趣. 1741 年欧拉应腓特烈大帝之命到柏林科学院任职，并于 1766 年应凯瑟琳大帝的邀请去圣彼得堡的科学院工作. 在此期间，欧拉的视力不断恶化，直至失明. 即便如此，失明也并未影响到欧拉的学术生产力，他几乎在数学的每个领域里都留下了永恒的标志.

16 世纪，数学家韦达首次用字母表示任意数，并在其著作《分析艺术引论》中基于等式性质证明了命题：

(1)方程经过移项后保持不变.

(2)方程两边同除以一个不等于零的常数后保持不变.

韦达用符号语言表述了 1500 年前中算家用文字语言表达的思想. 从此，数学家们在解一元一次方程时不再依赖于“假设法”. 在符号代数阶段，欧拉讨论了一元一次方程用字母表示求解的一般方法. 他在《代数基础》中给出了一系列一元一次方程的字母形式，并给出了这些方程的典型解法. 例如，对于一元一次方程 $ax+b=cx+d(a\neq c)$，欧拉做出如下的解法：方程两边同时减去 cx，再同时减去 b，这就相当于对该方程进行移项，将含未知量的项放左边，常数项放右边；合并同类项得 $(a-c)x=d-b$；然后在所得方程两边同时除以 $a-c$，系数化为 1 得方程的解. 这样，欧拉就用字母轻而易举地演绎了花拉子米的“还原法” 和“对消法”，

得到了现在我们解一元一次方程的一般步骤.

一元一次方程解法的拓展应用

“观今宜鉴古，无古不成今.”古人解决数学问题的方法展现了他们的智慧，令人叹为观止，也让我们看到了数学从蒙昧走向光明的发展过程. 时代在进步，数学在发展，现今我们拥有的数学工具远胜于古人，但古代数学问题研究却永不会过时，用现在的方法解决古人曾求解过的问题，就仿佛穿越时空，与古人“切磋武艺”.

张遂(683—727)是我国唐代著名的数学家，从小勤奋好学，常不远数千里，访求师资，但他不畏权贵，21 岁便出家当了和尚，法号一行. 即便如此，出家之后的张遂依旧潜心钻研数学和天文学，完成了《大衍历》这一著作. 这位大师曾在书中以“李白喝酒”为题材编了一道计算题，让我们来和大师切磋一下“武艺”吧！ 诗题如下：

李白街上走，提壶去打酒.
遇店加一倍，见花喝一斗.
三遇店和花，喝光壶中酒.
借问此壶中，原有多少酒？

其大意是：李白在街上走，提着酒壶边喝边打酒，每次遇到酒店将壶中酒加 1 倍，每次看见花就喝去 1 斗(1 斗 = 10 升)，这样遇店见花各 3 次，把酒喝完. 问壶中原来有多少酒？

想必你必然使出“设未知数求解一元一次方程”的招式来破解大师的难题. 我们只要假设李白壶中原来有酒 x 斗，那么当李白第一次遇到酒店，看见花之后，壶中便剩下$(2x-1)$斗酒，这样遇店见花 3 次之后，酒壶里的酒刚好被喝完，即 $2[2(2x-1)-1]-1=0$，这样我们便可以知道李白酒壶里原来有酒$\frac{7}{8}$斗. 跨越千年，脍炙人口的诗歌趣题使我们走进了先哲的心灵，承袭了古人的数学智慧.

“秤砣虽小压千斤”，一元一次方程虽然是最简单的方程，但是它在我们生活中的应用却十分广泛，它渗透于生活的方方面面，大到国家建设和科学研究，小到日常生活细节. 它可以解决生活中的行程问题、分配问题和比赛问题等多种问题.

在数学领域，欧洲可以说是著作繁多、人才辈出，如古希腊的泰勒斯、欧几里得和德国的莱布尼茨等. 哲人已逝，风范长存，我们虽然不能亲眼见到数学家们追求数学真理的场景，但是可以从一些古籍中品味古人的智慧.《计算之书》作为中世纪特别流行的一本数学著作，向我们展示了那个时期的一些数学成就. 在《计算之书》中记录着这样一个故事：

一位老人临终前将他的儿子们叫到床前，对他们说：“你们曾问我有多少资产，我从没有和你们说过. 你们还问我，我死后遗产怎么分，我也一句话都没讲过. 我想，你们更应该关心自己的学习和工作，而不是惦记我的遗产. 现在，我即将离去，就告诉你们怎么分配我的遗产吧.”

于是他对长子说：“你们之间这样来分我的可动财产，你拿 1 比赞(钱币单位)和余下财产的$\frac{1}{7}$.”

又对次子说：“你拿 2 比赞和余下财产的$\frac{1}{7}$.”

又让第三个儿子拿 3 比赞和余下财产的$\frac{1}{7}$.

……

这样依次分下去，他给每个儿子比前一个儿子多 1 比赞以及余下财产的$\frac{1}{7}$. 把剩余的最后一份财产分给最小的儿子后，恰好不再有剩余. 结果每个儿子所得的财产刚好一样多.

老人是如何做到公平分配遗产的呢？只要应用一元一次方程的知识，便可立刻揭示遗产分配的奥秘. 我们假设老人有财产 x 比赞，那么大

儿子得 $1+\frac{1}{7}(x-1)$，还剩余 $\frac{6}{7}(x-1)$，二儿子得到 $2+\frac{1}{7}\left[\frac{6}{7}(x-1)-2\right]$，为了使分配公平，大儿子和二儿子所得的遗产应该一样多，即 $1+\frac{1}{7}(x-1)=2+\frac{1}{7}\left[\frac{6}{7}(x-1)-2\right]$，这样便可解得 $x=36$，每人所得 6 比赞. 并且我们还能够知道老人有 6 个孩子. 这就是一元一次方程在生活中的巧妙应用.

经典赏与练

【例 1】 如图 2.8(a)所示，天平呈平衡状态，其中左侧秤盘中有一袋玻璃球，右侧秤盘中也有一袋玻璃球，还有 2 个各 20 克的砝码. 现将左侧袋中一颗玻璃球移至右侧秤盘，并拿走右侧秤盘的 1 个砝码后，天平仍呈平衡状态，如图 2.8(b)所示，则被移动的玻璃球的质量为(　　).

A. 10 克　　B. 15 克　　C. 20 克　　D. 25 克

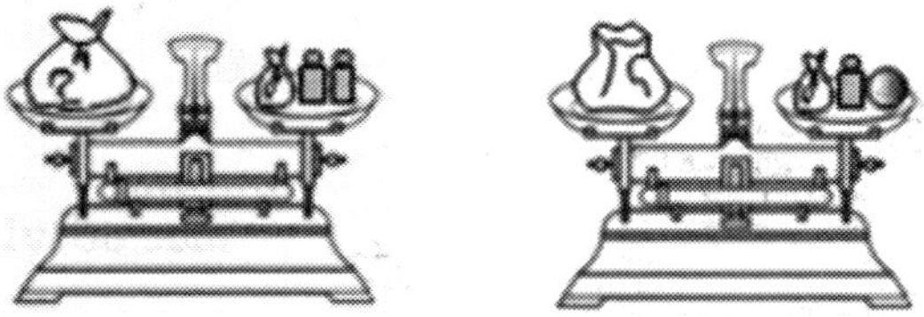

(a)　　(b)

图 2.8

解析：设左、右侧秤盘中一袋玻璃球的质量分别为 m 克、n 克，则 $m=n+40$，

设移动的玻璃球的质量为 x 克，

根据题意列出一元一次方程：$m-x=n+x+20$，

求解得：$x=\frac{1}{2}(m-n-20)$，

$x=\frac{1}{2}(n+40-n-20)$，

$x=10$.

故选 A.

【例 2】 世界读书日，某书店举办“书香”图片展，已知《汉语成语大词典》和《中华上下五千年》两本书的标价总和为 150 元，《汉语成语大词典》按标价的 50% 出售，《中华上下五千年》按标价的 60% 出售，小明花 80 元买了这两本书，求这两本书的标价各多少元?

解析：设《汉语成语大词典》的标价为 x 元，则《中华上下五千年》的标价为 $(150-x)$ 元.

依题意可得：$50\%x+60\%(150-x)=80$，

于是求解得：$x=100$，

进而解得：$150-100=50$(元).

答：《汉语成语大词典》的标价为 100 元，《中华上下五千年》的标价为 50 元.

小试牛刀

1. 我国清代数学家梅瑴成(1681—1764)曾在其著作《增删算法统宗》中以“河妇荡杯客几人”为题材编了一道算题：

妇人洗碗在河滨，试问家中客几人?

答曰不知人数目，六十五碗自分明.

二人共餐一碗饭，三人共吃一碗羹.

四人共肉无余数，请问布算莫差争.

其大意是：有一妇人在河边洗碗，有人问她家中来了多少客人? 妇人回答不知客人数目，但是一共用了 65 只碗. 平均 2 人共用一碗饭，3 人共喝一碗汤，4 人共吃一碗肉，你只要计算一下就会知道有多少客人.

2. 已知一件工作，甲单独做 20 小时完成，乙单独做 12 小时完成. 现在先由甲单独做 4 小时，剩下的部分由甲、乙合作完成，请问剩下的部分需要几小时完成？

第 3 章

天圆地方寻何处　坐标系里定乾坤

——走进平面直角坐标系

引子

当一幅美丽的图画呈现在眼前，或许你会情不自禁地想要动手画一画，然而面对一张空白的纸，我们应该从哪里落笔呢？这还真是一件令人纠结的事. 很多人都会感觉无从下手，或者直接尝试从局部开始画起，画到最后才发现构图出现了偏差（偏左、偏右、偏上、偏下、偏大、偏小），和原作大相径庭.

如图 3.1 所示，我们把看到的原图不偏不倚地画到另一张空白纸上，甚至可以按需要进行等比例地缩放. 你不妨也来试一试，看看能否做得到？

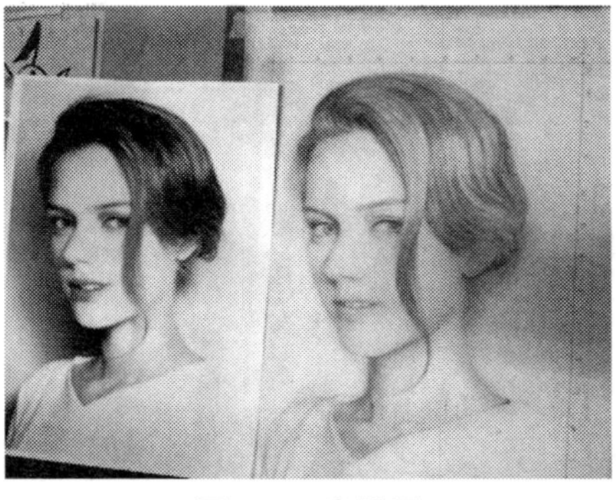

图 3.1　素描图

平面直角坐标系的神奇之处

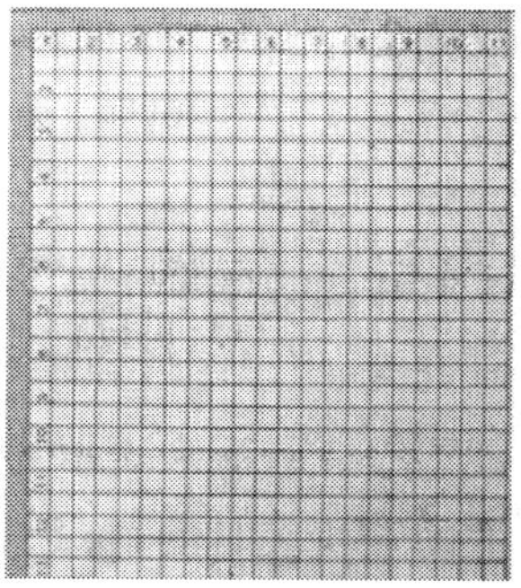
图 3.2　九宫格尺

绘画时有一个小秘诀，那就是借助如图 3.2 所示的九宫格尺，根据九宫格上的坐标来定位，这样就可以较为精确地画出观察对象. 此外，也可以根据九宫格上的坐标进行一定比例缩放，从而实现图像的放大与缩小. 这种作图方法叫作九宫格作图法，它是绘画中的一项基本技能，其原理就是运用坐标定位来构图. 由此可见，平面直角坐标系是绘画的好工具. 其实，它的神奇之处可远远不止这些呢，现在就和我们一起去探秘吧！

现如今，我们通常称直角坐标系为笛卡尔直角坐标系，这无疑是因为笛卡尔(R. Descartes，1596—1650)在坐标系的建立过程中立下大功. 然而，极少有哪一门数学分支是由某人单独完成的，就连大科学家牛顿都说自己是站在巨人的肩膀上. 实际上，笛卡尔关于坐标几何的工作也是建立在前人经验的基础上，并由后人不断发展和完善的.

1. 坐标初创始，萌芽于中西

(1)西方早期的坐标思想

古希腊的数学成就在整个数学发展史上闪耀着璀璨的光芒. 几何学家阿波罗尼奥斯(Apollonius of Perga，约前 262—前 190)在他的著作《圆锥曲线论》中，曾用两条相交直线(正交的或非正交的)作为一种坐标系. 他以圆锥体底面直径作为横坐标轴，过顶点的垂线作为纵坐标轴，通过直径及共轭直径来描述圆锥曲线的一些性质，这表明，当时的他已经意识到坐标轴的用途. 公元前 125 年，古希腊希帕索斯(Hippasus，约前 470 年)引用经度和纬度来描述天球上和地面上点的位置. 150 年左右，古希腊托勒密(Ptolemy,约 90—168)的《地理学》问世,书中提出对球面上经纬度的讨论. 这些都是古希腊坐标的先例.

早在 9—11 世纪,阿拉伯数学家就认识到代数关系与几何关系的一致性. 奥玛尔 · 海雅姆(Omar Khayyam,约 1048—1131)把几何和代数结合起来解决问题,他采用两条圆锥曲线相交的方法进行求解三次方程.

法国数学家奥雷斯姆(Nicole Oresme,约 1323—1382)对变化进行研究时,提出图线原理. 为了研究变化与变化率,他指出凡可度量的量都能用点、线、面来表示. 为了表示随时间而变化的速度,他用一条水平线上的点代表时间,称之为经度,用纵线表示不同时刻的速度,称之为纬度. 此时,他已萌生用两条相互垂直的直线来确定曲线位置,并以曲线表示函数图象的想法. 不过他的图线概念是模糊的,至多是一种图表,还未形成清晰的坐标与函数图象的概念,处于解析几何的酝酿阶段.

(2)中国早期的坐标思想

在坐标概念被引入数学领域之前,中国最初的坐标思想体现在实际生活中. 古人用“井”字表示井周围的土地,就是取自坐标的形态.

中算家是最先认识到代数与几何关系一致性的. 古代数学家一直用一般化的代数形式来表示几何命题,代数与几何相互配合,代数的几何化与几何的代数化正是中国古代数学的特色所在.

120 年左右,班氏兄妹(班固和班昭)在《前汉书》中给出了八个编年表. 在《古今人物表》中,他们将著名历史人物(约 2000 个)按儒家思想的标准分为九个品德等级,排列在矩形网格中,一轴代表时间,另一轴代表人物品德. 在某种意义上,这就是一种坐标系统.

约 2 世纪的张衡和 3 世纪的裴秀奠定了定量制图学的基础. 西晋人裴秀提出“制图六体”,在地图绘制中使用了相当完备的平面网格坐标法. 此后,网格制图法在中国流传开来.

2. 发展适良机,巨人来擎旗

科学的需要和对方法论的兴趣推动了皮埃尔 · 德 · 费马(Pierre de Fermat,1601—1665)和笛卡尔对坐标几何的研究.

费马出身于商人家庭，职业是律师，数学只是他的业余爱好，但他在数学上的成就不亚于专业数学家，他对数论和微积分的研究都做出了巨大贡献，被人们尊称为“业余数学家之王”.

费马关于曲线的研究是从阿波罗尼奥斯的论著入手的. 当时阿波罗尼奥斯的《论平面轨迹》一书已经失传很久，费马为了复原这本著作，于 1629 年写成了《平面和立体的轨迹引论》. 费马为了将阿波罗尼奥斯关于圆锥曲线的结果直接翻译成代数形式，故建立了坐标系. 如图 3.3 所示，他考虑曲线上的任一点 K，K 的位置用 a、e 两个字母确定，a 是从原点 O 到点 Z 的距离，e 是从点 Z 到点 K 的距离. 费马建立的坐标系，类似于我们现在使用的斜坐标系，图 3.3 中的 a、e 分别对应现在坐标系中的 x、y. 但是费马在坐标系里并没有明确标出 y 轴，也没有给出负坐标.

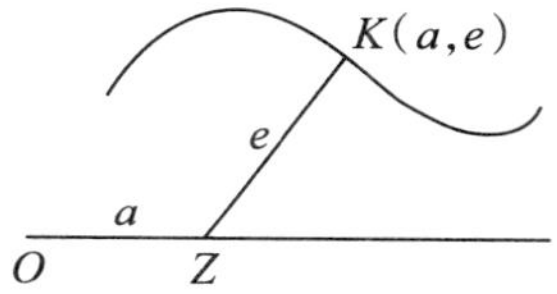

图 3.3　费马的坐标系

笛卡尔跟费马生活在同一个时代，是一名出色的哲学家，他在数学上更是颇有造诣. 费马创立的解析几何主要着眼于继承古希腊的思想，而笛卡尔的解析几何则从批判古希腊的传统出发，更有创建性. 笛卡尔认为古希腊的几何学过于依赖图形，束缚了人的想象力，并认为当时流行的代数学完全从属于法则和公式，不能成为一门改进智力的科学. 因此，他提出必须把几何与代数的优点结合起来，建立一种“真正的数学”. 笛卡尔从解决几何作图问题出发，将几何问题归结为代数问题，用代数学的方法进行计算、证明，从而达到解决几何问题的目的. 几何代数化正是笛卡尔解析几何的核心思想. 笛卡尔的哲学名言“我思故我在”，用怀疑的态度代替盲从和迷信，依靠理性获得真理. 他的这种敢于批判、勇于探索创新的精神，值得我们学习.

1637 年，笛卡尔发表了《几何学》，他在这本书中引用“变量”这个概念，并建立了平面上的坐标系，把平面上的点与有序数对 (x, y) 对应起来，明确地建立了曲线与含有两个未知量的代数方程之间的对应关系. 如图 3.4 所示，笛卡尔建立的坐标系仍然没有坐标的负值，两轴的夹角也不是直角.

总的来说，费马和笛卡尔使用的都是斜角坐标系，即选定一条直线作为 x 轴，在其上选定一点为原点，y 的值则由与 x 轴形成一固定夹角的线段长度来表示，而且横坐标和纵坐标都局限于正数范围. 虽然费马、笛卡尔创立的坐标系都不是很完善，但是能够将“数”与“形”结合起来，已经具有划时代的意义.

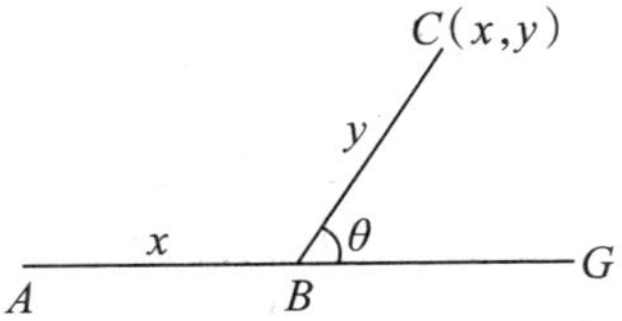

图 3.4　笛卡尔的坐标系

3. 扬名终有时，后人增缮尽

遗憾的是，多数数学家受旧观念的束缚，反对把代数和几何混在一起，因而解析几何的思想并没有很快被他们所接受.

在笛卡尔去世 5 年后，英国数学家沃利斯(J. Wallis，1616—1703)于 1655 年率先有意识地引入负坐标轴，使得所考虑曲线的范围扩展到整个平面. 沃利斯进一步完善了坐标法，其著作《论圆锥曲线》引起了数学界的普遍重视，大大传播了解析几何思想.

在《几何学》中，笛卡尔引入变量与坐标，但是并未使用“变量”一词. 现在常用的“变量”，最早是由约翰·伯努利于 1718 年引入的. 在坐标轴方面，笛卡尔当时只引入了一条坐标轴(即今天使用的 x 轴)，另一条轴是沿着与 x 轴呈斜角的方向画出的. 第二条坐标轴即 y 轴，由瑞士数学家克莱姆(G. Cramer，1704—1752)于 1750 年在他的《代数曲线分析引论》中正式引入，比 x 轴的引入晚了 100 多年. 笛卡尔当时也没有使用横坐标、纵坐标这样的词语，是德国数学家莱布尼茨在 1692 年引入“坐标”一词，“纵坐标”一词于 1694 年才被正式使用，而“横坐标”一词是在 18 世纪才由德国数学家沃尔夫(Christian Wolff，1679—1754)等人引入的. 至此，平面直角坐标系终于被确定下来，成为一个重要的工具，被广泛应用于数学研究及自然科学的各个领域之中.

数学上把平面直角坐标系中横、纵坐标均为整数的点称为格点或整点. 格点问题是一个非常有趣的数学问题，让我们一起来对格点问题进行探索吧！

1. 四则运算在格点，几何代数巧相遇

(1)格点上的加、减法

我们在接触四则运算时最先学习的就是加法. 你知道吗？在格点上也能做加法运算，这样更加直观生动，还能帮助我们发现规律呢！

如图 3.5 所示，平面直角坐标系第一象限内的格点，与坐标轴组成很多小方格. 举个例子，你想直接看出 $5+4$ 的答案，怎么办呢？首先，在图 3.5 中找到点 $A(5,4)$，这个点沿着小方格的对角线向左上方移动，移动到 y 轴上一看，是 9(向右下方移动到 x 轴上，还是 9)，这告诉你：$5+4=9$. 因为点 A 移动的轨迹是直线，所以你只要用直尺在点 A 处沿着小方格的对角线画一画，就可以找到坐标轴上的数字 9 了.

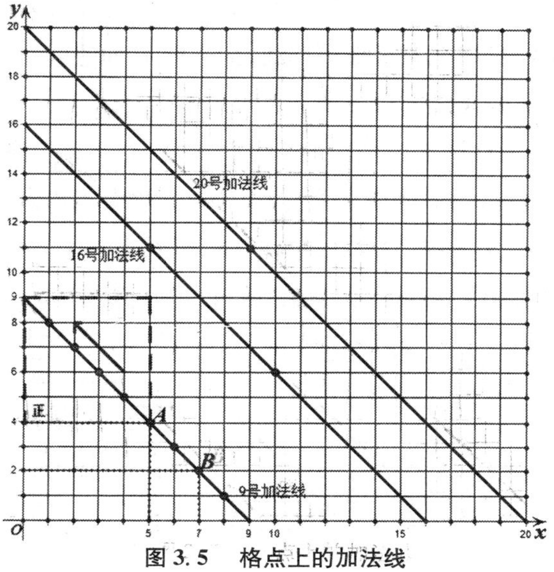

图 3.5　格点上的加法线

如果你细心观察，就能从寻常的现象里发现一些曾经没注意到的“秘密”. 为什么方格纸上能做加法呢？再仔细看看图 3.5，把注意力集中到点 A，它向左上方(45° 方向)每跳一个格点，它的位置就左移一格，同时也上移一格，横向、纵向移动的距离一样长. 点 A 从起始位置移动到边上，横坐标减少了 5，同时纵坐标也相应地增加了 5，所以点 A 的纵坐标 4，加上 5，等于 9.

在点 A 移动过程中，横坐标减少量与纵坐标增加量相等，所以始终保持横、纵坐标之和不变. 点 A 所在的那条斜线上有一串格点，如点 $B(7,2)$，把横坐标 7 与纵坐标 2 相加，又是 9. 你可以再多试几个点，都是如此. 所以，我们给这条斜线起名字为“和为 9 的加法线”，也叫作“9 号加法线”. 实际上就是横坐标与纵坐标之和等于 9 的格点所在的线.

探一探

你能发现“9 号加法线”与 $x+y=9$ $(x,y\geqslant 0)$ 的图象的关系吗？

你还可以很容易地画出其他的加法线. 例如，把点(20,0) 与点(0,20) 用直线连起来，便是“和为 20 的加法线”. 在其上任取一个点，点的横坐标与纵坐标之和都等于 20.

用加法线也可以做减法. 例如要算 $9-5$，我们可以先找到“9 号加法线”，然后在 x 轴找到 5，从 5 竖向移动，碰到“9 号加法线”时，对应 y 轴上的 4，所以 $9-5=4$.

现在，介绍方格纸上做减法的另一种方式. 请看图 3.6，如果想直接看出 $10-4$ 的答案，可以先确定格点 $C(10,4)$. 这个点沿着小方格的对角线向左下方移动，移动到 x 轴上，正好是 6，得到 $10-4=6$. 同样地，只要用直尺在点 C 处沿着对角线画一画，就可以找到数字 6 了.

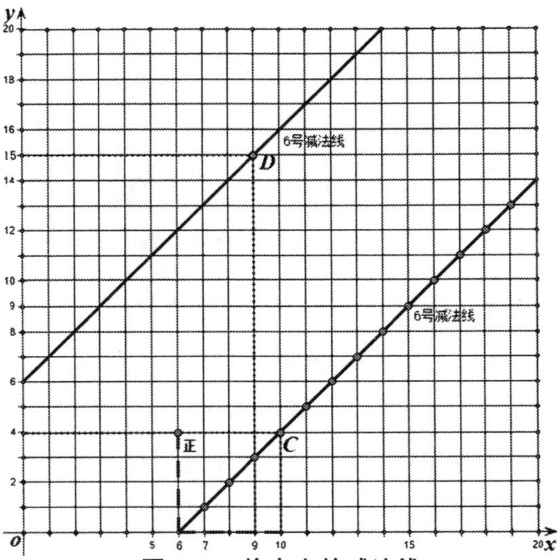

图 3.6　格点上的减法线

这是为什么呢?同加法类似.请仔细看图 3.6,当点 C 向左下方移动时,每次下移一格,同时左移一格.点 C 下移 4 格到 x 轴,其纵坐标减少了 4,同时横坐标也相应地减少了 4,所以点 A 的横坐标 10 减去 4,等于 6.

探一探

"6 号减法线"与 $x-y=6(x,y\geq 0)$ 的图象有什么关系?

在点 C 移动过程中,横坐标减少量与纵坐标减少量相等,所以始终保持横、纵坐标之差不变.图 3.6 中点 C 所在斜线上的每一个格点,横坐标减去纵坐标都等于 6.所以我们称这条线是"差为 6 的减法线"或者"6 号减法线".

方格纸上还有另一条"6 号减法线",即如图 3.6 所示,点 D 所在的直线.在这条线上,任一格点的纵坐标减去横坐标等于 6.

(2) 和差问题

如图 3.7 所示,"12 号加法线"与"6 号减法线"相交于点 $E(9,3)$.点 E 在"12 号加法线"上$(9+3=12)$,同时又在"6 号减法线"上$(9-3=6)$.利用"加法线"和"减法线"的交点可以解决"和差问题".

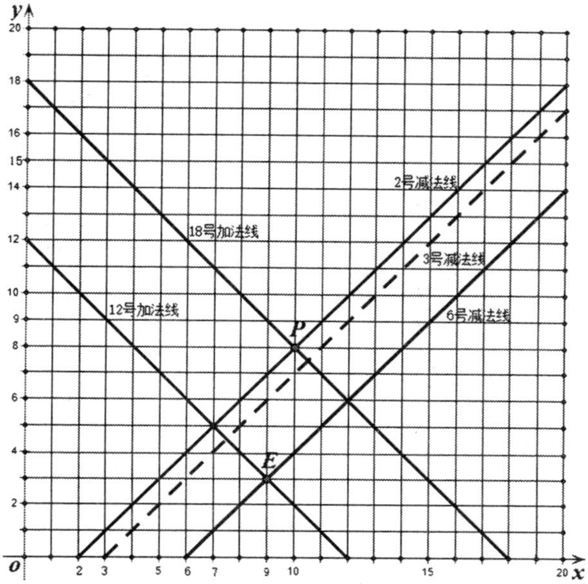

图 3.7　和差问题

【例 1】 刘星和刘雨共有 18 本漫画书，刘星比刘雨多 2 本. 那么刘星和刘雨各有几本漫画书？

解析：如图 3.7 所示，画出“18 号加法线”和“2 号减法线”，两线交于点 $P(10,8)$. 答案就出来了：刘星有 10 本，刘雨有 8 本.

如果把例 1 中的“多 2 本”改为“多 3 本”，行不行呢？画出“3 号减法线”，它和“18 号加法线”的交点不在格点上，而书本数只能是整数，这表明此题无解.

（3）格点上的乘、除法

现在，我们看一看格点上的乘法是怎样做的.

例如，用 3 乘一些数：$1\times3=3$，$2\times3=6$，$3\times3=9$，$4\times3=12$，$5\times3=15$，… 把每个等式两头的数凑在一起，得到一串坐标(1,3)，(2,6)，(3,9)，(4,12)，… 将这些点画在平面直角坐标系上，如图 3.8 所示. 真巧，它们全在一条直线上. 因为是乘以 3，所以这条直线叫作“3 号乘法线”. 你能画出另一条“3 号乘法线”吗？

探一探

“3 号乘法线”与 $y=3x(x,y\geqslant0)$ 的图象有什么关系？

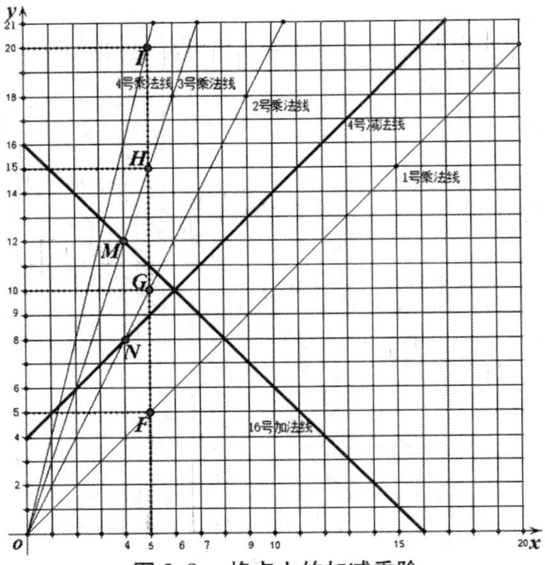

图 3.8　格点上的加减乘除

图 3.8 中还画出了 1 号、2 号等其他乘法线. 在 x 轴上找到 5，向上画竖线，与“1 号乘法线”交于点 $F(5,5)$，这表明 $5\times1=5$；与“2 号乘法线”相交于点 $G(5,10)$，这表明 $5\times2=10$；和“3 号乘法线”相交于点 $H(5,15)$，这表明 $5\times3=15$.

利用乘法线也能做除法，比如，要算 $20\div4$，只要在 y 轴上找到 20，从 20 向右画直线，与“4 号乘法线”交于点 $I(5,20)$，即 $20\div4=5$.

(4) 和倍问题和差倍问题

利用“乘法线”与“加法线”，可以算“和倍问题”；利用“乘法线”和“减法线”，可以算“差倍问题”. 下面各举一例.

【例 2】 美术社团共有 16 位同学，其中男同学人数是女同学人数的 3 倍，问男女同学各有几人？

解析：这是一个“和倍问题”，如图 3.8 所示，“16 号加法线”与“3 号乘法线”交于点 $M(4,12)$，所以男同学有 12 人，女同学有 4 人.

【例 3】 已知李华的姐姐比李华大 4 岁，并且今年姐姐的年龄正好是李华的 2 倍，问李华和她的姐姐今年各多少岁？

解析：这是一个“差倍问题”，如图 3.8 所示，“4 号减法线”与“2 号乘法线”交于点 $N(4,8)$，所以李华今年 4 岁，李华的姐姐今年 8 岁.

2. 任意形状积几许，格点图形有玄机

如图 3.9 所示，小方格的边长为 1. 你能快速算出每个图形的面积吗？

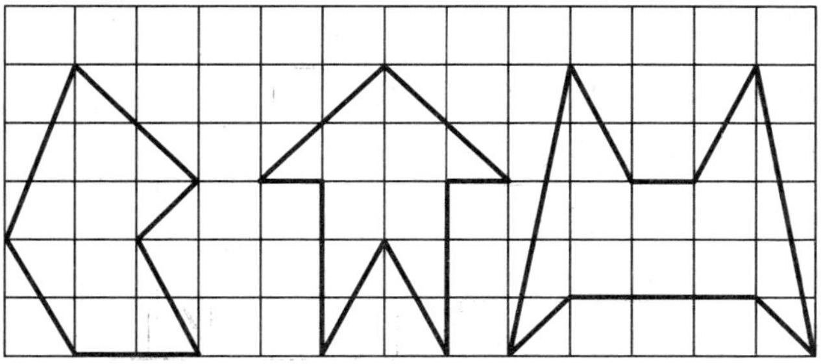

图 3.9　格点多边形

我们通常会将不规则图形分割成几个规则图形，分别计算面积再求和. 但实际上，一个多边形的顶点若全在格点上，这个多边形就叫作格点多边形.我们只需分别数出图形内部及图形边线上格点的数目,就可以直接用公式快速算出它的面积.这个公式是奥地利数学家皮克(Pick,1859—1943)在1899年提出的,被称为“皮克定理”,这是一个实用而有趣的定理.

皮克定理 一个格点多边形(即以格点为顶点)的面积为:

$$S=n+\frac{s}{2}-1.$$

其中,n表示多边形内部的点数,s表示多边形边界上的点数,S表示多边形的面积.

显然,图3.9中的三个图形都是格点多边形,可以运用皮克定理求其面积.图3.9中左边的格点多边形,内部格点数目是6,边上格点数目是8,由皮克定理可得,该多边形的面积是:

$$S=6+\frac{8}{2}-1=9.$$

如果把左边的格点多边形进行分割,分别计算面积再求和,你会惊喜地发现这个结果和用皮克定理算出来的一样,但是用皮克定理计算更加简便.现在你自己可以快速算出图3.9里另外两个格点多边形的面积了吧!皮克定理的证明也简单易懂,有兴趣的读者可以自行查阅.

3. 首同尾补巧算易,坐标格里细分析

首同尾补问题:如果两个数的十位数字相同,并且个位数字“互补”(即个位数字之和为10).那么这两个数的乘积是:十位数加1,与十位数相乘,乘积写在前面;个位数与个位数相乘,乘积写在后面.例如,25×25=625,方法是:将2×(2+1)=6写在前面,5×5=25写在后面;44×46=2024,方法是:将4×(4+1)=20写在前面,4×6=24写在后面.

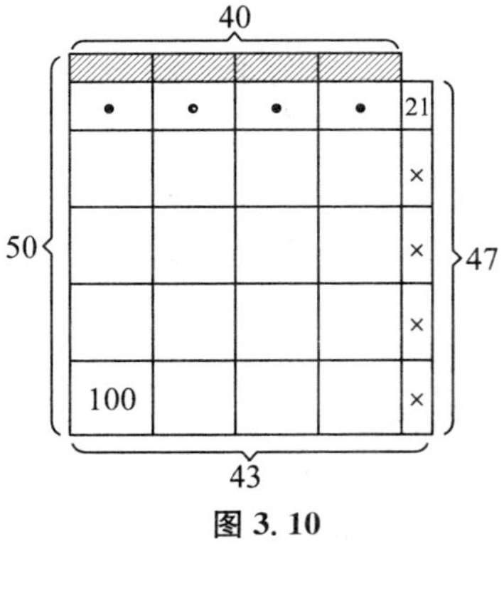

图3.10

为什么能做这样的速算呢?除了用代数的方法解释外,我们还可以通过格点来解释.如图3.10所示,一个43×47的长方形，把右边带"×"的长方形(宽度为 3)切下补到上边阴影部分，和带"·"的长方形(宽为 7)凑成一个宽为 10 的长方形. 此时，还剩下右上角 3×7 大小的一块，所以 43×47=40×50+3×7=2000+21=2021.

法国数学家笛卡尔创立了坐标系，使点与有序实数对建立了联系，进而使曲线与方程建立了联系，实现了"数"与"形"的完美结合.

1. 直角坐标好工具，数形合璧巧解题

我国著名数学家华罗庚先生曾指出："数缺形时少直观，形少数时难入微；数形结合百般好，隔离分家万事休."数形结合是中学数学里非常重要的思想方法. 当我们解决某些数学问题时，可以通过"以形助数"或"以数解形"使复杂问题简单化. "以形助数"是指借助图形的几何直观性来揭示数之间的某种关系，使代数问题几何化；"以数解形"是指借助数的精确性来阐明图形的某些属性，使几何问题代数化. 而平面直角坐标系正是实现数形结合的奇妙工具.

【例 4】 如图 3.11 所示，已知函数 $y=x+b$ 与 $y=ax+3$ 的图象交点为 P，求不等式 $x+b>ax+3$ 的解.

解析： 如图 3.11 所示，当 $x>1$ 时，$y=x+b$ 的图象在 $y=ax+3$ 的图象上方，故 $x+b>ax+3$ 的解为 $x>1$.

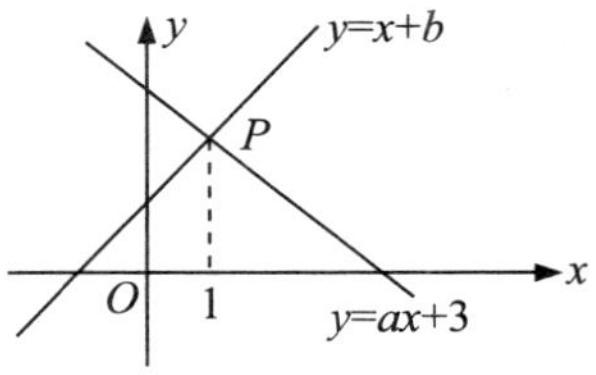

图 3.11

在上述解法中巧妙地借助平面直角坐标系画出相应函数的图象，数量关系就很容易看出来.

2. 云想衣裳花想容，数学之美更胜筹

数学中有很多美丽的曲线，让我们来一饱眼福. 这些令我们赏心悦目的曲线体现了奇异的数学美. 你想知道这些美丽的曲线是怎么画出来的吗？那就从曲线的方程开始研究吧！

图 3.12 中的曲线是一个爱心的形状，被称为心形线. 它的曲线方程是：

$$x^2+(y-x^{\frac{2}{3}})^2=1,$$

还有很多其他的心形线，它们所对应的方程也不同.

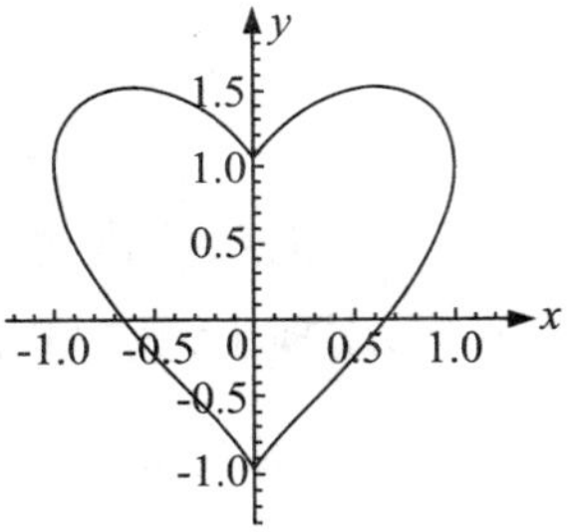

图 3.12　心形线

图 3.13 中的曲线像一个蝴蝶结丝带，它叫作双纽线，也被称为伯努利双纽线. 伯努利将这种曲线称为“lemniscate”，为拉丁文中“悬挂的丝带”之意. 不要小看这类曲线，伯努利双纽线在科技和轻工业领域可有着广泛应用. 伯努利双纽线方程的一般形式是：

$$(x^2+y^2)^2=2a^2(x^2-y^2),$$

上式取 $a=1$，就得到图 3.13 中双纽线的方程 $(x^2+y^2)^2=2(x^2-y^2)$.

图 3.14 中的曲线像是一个四角星，人们称其为星形线. 星形线方程的一般形式是：

$$x^{\frac{2}{3}}+y^{\frac{2}{3}}=a^{\frac{2}{3}},$$

上式取 $a=5$，就得到图 3.14 中星形线的方程 $x^{\frac{2}{3}}+y^{\frac{2}{3}}=5^{\frac{2}{3}}$.

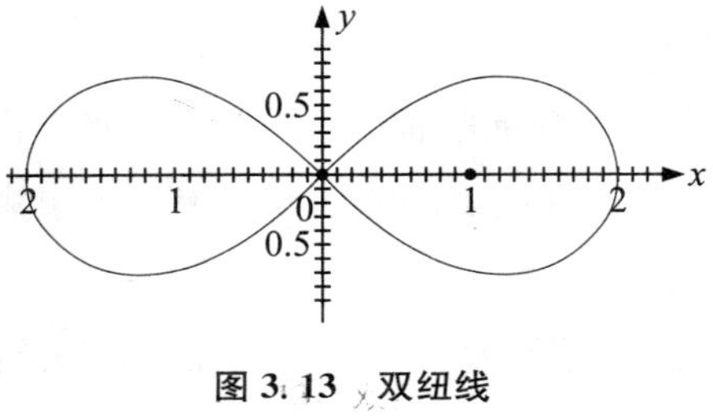

图 3.13　双纽线

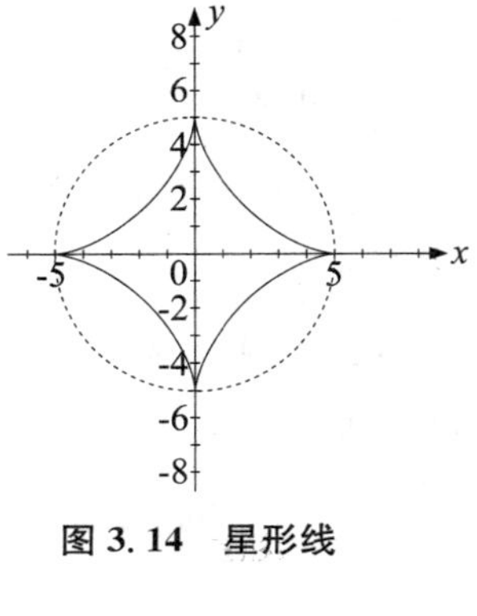

图 3.14　星形线

有了曲线的方程，我们可以通过描点法将曲线一点一点地画出来. 但是这个过程比较烦琐，好在如今我们可以利用几何画板、Matlab 等数学软件，直接输入方程，就可以快速地得到相应的曲线. 这些美丽的曲线不仅体现了数学的对称美、和谐美，而且是形成其他漂亮图案的基石，成为许多艺术家设计作品的主要几何元素. 而我们看到的这些仅仅是曲线王国中的冰山一角，还有更多美丽的曲线等待我们去探索.

自然界中很多植物有着优美的形态. 例如，花瓣对称排列在花托边缘，整个花朵近乎完美地呈现出辐射对称形状，叶子有规律地沿着植物的茎相互叠起，种子或呈圆形、或如伞状……科学家对一些植物进行认真地观察和研究之后，发现它们和“曲线方程”有着密切的关系. 比如，图 3.15 中的花朵，其花瓣轮廓对应着“玫瑰形线”.

图 3.15　花瓣轮廓及玫瑰形线

平面直角坐标系的拓展应用

这个游戏只需要一个普通的围棋盘和一枚棋子. 图 3.16 的围棋盘中有 $18\times18=324$(个) 小正方形格子，将右上顶点处的格子设为目标位置(山顶)，并用“▲”这个符号标记. 游戏由 A、B 两人来玩：首先，第一个游戏者 A 把一位“皇后”(以一枚棋子代表) 放在棋盘的最下面一行或最左边一列的某个格子里(阴影区域)，放好后就可以轮到 B 走了，之后两人对弈. 规则是:“皇后”只能向上、向右或向右上方(45°方位)斜着走,每次走的格数不限,但不能倒退,也不能停步不前;谁先把“皇后”移进目标位置,即标有“▲”的山顶位置就获胜.

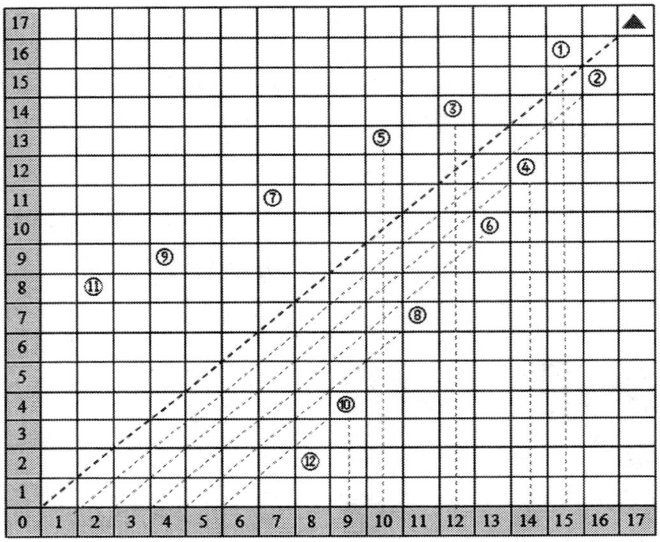

图 3.16　18 × 18 大小围棋盘

显然,双方对弈下去绝不可能出现“和棋”,在有限的回合后,必有胜负. 不妨和你的同伴按照上述规则玩一玩游戏,看谁能一举获胜?

其实这个游戏是有套路的,我们只要抢占“制胜点”,就可以成为“天下无敌”了. 先玩一个简单一点的,如图 3.17 所示,在 8 × 8 围棋盘上,如果 A 把“皇后”走进图中带阴影的任一格子,则 B 一步就可以把“皇后”走到山顶而获胜. 那么 B 如何迫使对方不得不把“皇后”走进带有阴影的格子里去呢?显然,如果 B 能够设法将“皇后”走进标号为 ① 或 ② 的格子里,那么对手 A 只能把皇后走进带有阴影的格子. 由此,我们明白,谁占领了制胜点 ① 或 ②,只要以后走法得当,就能稳操

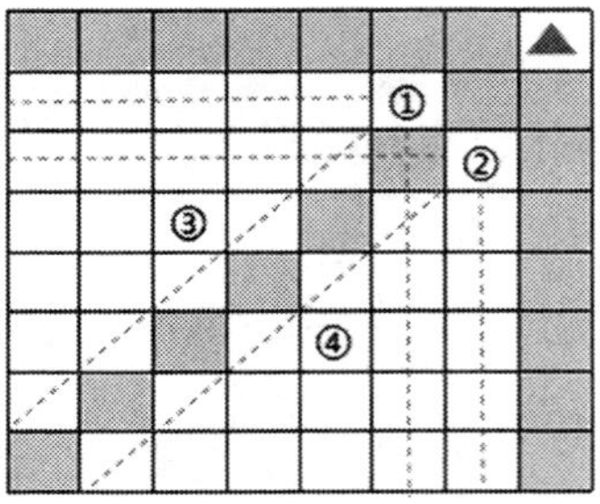

图 3.17　8 × 8 大小围棋盘

胜券.

你肯定很想知道,怎样才能占领①或②呢?如果把“皇后”走进图 3.17 中带有虚线的方格里,则就能占领①或②,从而获胜.而又怎样迫使对方不得不把“皇后”走进有虚线的方格呢?同样的分析方法,只要能够占领第二对制胜点③或④的任一格.继续运用上述分析方法,就可以得到棋盘上的全部制胜点.请参看图 3.16,共有 12 个制胜点,可以分为 6 组,即①和②,③和④,⑤和⑥,⑦和⑧,⑨和⑩,⑪和⑫,每组里的两个制胜点对于右上方(45°方位)的斜线是对称的.

在玩游戏时,我们只需记住 6 个制胜点的坐标,即 $A_1(15,16)$;$A_3(12,14)$;$A_5(10,13)$;$A_7(7,11)$;$A_9(4,9)$;$A_{11}(2,8)$.再根据对称性,即可得到另外 6 个制胜点:$A_2(16,15)$;$A_4(14,12)$;$A_6(13,10)$;$A_8(11,7)$;$A_{10}(9,4)$;$A_{12}(8,2)$.这样,只要在游戏过程中抢占到制胜点,就可以获胜.

制胜点分布的秘密被你发现了,现在的你作为游戏者和对手进行对弈,那就必胜无疑啦!因为在最左一列和最下一行里都没有制胜点,所以无论对手如何放置“皇后”,你第一步就可抢占到一个制胜点(或者第一步就直接到达山顶▲),往后你总能在每一步都抢占制胜点,直到最后胜利.比如,如果对手把“皇后”放在(0,0)、(17,0)和(0,17)三者中的任一位置,你可一步到达山顶;如果对手把“皇后”放在(1,0),你直接抢占制胜点②,接着对手无论怎么走,你都可以直接到达山顶;如果对手把“皇后”放在(0,6),你可以立马抢占制胜点⑪,以后每一步保证抢占制胜点直至到达山顶.

1. 详注三顶点位置,巧求三角形面积

已知三角形三个顶点的坐标,如何求三角形的面积呢?

图 3.18 中的三角形有一边在坐标轴上,图 3.19 中的三角形有一边平行于坐标轴,对于这两种特殊情况,你肯定可以很快算出三角形的面积.根据三顶点的坐标,容易求出三角形底边的长度和底边对应的高,这

样就可求得面积.

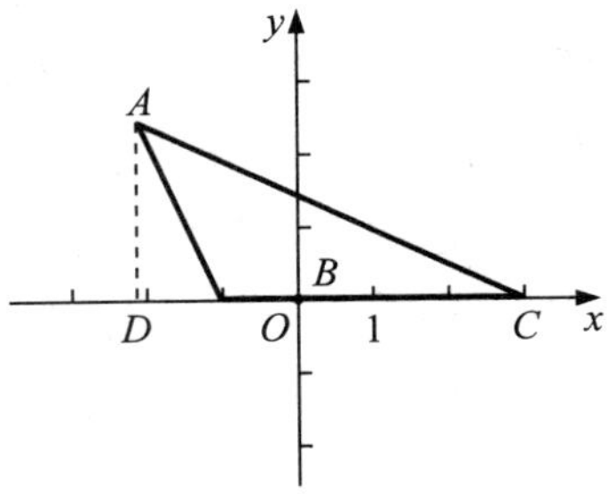

图 3.18

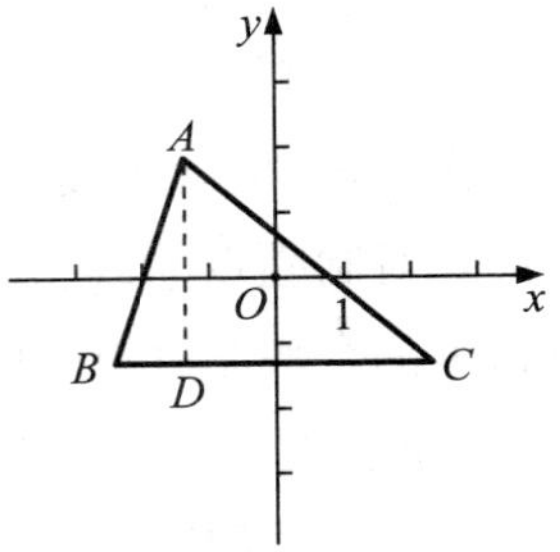

图 3.19

那么如果三角形的任一边都不平行于坐标轴,怎么求面积呢?

【例 5】 如图 3.20 所示,$\triangle ABC$ 的三个顶点坐标分别是:$A(2,-1)$,$B(3,3)$,$C(-2,2)$. 求 $\triangle ABC$ 的面积.

解析:在这种情况下,要构造某边上的高,就显得有点困难了. 我们可以采用割补法. 如图 3.21 所示,过点 A 作 $DE//x$ 轴,过点 B 作 $BF//x$ 轴,作 $BE//y$ 轴,过点 C 作 $DF//y$ 轴,这些辅助线相交得到矩形 $BFDE$.

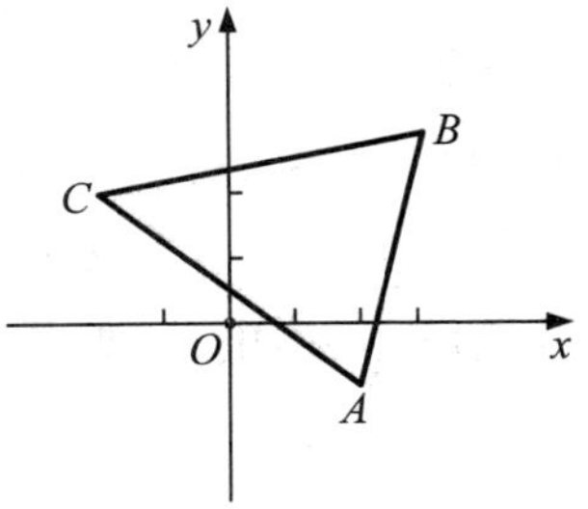

图 3.20

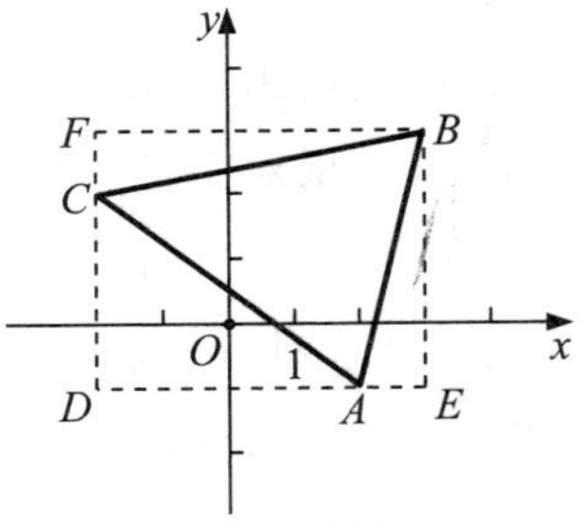

图 3.21

由 $A(2,-1)$,$B(3,3)$,$C(-2,2)$,可以算出 $BF=5$,$CF=1$,$BE=4$,$AE=1$,$CD=3$,$AD=4$. 所以:

$$S_{\triangle ABC}=S_{\text{矩形}BFDE}-S_{\triangle ABE}-S_{\triangle ACD}-S_{\triangle BCF}$$

$$=5\times4-\frac{1}{2}\times1\times4-\frac{1}{2}\times3\times4-\frac{1}{2}\times1\times5$$

$$=\frac{19}{2}.$$

我们总结一般性规律：当 $\triangle ABC$ 的三个顶点为坐标平面内任意点时，记顶点坐标分别是 $A(x_1,y_1)$，$B(x_2,y_2)$，$C(x_3,y_3)$，如图 3.22 所示. 为了求三角形的面积，往往过三角形顶点作平行于坐标轴的辅助线，得到“包围”这个三角形的矩形.

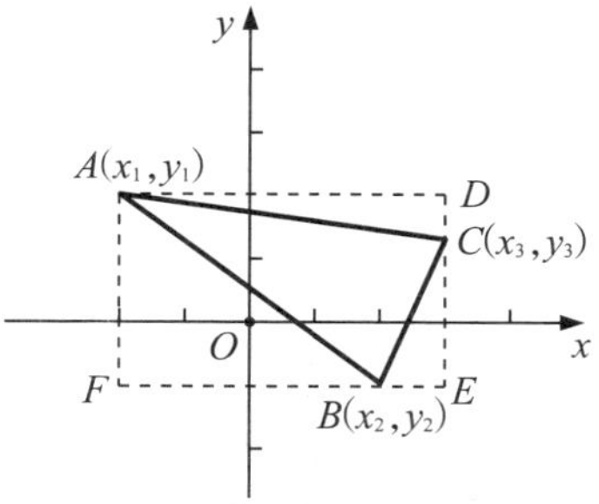

图 3.22

显然，$\triangle ABC$ 的面积等于矩形面积减去周边几个直角三角形的面积. 其中，

$$S_{\text{四边形}AFED}=(x_3-x_1)(y_1-y_2),S_{\triangle ABF}=\frac{1}{2}(x_2-x_1)(y_1-y_2),$$

$$S_{\triangle ACD}=\frac{1}{2}(x_3-x_1)(y_1-y_3),S_{\triangle BCE}=\frac{1}{2}(x_3-x_2)(y_3-y_2),$$

$$\begin{aligned}\text{所以 } S_{\triangle ABC}&=S_{\text{四边形}AFED}-S_{\triangle ABF}-S_{\triangle ACD}-S_{\triangle BCE}\\&=(x_3-x_1)(y_1-y_2)-\frac{1}{2}(x_2-x_1)(y_1-y_2)-\\&\quad\frac{1}{2}(x_3-x_1)(y_1-y_3)-\frac{1}{2}(x_3-x_2)(y_3-y_2)\\&=\frac{x_1y_2+x_2y_3+x_3y_1-x_1y_3-x_2y_1-x_3y_2}{2}.\end{aligned}$$

上式若用高等代数中的行列式表示，则为：

$$S_{\triangle ABC}=\frac{1}{2}\begin{vmatrix}x_1 & y_1 & 1\\x_2 & y_2 & 1\\x_3 & y_3 & 1\end{vmatrix}.$$

这个式子非常简洁美观，方便记忆. 随着对数学学习的深入，你将会在数学的璀璨星河中发现更多的数学美.

2. 三高必聚于一点，方程证明亦多趣

要证明三角形的三条高线交于一点，我们可以利用平面直角坐标系将几何问题代数化，进而解决问题.

如图3.23所示，AD、BE、CO分别是$\triangle ABC$的三条高，以O为原点，边AB所在的直线为x轴，CO所在的直线为y轴，建立如下图所示的平面直角坐标系.

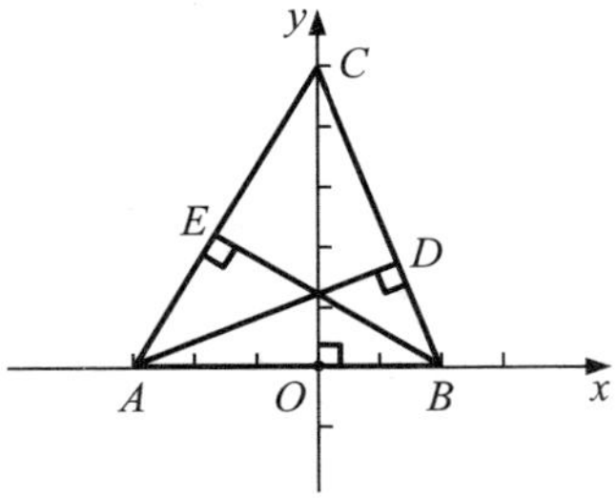

图 3.23

试一试

你会用其他方法证明吗?

设A,B,C的坐标分别为$(-a,0)$，$(b,0)$，$(0,c)$，接下来要用到平面解析几何中直线与方程的知识了. 通过坐标求出直线AC和BC的斜率k_{AC}，k_{BC}. 根据垂直关系，分别算出对应的垂线的斜率，根据点斜式求出直线AD和BE的方程，联立两直线方程，求解得交点，再证明该交点在第三条垂线上. 从而得证三角形的三条高线相交于一点.

进入景区游览前，人们都愿意带上一幅景区地图，因为它能方便大家游玩. 给你一张地图，你知道怎么看吗？你会绘制简易的地图吗？

假设我们一起来到海洋公园，已知白鲸馆在入口向北方向300m，向东方向200m；海豹馆在入口向东方向400m；海豚馆在入口向南方向300m，向西方向500m. 你来试试建立合适的坐标系，标出入口和三个场馆的位置吧.

此答案不唯一. 如图3.24所示，以入口为原点向东、向北方向分别为x轴、y轴正方向，建立平面直角坐标系，可分别表示出入口和三个场馆的位置. 在地图中一般以 y 轴正方向表示正北方向，x 轴正方向为正东方向(即上北下南，左西右东).

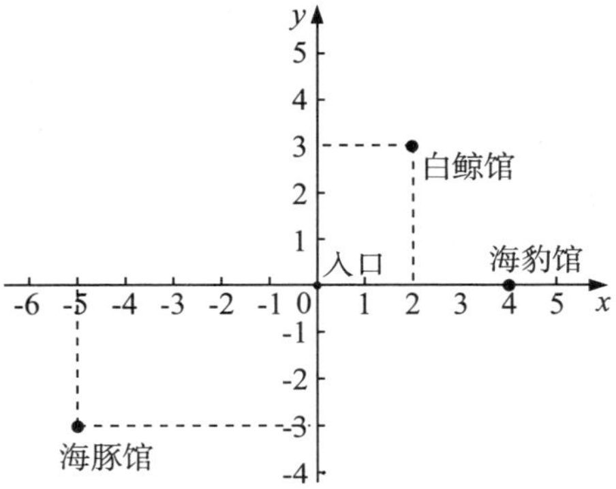

图 3.24

其实坐标思想在我们的生活中无处不见，比如电影院、剧院、体育馆的看台位置，火车车厢的座位以及高层建筑物的房间编号等，都是用有序数对表示的，我们也可以将其看作是一个个的坐标.

经典赏与练

【例 1】 如图 3.25 所示，$\triangle ABC$ 在平面直角坐标系上的单位正方形网格中. $\triangle ABC$ 经过平移后得到 $\triangle A_1B_1C_1$，已知在 AC 上一点 $P(2.4,2)$ 平移后对应的点为 P_1，P_1 绕原点 O 逆时针旋转 180°，得到对应点 P_2，则 P_2 的坐标为( ).

A. (1.4,1) B. (1.5,2)

C. (1.6,1) D. (2.4,1)

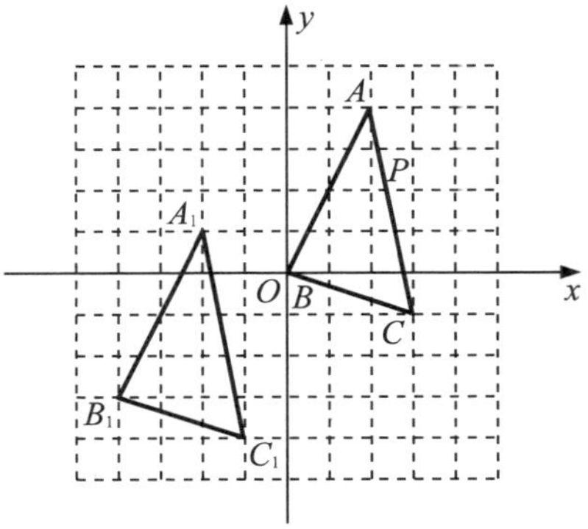

图 3.25

解析：根据 $A(2,4)$，$A_1(-2,1)$，得到平移规律：横坐标向左平移 4 个单位，纵坐标向下平移 3 个单位，所以点 $P(2.4,2)$ 平移后得对应点 $P_1(-1.6,-1)$. 由点 P_1 绕点 O 逆时针旋转 180° 得到 P_2，可知 P_1 与 P_2

关于原点对称，所以 P_2 的坐标为(1.6,1)，故选 C.

小试牛刀

1. 如图 3.26 所示，动点 P 从(0,3)出发，沿所示方向运动，每当碰到长方形 $OABC$ 的边时反弹，反弹时角度均为 45°，当点 P 第 2015 次碰到长方形的边时，点 P 的坐标为(　　).

A. (1,4)　　B. (5,0)　　C. (6,4)　　D. (8,3)

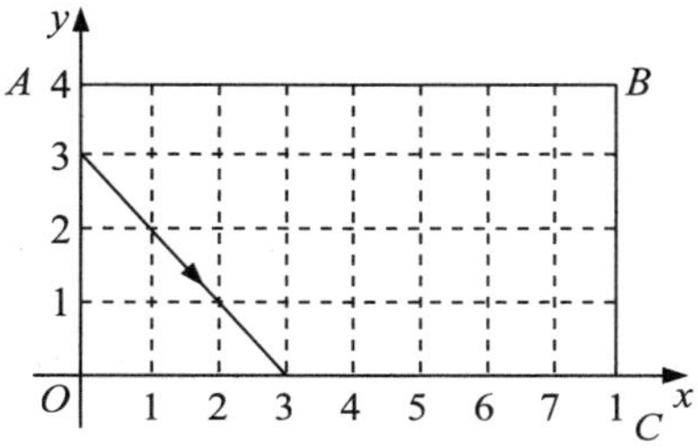

图 3.26

2. 如图 3.27 所示，在平面直角坐标系中，一动点从原点 O 出发，按向上、向右、向下、向右的方向不断地移动，每移动一个单位，得到点 $A_1(0,1)$，$A_2(1,1)$，$A_3(1,0)$，$A_4(2,0)$，… 那么点 A_{4n+1}(n 为自然数)的坐标为________(用 n 表示).

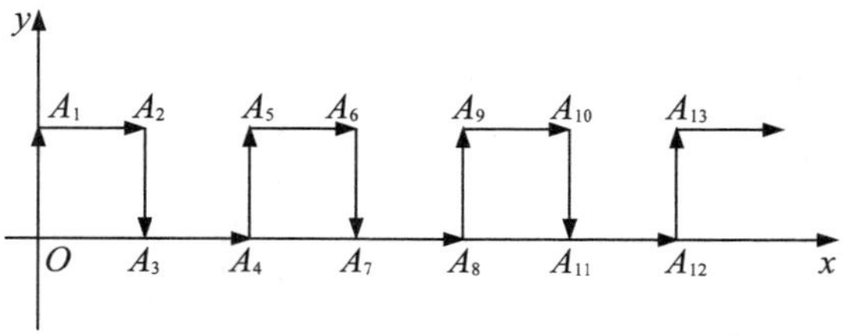

图 3.27

第 4 章

二元一次两不知　方程组之疑难解

——探究二元一次方程(组)

引子

一年一度的国际数学最强大脑大赛就要开始了，一共有 20 个国家参加此次比赛，每个国家可派 5 名代表参赛. A 国王为了赢得这场比赛，在宫外贴了告示(图 4.1)来悬赏能够答对的智者，告示如下：

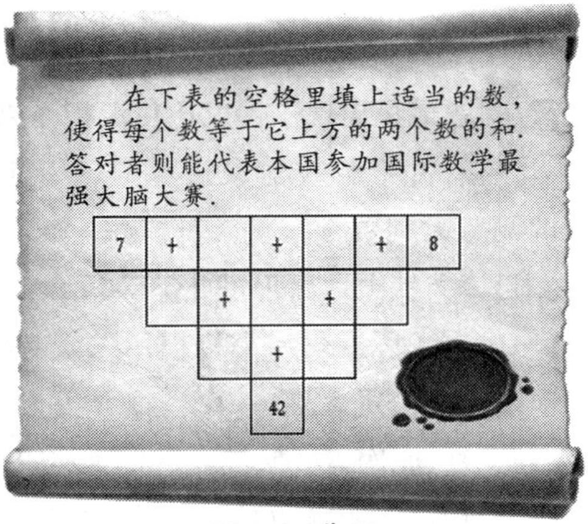

图 4.1　告示

过了几天，守着告示的士兵回报：“有一个叫知惠的人在告示前面口出狂言，甚至还撕毁了告示!”国王好奇是谁有这么大的胆量，于是命士兵把这个人带到宫殿里，知惠面对国王，大胆地说出了自己的想法，国王听后哈哈大笑，说："多亏你的提醒，否则就要犯下大错了，你真是当之无愧的智者！"于是，知惠就代表 A 国参加国际数学最强大脑大赛.

知惠说了什么让国王对他赞赏有加呢？

二元一次方程(组)的神奇之处

数学自它萌芽之日起，就表现出解决人类各种实际问题的实力. 商业、航海、历法计算，桥梁、寺庙、宫殿的建造，武器的制造等，数学往往能在其中发挥重要的作用. 引子中张贴的告示其实就是一道数学题. 我们试着填写上面的表格就会发现，它其实是一道二元一次方程题，设最上方的两个空格中的数分别为 x、y，逐级相加整理后可得一个二元一次方程 $x+y=9$，尝试解这个方程组你又会发现这个二元一次方程有无穷多组解. 看到这里，你终于知道国王为什么称知惠为智者了吧！既然二元一次方程都这么神奇，那么由两个二元一次方程组合而成的二元一次方程组想必更为神奇，一起来探索一下吧！

二元一次方程组问题最早出现于古巴比伦泥板文献中. 中国古代的《九章算术》(约 1 世纪)、古希腊数学家丢番图(Diophantus，约 246—330)的《算术》、中世纪意大利数学家斐波那契(L. Fibonacci，约 1170—1250)所著《计算之书》等文献中均出现过此类问题.

《唐阙史》(唐代)中有一段青州尚书杨损用二元一次方程组考试提拔官员的记载. 杨损以任人唯贤著称，一次杨损要提拔一名小吏，"有吏两人，众推合授. 较其岁月、职次、功绩、违犯的解无少差异者". 面对部下推荐的两名资历、职位、功过都相当的候选人，杨损采用考试择优录取的方法. 他当众出了一道题：

"有夕道于丛林间者，聆群跖评窃贿之数. 且曰，人六匹则长五匹，人七匹则短八匹，不知几人复几匹."

其大意是：有一个人傍晚走进树林里，听到几个盗贼在商议如何分配他们偷来的布匹．如果每个人分 6 匹，那么剩余 5 匹；如果每个人分 7 匹，那么就少了 8 匹，问贼和布的数目各有多少？

我们现在可以通过解一个二元一次方程组很快得到答案：贼 13 人、布 83 匹，但在杨损出考题的 855 年，这两名小吏可颇费了一番工夫，但还是有一个人率先得到了正确的答案，于是杨损便提拔了他．对于这一决定，他的部下都心悦诚服．这个故事除了说明杨损正直无私的品格外，还说明了解二元一次方程组在我国的悠久历史．

待到 13 世纪，杨辉进一步使一次方程组的解法脱离了具体问题，给出了一般解法的说明，他依次称方程组中各个方程为“甲行”“乙行”等，称第一个未知数的系数为“首位”，这在历史上是一个很大的进步．看到这里，你是不是不由得想再深入地了解二元一次方程组呢？且听我详细道来．

数学史上的二元一次方程组问题具有两个特征：一是源于实际，二是富有趣味性．反观现今中学数学教科书，第一个特征较为明显，而第二个特征荡然无存，我们在各版教科书中只能见到零星的几个历史名题，如《九章算术》中的“三禾求实”问题、《孙子算经》中的“鸡兔同笼”问题、《四元玉鉴》中的“二果问价”问题、《算法统宗》中的“僧分馒头”问题等．但仍有很多精彩纷呈的数学问题，被排除在课堂之外，尘封在故纸堆中，实在可惜．今将古代数学文献中丰富的二元一次方程组问题分类（各字母均取非负值）如下．

1．千难万阻归和差——和差问题

建于公元前 2000 年左右的古巴比伦王国，数学十分发达，但由于战争、生态平衡的破坏，这个美丽的国家在公元前 2 世纪被赫木梯王国所灭，漂亮的古巴比伦城也被黄沙彻底埋葬了．今天的伊拉克是其遗址的一部分．世界数学史上一些发明的源头，可追溯到古巴比伦．它从地球上消失之后，只留给我们埋在地下的泥板书这笔宝贵的文化遗产．

从 19 世纪前期开始，在美索不达米亚工作的考古学家们进行了系统的发掘工作，发现了大约 50 万块刻写着文字的泥板书(图 4.2)，仅仅在古代尼普尔旧址就挖掘出 5 万多块. 在巴黎、柏林和伦敦的大博物馆中，在耶鲁大学、哥伦比亚大学和宾夕法尼亚大学的考古展览馆中，都珍藏着许多这类泥板书. 在 50 万块泥板书中，约有 300 块已被鉴定为载有数字表和一批数学问题的纯数学泥板书. 在这些被发现的泥板书中有这样两道题：

图 4.2　古巴比伦泥板书

(1)已知长方形的长和 $\frac{1}{4}$ 的宽之和等于 7，长、宽之和等于 10，求长和宽.

(2)已知两块地共 1 亩，第一块地每亩产 4 担粮食，第二块地每亩产 3 担粮食，第一块地的产量比第二块的产量多 $\frac{5}{3}$ 担. 问：两块地的面积各为多少？

这两道题用现代方程组的方法列出分别为：

(1) $\begin{cases} x+y=10, \\ x+\frac{1}{4}y=7, \end{cases}$ (x 表示长方形的长，y 表示长方形的宽)

(2) $\begin{cases} x+y=1, \\ 4x-3y=\frac{5}{3}. \end{cases}$ (x 表示第一块地的面积，y 表示第二块地的面积)

这是历史上的第一类二元问题，其形式如下：已知两个量之和为 c_1，第一个量的 a 倍与第二个量的 b 倍之和（或差）为 c_2，求这两个量. 即 $\begin{cases} x+y=c_1, \\ ax \pm by = c_2 \end{cases}$ 这种形式.

我们在吃惊的同时又不由待感叹，如今学的二元一次方程组问题原来在 2000 多年前就被研究过了，文化果真是源远流长！不止古巴比伦，我国古代很多数学名著也有类似形式的问题，如《九章算术》中有一例：

“今有玉方一寸，重七两；石方一寸，重六两. 今有石立方三寸，中有玉，并重十一斤. 问玉、石重各几何.”

其大意为：已知每立方寸玉重 7 两，每立方寸石重 6 两，现有一块内含有玉的立方石块，它的长为 3 寸、总重 11 斤. 问：这块立方石所含玉、石的质量各为多少？（斤、两：我国传统的质量单位，1 斤 $=16$ 两；寸：我国传统的长度单位.）

试一试

动手解一下这道古代的二元一次方程组问题吧！

这是一道简单的二元一次方程组问题，只要找出两个等量关系，问题就将迎刃而解. 不妨先动脑再动笔，把方程布列出来，然后再运用所学过的方法求解，不要放过主动锻炼自己独立思考的机会哦！

2. 字字珠玑古盈亏——盈亏问题

《尘劫记》是日本传统数学（和算）奠基之作. 作者吉田光由（1598—1672）深谙中国数学理论且文化素养深厚，因而《尘劫记》有别于普通意义上的数学书. 江户时代崇尚中华文化，此书随处可见中国文化元素.

书中的例题均以江户时代的社会实况为背景，在蕴含浓郁中国文化气息的同时，又植根于当时日本的社会生活，故也被誉为“江户时代社会百科事典”.《尘劫记》不仅在日本数学史上具有开创性意义，在文化史的层面上，尤其是在中日文化交流史上，亦具有其独特的价值. 书中许多内容源自《算法统宗》，只是许多例题根据日本的实际情况做了改写.

在 1641 年新编《尘劫记》小型三卷本中出现了一道“偷和服的小偷”问题，叙述如下：

知盗和服之人之事. 八八分,差七件,七七分,余八件. 闻此,立刻得知小偷人数与和服件数:小偷,有十五人;和服,有一百三十件.

这个问题有“布盗算”“和服小偷算”“小偷算”等名称. 用 8 件和 7 件这两个特别的数值恰好得出答案,这正好引起了人们的兴趣,其后翻译的《尘劫记》也较多直接采用原来数值. 在多数《尘劫记》的译本中(图 4.3),附有小偷们在桥下面分配偷盗来的布匹,有人从桥上面窥视的插图.

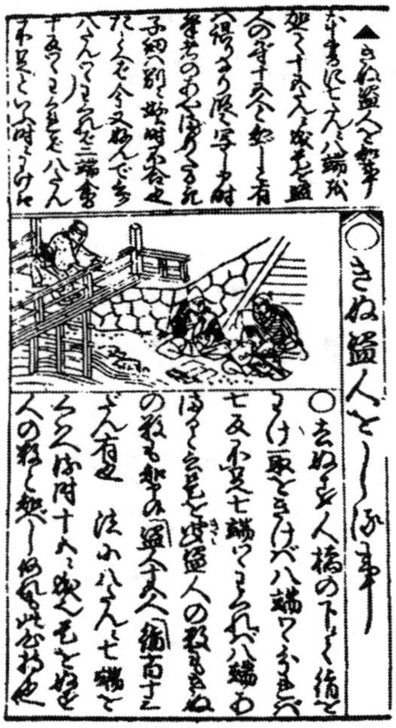

图 4.3 《尘劫记》译本

从数学角度看这是一个非常简单的问题. 设小偷数为 x,布匹数为 y,那么上述问题归结为二元一次方程组的问题:

$$\begin{cases} 8x = y + 7, \\ 7x = y - 8. \end{cases}$$

这一类型的问题可能是在 100 多年以前形成的,中国最古老的数学著作《九章算术》的第七章“盈不足”里就有记载. 这便是历史上第二类重要的二元问题——“盈不足”问题.《九章算术》中专门列了一章对其进行讨论,后通过阿拉伯人传入欧洲. 其一般形式是:若干人共同出钱购物,若每人出 a_1,则多了 b_1;若每人出 a_2,则少了 b_2,求人数与物价. 这类形式的题列方程组为:

$$\begin{cases} a_1 x = y + b_1, \\ a_2 x = y - b_2. \end{cases} \text{(x 表示人数,y 表示物价)}$$

盈不足术曰:

“置所出率,盈、不足各居其下. 令维乘(交错相乘)所出率,以少减多,余为实. 并盈、不足为法. 两盈(两不足)以少减多,余为法. 实如法而一. 有分者通之. 两盈(两不足)相与同其买物者,置所出率,以少减多,余,以约法实. 实为物价,法为人数."

这段术文实际上包含着解的公式,用现今代数的形式表示即为:

$$\begin{cases} x=\dfrac{b_1+b_2}{a_1-a_2}, \\ y=\dfrac{a_1b_2+a_2b_1}{a_1-a_2}. \end{cases}$$

明代数学家、一代珠算宗师程大位就上述"盈不足"问题的解法公式,编成了一首《解法歌》,流传于世.

解法歌

算家欲知盈不足,两家互乘并为物.

并盈不足为人实,分率相减余为法.

法除物实为物数,法除人实人数得.

其大意为:数学家们希望知道"盈不足"问题的解题方法,用两次假设不足和盈交错相乘之和作为物价的被除数,又用盈与不足之和作为人数的被除数,用两次假设出的钱数之差作为除数,于是就得到计算物价的公式:$\dfrac{\text{物实}}{\text{法}}$=物价. 计算人数的公式:$\dfrac{\text{人实}}{\text{法}}$=人数.

表 4.1 内的运算过程,就是程大位用《解法歌》表示的《九章算术》中

表 4.1 《解法歌》运算过程

所出率	a_1	a_2
盈、不足	b_1	b_2
维乘得	a_1b_2	a_2b_1
物实	$a_1b_2+a_2b_1$	
人实	b_1+b_2	
法	a_1-a_2	
物价	$\dfrac{a_1b_2+a_2b_1}{a_1-a_2}$	
人数	$\dfrac{b_1+b_2}{a_1-a_2}$	

“盈不足”问题的古代解法步骤.因此，相比于本书中第二章列举的“盈不足术”，程大位用诗概括出的“盈不足术”是源于祖先开创之路但又高于祖先的，换言之，程大位把古人算理点缀得如此明晰、翔实，并且发前人所未发，颇有慧心慧眼，令后人叹为观止.

古人这种算法，今天来看，实在笨拙，若用字母公式将数代入，一下就能算出，岂不美哉！但是，不要忘记用字母表示代数式（即符号数学）是近三四百年才有的事，是从16世纪韦达、笛卡尔等发明以后才兴起.这正好说明，数学演变和发展的过程是从朦胧走向清晰、从粗浅走向智慧的.

3. 古法算筹探单价——单价问题

事实上，《九章算术》并未把上面所说的那一类题列入“方程”一章，而是将其列入“盈不足”一章，可见古人认为这类问题不需要以方程组的方法（“方程术”）来求解.真正需用方程组来解的问题是比“盈不足”更复杂的问题，形式如下：

两种商品各有 a_1 和 b_1 件时总价为 c_1，各有 a_2 和 b_2 件时总价为 c_2，求这两种商品的单价.这便是数学史上第三类重要的二元问题，这类问题用方程组的形式可表示为：

$$\begin{cases}a_1x+b_1y=c_1,\\a_2x+b_2y=c_2.\end{cases}$$

需要提到的是:我国古代数学家求解方程是在筹算盘上进行的，这实际上是一种放大的方格阵，配合计算的工具是算筹.“算筹在中国古代文明中的地位，不亚于四大发明”，这是清华大学学者冯立升对其的评价.他说，算筹采用的是十进制位置制记数法，其中的位置制比十进制更重要，现在计算机采用的二进制就是位置制，如果没有位置制，现代数学和科学的发展将是不可想象的.

算筹在中国古代是一种用来记数、列式和进行各种数与式演算的工具，又称筹、策、算子等.根据史书的记载和考古材料的发现，古代的算筹实际上是一些同等长短和粗细的小棍子，一般长约13cm，径粗约

0.2cm，多用竹子制成，也有用木头、兽骨、象牙、金属等材料制成的．以 270 多枚为一束，放在一个布袋里，系在腰部随身携带．需要记数和计算的时候，就把它们取出来，放在桌上、炕上或地上摆弄．1971 年在陕西千阳县出土的西汉时的骨质算筹（图 4.4），是目前所见到的我国最早的算筹实物，完好的有 21 根，每根长约 13cm．为使用方便，后来算筹逐渐改短、增粗．

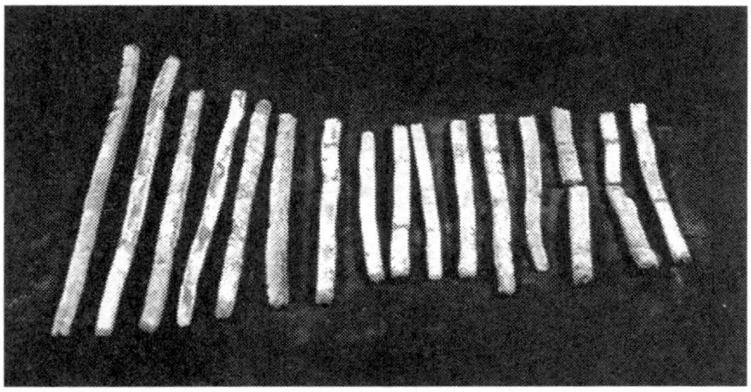

图 4.4 千阳骨算筹

据记载，用算筹计算时，计算者把它扔向筹算盘中的预定格子，然后腾、挪调动，进行各种计算．善算的人，能够运筹如飞，使人目不暇接．我国南北朝时期的伟大数学家祖冲之（429—500），就是用这种方法求得了圆周率 π 的值介于 3.1415926 与 3.1415927 之间的．这要比西方国家取得相同结果的时间早 1000 多年．可见，中国古代的这种质朴的计算形式，已到了登峰造极的地步．

筹算记数法使用十进制，并有纵横两式．如图 4.5 所示，第一行为纵式，第二行为横式．可以看到，对 5 或小于 5 的数字，几根算筹就表示几；对数字 6、7、8、9，则其中有一根筹以一当五．

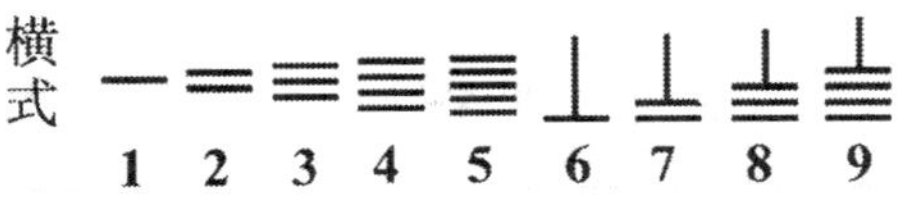

图 4.5 古代筹算记数的摆法

例如《九章算术》中一题：

“今有牛五、羊二，值金十两；牛二、羊五值金八两. 问牛、羊各值金几何?”

其大意是：现在有 5 头牛、2 只羊，一共值 10 两；2 头牛、5 只羊，一共值 8 两. 问牛、羊各值几两？

这题用算筹计算过程如图 4.6 所示.

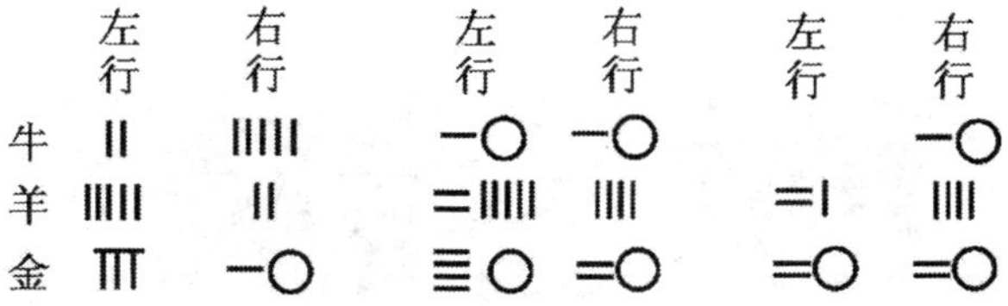

图 4.6　算筹运算过程

算盘就是由算筹演变而来的，并且和算筹并存竞争了一段时期，但由于算盘轻巧灵活、携带方便，在元代后期取代了算筹.

阿基米德(Archimedes，前 287—前 212)是我们熟知的古希腊物理学家和数学家，对人类科学史做出了巨大的贡献. 关于阿基米德与二元一次方程组的关系，有一个脍炙人口的故事.

当时叙拉古国王亥隆让金匠为他打制一顶王冠，他给金匠 12 磅(约合 5.44 千克)纯金，要求王冠也是纯金的. 后来，金匠呈交了一顶 12 磅重的王冠. 但不久，有人告发王冠内掺入了白银. 国王大怒，下令群臣设法鉴定王冠，但群臣面面相觑，毫无良策. 于是国王召来阿基米德，要他尽快解决这个问题(图 4.7).

图 4.7　阿基米德鉴定王冠

我们知道，如果王冠的体积和黄金的密度已知，那么只要用黄金的密度乘以王冠的体积，判断所得质量是不是大于 12 磅，就可以知道王冠内有没有掺银.

可是，由于王冠是很不规则的几何

体，很难用几何方法求出它的体积，而且当时还没有“密度”这种认识，所以上面的方法是行不通的. 怎么办呢？阿基米德苦苦思索了 3 天. 他太累了，于是去洗澡，但他脑子中仍然想着这个问题. 水放满了浴缸，他心不在焉地跳了进去，一部分水从缸里溢出，使他茅塞顿开，他情不自禁地高呼：“欧里卡(我找到了)！”

这是怎么回事呢？我们知道阿基米德发现的著名定律：浸在液体里的物体受到向上的浮力作用，浮力的大小等于被该物体排开的液体的重力. 也就是说，物体沉入水中一定会“失重”，它在水中的“失重”，正好等于与它同体积的“水重”. 于是，阿基米德称了一块 12 磅纯金和一块 12 磅纯银，再把它们放入水中，称得质量分别为 $11\frac{13}{32}$磅和 $11\frac{7}{64}$磅. 又把王冠放入水中，称得质量为 $11\frac{43}{128}$磅. 这三件东西在水中失重，分别为$\frac{19}{32}$磅、$\frac{57}{64}$磅和$\frac{85}{128}$磅. 王冠中掺入白银已经被证实了. 但究竟掺了多少白银呢？

为此，设王冠中含有金 x 磅，银 y 磅，可以得出一个基本关系式，如表 4.2 所示.

表 4.2　王冠比重关系式

	金	银	王冠
重量(磅)	x	y	12
失重(磅)	$\frac{19}{32}\cdot\frac{x}{12}$	$\frac{57}{64}\cdot\frac{y}{12}$	$\frac{85}{128}$

根据上述分析列方程组得

$$\begin{cases} x+y=12, \\ \frac{19}{32}\cdot\frac{x}{12}+\frac{57}{64}\cdot\frac{y}{12}=\frac{85}{128}. \end{cases}$$

解方程组，得

$$\begin{cases} x=9\frac{3}{19}, \\ y=2\frac{16}{19}. \end{cases}$$

这就说明王冠中掺入了 $2\frac{16}{19}$磅银.

二元一次方程(组)的拓展应用

古人创作的诗词有着深邃的意境，与数学有关的诗词创作尤为如此. 它们是一种拼搏进取的象征，是一幅幅汇聚了各种知识和精神的完美图画，成为滋润我们数学文化思维的源泉.

我国宋代数学家杨辉首开创作数学诗歌之先河，后世数学家如朱世杰、程大位接踵而至，也在各自的数学著作中编入数学诗题. 清代数学家梅毂成(1681—1764)将程大位《算法统宗》中有关诗题进行增删，写出一本诗歌体的数学专著——《增删算法统宗》. 现从中取几例供大家赏析：

肆中听得语吟吟，
薄酒名醨厚酒醇.
好酒一瓶醉三客，
薄酒三瓶醉一人.
共同饮了一十九，
三十三客醉醺醺.
试问高明能算士，
几多醨酒几多醇?

其大意为：听到酒店里声调抑扬的说话声，谈论着味淡的次酒和味浓的好酒，1 瓶好酒醉倒 3 个人，3 瓶次酒醉倒 1 个人. 33 个顾客一共喝了 19 瓶酒就都醉了. 请问高明的数学家，他们分别喝多少瓶好酒、次酒?

本题可以用一元一次方程解，但按常规，所求为两个未知量，列方程组更易求解. 设好酒、次酒分别为 x、y 瓶，依题意得

$$\begin{cases} x+y=19, \\ 3x+\dfrac{y}{3}=33. \end{cases}$$

解得 $\begin{cases} x=10, \\ y=9. \end{cases}$

因此可得:共饮好酒 10 瓶,次酒 9 瓶.

再看其中一例:

甲乙隔沟放牧,
二人暗里参详.
甲云得乙九只羊,
多你一倍之上.
乙说得甲九只,
两家之数相当.
两人闲坐恼心肠,
画地算了半晌.

其大意为:甲乙牧人隔着山沟放羊,两人都在暗思对方有多少羊,甲对乙说:"我如果得到你 9 只羊,我的羊就多你 1 倍."乙说:"我如果得到你 9 只羊,我们两家的羊数就相等."两人都在用心计算对方的羊数,在地上列算式计算了半天才知道对方的羊数.

这道诗题涉及两个未知量,若用一元一次方程去解,好似隔雾看花,已知、未知关系被一张无情的网牢牢地笼罩着,实在难以理出头绪.照常规,设立二元,轻车熟路.

解:设甲有羊 x 只,乙有羊 y 只,依题意得

$$\begin{cases} x+9=2(y-9), \\ y+9=x-9. \end{cases}$$

解方程组,得 $\begin{cases} x=63, \\ y=45. \end{cases}$

因此求得甲有羊 63 只,乙有羊 45 只.

科学家有国界,但科学知识是没有国界的.这类古代趣味诗题,冲破了疆域和地区,在中外民间广为流传,如《希腊文选》(约 10 世纪)中的一题:

"驴和骡驮着货物并排走在路上,驴子不住地埋怨驮的货物太重,压

得受不了．骡子对它说：'你发什么牢骚啊！我驮的比你更重．倘若你的货给我一口袋，我驮的货比你驮的重一倍．而我若给你一口袋，咱俩才刚好一般多．'驴和骡各驮几口袋货物？"

依题意得方程组，可解得驴驮 5 袋，骡驮 7 袋．这类趣题，在国内外许多数学游戏、趣味书里，都可看到它的影子或原型．许多人都能从解答这些趣题中获得分析和解决问题的本领．

这里提到的骡子驮货物，可以让人想起一个有趣的故事．古希腊有一个著名的数学家泰勒斯（Thales，约前 624—前 546，图 4.8），他出身贵族，很有钱，本来可以做官出人头地，可他却把金钱、时间和精力全部倾注于科学．泰勒斯为此招来饶舌者的非议，说他有福不享，是一个不务正业的败家子．为此他写了一首诗回敬这些非议：

图 4.8　泰勒斯

多说话并不表示有才智，
去找出一件唯一智慧，
去选择一件唯一美好的东西吧！
这样就会钳住许多饶舌汉的嘴．

泰勒斯很聪明，关于他的趣闻很多，如他用数学方法经商赚了许多钱；又如他用"道理"说明他不愿结婚之理由：一个人自由自在，不为孩子等事担忧，结果终身未娶．此外就是他对付骡子的故事了．据说他有一匹很难对付的骡子，它每次驮盐过河时总要在河中打滚减轻负荷．泰勒斯想了一计改变了这头骡子的恶习：让它驮海绵．从此以后骡子被驯服了，不敢再打滚．

数学是一门很实用的学科．早在远古时代，就有原始人"涉猎计数"与"结绳记事"等传说．如今，数学知识和数学思想在工农业生产和人们日常生活中都有极其广泛的应用．

1. 方程组巧定齿轮

这是一道工程应用题：要设计齿轮变速箱(图 4.9)，已知主动轮 O_1 和被动轮 O_2 的中心距 O_1O_2 为 120 毫米，传动比 $i=\frac{n_2}{n_1}=3$(式中 n_1、n_2 为轮 O_1 及轮 O_2 每分钟的转数)，求两轮的节圆直径 D_1 和 D_2.

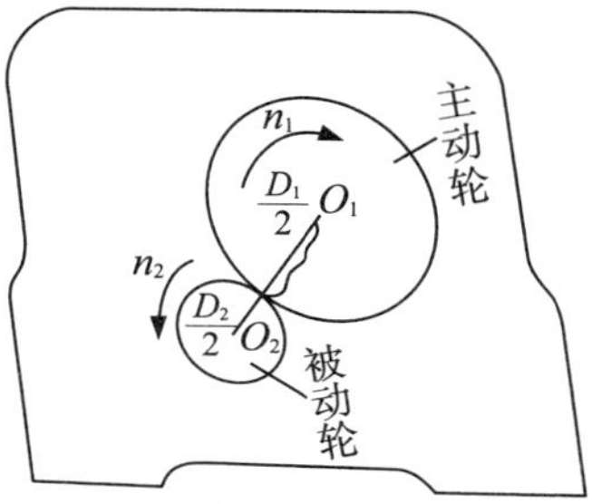

图 4.9 齿轮变速箱

解析：由图知 $\frac{D_1}{2}+\frac{D_2}{2}=120$，因为转速与节圆直径成反比，所以 $\frac{D_1}{D_2}=\frac{n_2}{n_1}=3$.

将以上两个等量关系写成下面的联立式：

$$\begin{cases}\frac{D_1}{2}+\frac{D_2}{2}=120,\\ \frac{D_1}{D_2}=3.\end{cases}$$

运用消元法即可求出 $D_1=180$，$D_2=60$，即两轮的节圆直径分别为 180 毫米和 60 毫米.

2. 骰子游戏藏方程

有甲、乙两人，甲让乙掷 2 个骰子. 甲不知道出现哪些点数，他猜答案的过程如下：

甲："请将两个骰子中一个的点数加上另一个的反面的点数."

乙："10."

甲："下面，请将两个骰子反面的点数相加."

乙："等于 7."

甲只听了这些，就立即正确地猜出了其中一个骰子的点数为 2. 他有何妙招呢？

想一想

你能说说这类似于历史上的第几类二元问题？

我们一起运用二元一次方程组来探索一下. 设两个骰子的点数分别为 x、y，那么：

$$\begin{cases} x+(7-y)=10, \\ (7-x)+(7-y)=7. \end{cases}$$

解方程组得 $\begin{cases} x=5, \\ y=2. \end{cases}$ 由此得知两个骰子点数分别为 5 和 2，是不是很神奇？

函数是数学的“灵魂”. 17 世纪上半叶，自笛卡尔在数学研究中引入变量思想之后，数学家们一呼百应. 德国数学家莱布尼茨率先使用“函数”一词来表示任意一个随着曲线上的点的变动而变动的量，而后欧拉、柯西等人纷纷研究函数概念. 踏着前人铺好的黄金跑道，德国数学家狄利克雷(P. G. L. Dirichlet，1805—1859)给出了函数的现代定义. 但人类对于函数概念的探索并没有止步于狄利克雷，后世数学家不断完善，给出了更为严谨的函数定义.

一次函数是函数家族中最重要的成员，它和二元一次方程就如同磁和铁一样是紧密联系的. 学习了一次函数，我们可知二元一次方程与一次函数有对应关系. 具体步骤如下：

第一步 —— 变形：众所周知，二元一次方程都可以变形为用一个未知数表示另一个未知数的形式(用 x 表示 y，或用 y 表示 x)，以方程 $2x+y=1$ 为例，其可转换为 $y=1-2x$ 的形式.

第二步 —— 画图：将方程变形为一次函数的形式之后，我们可以在坐标系中画出其函数图象. $y=1-2x$ 的图象为一条直线(图 4.10).

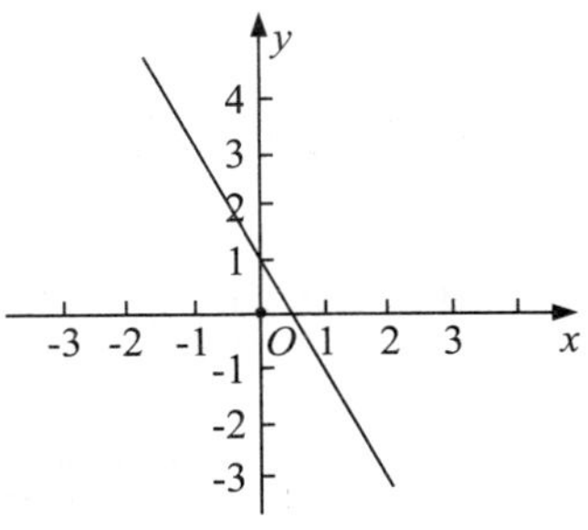

图 4.10

第三步——找解：函数图象上每个点的坐标(x,y)都是原方程的解. 如图 4.11 所示，直线$y=1-2x$上每个点的坐标都是方程$2x+y=1$的解.

就这样，我们把二元一次方程的解与直线上的点建立了一一对应的关系.

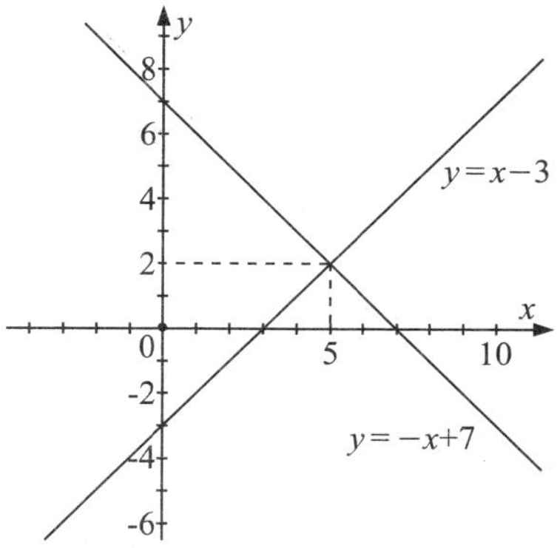

图 4.11　两直线交点

如果要求二元一次方程组的解，只要把方程组中的两个方程变形后，在同一个坐标系中找到对应的两条直线，两条直线的交点的坐标对应的值就是方程组的解. 把二元一次方程组与函数图象建立联系之后，问题是不是就迎刃而解啦. 口说无凭，下面举个例子来证明.

以骰子游戏中的二元一次方程组为例，整理后得：

$$\begin{cases} y=x-3, \\ y=-x+7. \end{cases}$$

原方程组的解相当于直线$y=x-3$与直线$y=-x+7$的交点坐标，画出图象如下：

由图 4.11 可得交点为(5,2)，是不是与我们在上面已经求解出的答案一样呢？你们也可以动手试试看.

想一想

结合两条直线的位置关系，什么情况下二元一次方程组无解？多解？

经典赏与练

【例 1】 已知派派的妈妈和派派今年共 36 岁，再过 5 年，派派的妈妈的年龄是派派年龄的 4 倍还大 1 岁，当派派的妈妈 40 岁时，则派派的年龄为________岁.

答案：12.

解析：设派派的年龄为x岁，派派妈妈的年龄为y岁，根据题意可列方程组为：

$$\begin{cases}x+y=36,\\ y+5=4(x+5)+1.\end{cases}$$

整理得：

$$\begin{cases}x+y=36,\\ y=4x+16.\end{cases}$$

再运用整体代入法便可求出 $\begin{cases}x=4,\\ y=32.\end{cases}$

即今年派派 4 岁，派派的妈妈 32 岁，而当派派的妈妈年龄为 40 岁即增加了 8 岁时，派派也增加了 8 岁，因而派派应是 12 岁.

【例 2】 10个不同的正偶数如图 4.12 排列，箭头上方的每个数都等于其下方两数的和，如 $\underset{a_2\ a_3}{\overset{a_1}{\wedge}}$，表示 $a_1=a_2+a_3$，则 a_1 的最小值为（　　）.

A. 32　　B. 36　　C. 38　　D. 40

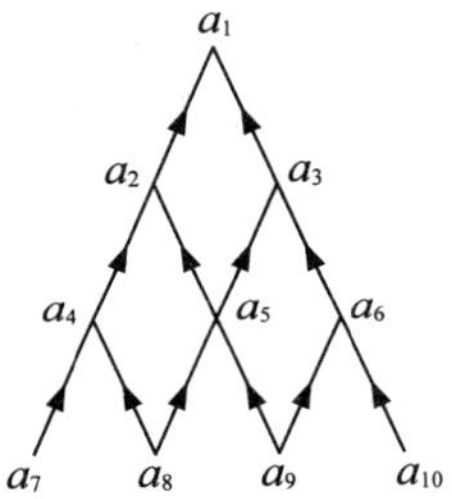

图 4.12

答案：D.

解析：因为 $a_1=a_2+a_3$
$=a_4+2a_5+a_6$
$=a_7+a_8+2(a_8+a_9)+a_9+a_{10}$，

整理得：$a_1=a_7+3(a_8+a_9)+a_{10}$.

由上式可知要使 a_1 取得最小值，则 a_8+a_9 应尽可能地小，因此取 $a_8=2$，$a_9=4$，根据 $a_5=a_8+a_9$，则 a_7、a_{10} 中不能有 6，据此对于 a_7、a_{10} 分别取 8、10、12 检验即可得出答案为 40.

小试牛刀

1. 若干人共同出钱购物，若每人出 8 元，则多了 3 元；若每人出 7 元，则少了 4 元. 问：共有几个人？物价是多少？

——《九章算术》

2. 今有木，不知长短，引绳度之，余绳四尺五寸，屈绳（把绳子弄成两股）度之，不足一尺（差一尺），问几何？

——《孙子算经》

3. 运用所学过的知识解答下面这道诗词题.

我问开店李三公，众客都来到店中；
一房七客多七客，一房九客一房空.
多少房间多少客？

——程大位《算法统宗》

第 5 章

生活处处有不等　妙趣无时不数学

——探究无处不在的“不等关系”

引子

欧拉(L. Euler,1707—1783)出生于瑞士,是著名的数学家.他的研究领域非常广泛,涉及行星运动、热力学、弹道学和人口学,并且在这些方面都颇有建树.欧拉的父亲有个牧场,小欧拉经常跟着父亲一起放羊,父亲的羊群渐渐增多了,原来的羊圈有点小了,父亲决定建造一个新的羊圈.他用皮尺量出了一块长方形的土地,长 40 米,宽 15 米,面积正好是 600 平方米.正打算动工的时候,却发现准备的材料只够围 100 米的篱笆.若要围成长 40 米,宽 15 米的羊圈,就需要用 110 米的篱笆.父亲感到很为难,若要按原计划建造,就要再添 10 米长的材料,否则就要缩小面积.小欧拉却向父亲说,不用缩小羊圈,也不用担心每头羊的占地面积会变小,他有办法.父亲不相信小欧拉会有办法,因此并没有理会.小欧拉急了,大声说:“只要稍稍移动一下羊圈的桩子就行了.”父亲听了直摇头,心想:“世界

图 5.1　欧拉改羊圈

上哪有这样便宜的事情?”但是,小欧拉却坚持说他一定能做到两全齐美.父亲终于同意让儿子试试看.

你猜小欧拉做到了吗?这其中又蕴含了什么奥妙呢?

不等式的探索之旅

> **想一想**
>
> 在周长相等的情况下,圆的面积和正方形的面积哪个更大?

原来,小欧拉只是把父亲原本打算围成的长方形羊圈改成了正方形.他将原来 40 米的边长截短,缩短到 25 米.又将原来 15 米的边长延长了 10 米,变成了 25 米.经这样一改,原来计划的长方形羊圈就变成了一个边长为 25 米的正方形羊圈.这样一来,篱笆够了,面积也够了,是不是很机智呢?其实欧拉只是巧妙地运用了“周长一定的情况下,正方形的面积比长方形的面积大”这样一个不等关系,智改羊圈,帮父亲解决了难题.

三字经曰:“融四岁,能让梨.”这个故事大家耳熟能详,一代名儒孔融在 4 岁时就知道梨有大小,并把大的让给了别人,这种情礼兼备的品格值得学习.其实我们在小的时候,就对事物的不等关系有了直观的感知,比如大小、高矮、轻重等.不等关系在人们生活中处处可见,只要你稍加留意,就会发现生活中许多现象都可以用不等关系来解释.下面让我们怀揣好奇之心,一起开始不等式的探索之旅吧!

1. 源起本无意,顺承即为理——不等关系的萌芽

认识到大小、多少这种不等关系并非我们想象的那样理所当然,更不要说把这种不等关系抽象为我们现在所学的知识.那么,最初人们是怎样意识到不等关系的存在的呢?不等关系和相等关系谁先一步闯入我们的生活呢?

在长期狩猎与分配猎物的原始社会中,古人就自然地产生了“有”和

“无”之别，并逐步形成了“多”和“少”之分，后又从“有”中理解到“1”和“多”的含义. 部分原始部落认识到“1”“2”和“多”的区别，把大于 3 的数看为“一群”或“一堆”. 由此可见，我们的祖先从一开始就意识到了不等关系的存在，而对于相等关系则是在“交换”时才意识到的. 据此可以推断，古人是先意识到不等关系，而后才意识到相等关系的.

早在公元前 6 世纪，毕达哥拉斯学派就对不等关系的性质有所探究，并给出了不等关系中若干概念的定义. 但对数量之间孰大孰小的关注还很少，最初对数量间的大小关系密切关注的是古希腊著名的数学家欧几里得. 欧几里得(Euclid，前 330—前 275，图 5.2)出生于雅典，是古希腊最负盛名的数学家之一. 其著作《几何原本》(以下简称《原本》)对几何学和数学的发展以及西方人的思维方式都有极大的影响.《原本》集古希腊数学成果和精神于一书，在全世界被翻译成数种文字，被人们广泛研读. 关于不等关系的确切表述和应用最早也出现在《原本》之中. 书中采用不等关系给出了一些定义，并运用不等关系做出了相应的证明. 比如，在该书的第一卷中就运用不等关系定义了锐角和钝角.

图 5.2　欧几里得

定义 11：大于直角的角称为钝角.

定义 12：小于直角的角称为锐角.

古希腊久负盛名的哲学家、数学家、物理学家、科学家阿基米德(Archimedes，前 287—前 212，图 5.3)更是意识到了不等关系的重要性. 他在自己的著作《论球与圆柱》推证球的体积公式时，就巧用了不等关系的一些结论.

图 5.3　阿基米德

2. 辗转形于思，融合为真知——不等关系的发展

在学习方程时，我们总是把方程和“天平”联系起来，天平的两端就

可以看成是方程的左右两边. 当天平左右两端质量相等时天平平衡，得到等式，我们可以用“$=$”表示. 那么当天平两端质量不相等时天平还平衡吗？这种不相等我们用什么符号表示呢？

不等关系的频频出现，自然引起了数学家们的关注，为了寻找表示不等关系的符号，多少年来，数学家们绞尽脑汁. 法国的数学家日腊尔首先于 1629 年在他的《代数教程》中用“ff”表示“大于”，用“§”表示“小于”，如 a 大于 b 记作“$affb$”，a 小于 b 记作“a § b”. 其间，还有不少数学家提出了各种表示“大于”或“小于”的符号，但都由于书写起来十分烦琐、意义不够明晰，很快就被淘汰了. 直到英国数学家哈里奥特(Harriott，1560—1621，图 5.4) 创立“$<$”“$>$”来表示不等关系，才让纷争得以平息. 哈里奥特是英国代数学派的奠基人，其遗著《实用分析学》于 1631 年出版，在韦达的研究基础上，该书主要讨论了代数方程的相关理论. 哈里奥特在书中写道：

图 5.4　哈里奥特

大于记号：$a>b$ 表示 a 量大于 b 量.

小于记号：$a<b$ 表示 a 量小于 b 量.

这对符号简洁优美，突出了相反的特征，很快就得到一些学者的认可和赞许. 按照以出版时间为准的国际惯例，不等号的诞生时间被认定为 1631 年，然而此时哈里奥特已经逝世 10 年了，故可以推测不等号至少是在 1621 年前被创立的.

第一个把等号和不等号联合组成新符号“$\leqslant$”“$\geqslant$”的人是法国数学家布格尔(Bouguer，1698—1758)，其在著作中首创不严格不等号，但他并未充分认识到其重要性. 德国数学家哥德巴赫(Goldbach，1690—1764)才是这一符号的真正奠基者. 他发现了这个简明的符号，并于 1734 年 1 月写信给欧拉，告知此事. 欧拉立刻给予肯定，称赞这对符号既保持了等号和不等号双重关系，还如此简洁直观，所以学术界把符号“$\leqslant$”和“$\geqslant$”的创立时间定为 1734 年. 从表面上看大于等于与大于(或小于等于与小于)好像差不多,其实它们是有很大区别的."≥"表示大于或等于这两种情况都有可能出现,即二者必居其一,但不要求同时存在.因此为了区别,有人把 $a>b$、$b<a$ 这样的不等式叫作严格不等式.把 $a\geq b$、$b\leq a$ 这样的不等式叫作不严格不等式.

我国现在使用的不等号是清末数学家李善兰(图 5.5)首先引进的.1852—1859 年,李善兰与英国传教士伟烈亚力合译出版了《几何原本(后九卷)》《代数学》《代微积拾级》等著作,这是西方近代科学著作传入中国的开端.李善兰不仅引进了西方大量的数学符号,同时还创造性地翻译了许多数学名词,如"数轴""函数""代数"等,沿用至今,实谓匠心独具.

图 5.5　李善兰

不等号经过了很多数学家的仔细推敲斟酌终得以形成,实属不易.至于后来的"≯""≮"和"≠"这三个符号的出现则是很晚的事了.不等号只是数学符号大家族中的一员.事实上,每种符号的问世都有一段传奇,感兴趣的你不妨去查查资料,了解一下它们的来龙去脉,你会发现数学符号的创造也闪现着数学家们的奇智奇思.

不等号的确立为不等式的发展提供了有利的条件,使得不等关系的表达变得更简洁方便,提高了计算效率,推动了不等式的深入发展.对不等式的研究热潮兴起于欧洲,后来逐渐传播到了世界各地.

不等式是表达不等关系的一种数学表示形式,是刻画现实世界中不等关系的重要数学模型.它反映了事物在量上的区别,是数学基础理论的重要组成部分和数学研究的重要内容,是进一步解决其他数学问题的有力工具.

1.不满而求进,量化为真知——定义

当问题中出现不足、高出、不超过、不低于这些字眼的时候,不等式就该登场了.用符号"<""≤"">""≥"表示大小的式子叫作不等式,用符号“$\neq$”表示不等关系的式子也是不等式.

当然，想要用不等式解决复杂问题，还需要用未知数来帮忙. 我们把未知数用“元” 表示，把不等式中最高次幂的次数简称为次，则一般的 m 元 n 次不等式的含义即为含有未知数的个数为 m 个，未知数的最高次数为 n 的不等式. 最为简单的含有未知数的不等式就是一元一次不等式，即含有一个未知数且未知数的最高次数是 1 的不等式. 由几个含有相同未知数的一元一次不等式组成的不等式组，叫作一元一次不等式组.

值得注意的是，并不是所有不等式都含有未知数，而是只要这个式子是用不等号连接的都是不等式. 如 $5>2$、$3a<8$、$7m+1\neq 9m+2$、$y\neq 0$ 等.

2. 百变不等式，性质显神通——性质

不等式的性质是不等式精髓之所在，下面介绍几个简单的性质.

性质 1(对称性)：如果 $a>b$，那么 $b<a$，如果 $b<a$，那么 $a>b$，即 $a>b\Leftrightarrow b<a$.

性质 2(传递性)：如果 $a>b$，$b>c$，那么 $a>c$. 即 $a>b$，$b>c\Rightarrow a>c$.

性质 3(可加性)：如果 $a>b$，那么 $a+c>b+c$.

性质 4(可乘性)：如果 $a>b$，$c>0$，则 $ac>bc$. 如果 $a>b$，$c<0$，那么 $ac<bc$.

性质 4 也就是说若在不等式的两边同乘一个正数，不等号的方向不变；若同乘一个负数，则方向改变. 由于除法是乘法的逆运算，故在不等式两边同时除以一个非零的实数，也有类似结论. 这与等式是有区别的，对于等式我们知道，等式左右两边同时乘以或除以同一个不为零的数(式子)，等式依然成立.

3. 简单几何图，无字证不等——无字证明

在文字还没有产生之前，我们的祖先就会通过刻画符号来传递信息，利用这种简单直接的方式能形象地将心中所想表达出来. 这种表达方式是不是很奇妙呢？其实这与无字证明有异曲同工之妙. 所谓无字证明，也即没有文字的证明，是指仅用图象而无须文字解释就能不证自明的数学命题. 由于其不证自明的特性，这种证明方式被认为比严格的数学证明更为直观、精致. 在数学证明里，无字证明也因其简洁明了的特性

被称为“大师中的大师”. 在这里，我们展示了几个不等式的证明，让你领略数学所包含的无与伦比的精巧.

(1) 如图 5.6 所示，四边形 $ABCD$ 为正方形，$\triangle ABE$ 的面积为$\frac{1}{2}ab$，$\triangle ADF$ 面积为$\frac{1}{2}b\cdot\frac{b^2}{a}$，正方形的面积为 b^2，由图中面积关系可知：$\frac{1}{2}ab+\frac{1}{2}b\cdot\frac{b^2}{a}\geqslant b^2$，化简得 $a^2+b^2\geqslant 2ab$.

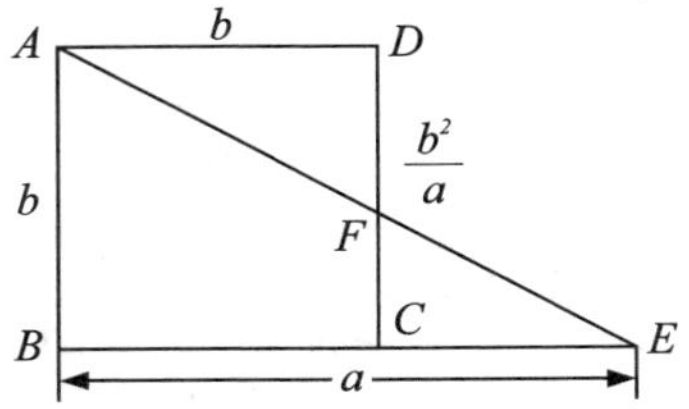

图 5.6

(2) 如图 5.7 所示，正方形 $ABCD$ 的边长为 $a+b$，面积为$(a+b)^2$，四个小矩形的面积之和为 $4ab$. 由图知大正方形的面积等于四个小矩形的面积之和加上中间空白处正方形的面积，则有$(a+b)^2\geqslant 4ab$，化简得 $a^2+b^2\geqslant 2ab$.

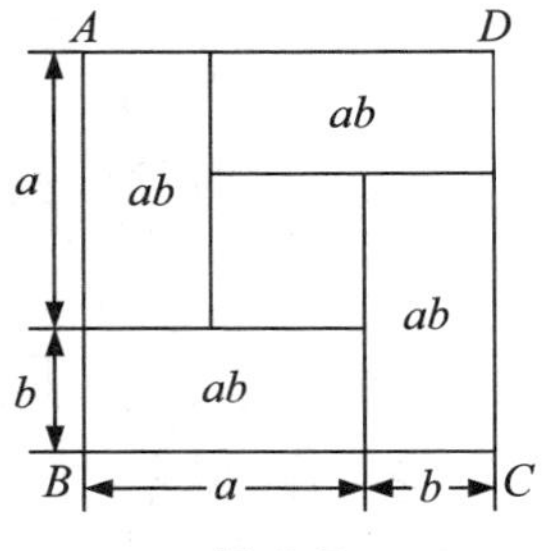

图 5.7

(3) 如图 5.8 所示，以 AB 为直径的半圆中，F 为圆心，$DF\perp AB$，$CE\perp AB$. 由射影定理得 $CE^2=AE\cdot BE=ab$，即 $CE=\sqrt{ab}$. 又因为 AB 为直径，所以 $DF=\frac{1}{2}AB=\frac{a+b}{2}$，所以$\frac{a+b}{2}\geqslant\sqrt{ab}(a\geqslant 0,b\geqslant 0)$.

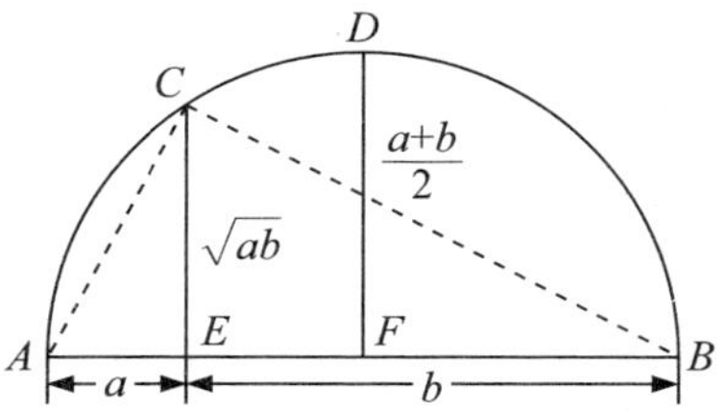

图 5.8

其实，(3) 中的不等式可由(2) 中的不等式$(a+b)^2\geqslant 4ab$ 直接开平方得到. 也可由(1) 中不等式推出：令$\sqrt{x}=a(x\geqslant 0)$，$\sqrt{y}=b(y\geqslant 0)$，代入(1) 中不等式可得$\frac{x+y}{2}\geqslant\sqrt{xy}(x\geqslant 0,y\geqslant 0)$，这与$\frac{a+b}{2}\geqslant\sqrt{ab}(a\geqslant 0,b\geqslant 0)$ 是一个意思，只是表示的字母不一样而已.

此时无声胜有声，武侠说："以无法为有法，以无限为有限，以无招胜有招."符号化是数学学科的一大特征，很多人对数学的普遍印象是长串的公式推导，但凡事都有例外，无字证明就是最好的例证. 此处无字胜有字，无字证明真神奇！

不等式的拓展应用

黑格尔说："数学是上帝描述自然的符号."数学来源于生活，我们的衣、食、住、行中都蕴含着数学的原理. 哲学家告诉我们相等是相对的，而不等是绝对的. 不等关系充斥着我们的世界，刻画这种不相等数量关系的有效模型便是不等式.

1. 豪情诗中藏不等

我们在欣赏诗歌时常常发现许多含有数字的句子，这些简单的数字就其本身来说，既无意蕴也不能抒情言志，但经诗人妙笔点化，却能创造出各种美妙的艺术境界，表达出无穷的妙趣. 在中国博大精深的诗词文化中，常能见到不等关系的身影. 让我们一起来欣赏一下吧！

"横看成岭侧成峰，远近高低各不同."这句诗将各个角度所看到的山景进行比较，通过几个"不同"(相当于数学中的"$\neq$")来体现；"停车坐爱枫林晚，霜叶红于二月花.”这句诗则是将枫叶与二月之花进行比较，通过“红于”(相当于数学中的“>”)来体现；“桃花潭水深千尺，不及汪伦送我情.”这句将桃花潭的深度与朋友间的友情进行比较，通过“不及”(相当于数学中的“<”)来体现.

盛唐时期的著名诗人王之涣，其诗豪放不羁，常被当时乐工制曲歌唱.《登鹳雀楼》就是其佳作之一.

登鹳雀楼

白日依山尽，黄河入海流.
欲穷千里目，更上一层楼.

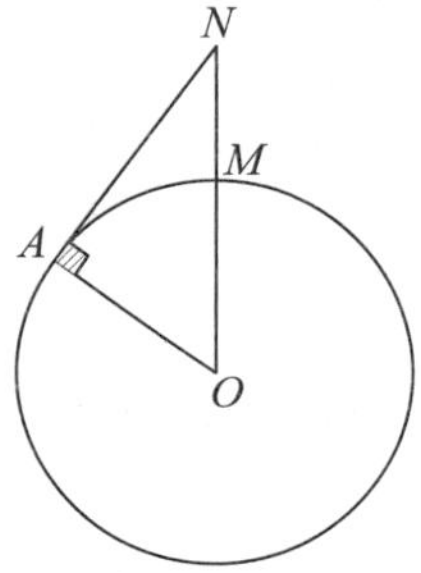

图 5.9

这首诗运用极其朴素、浅显的语言，高度形象地概括出诗人视野里的万里河山，同时揭示“只有站得高才能看得远”这一道理，让我们在千载之后也如临其地，如见其景.“欲穷千里目”到底需上多少层楼呢?高出一层楼真的能穷尽千里的视野吗?让我们用数学的角度探究一下.如图 5.9 所示，把地球看作一个球体，赤道半径 $R \approx 6378.140\text{km}$，设 O 为地球球心，人的初始位置为 M，人登高后的位置为 N，地球表面上人的视野始终与地球表面是垂直的，即 AN 与圆相切，$\angle NAO$ 为直角.弧 AM 的长度为 500km，令 $\angle AON = \theta$，$500 = \theta R$(这里 θ 的单位为弧度，1 弧度 $= \left(\frac{180}{\pi}\right)$ 弧度 $\approx 57.296^\circ$，弧长公式 $l = R \cdot \theta$，其中 l 为弧长，R 为半径，θ 为圆心角的弧度数)，所以 $\theta = 0.0784$，$ON = \frac{R}{\cos\theta} \approx \frac{R}{0.9969} \approx 6397.974\text{km}$，$MN = ON - OM = 19.834\text{km}$.

现在的住房每层楼高约 3.2 米，若要“欲穷千里目”至少需登多少层呢? 通过计算可知，需登 6000 多层.故又有诗云：“欲穷千里目，得爬六千多层.”

除了古诗词里的字词韵味，我们也可以在诗歌中发现一些有趣的数学问题，比如下面这个裁缝制衣问题：

六丈六尺布，裁成两种裤.
长的七尺二，短的二尺五.
布要全用尽，规格要符合.
各样有几条，请问大师傅？

其大意为：现有六丈六尺布（1 丈＝10 尺），想要做成两种裤子，长的裤子一条用布七尺二，短的一条用布二尺五，布不能有剩余，裤子要符合规格，问可裁成几条长裤几条短裤？

依题意假设长裤裁出 x 条，短裤裁出 y 条，可得：$7.2x+2.5y=66$. 这是一个二元一次方程，仅从所给条件出发似乎并不能解决问题，但如果有了不等关系的帮助还是可以求解出来的，我们一起来看看. y 为短裤的数量必是非负整数，则可通过 $\frac{66-7.2x}{2.5}\geqslant 0$ 求得 $x\leqslant 9\frac{1}{6}$，即 x 可取 $0\sim 9$ 的整数. 又由于 $y=\frac{660-72x}{25}=26.4-2.88x$ 必须为非负整数，则满足题意的 x 只能取 5，此时 $y=12$. 即长裤可裁 5 条，短裤裁 12 条.

2. 神奇斜塔柱几多

由著名建筑师那诺·皮萨诺于 1173 年主持修建的比萨斜塔（图 5.10），位于意大利托斯卡纳省比萨城背面的奇迹广场. 传说著名的伽利略自由落体实验就是在那里完成的，这让比萨斜塔又平添了几分科学的意蕴. 专家们认为，只要不出现不可抗拒的自然因素，经过修复的比萨斜塔至少可以屹立 300 年. 比萨斜塔的设计者独具匠心，塔高 8 层，顶层有 12 根石柱，中间 6 层每层的石柱一样多；中间每层石柱数是底层石柱的 2 倍还多 1 根，且底层的石柱数是 5 的倍数. 整个塔由 200 多根石柱

图 5.10　比萨斜塔

构成，但不会超过 250 根，层层更迭，整体看起来宏伟壮观. 虽然我们没能亲眼见到比萨斜塔，但可以由此推出该塔到底有多少根石柱. 不信，我们就一起来算一算.

假设比萨斜塔的底层有 $5k$（k 是正整数）根石柱，那么中间 6 层均有 $(10k+1)$ 根石柱，则比萨斜塔一共有 $(65k+18)$ 根石柱. 因为总石柱数不少于 200 根且不超过 250 根，所以 $200 \leqslant 65k+18 \leqslant 250$，解得 $2.8 \leqslant k \leqslant 3.57$，又因为 k 是正整数，所以 $k=3$. 即底层有 15 根石柱. 因此比萨斜塔是由 213 根石柱构成.

这可是一个不小的工程，有机会你可以带着这个答案去一睹比萨斜塔的风采！

无独有偶，中国四川马尔康县有一座修建于清朝乾隆年间的 43 米高的八角碉楼（图 5.11），在半个多世纪的风吹日晒中产生了一定的倾斜，但经历多次大地震依然屹立不倒，被称为“中国的比萨斜塔”.

图 5.11　八角碉楼

3. 几何不等有真假

(1)眼见不为实

生活中存在很多不相等的事物，大部分时间里我们用肉眼就可判断其大小，但是，眼见真的就为实吗？观察以下两幅图片（图 5.12、图 5.13）里两个图形的大小，你看到了什么？哪个图形中的圆更大呢？

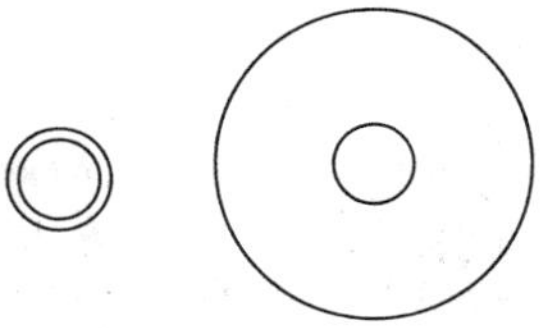

图 5.12

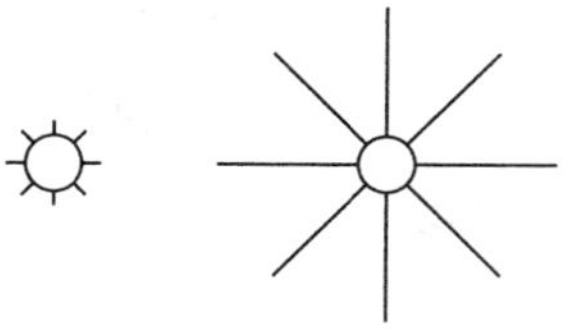

图 5.13

在图 5.12 中，将两个大小完全相同的圆放置在一张图上，其中一个被较大的圆围绕，另一个被较小的圆围绕. 你看到的圆是一样大的吗？是不是觉得被大圆围绕的圆看起来会比被小圆围绕的圆要小呢？但实际上两个被围绕的内圆是一样大的，这就是有名的“艾宾浩斯错觉”. 这种错觉是一种对实际大小知觉上的错视. 尽管两个中心圆相等，但左边的看起来比右边的小. 同样地，在图 5.13 中，尽管两个圆相等，左边的圆看起来比右边的圆大.

(2)推理亦存疑

直角=钝角？看到这个等式是不是为之一怔，直角等于钝角，这怎么可能？

如图 5.14 所示，四边形 $ABCD$ 为矩形，作 $BE=BC$，则 $BE=AD$，分别作 DE 和 AB 的垂直平分线交于一点 P，连接 AP、BP、DP、EP. 因为 GP 为 AB 的垂直平分线，从而 $PA=PB$. PF 为 DE 的垂直平分线，所以有 $PD=PE$. 因为 $AD=BE$，所以 $\triangle APD\cong\triangle BPE$，所以 $\angle DAP=\angle EBP$，又因为 $\angle BAP=\angle ABP$，$\angle DAP-\angle BAP=\angle EBP-\angle ABP$，从而有 $\angle DAB=\angle EBA$，即直角等于钝角.

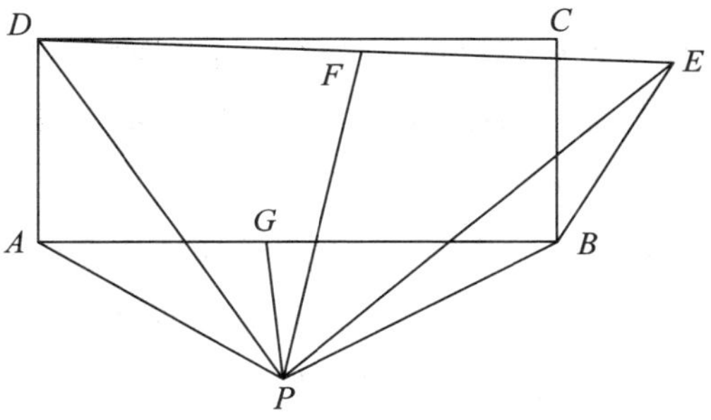

图 5.14

上述的过程看似正确，实则不然. 我们都知道直角是不可能等于钝角的，到底是哪里出错了呢？其实是作图出了问题，不信的话你可以证实一下.

(3)美丽才为真

虽然眼睛有时候会骗人，巧合偶尔会迷惑人，但最真实的往往还是经得住考验的. 尽管上述我们错把相等看成了不等，也误因作图问题对不等关系做出错误的判断，但以下几幅图片却是真的可以由不等关系得到. 我们一起来欣赏一下吧！

不等式 $||x|-1|+|y|\leqslant 6$ 构成商标图案(图 5.15)；

不等式$||x|+|y||-3|-3|\leqslant 1$构成宽8字区域(图5.16).

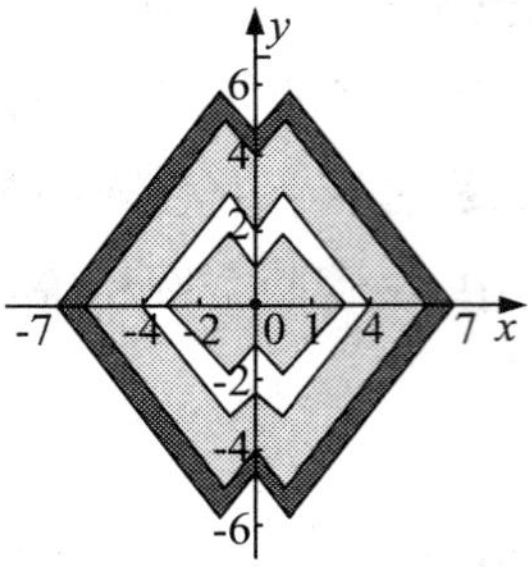

5.15

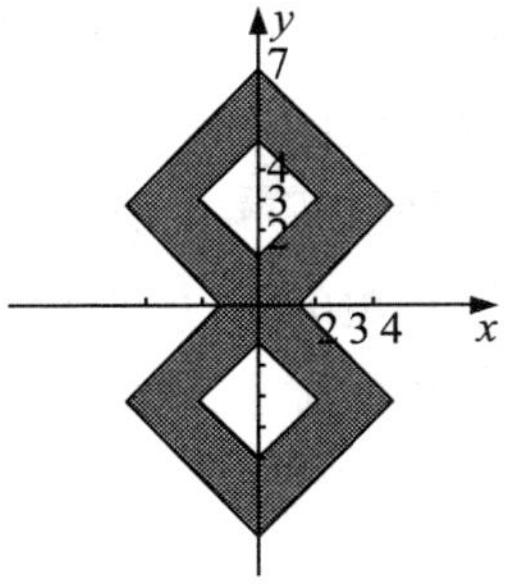

5.16

数学的美是令人心动的,许多数学家都极为注重对美的追求,伟大的数学家赫尔曼·外尔说过:“假如要我在大自然的真实与数学的美之间做选择,我宁愿选择数学的美.”其实数学美离我们并不遥远,它就藏在我们身边,仅仅利用一个不等式(组)就可以描绘出美丽的图案,从而产生非常逼真的物质形态和视觉效果,所以从数学美的角度选择出来的不等式或方程往往能够更真切地阐释大自然的真理.可以说,数学是一门创造美的学科.对于不等式的学习我们可以用图5.17中的对联勉励自己.

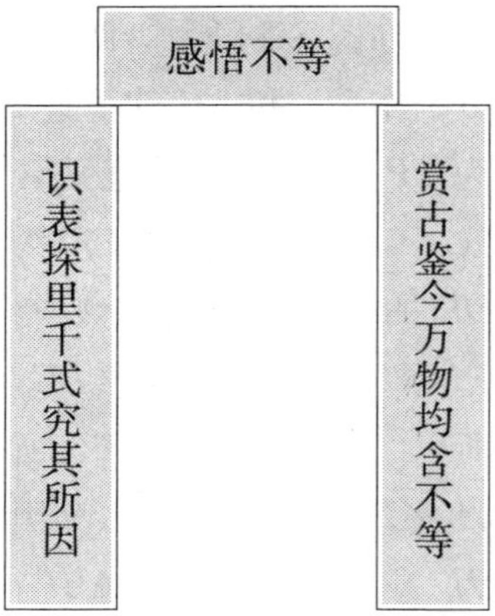

图5.17　有关不等式的对联

经典赏与练

【例1】 某商店5月1日举行促销优惠活动,当天到该商店购买商品有两种方案.

方案1:用168元办理会员卡成为会员后,凭会员卡购买商店内任何商品,一律按商品价格的八折优惠.

方案2:若不办理会员卡,则购买商店内任何商品,一律按商品价格的九五折优惠. 已知小敏 5 月 1 日前不是该商店的会员.

(1)若小敏不办理会员卡,所购买商品的价格为 120 元时,实际应支付多少元?

(2)请帮小敏算一算,所购买商品的价格在什么范围内时,采用方案一更划算?

解析:(1)$120\times0.95=114$(元);

(2)若不办会员卡,购买商品价格×折扣=所花钱数. 若办理会员卡则所花钱数:办理会员卡的费用+购买商品费用=办理会员卡的费用+所购买商品的价格×0.8. 设购买商品的价格为 x 元,由题意得 $0.8x+168<0.95x$. 即 $0.15x>168$,解得 $x>1120$.

所以,当购买商品的价格超过 1120 元时,采用方案一更划算.

小试牛刀

1. 2014 年 12 月 28 日"青烟威荣"城际铁路正式开通. 从烟台到北京的高铁里程比普快里程缩短了 81km,运行时间减少 9h. 已知烟台到北京的普快列车里程约 1026km,高铁平均时速为普快平均时速的 2.5 倍.

(1)求高铁列车的平均时速.

(2)某日王老师要去距离烟台大约 630km 的某市参加 14:00 召开的会议,如果他买到当日 8:40 从烟台至该市的高铁票,而且从该市火车站到会议地点最多需要 1.5h,试问:在高铁列车准点到达的情况下,他能在开会之前及时赶到吗?

2. 关于 x 的一元一次不等式组 $\frac{m-2x}{3} \leqslant -2$ 的解集为 $x \geqslant 4$，则 m 的值为（　　）.

A. 14　　B. 7　　C. -2　　D. 2

第 6 章

漫言古今纷繁事　闲拈一图付笑谈

——统计图和数据可视化

引子

在网聊越发频繁的年代，表情包当仁不让地成为“沟通神器”，打破尬聊的沉寂，你最喜欢用的表情是哪一个？你觉得男生和女生相比谁更喜欢发表情呢？一起来看看中国人的表情大数据吧（图 6.1）.

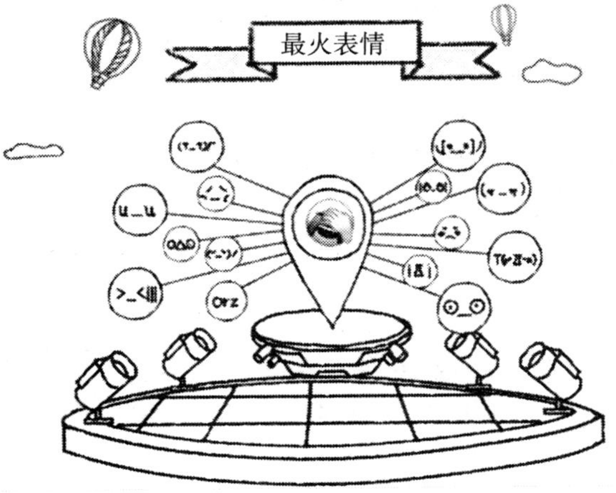

图 6.1　最火表情统计图

我们还发现，在一周的时间里，周五、周六表情最高发，周一情绪最稳定(图 6.2).

图 6.2　一周时间表情统计图

女性更喜欢卖萌、撒娇、流泪这种萌萌哒的表情，男性更喜欢挖鼻孔、吐舌这种看起来比较酷酷的表情，六成的 QQ 表情来自男性，是不是因为男生内心戏更多呢(图 6.3)?

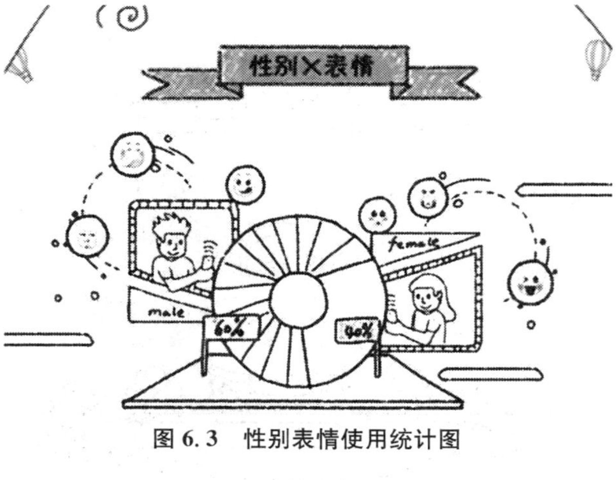

图 6.3　性别表情使用统计图

这些图形让中国人的表情数据变得一目了然，大数据作为新时代的又一重要主题，它的真正影响力被可视化的图形所释放. 那么让我们一起开启统计图的探索之旅吧!

统计图的探索之旅

每 60 秒,至少有 98000 条推特出现在推特网上;

每 60 秒,微博更新 730000 条动态;

每 60 秒,有 698445 条谷歌搜索出现;

每 60 秒,1100 万条即时信息被发送;

每 60 秒,至少 1.68 亿封电子邮件被发送;

每 60 秒,1820TB 的数据被创建;

……

在 2017 年、2018 年近两年的时间里产生的数据量,超过了历史上其他时间的总和.眼花缭乱的变化,多姿多彩的世界,若想要抓住它的踪迹,瞥一眼它的身影,需要用到“统计图”这款别致的相机.

1. 帷幕渐开

文字还未发明的年代,我们聪明又可爱的祖先就应用了以视觉方式呈现信息的方法,或画在泥上,或刻于石壁.历史的风沙铺了一层又一层,今天,重新出现在我们眼前的,那些稍显稚嫩的笔触,一横一竖都泛着智慧的光芒.仿佛在告诉世界,读你千遍也不厌倦.

在英国国家博物馆里,至今依然珍藏着一块 2500 年前的珍贵泥巴,这可不是一块普通的泥巴,它的学名叫泥板文书(图 6.4).这块泥板上不仅有像鸟爪子一样可爱的楔形文字,还有一幅线条简易的抽象图画.小小的泥板折射出古巴比伦人眼中的世界.

图 6.4 古巴比伦泥板文书

探过身来细细观摩,朴实而厚重的信息扑面袭来.在这幅图里,中间的圆盘代表的是陆地.陆地顶端是巍峨的群山,两河流域的母亲河之一——幼发拉底河，从这里发源，流向东南. 中间偏上方的长方形是“宇宙的中心”——古巴比伦. 环绕圆盘周围的是“苦涩的河”(或称为“最初的海”)，海周围分布的小三角形代表不同的岛屿.

古巴比伦人的智慧着实让人惊叹，然而我国先民也毫不逊色. 千百年来，我国民间一直广泛流传着《河伯献图》的神话故事. 传说禹为治水踏遍山川、沼泽，三过家门而不入. 水神河伯深为感动，便献大青石于禹，石上刻着治水用的地图. 禹借助地图，因势利导，终平水患. 传说虽不能证实地图起源的具体年代，但从侧面说明了约在 4000 年以前我国先民就已经使用地图了.

据史籍记载，我国最早的地图诞生于公元前 1000 多年.《汉书·郊祀志》中有“禹收九牧之金，铸九鼎，象九州”的记载.《左传》中有“昔夏之方有德也，远方图物，贡金九牧，铸鼎象物，百物而为之备，使民知神奸”. 其大意是：自古夏朝开始实行德政的时候，远方的人们把各种事物都绘制成图，九州的长官贡献了铜，铸成九鼎，并把各种奇形异状的神怪图像都铸在鼎上，万物皆备，让人民认识神物与妖怪. 可惜，原物流传至春秋战国时，因战乱被毁而失传.

从古巴比伦泥板文书到百度地图、谷歌地图，从大河山川简要标识到如今精确到毫米的定位，手段更迭而初心未变，人类在数据可视化的道路上仍在不断探索着前进.

2. 闪亮登场

文明发展的速度在不同时期有着明显差异，工业文明到了 17、18 世纪的时候，从闲庭信步的姿态突然转入小跑，科学界的发明创造像雨后春笋一样噌噌地向外冒，智力爆炸，群星璀璨. 牛顿已经在苹果树下悟到天体运动的奇妙方程，少年瓦特看着开水壶若有所思，富兰克林不要命地在雷雨天放着风筝，拉格朗日忘我地用数字和方程为宇宙作曲……

伴随着科技进步和社会发展，统计学也出现了早期萌芽. 一些和绘图相关的技术相继出现，比如三色彩印(1710)和平版印刷(1798). 数据分析的价值开始为人们所重视，人口、商业等方面的经验数据开始被系统地收集整理，天文、测量、医学等领域的实践也有大量的数据被记录下来. 人们开始有意识地探索数据表达的形式,图形的功能被大大扩展,许多崭新的数据可视化方式在这个世纪里诞生了.

数据可视化的历史上不乏里程碑式的统计图形,藏在图形背后的那些人更是让人惊叹不已,我们姑且称之为“人体里程碑”,下面就让我们一起领略一下大师们的风采吧!

(1)开宗立派——威廉·普莱威尔(William Playfair,1759—1823)

普莱威尔一生的经历可谓相当丰富,做过木匠、绘图员、商人、统计学家、银行家、编辑等. 这里我们要讲的是他众多身份中最耀眼的那个——统计制图法的祖师爷.

普莱威尔创造了世界上第一张有意义的线图、柱图、饼图与面积图. 武侠小说里描述的那种骨骼惊奇、天赋异禀的人,大概说的就是他吧.

图 6.5 是普莱威尔绘制的条形图,出现在他主编的《商业与政治图集》(*Commercial and Political Atlas*)中. 这张图直观地展现了 1780 年圣诞节到 1781 年圣诞节期间苏格兰的进出口贸易状况,其中的贸易顺差、逆差一览无余. 该图虽然形式简单,但抓住了统计图形的本质,即通过图形直观呈现数据背后的事物特征及联系. 这种简明扼要的视觉表达形式被沿用至今并成为经典.

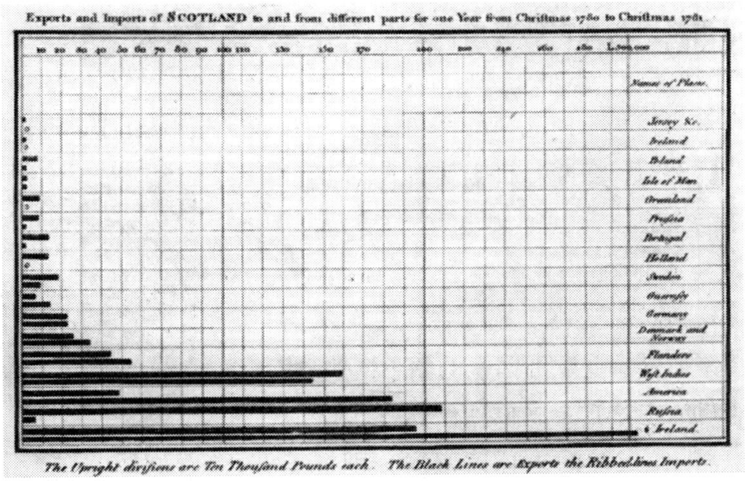

图 6.5　苏格兰进出口贸易条形图

普莱威尔绘制的线图(图 6.6),首次公开出现在他主编的《商业与政治图集》中.普莱威尔将英格兰 1700—1780 年间的进出口数据用线形串联起来,从图中可以很清楚地看出对英格兰有利(顺差)和不利(逆差)的年份,两线交叉的左半部分说明在对外贸易中英格兰处于不利地位.随着时间的推移,在 1752 年后,对外贸易逐渐变得对英格兰有利.

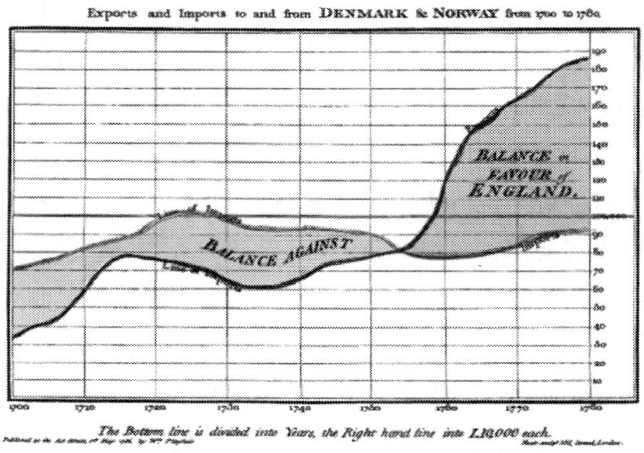

图 6.6　1700—1780 年英格兰贸易顺逆差线图

对比上述两张统计图,同样的进出口数据指标采用了两种不同的表达形式,不是普莱威尔故弄玄虚,而是现实需要.线图想表达的是随时间变化进出口贸易数据的变化状况和趋势,它所强调的是时间维度上的变化.而条形图则是截取 1780—1781 年这一年的数据,希望通过图形告诉阅读者苏格兰与不同地区的贸易信息.所以说,统计图的选择是某种程度上的逆推法,要带着目的去匹配合适的图形.

普莱威尔在另一本专著《统计摘要》(*The Statistical Breviary*)中第一次使用了饼图来展示一些欧洲国家的领土比例.特地为当时的土耳其帝国单独作图,从图 6.7 中可以看出,当时的土耳其帝国分别在亚洲、欧洲和非洲的领土面积比例.

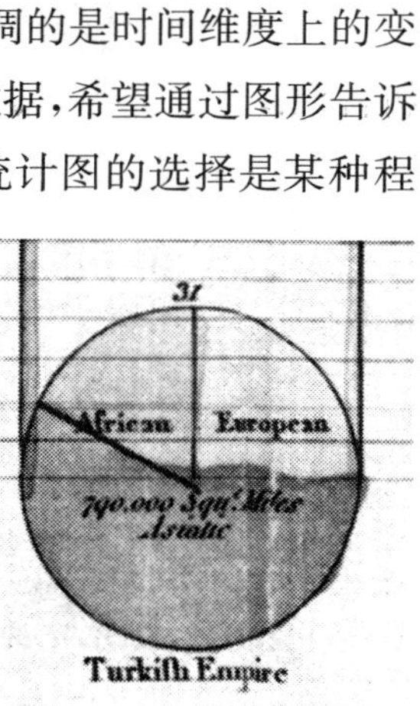

图 6.7　土耳其帝国领土比例饼图

普莱威尔曾说:“身居高位者或业务繁忙的商人只能关注那些大致概况,我希望他们通过这些图表就能获得想要的信息,无须大费周章去研究具体细节.”这也是普莱威尔作品受人喜爱的原因.如果将图形表示的信息换成文字的话,人们将损伤大量的脑细胞却还不确定能否解释清楚.

(2)继往开来——约翰·斯诺(John Snow,1813—1858)

结合地图来分析和展示与位置相关的数据,让数据的规律跃然纸上,这就是数据地图的魅力.数据地图这一神器是由“人体里程碑”里的另一位大师——约翰·斯诺创造的.

1854 年,伦敦西部西敏市苏活区暴发霍乱,当时许多医生认为霍乱和天花是从瘴气、污水及其他不卫生的东西中产生的有害物所引起的.然而,约翰·斯诺通过调查,证明了霍乱是由被粪便污染的水传播的.那么他是怎么准确地找出致霍乱的原因呢?

原来他将苏活区的地图与霍乱数据结合在一起,制作了如图 6.8 所示的一张简易数据地图,最终锁定了霍乱致病源——百老大街(Broad Street)水泵.

图 6.8 霍乱数据地图

每一种图表类型的诞生,都是源于迫切而明确的需求.挽救生命的不是这些精妙的统计图表,而是那些怀揣对生命的敬意、苦苦求索的图表创造者.

(3)登峰造极——查尔斯·约瑟夫·米纳德(Charles Joseph Minard,1781—1870)

图 6.9 的名头相当响亮,它被爱德华·塔夫特(Edward Tufte,1942—)认为是史上最杰出的统计图,堪称数据可视化领域骨灰级的教材.它的背景故事同样不同凡响,反映的是 1812—1813 年拿破仑入侵俄国惨败而归的历史.战争的失败导致 42 万法军精锐几乎全军覆没.那么这幅图到底神奇在哪里呢?又是如何生动再现这一段历史的呢?

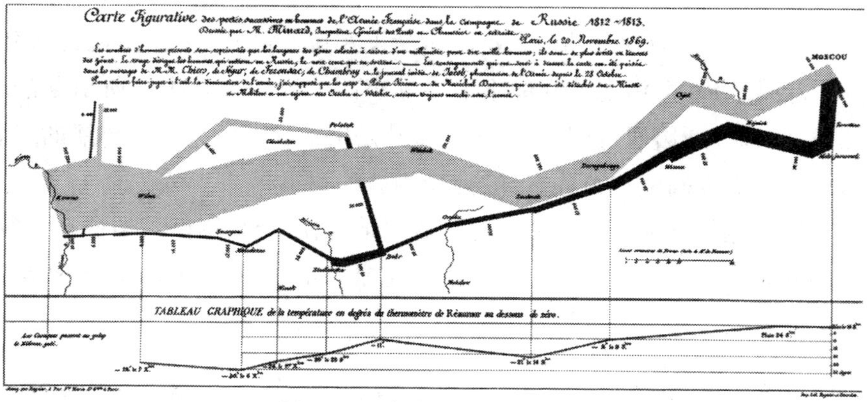

图 6.9 《拿破仑征俄战役图》

《拿破仑征俄战役图》出自法国工程师米纳德之手,此图揭示了士兵大量死亡的元凶是"低温".这幅图包含了 5 种变量:①军队规模变量.阶梯状线条的粗细变化代表了行军途中军队规模的变化.如图所示:左侧最粗一端显示出征俄罗斯时的士兵人数为 42.2 万人,到达莫斯科时还剩 10 万余人,而活着返回法国的只有 1 万余人;②军队位移的"经纬度变化";③不同颜色对应的军队行军方向:棕色表示进军,黑色表示撤军;④军队规模发生突变的地点名称;⑤撤退途中的温度变量.底部的温度折线图,从右到左反映了撤退途中的温度变化(温度采用的是现在已经废弃的温度测量单位——列氏度 R,1R=1.25℃),最低温度竟然达到−30R(−37.5℃),观察行军途中的阶梯状锐减的转折点以及它对应的温度变量，排除当地发生战役的可能，我们可以直观地推断出士兵死亡的最大杀手是“低温”.

米纳德用一张简略的信息图，讲述了拿破仑东征中的军队规模、行军方向、伤亡情况、地理信息和温度变化等多重信息. 更为难得的是，这些信息不是被强行捏合在一起，而是有条理、有层次地排列呈现的. 若用文字来表述同等的信息量，恐怕文字专家也很难表述清楚.

3. 高潮迭起

信息时代是数据爆炸的时代，我们每个人都沉浸在数据的海洋中，同时每个人又会被分解成不同类型的数据. 是做数据海洋的弄潮儿还是随波逐流的漂浮物？答案不言而喻. 本领强大的弄潮儿会借力于数据海洋的波浪，徜徉其中、游刃有余. 他们把庞杂的数据从负担变为助力，利用的就是可视化这一催化剂.

如同《笑傲江湖》中华山派的剑宗和气宗之分，统计图按需求不同也可大致分为两类：一类是为呈现而生，一类为分析而生.

1. 为呈现而生

起初绘制一幅统计图目的很单纯，方法很朴素，仅仅是为了更好地表现数据. 回顾普莱威尔设计的统计图，会发现它们并没有很多花里胡哨的装饰. 尽管这些朴实无华的统计图形兢兢业业地完成着它们的使命，但是人们却逐渐不满足于它们千篇一律的外貌. 于是人们在尊重经典的基础上，开始对这些其貌不扬的图形做整形微调.

折线图我们都见过很多，如果在上面放一颗爱心（图 6.10），有没有眼前一亮，瞬间少女心爆棚呢？

条形图上开出了一朵朵小花（图 6.11），看完之后，好像整个心情也变得美丽了.

或许你觉得小清新风不适合自己，别着急，那么这一款酷炫的 3D 全球 40 年自然灾害数据图（图 6.12）应该能满足你了吧！

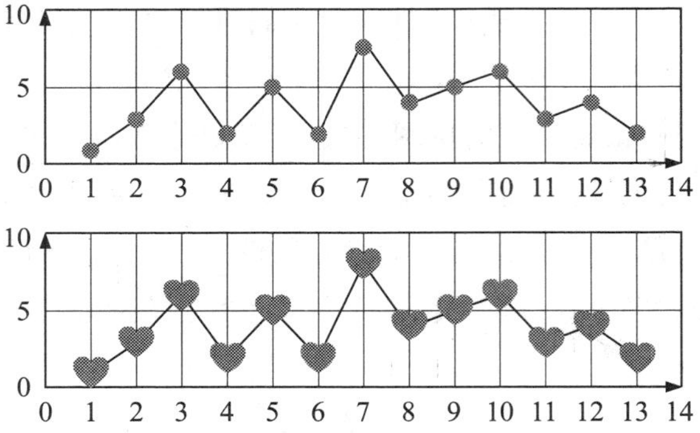

图 6.10 变换后的折线图

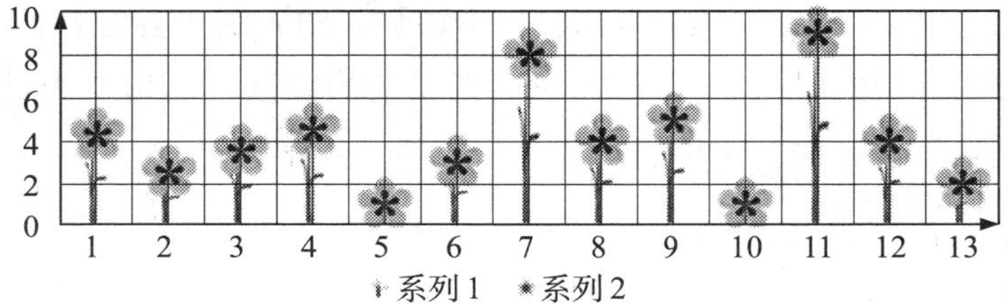

图 6.11 变换后的条形图

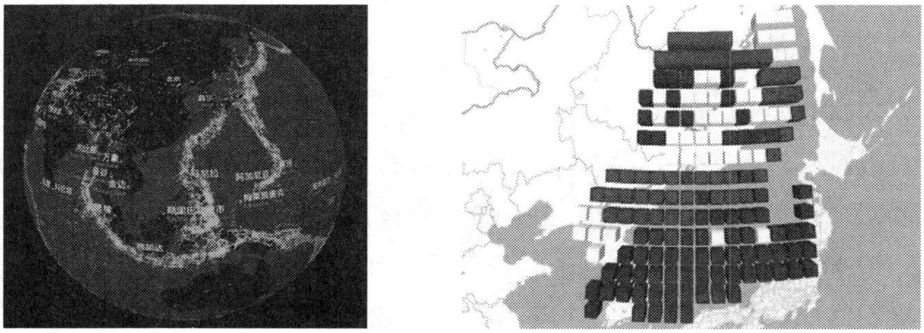

(a)原图　　(b)变形图

图 6.12 美国国家海洋局全球 40 年自然灾害统计图及数据地图变形

2. 为分析而生

展示数据是统计图与生俱来的功能，分析数据则是统计图的衍生功能. 人们创造统计图最初的目的仅仅是记录和描述，而当把这些数据直观展示出来之后，隐藏在数据背后的信息突然跳到眼前，这份意外被人们抓住,分析数据最终成了统计图形的又一重要功能.

统计图形的分析功能在商业领域显得尤为重要,无论是前期市场调研,还是中期的产品销售分析都有它大展拳脚的空间.但是要始终牢记,分析不是最终目的,决策才是.此时我们需要做的不是对统计图做各种装饰来吸引眼球,而是抓住数据背后的本质.

1. 择图

与统计表相比,统计图能够直观形象地表示数量关系.常用统计图有三种:条形图、折线图和扇形图.它们各自有什么特点呢?下面就结合一道例题来比较一下这三种统计图.

【例 1】 表 6.1 是方伟家 2017 年四个季度各项支出情况的统计表.试着根据要求,用不同的统计图来表示.

表 6.1 2017 年方伟家各项支出表 单位:元

	总计	文化教育	购买衣物	食品支出	其他支出
合计	100800	36000	23600	23600	17600
第一季度	27600	9600	4800	6800	6400
第二季度	19600	8000	4400	4000	3200
第三季度	28800	8800	6400	8000	5600
第四季度	24800	9600	8000	4800	2400

(1)试着用合适的统计图表示方伟家 2017 年第一季度的各项支出情况;

(2)试着用合适的统计图表示方伟家 2017 年四个季度支出的变化情况;

(3)试着用合适的统计图表示方伟家 2017 年各项支出占总支出的百分比.

解:(1)方伟家 2017 年第一季度的各项支出,可以用条形图来表示.

从图 6.13 中我们可以清晰地看出,方伟家 2017 年第一季度的各项支出的具体数值,通过条形的高低又可以直观地比较各项支出的高低,显然文化教育支出最高,购买衣物的支出最低.

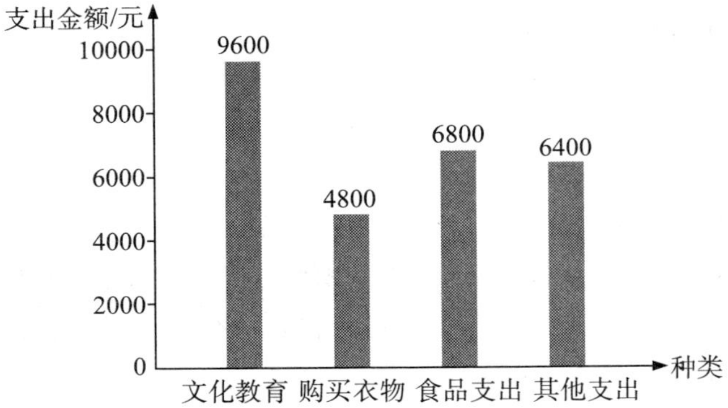

图 6.13　方伟家 2017 年第一季度各项支出条形图

(2)统计图用折线起伏表示数量的增减变化,所以要统计方伟家 2017 年四个季度的支出变化状况,应该用折线统计图来表示.

从图 6.14 中可以看出,2017 年方伟家的支出从第一季度到第四季度呈减→增→减的变化,四个季度的支出波动较大.

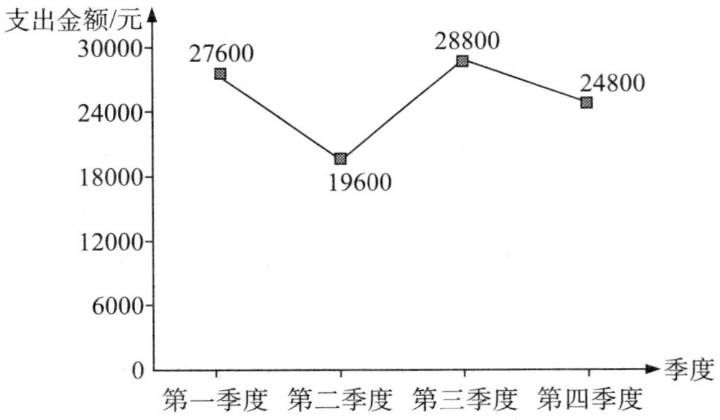

图 6.14　方伟家 2017 年四个季度支出变化折线图

(3)扇形统计图可以很好地展现部分和部分之间以及部分同整体之间的比例关系,因此要统计方伟家 2017 年各项支出占总支出的百分比,应该用扇形统计图来表示.

从图 6.15 中可以清楚地看出，方伟家 2017 年“文化教育”占的比重最大，“其他支出”占的比重最小.

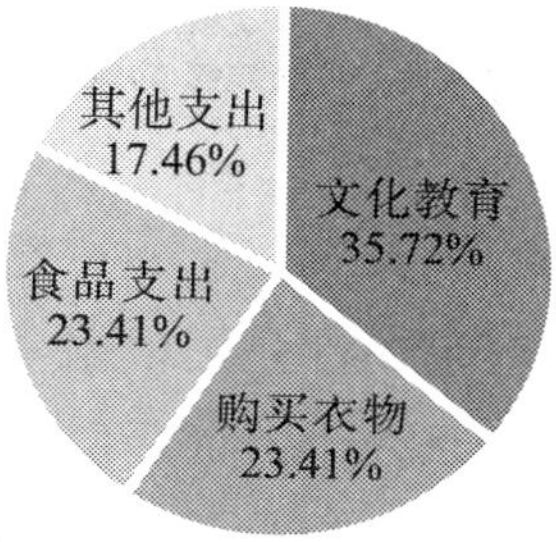

图 6.15　方伟家 2017 年各项支出占比扇形图

2. 组图

前面已经提到，常用的统计图有条形统计图、扇形统计图和折线统计图. 它们都有各自的表达方式，用自己的语言向我们诉说着各自守护的数据信息. 条形统计图可以清楚地表示每个项目的具体数目；扇形统计图可以反映各部分在总体中所占的百分比；折线统计图则能反映事物的变化趋势. 每一种统计图各有优劣，在实际应用中人们为了获知同一事件不同方面的情况，往往需要将几种统计图组合起来使用，发挥其各自的特长.

3. 品图

三种常见统计图各有特点，是我们解决问题的重要工具. 但在使用过程中，统计图也会和我们开一些“玩笑”，尤其是在我们应用不规范或者选择不当的时候.

(1)扇形统计图

【例 2】　根据图 6.16 做判断题：乙校女生比甲校女生要多. 这个说法对吗？

显然是不对的，扇形统计图反映的是部分占整体的比例，不能看出具体数量的大小. 所以两个学校的女生数量谁多谁少在这个图中是看不出来的.

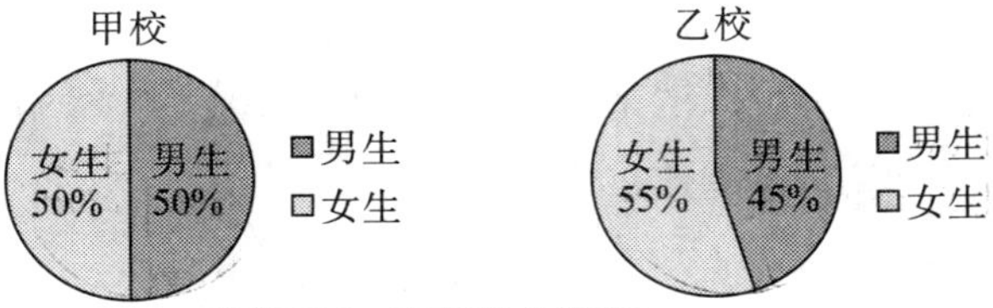

图 6.16　扇形图的错觉

（2）折线统计图

【例 3】　甲、乙两家汽车销售公司根据近几年的销售量分别制作了统计图，如图 6.17 所示，从 2012—2016 年，这两家公司中销售量增长较快的是哪家？

想一想

该选择哪一种统计图来比较两者的大小呢？开动脑筋去寻找答案吧！

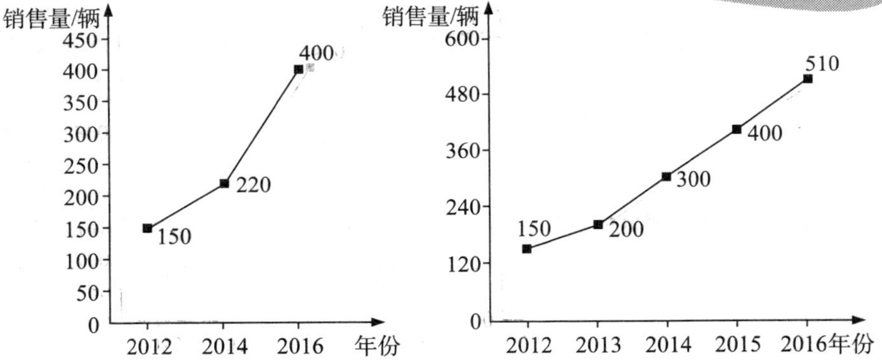

（a）甲公司销售量　　（b）乙公司销售量

图 6.17　折线图的错觉

凭直观感受来做选择，可能会有同学选择甲公司，明显甲公司的销售折线图更加“陡”一些. 但是仔细观察就会发现，两图纵轴上的同一单位长度所表示的意义不同，甲公司的统计图每单位长度表示 50 辆，而乙公司的统计图每单位长度表示 100 辆. 另外两图横轴的单位长度也不统一，甲公司的统计图缩短了横轴的单位长度，因而造成图的倾斜程度大，从而给人以错觉，误认为甲公司的销售量增长较快.

（3）条形统计图

【例 4】　某市气象局统计 2017 年全年晴天、雨天和阴天三种天气的天数，并绘制了如图6.18的统计图.请问：2017年该市晴天天数是雨天天数的多少倍？

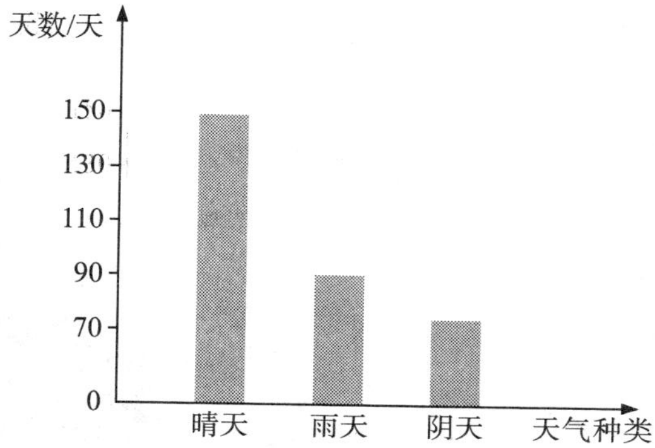

图6.18 条形图的错觉

可能有些同学直接根据条形的高低做出判断，认为晴天天数是雨天天数的2倍.然而事实并非如此，直观再一次欺骗了我们.所以，我们要关注图表的细节，细节上的差异是造成错觉的"元凶".

1. 战地玫瑰——南丁格尔玫瑰图

这是一个美丽的故事，故事的女主角是南丁格尔，男主角是上帝，这里没有爱情，只有使命.故事讲述的是白衣天使南丁格尔以上帝之名，播爱于人间.如果可以，用音乐来比喻女主角的一生再合适不过，前奏宁静，高潮骤起.

1953年，克里米亚战争爆发了.战争中英军的伤病员死亡率高达42%.也就在这一年，南丁格尔带领了38名护士奔赴前线.英军的战地医院卫生极差、通风不良、臭气四溢，大批的伤兵感染了痢疾和霍乱，战地医院成了敛尸间.南丁格尔心怀悲悯却不限于此.她通过搜集数据发现许多战士并非是"战死沙场"，而是因为在战场外感染了疾病，或是在战场上受了伤却没有得到适当的护理.然而"肉食者鄙"，多数国会议员和政府、军队高官看不懂统计报告和密密麻麻的数据，为了让这些决策者看懂，南丁格尔发明了一种巧妙的图示方法——南丁格尔玫瑰图（图6.19）.她的方法惊动了当时的高层，包括军队高官和维多利亚女王本人，医事改良的提案因此得到支持.仅仅半年，伤病员的死亡率降到了2.2%.

南丁格尔玫瑰图何以打动和说服人们呢?

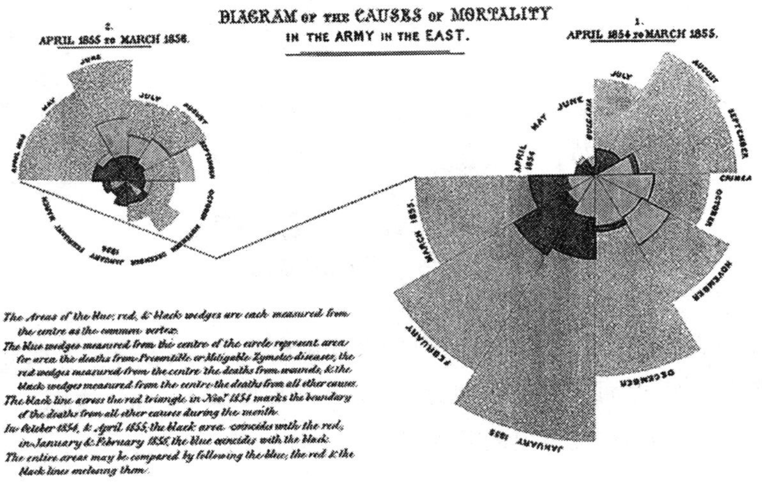

图6.19　南丁格尔玫瑰图

第一，它用面积直观地表现出了一个时间段内几种死因的所占比例.外圈表示死于可预防的疾病，内圈表示死于战争伤害，中间部分表示死于其他原因.这样就清楚地展示了军队伤亡的结构，真正影响战争伤亡的并非战争本身，而是军队缺乏有效的医疗护理.

第二，它很漂亮，一层一层地展开，像一朵绽放的玫瑰花.为什么要设计得如此漂亮呢？是因为它要呈现给当时英国的最高决策者——维多利亚女王.

图6.20　提灯女神南丁格尔

黑暗的深夜，南丁格尔总是手持油灯巡视病房，所过之处，她提灯的身影映在墙壁上（图6.20），伤兵们在床上挣扎着去亲吻她的身影，一幅《壁影之吻》定格了战争年代最暖心的画面.

南丁格尔认为统计学是世界上最重要的科学，想要理解上帝想法的人必须学习统计学，因为统计可以估测上帝的心意，而统计图则是对上帝心意的形象表达.

2. 康桥余韵——词云

轻轻的我走了，正如我轻轻的来；我轻轻的招手，作别西边的云彩……

轻轻诵读，齿颊留香. 如果还是意犹未尽，那就试试做个词云吧，用统计的视角，再吟诵一遍《再别康桥》(图 6.21).

图 6.21 《再别康桥》词云

词云和气泡图有点类似，是将文本中频繁出现的关键词用图形的形式罗列出来，其中字体越大表示出现的频率越高. 可以看出，这首诗里“轻轻”二字使用的次数最多，也用得恰到好处.

3. 人面表情——脸谱图

如果你喜欢画漫画，你肯定会给这位高手——赫尔曼·切尔诺夫(Herman Chernoff，1923—)不停点赞，来看看他画的这一组头像吧！

图 6.22 中是不是每张脸的特征都特别明显，让人印象深刻？你可能还在想这有什么大不了的，随便画画我也能画出来. 当然没这么简单啦，事实上这里的每张脸谱都包含了 15 个样本变量信息，五官和脸型的形状大小以及五官的间距都是很有讲究的.

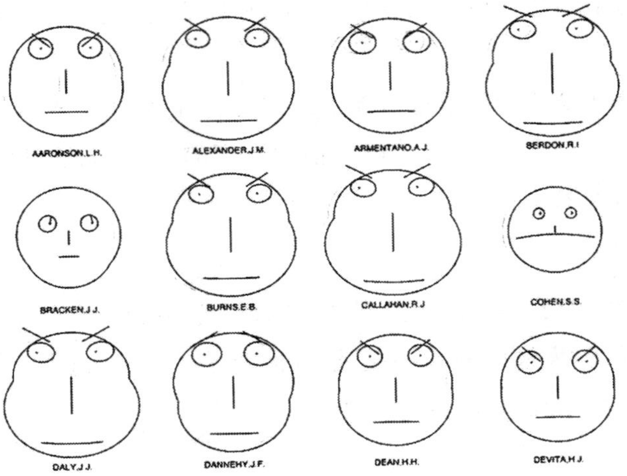

图 6.22 漫画脸谱图

嘴角上扬的幅度、眼睛的大小、鼻子的长短、脸型的胖瘦，这些人眼可以轻易捕捉的特征，也正是统计图表希望呈现的信息. 按照切尔诺夫于 1973 年提出的画法，采用 15 个指标，各指标代表的面部特征分别为：1 表示脸的范围，2 表示脸的形状，3 表示鼻子的长度，4 表示嘴的位置，5 表示笑容曲线，6 表示嘴的宽度，7～11 分别表示眼睛的位置、分开程度、角度、形状和宽度，12 表示瞳孔的位置，13～15 分别表示眉眼的位置、角度及宽度. 每一个样本都可以用一张特定的脸谱来表示. 通过对脸谱的分析，就可以直观地对原始资料进行归类或比较研究.

4. 鱼骨达意——鱼骨图

生活中我们经常会与“问题”为伴，而这个小伙伴我们其实是很愿意见到它的. 面对这位不速之客，与其选择逃避，不如坦然地接纳. 想要找到产生问题的真正原因，鱼骨图或许可以帮到我们.

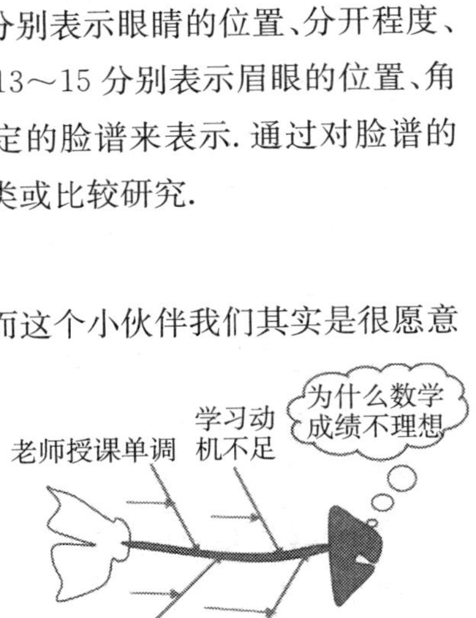

图 6.23 鱼骨图

鱼骨图（图 6.23）是由日本管理大师石川馨先生提出的一种把握结果（特性）与原因（影响特性的要

因)的极简便而有效的制图方法.因其形似鱼骨,故又名“鱼骨图”.

鱼骨的鱼头部分是要分析的问题,问题提出后,利用头脑风暴法在大骨上书写 3～6 个主要原因,并在中骨部分阐述这 3～6 个方向的具体事实,再往下分一级,便是这些事实出现的原因.

在学习过程中,你可能会遇到某次考试成绩不理想,或者某个科目总是学不好的情况.这时候就可以借助鱼骨图,利用头脑风暴法将问题的根本原因挖掘出来,及时改正.

统计图的拓展应用

在你的印象中股市是什么?或许是“股市有风险,投资需谨慎”,又或许是证券交易所的满屏红红绿绿的线,也可能是股市崩盘老板倾家荡产的社会新闻.一直以来,股市在国人的印象中可能是那些期望暴富的赌徒的赌场,不善理财的人将其看作洪水猛兽.

事实上买股票仅仅是众多投资方式中的一种,就如同银行存款或者投资买房一样普遍.股市的相关知识是现代公民必备的常识之一.我们先从这些花花绿绿的图形——K 线图(图 6.24)——入手吧!

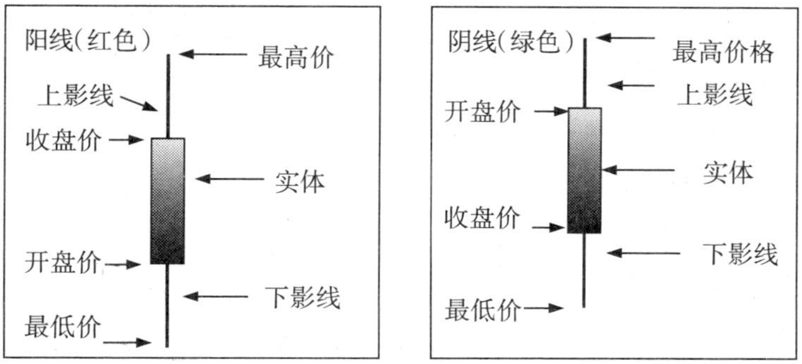

图 6.24 K 线图

我们都知道股票交易要在证券交易所进行，证券交易所并不是24小时全天交易的，有开市时间和收市时间. 每一只股票开市时的价格我们称之为开盘价，收市时的价格叫作收盘价. 在一天的交易过程中出现的最高价格我们称之为最高价，出现的最低价格称之为最低价. 所以，我们知道这四个价格就可以画出一张完整的K线图了. 对，就是这么简单！

开盘价和收盘价之间用矩形表示的部分叫实体，当收盘价高于开盘价的时候，K线图用红色表示，就是我们常说的“涨了”；反之，K线图则用绿色表示，股民最不喜欢的颜色一定就是绿色了. 另外红色的K线图叫阳线，绿色的叫阴线，因此K线图又被叫作阴阳线. 又因为它形似蜡烛，它还有个别名叫蜡烛线.

如果你关注时政的话，就会知道十九大之后，中国特色社会主义进入新时代，我国社会主要矛盾已经转化为人民日益增长的美好生活需要和不平衡不充分的发展之间的矛盾. 解决贫富差距的问题已经被广泛关注.

我们在新闻中经常听到的基尼系数就是衡量贫富差距的指标之一. 它是一个比例数值，取值在0～1. 一般基尼系数越大，说明收入分配越不公平. 你肯定好奇，基尼系数是怎么计算出来的？

基尼系数是由洛伦兹曲线(图6.25)计算而来的，其值为$A/(A+B)$. 观察图形，我们发现洛伦兹曲线是个斜率越来越大的单调递增曲线. 横轴表示累计人口百分比，纵轴表示累计收入百分比，它是将人

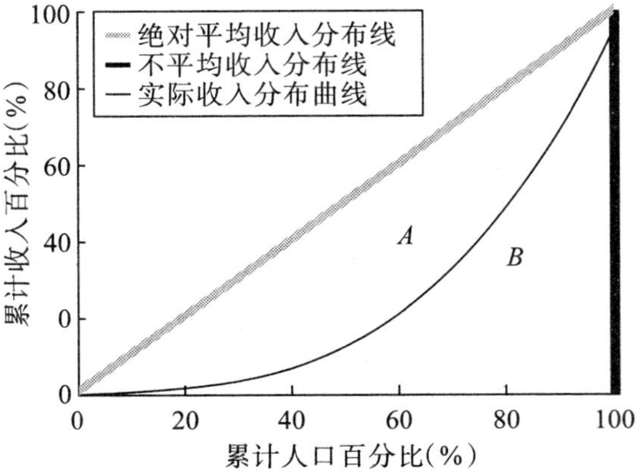

图6.25　洛伦兹曲线和基尼系数示意图

口按收入由低到高进行排序后得到的. 从这张图来看，靠近原点的 20% 的人口才占总收入的 1%左右，而 80%～100%这 20%的人口占了总收入的 50%左右，贫富差距不言自明. 当洛伦兹曲线和对角线重合的时候，表示同样比例的人掌握的社会财富的比例是一致的，也就是绝对平均收入分布线，中华人民共和国成立初期，我国的洛伦兹曲线就很接近这条绝对平均收入分布线，此时 $A=0$，所以基尼系数为 0. 当洛伦兹曲线和垂直线重合的时候，表示社会财富完全集中在极少数人手中，99%以上的人掌握 1%的社会财富，此时 $B=0$，所以基尼系数为 1.

每学完一节新课，老师常提醒我们要及时复习. 老师们的反复叮嘱当然不是毫无根据的，是希望能花最少的时间达到最好的记忆效果. 这背后的科学依据就是记忆规律，可以用艾宾浩斯遗忘曲线来描述.

从遗忘曲线图 6.26 可以看出，学习结束的最初 20 分钟记忆量惊人地下降了 41.8%. 如果及时复习可能仅仅花费我们十几分钟的时间，就能弥补这巨大的损失量. 如果不及时复习，再重新拾起丢失的“41.8%”，也许就要再花费几个小时. 所以，及时复习是记忆的“捷径”.

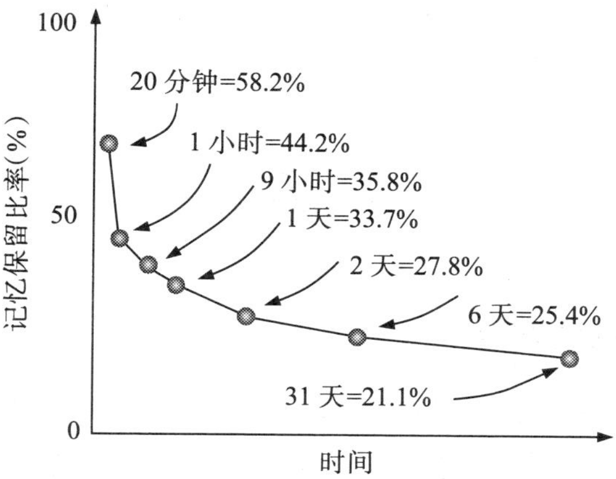

图 6.26　艾宾浩斯遗忘曲线

> **试一试**
> 能不能作一张你的各科成绩雷达图？

如果你玩过 MOBA 类的游戏，那么你肯定对图 6.27 再熟悉不过了. 这是一张关于个人局内表现数据的统计图，因为它形似雷达和蜘蛛网，所以被称为“雷达图”或者“蜘蛛网图”. 它是由若干相似的多边形组合而成，多边形的每个角代表一个维度的数据，点越靠外代表该维度数据的值越大. 从这张雷达图中，我们可以看出这个人的 KDA(即击杀率、死亡率和支援率)、输出、推进以及综合评分很高，而团战和发育评分相对较低，由此可以推测大概他经常玩上单位置或者射手位置.

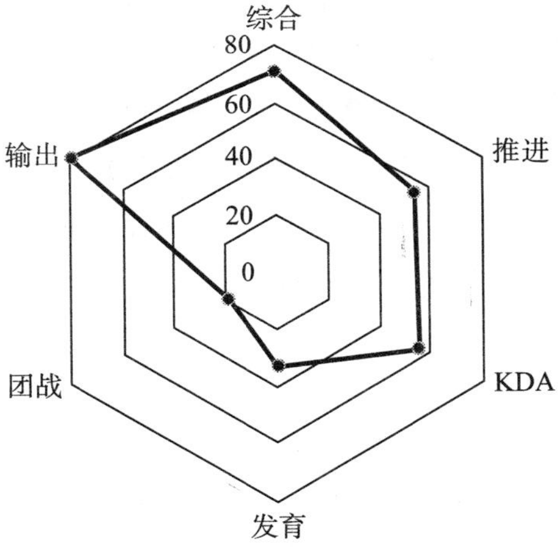

图 6.27　局内表现雷达图

经典赏与练

【例 1】 为了解学生的艺术特长发展情况，某校音乐组决定围绕在“舞蹈、乐器、声乐、戏曲、其他活动项目中，你最喜欢哪一项活动(每人只限一项)”的问题，在全校范围内随机抽取部分学生进行问卷调查，并将调查结果绘制如下两幅不完整的统计图(图 6.28、图 6.29).

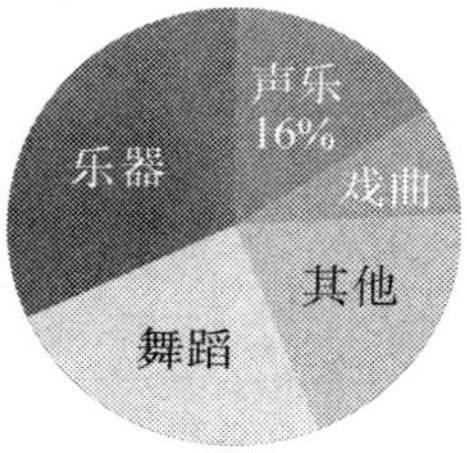

图 6.28

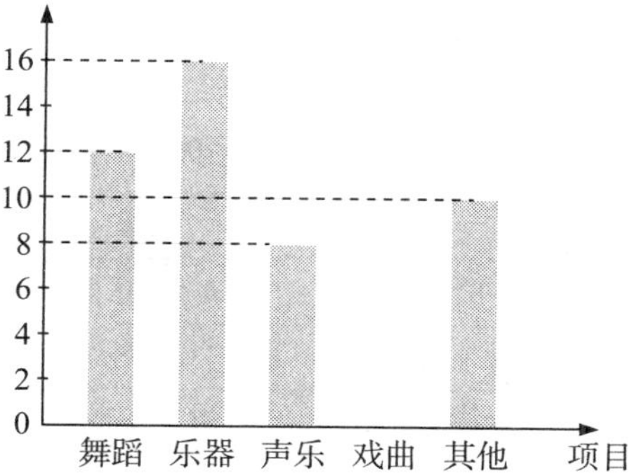

图 6.29

请你根据统计图解答下列问题：

(1)在这次调查中，一共抽查了________名学生.其中喜欢“舞蹈”活动项目的人数占抽查总人数的百分比为________.扇形统计图中喜欢“戏曲”部分扇形的圆心角为________度.

(2)请你补全条形统计图.

(3)若在舞蹈、乐器、声乐、戏曲项目中任选两项成立课外兴趣小组，请用列表的方法求恰好同时选中舞蹈、声乐这两项的概率.

解：(1)一共抽查了 $8\div16\%=50$(名)学生，其中喜欢“舞蹈”活动项目的人数占抽查总人数的百分比为 $12\div50\times100\%=24\%$.扇形统计图中喜欢“戏曲”部分扇形的圆心角为 $(50-8-12-10-16)\div50\times360^\circ=28.8^\circ$.

(2)补全条形图(图 6.30)：

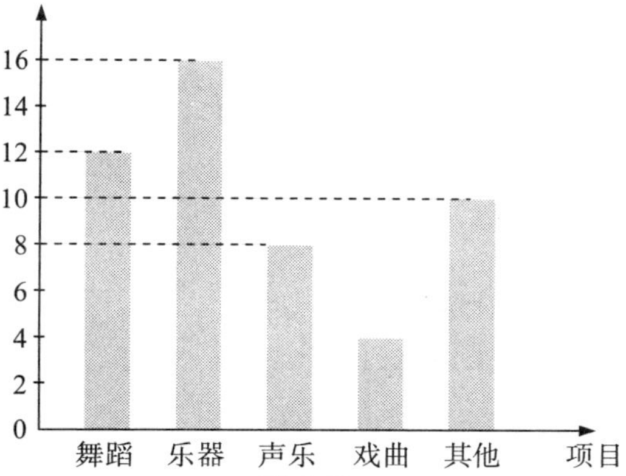

图 6.30

(3)概率列表(表 6.2):

表 6.2　同时选中舞蹈及音乐概率表

	舞蹈	乐器	声乐	戏曲
舞蹈		(舞蹈,乐器)	(舞蹈,声乐)	(舞蹈,戏曲)
乐器	(乐器,舞蹈)		(乐器,声乐)	(乐器,戏曲)
声乐	(声乐,舞蹈)	(声乐,乐器)		(声乐,戏曲)
戏曲	(戏曲,舞蹈)	(戏曲,乐器)	(戏曲,声乐)	

同时选取舞蹈和声乐的概率是:$2\div12=\frac{1}{6}$.

小试牛刀

1. 某学校在“你最喜欢的球类运动”调查中,随机调查了若干学生(每名学生分别选了一项球类运动),并根据调查结果绘制了如图 6.31 所示的扇形统计图. 已知其中最喜欢羽毛球的人数比最喜欢乒乓球的人数少 6 名,则该校被调查的学生总人数为________名.

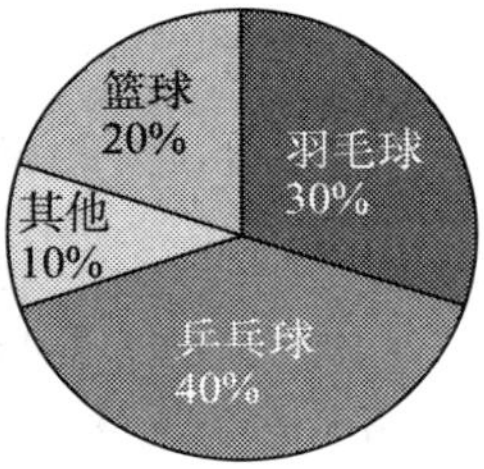

图 6.31

2. 某运动品牌店对第一季度 A、B 两款运动鞋的销售情况进行统计,两款运动鞋的销售量及总销售额如图 6.32 所示.

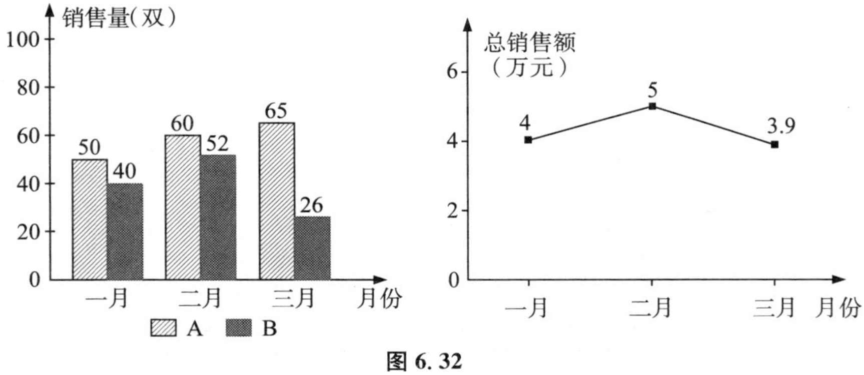

图 6.32

(1)一月份 B 款运动鞋的销售量是 A 款的$\frac{4}{5}$,则一月份 B 款运动鞋销售了多少双?

(2)第一季度这两款运动鞋的销售单价保持不变,求三月份的总销售额?(销售额=销售单价×销售量)

(3)结合第一季度的销售情况,请你对这两款运动鞋的进货、销售等方面提出一条建议.

第 7 章

世事茫茫本难料　抽样调查有奥妙

——探索抽样调查

引子

美国大选的民调历史上有一个知名的故事，故事的主角是杂志《文学文摘》和知名民调机构盖洛普. 1936 年美国大选，民主党候选人富兰克林・罗斯福(图 7.1)对阵共和党候选人阿尔夫・兰登(图 7.2).《文学文摘》此前准确地预测过 5 次总统选举结果. 在 1936 年大选中，《文学文摘》邮寄出 1000 万份问卷，回收到 230 万份，样本数量很大，经过分析得到的结论是兰登将取得最终的胜利. 另一家仅成立 1 年的民调公司盖洛普，只用了 5 万份样本，却得出了完全相反的结果. 当年大选的人选是罗

图 7.1　罗斯福

图 7.2　兰登

斯福，他获得了压倒性的胜利——在 48 个州中胜出 46 个，普选票也拿到了 60%之多．同样是采用抽样调查的方式，得到的结论却截然不同，这是为什么呢？你知道这其中有什么数学奥秘吗？

抽样调查的探索之旅

尽管抽样调查是一种现代方法，但其实统计调查在古代就已经存在了．早在古巴比伦时期，在文字被发明后不久，就有了农业普查的记录．事实上，中国是世界上最早开展人口普查的国家之一，统计人口数量的目的是确定税收和储备军事力量．在欧洲，罗马每隔一段时间就会对它的人口和财产进行一次普查，这些数据被用来确立市民的政治地位、评价各州的军事力量和确定纳税义务．

历史上有两个著名的统计调查例子：一个是英国国王威廉一世下令进行的英国人口普查．1086 年威廉一世下令编制《土地赋税调查书》（图 7.3），这本书记载了大量信息，包括 13000 多个地方，每个地方的信息都多达 1 万条．英王威廉一世下令进行全国土地调查情况的汇编，目的在于了解王田及封臣的地产情况，以便收取租税，加强财政管理，并确定封臣的义务．调查内容包括地产归属情况，庄园的面积、工具和牲畜数量，以及各类农民人数等．英国人将调查结果汇总整理、编定成册，称作《土

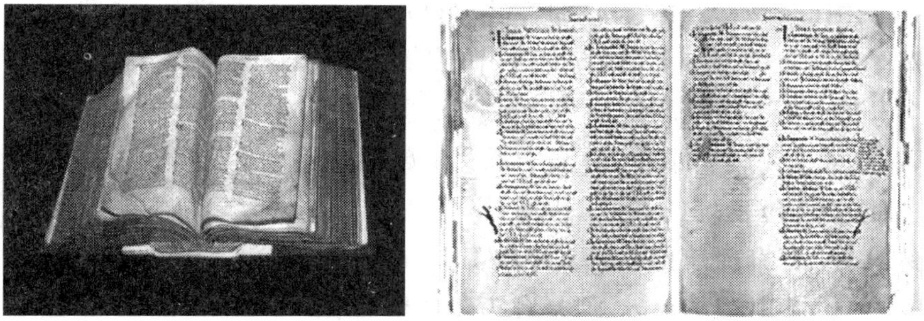

图 7.3　《土地赋税调查书》

地赋税调查书》.当时由于调查极严,每个人都要说真话,就像基督教会所说的“末日审判”一样,所以这本书又叫《末日审判书》.这本书作为英国历史上著名的调查清册,现藏于英国档案馆,许多村庄的数据现在还可以在这本书中找到.

另一个例子是印加帝国在1000—1500年进行的人口调查.每个印加部落都有自己的统计员,他们负责记录人口、房子以及能够被征兵入伍的年轻人数量等,这些数据使用古代秘鲁人的结绳文字记载.每隔一段时间,通信员就会将这些记录送往首都库斯科,在那里将收集上来的统计数据编辑到一起.当时文字记载系统运转得很好,但不幸的是,它伴随着这个王国的衰落而消失了.在信息不发达的古代,能有这样的统计成果,我们不得不惊叹于古人的智慧.那时的人们使用的统计方法都属于全面调查,但是这种方法既费时又费力.直到17世纪,抽样调查在欧美大陆才渐渐萌芽,20世纪后,抽样调查成为一种正式且科学的研究方法.接下来就让我们走进抽样调查的发展历程吧!

1. 小草破硬土,抽样始萌芽

抽样法在人类活动中早就使用过,古代中国人、古代希腊人都知道从整体中取出一小部分来检验.但是事实上最早有文字佐证的记载是1648年一个叫莫洛佐夫的沙俄贵族,他在庄园的“记事”中提到如何简单地运用样本亩产量来估计庄园的收获量.

相比之下,英国学者格朗特(John Graunt,1620—1674,图7.4)在这方面做出的贡献更值得一提.1620年格朗特出生于伦敦一家服装店,他从小在店里帮工,后来子承父业当了店主.他受到过良好的教育,并每天早上坚持不懈地在店铺开门前自学法文和拉丁文,这使他成了一位有教养的商人.但是真正使他留名后世的,是他的《关于死亡公告的自然和政治观

图7.4 格朗特

察》(以下简称《观察》)一书. 这本书的出版标志着现代统计学的诞生. 格朗特这本著作依据的资料是自 1604 年起伦敦教会每周发表一次的"死亡公报". 在 19 世纪前,欧洲因饥饿、战争、疾病尤其是黑死病的影响,人口的死亡率很高,这是教会发表公报的原因. 该公报记录了一周内死亡和受洗者(大致反映了出生)人数的名单,在格朗特之前,这批庞大的数据从来没有被整理分析过.《观察》就是通过整理分析这些数据,对当时伦敦的人口问题做出推断. 在《观察》中,格朗特解释了他如何利用部分信息推算出伦敦的总人口.

基于这批数据,格朗特做出了一系列的推论. 在整理观察这些数据后,他选择了登记册信息较为完整的教区作为自己的分析对象,并发现平均每年每 11 个家庭中死亡人数约为 3 人,假设这个比率对其他教区也适用,且已知每年伦敦总的死亡人数约为 13000 人,他得出伦敦大约有 48000 个家庭的结论. 已知每个家庭平均人数为 8,他估算出伦敦人口数量大约为 384000 人.

当然,格朗特还有一些其他的发现. 例如对于某种疾病的调查,他统计出在 1631—1635 年这 5 年间有 254 例死亡,而在这 5 年中死亡人口数为 47757;在 1656—1660 年这 5 年期间有 250 例死亡,死亡人口数为 68712. 因为$\frac{250}{68712}<\frac{254}{47757}$(分别约为 0.0037 和 0.0053),他推断这种病的死亡率有所下降. 但是你可能会疑惑,在现在看来是一些寻常的工作,为什么在统计史上能得到如此高的评价呢? 因为这具有开创性. 格朗特整理了繁杂的数据之后,选择了有代表性的数据进行分析,进而推断整体,得出结论. 不过格朗特面临一个很现实的问题,他无法解释自己这样做的依据是什么,他得到的结果是否可靠. 比如,他在推断伦敦市人口时,他选择了一个教区,那么你可能会问,他怎么能保证这个教区和其他的教区一样呢? 格朗特回避了这个问题,因为他无从解释,但是他所做的工作仍旧对欧洲大陆后来的统计工作产生了巨大的影响.

2. 大树渐参天,理论楼阁起

抽样调查在格朗特之后很长一段时间都无实质性的发展,直到 19

世纪，在下面三位统计学家的推动下，它才迎来了黄金发展期.

(1)先驱者——凯尔

在统计调查史上，挪威的凯尔(Anders. N. Kiaer，1838—1919)是一个划时代的人物，有人曾经这样评价凯尔："凯尔的贡献可以被认为是统计史的转折点，是他开始了抽样调查的发展."

凯尔是第一个独立于普查外使用抽样方法收集数据的人，他提供了使用这种方法的实例. 他当时采用的方法又被称为代表性抽样，所谓代表性抽样，就是从总体中抽出一部分能代表该总体的样本，是一个小型化的"总体". 凯尔认为，如果选择足够多的并且遍及全国的"合理"调查单位，这些单位就可以用来"代替"全国. 他在担任挪威统计局局长期间，利用代表性抽样完成了一次人口调查. 从凯尔主持的实际调查例子来看，它非常接近现代的分层抽样.

1895 年，第五届国际统计学会在瑞士首都伯尔尼召开，凯尔热情地宣传了抽样调查的意义——能深入地了解大部分社会经济生活的情况. 凯尔深知，人们不会轻易就接受抽样调查. 他声明自己并不是否认普查，也不是想用抽样调查取代全面调查. 凯尔的发言受到了许多学者的强烈反对，当时德国的社会统计学派权威梅尔教授、意大利最高统计会议主席宝迪奥等人强调，"普查"这一正统方法的地位是绝对不能动摇的. 即使那些不反对抽样调查的学者们也没有将抽样这种方法放在心上，他们常常把抽样调查当作全面调查不方便时的补充方法，没有认识到抽样调查的重要意义.

此后几次重大的统计会议中，凯尔都会宣传抽样调查这一方法，但是一直不被人们接受. 所幸，经过凯尔的不懈努力，国际统计学会开始组织小组委员会讨论他的方法，越来越多的学者也开始关注抽样调查方法. 1903 年在德国柏林召开的第九届国际统计学会上，凯尔的抽样调查方法终于得到了认可. 国际委员会认为，如果真的能获得准确的、有代表性的样本，那么推荐大家使用代表性抽样这种方法. 不过此时的凯尔在建立抽样方法的过程中，仍旧是感性多于理性. 当然了，在当时能有这样的认识，可以说是非常了不起的，仅仅是这一个发现，就奠定了他在统计史上先驱者的地位.

事实也证明,获得有代表性的样本是十分关键的. 回到我们本章的引子,为什么《文学文摘》分析如此大的样本数据,却得到了错误的答案,而盖洛普只利用了小样本却得到了正确的结果呢? 原来《文学文摘》是从电话号码本中选出了 1000 万个调查对象,但 1936 年美国刚刚经历了一场金融危机,那时的电话可是一个"稀罕物件",能装得起电话的往往都是较富裕的阶层,这些人大多是持保守立场的共和党选民. 所以《文学文摘》所抽取的样本,并不能代表全体选民. 相比之下,盖洛普公司考虑周到得多. 美国是一个移民国家,人口组成十分复杂,不同的社会阶层、人种、性别等,都会对选举有不一样的态度. 这场没有硝烟的战争的胜利,为盖洛普公司赢得了声望,成为美国甚至世界上最负盛名的民意调查机构(图 7.5).

图 7.5 美国盖洛普公司

(2)探索者——鲍莱

最早将随机化理论引入抽样调查的是鲍莱(Arthur Lyon Bowley,1869—1957,图 7.6),他同时也发展了目的性理论. 鲍莱出生于英国布里斯托尔,从小受到正规的家庭教育. 1888 年,他进入剑桥大学学习. 1891 年,他以数学学位考试一等及格者(当时最高的数学荣誉)的身份毕业. 1895 年,他通过当时颇为有名的经济学家马歇尔的推荐去伦敦经济学院工作. 在那里,他的主要工作是发展抽样调查技术以及将它运用到社会生活中去. 凯尔的代表性抽样方法被提出后,鲍莱便被其深深吸引. 在对这个问题进行长期地探索后,他毅然宣布全面调查不是必要的,小样本往往就可以满足调查的需要. 鲍莱认为:"我们的抽样法可以得出我们所想要的完善结果,而且往往只要很小的样本就够了,唯一困难的是保证每个人或事物有被包含于调查之内的同等机会."

图 7.6　鲍莱

自此,鲍莱引入了随机性理论,通俗来说就是在总体中随机选择. 尽管鲍莱引入了随机性理论,但在那段时间内,随机选择和有意选择是共同存在的. 随机选择的意图是保证总体中的每一个个体都有被选中的机会,这是建立在总体中的个体没有太大差距的基础上. 显然,有意选择考虑到了总体中的个体可能存在的差距. 应该如何协调随机选择和有意选择呢? 鲍莱在探索过程中,一直没能很好地解决这个问题,最终问题的解决交给了另一位统计学家——奈曼.

(3)奠基者——奈曼

奈曼(Jerzy. D. Neyman,1894—1981,图 7.7)是美国统计学家,他 1894 年出生在俄国宾杰里,1921 年赴波兰深造.《关于代表方法的两个不同层面》是他的经典论文,这篇论文在 1934 年的英国皇家统计学会议上公布,它被认为是统计学界的分水岭. 评论家汉森评价说:"这篇论文在推广理论研究、方法论和概率抽样方面起到了无与伦比的作用."论文中他将随机抽样和分层抽样结合起来,并且给出了严格的理论基础. 奈曼认为有意选择是随机选择的特例,在实际的统计调查中,应该先进行总体的分层,再进行随机选

图 7.7　奈曼

择，这样可以保证抽样调查的准确性. 至此，抽样调查的理论楼阁基本搭建完毕，奈曼所做的贡献为接下来的抽样工作奠定了坚实的基础. 奈曼之后抽样调查成了一种正式且科学的调查方法. 它可分为概率抽样与非概率抽样，其中概率抽样的运用最为广泛，接下来就让我们来看一看主流的概率抽样吧.

概率抽样又称可能率抽样，在实践中受到人们的广泛重视并被普遍应用. 概率抽样有着严格的理论基础，运用合适的方法我们可以很好地控制误差，在大型抽样中它是人们的不二选择.

1. 简单随机抽样

简单随机抽样是一种广泛使用的概率抽样方法，是最简单的概率抽样. 如前面提到的，随机抽样就是总体中每个个体在抽选时有相等被抽中的机会. 有这样一个关于简单随机抽样的趣味漫画(图 7.8).

爸爸："儿子，去帮爸爸买一盒火柴吧，这一次注意些，上次买的有很多都划不着."

儿子过了一会回来了："爸爸，这次的火柴肯定都能划着."

爸爸疑惑："为什么？"

儿子："因为每一根我都试过了啊."

图 7.8　趣味漫画

其实儿子只要任意选择一两根火柴尝试一下就可以了.我们生活中也会有这样的小常识,买瓜子时只要尝一两粒就知道这些瓜子是否饱满香脆.在简单随机抽样中,最常见的方法是抽签法与随机数法.

简单来说,抽签法就是通过抽签的方法确定样本,举一个生活中很简单的小例子,班主任想要调查班上同学最近的学习情况,她决定随机抽取几个同学进行访谈.首先班主任要做的是将班上的每个同学编号,把同学们的编号写在纸上,均匀地混合在一个小箱子里,再随机选择出纸条,也就是选择出了自己要访谈的同学.当总体数不多的情况下,适宜采用这种抽样方法(图 7.9).

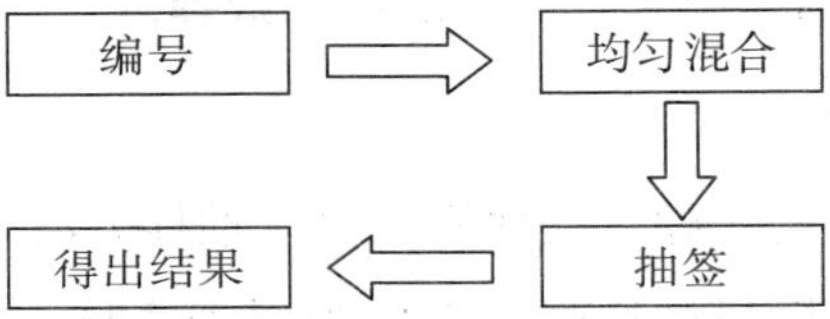

图 7.9　访谈抽签法

随机数法是利用随机数表进行抽样的简单随机抽样法.随机数表又称乱数表,是将 0～9 这 10 个数字随机排列成表,以备查用.随机数表由计算机生成,可以两位、三位、五位甚至十位一组.它的特点是无论横行、竖行或隔行读均无规律.因此,利用它进行抽样可以保证随机原则的实现,并简化抽样工作.

这是一张由计算机生成的简易随机数表(表 7.1),在这张表中我们可以任意选择开始的行与列,然后从左到右或从右到左,也可以从上到下或者从下到上选取.假设班级里一共有 60 名同学,班主任想要随机抽取 6 位同学进行访谈,01 到 60 各对应一位同学.假定我们从第三行第二列开始从左到右依次进行抽取,产生的样本号码为:43、41、62、24、35、83.这里说明一下,一个数字算一列,而不是一组算一列哦.你可能会有疑问,62 与 83 不在总体编号范围内,应该怎么办呢?没关系,我们继续往下选择得到 46 与 50.这样我们最后得到的样本号码就是:43、41、24、35、46、50.使用随机数表抽取样本,可以完全排除主观因素,使抽样调查具有较强的科学性，但是这种方法不适用于总体数目较多的情况. 综合来看，简单随机抽样不适合总体太大的情况，故在大规模的调查时很少单独使用简单随机抽样，而是将它与其他抽样法结合起来使用.

表 7.1　随机数表

03	47	43	12	56	89	45	13	09	38
40	28	67	83	64	32	78	70	03	57
54	34	16	22	43	58	34	69	45	09
12	35	84	64	32	11	80	33	21	30
27	53	10	34	59	23	49	76	35	77
33	96	84	66	07	91	45	65	67	89
30	39	48	51	01	88	53	32	90	34
08	66	87	47	38	77	28	16	82	25

2. 分层抽样

本章引子中，盖洛普公司选择了分层抽样这一正确方法是它成功的关键因素之一. 分层抽样也叫类型抽样，即从总体中不同类型的部分分别抽取样本，这样抽选出来的样本将更具有代表性，分层抽样具体步骤如下：

(1)将总体分成两个或两个以上的相互独立的组；

(2)确定样本的数量；

(3)确定抽样比例$=\dfrac{\text{样本数量}}{\text{总体数量}}$；

(4)统计每一组的个体个数，得出每组抽取个数=个体个数×抽样比例；

(5)在每一组中进行简单随机抽样；

(6)综合每层抽样，组成样本.

这样我们得到的样本是不是可以看成一个缩小版的总体呢？

如图 7.10 所示，将总体分成了三个部分，一共有 21 个图形，其中圆形 12 个，三角形 6 个，菱形 3 个，现在利用分层抽样选出一个容量为 7 的样本. 抽样比例为$\dfrac{7}{21}$，也就是$\dfrac{1}{3}$. 那抽取的圆形数为$\dfrac{1}{3}\times 12=4$，三角形数为$\frac{1}{3}\times 6=2$，菱形数为$\frac{1}{3}\times 3=1$. 所以 4 个圆形、2 个三角形与 1 个菱形就构成了我们的样本. 接下来让我们来看一下抽样调查的两个例子吧！

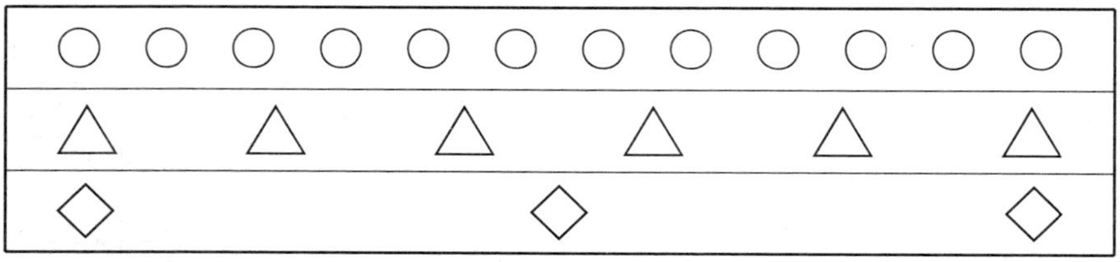

图 7.10　分层抽样示意图

【例 1】　我们需要对初三年级学生的平均身高做一个抽样调查，样本数量为 40. 已知男生有 500 人，女生有 300 人. 我们有两种调查方案.

方案 1：随机选择 40 名初三学生.

方案 2：随机选择 25 名初三男生，15 名初三女生.

如果你参与到此次调查中，你会选择哪个方案呢？

初三年级男生的身高与女生的身高已经有了很大的区别，简单随机抽样显然不是我们的最优方案. 我们应该根据实际情况来选择样本，本题中男生和女生的人数比为 5∶3，我们在选择样本时也应该考虑到男女的人数比例，方案 2 中，样本总数为 40 人，样本中男女的人数比例也为 5∶3，这样最大限度地还原了总体特征，得到的结果自然也最准确. 我们在选择分层标准时，也要仔细思考，选出最合理的分类方法.

【例 2】　假设某地区有 24000 名学生，其中男生 13000 人、女生 11000 人；小学生 10000 人、初中生 10900 人、高中生 3100 人. 现在教育局想要了解本地区中小学生的近视情况和原因，要从本地区的中小学生中抽取 1%进行调查，应该如何选择呢？

学生甲：按照性别比例，分别抽取 130 名男生，110 名女生.

学生乙：按照学段抽取学生，分被抽取 100 名小学生，109 名初中生，31 名高中生.

你觉得哪个学生的抽取方法更合理呢？

性别是影响视力的主要因素吗？显然不是的，年龄应该是主要的原因之一，这里我们应该选择学段作为分层的标准. 这个例子告诉我们，在分类时应该先对影响因素进行判别，因为被调查的事物往往有多个特征. 我们要根据具体问题具体分析选择最重要的因素，再进行分类，这样才能得到最准确的调查结果.

3. 等距抽样

等距抽样又称系统抽样或机械抽样，因为它简单实用，在实际的应用中它经常代替简单随机抽样. 等距抽样得到的样本几乎和简单随机抽样得到的样本是一致的. 等距抽样的基本做法是：先为总体编号，再决定一个间隔，在这个间隔的基础上选择样本. 样本距离可以通过总体数量除以样本数量来确定. 例如，班主任准备在 60 名同学中抽取 6 名同学进行访谈，编号之后，他可以确定 10 为其样本距离. 如果选择 5 号作为第一个样本的话，我们最后得到的样本号码为：5、15、25、35、45、55. 这就是一个简单的系统抽样（表 7.2）.

想一想

等距抽样的随机性体现在哪里？

表 7.2　等距抽样示意图

1	2	3	4	*5	6	7	8	9	10
11	12	13	14	*15	16	17	18	19	20
21	22	23	24	*25	26	27	28	29	30
31	32	33	34	*35	36	37	38	39	40
41	42	43	44	*45	46	47	48	49	50
51	52	53	54	*55	56	57	58	59	60

以上就是三种概率抽样. 那什么是非概率抽样呢？非概率抽样是指调查者根据自己的方便或通过自己的主观判断来抽取样本的方法，是一种“反套路”的抽样法. 非概率抽样显然没有遵循随机抽样这一原则，所以用这种方法得到的结果只能是从性质上反映总体的特征，不能从数量上推断总体.

抽样调查的拓展应用

抽样调查有着经济性、时效性、准确性和灵活性的优点，所以它在生活中运用得非常广泛，让我们一起来找一找抽样调查在生活中的有趣的应用吧！

你有在电视上看过彩票开奖的节目吗？如果有的话，那么你一定见过图 7.11 中的东西——摇奖机. 如果你买了彩票，看着标有号码的小球缓缓滚出来，你的心里是不是非常紧张呢？那么你有没有想过这其中也含有数学原理？是的没错，就是抽样调查. 这里运用了简单随机抽样的原理，在摇奖机中的每一个小球，都有被选中的机会.

我们也可以自己设计一个简单的抽奖活动，现在有 1～100 这 100 个号码，可以选择尾号为 4 的号码为中奖号码，抽到 4、14、24 等尾号为 4 的号码的人就是幸运儿. 仔细思考一下，这是不是一个简单的等距抽样呢？

图 7.11　手摇摇奖机

你有过在街头被采访的经历吗？抑或是你在电视上看到过街头采访吗(图7.12)？过往的行人让人眼花缭乱，主持人通常会随机选择自己的采访对象.这时，主持人采用的抽样方法叫作偶遇抽样.偶遇抽样是非概率抽样的一种，此时调查者可以根据自己的主观判断来选择样本.不过，使用这种抽样方法时要注意，控制样本的选择范围.例如，如果想要了解学生对于食堂的态度，应该在学校中进行采访，如果走到校外，采访的对象根本就没有接触过该学校的食堂，那么了解他们的态度又有什么用处呢？

图 7.12　街头采访

想一想

偶遇抽样和简单随机抽样有什么不同？

如果要做一项关于退休老人生活方式的调查该怎么办？最关键的问题就是去哪里找退休老人呢，你心中有答案了吗？是的没错，我们可以去公园，晨练是大部分退休老人的爱好.我们可以去公园找几位老人聊一聊，再让他们介绍其他退休老人给我们.不用多久，相信大家会认识一大批的退休老人.这时，我们采用的抽样方法叫作滚雪球抽样.滚雪球抽样是非概率抽样的一种，它的样本数量会像雪球一样越滚越大(图 7.13).使用这种抽样法时，我们首先要选中小部分合格的调查对象，再请他们介绍新的调查对象给我们，这样重复几次我们就能得到自己想要

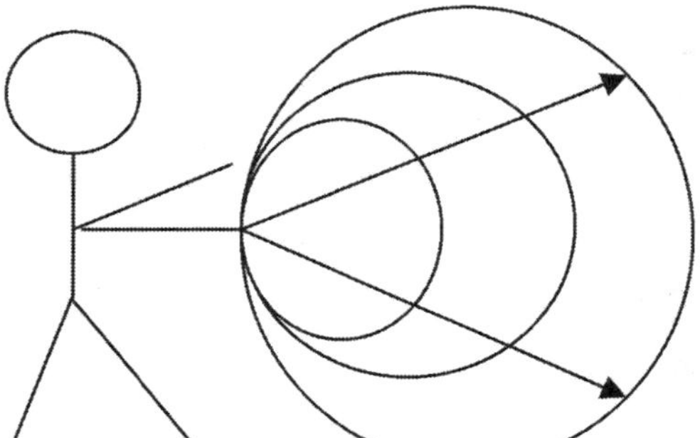

图 7.13　滚雪球抽样简图

的样本了.

使用某种产品一段时间后,你有没有收到过商家的回访邮件或者接到回访电话? 邮件或电话中他们会询问你的使用感受与意见,你会不会认真地回复他们呢? 事实上,产品的回访也采用了抽样调查的方法,商家运用的抽样方法叫作自愿抽样,是非概率抽样的一种,消费者自愿回复的回访邮件就成了商家抽样调查的样本(图 7.14). 事实上,我们平时在网络上看到的投票活动也是自愿抽样的例子之一,我们默认参与投票的人就可以代表所有的人.

想一想

生活中还有哪些有趣的抽样调查例子?

图 7.14　机器人发送回访邮件

经典赏与练

【例 1】 某市关心下一代工作委员会为了了解全市初三学生的视力情况,从全市 30000 名初三学生中随机抽取了 500 人进行视力测试,发现其中视力不良的学生有 100 人,则可估计全市 30000 名初三学生中视力不良的约有(　　)人.

A. 1000　　B. 500　　C. 6000　　D. 15000

解析:本题考察如何用样本信息估计整体. 样本中不良视力的学生

所占比例为 $100\div500=20\%$，总体中不良视力学生所占比例也应为 20%. 则全市不良视力的学生数应为 $20\%\times30000=6000$，故选 C.

【例 2】 要调查城区 8000 名九年级学生了解禁毒知识的情况，下列调查方式最合适的是(　　).

A. 在某校九年级选取 50 名女生

B. 在某校九年级选取 50 名男生

C. 在某校九年级选取 50 名学生

D. 在城区 8000 名九年级学生中选取 50 名学生

解析：要调查城区 8000 名九年级学生了解禁毒知识的情况，就对所有的学生进行一次全面调查，这样要耗费大量的人力物力，我们只需要用抽样调查就可以了. 要获取有代表性的样本，我们应在城区 8000 名九年级学生中选取 50 名学生，故选 D.

小试牛刀

1. 某居民小区为了了解小区 100 户居民家庭平均月使用塑料袋的数量情况，随机调查了 10 户居民家庭月使用塑料袋的数量(单位：只)，结果如下：　65　70　85　74　86　78　74　92　82　94

根据统计情况，小区 100 户居民家庭一个月使用塑料袋的数量为________只.

2. 某校为举办“庆祝建党 90 周年”的活动，从全校 1500 名学生中随机抽取了 300 名学生，其中有 180 名学生希望举办文艺晚会，据此估计该校希望举办文艺晚会的学生人数为(　　).

A. 1200　　B. 900　　C. 600　　D. 750

3. 为了解某市八年级学生的肺活量，从八年级学生中随机调查了 100 名女生与 100 名男生的肺活量，这项调查中的样本为(　　).

A. 100 名女生与 100 名男生

B. 某市八年级学生的肺活量

C. 100 名女生与 100 名男生的肺活量

D. 200 名学生

第 8 章

轻鸥数点千峰碧　碧峰千点数鸥轻

——领略对称思想的魅力

引子

位于河北省承德市的滦平县是河北省环绕首都北京的 14 个县之一，素有“北京北大门”之称，当地建有一处独具特色的景点——燕山药花谷（图 8.1）. 2014 年滦平县被河北省政府确定为燕山中药材经济核心示范区，旨在大力发展“正宗国医、道地药材”的高效立体种植. 在燕山药花谷景区中，引人入胜的不仅是姹紫嫣红的中药材花海和清香扑鼻的中药材花香，还有由几种中草药材拼合种植而成的巨幅“太极八卦图”. 自从有了这幅“巨图”，燕山药花谷名声大振，游客如织.

图 8.1　燕山药花谷

“太极八卦图”形状的药花谷为什么能吸引全国各地的游客前来观赏呢？它有什么独特的魅力吗？让我们一起来探寻其中的奥秘吧！

对称的神奇之处

人类自从有了文明，就认为对称具有和谐美，也颇具哲学意味. 自盘古开天辟地的传说起，就已经阴阳剖分，继而伏羲又演八卦，直到周易，讲究的就是阴阳对称.

“对称”一词最早出现在公元前 5 世纪，是古希腊雕塑家波利克里托斯在一本讨论雕塑中理想比例关系的著作中提出的. 而“对称”的概念则源于数学，确切地说，是源于欧氏几何. “对称”在不同领域中研究开始的时间不同，比如“对称”在生物现象中的研究始于 1848 年巴斯德的工作——他已经知道有机化合物通常只以两种形式之一出现，而在无机过程中，这两种形式都出现，且互成镜像；他们从“镜像”认识到了“对称”. 在天文学上有关“对称”的研究则始于 2000 多年前的古希腊人.

“对称”的起源如此丰富多彩，那么在“对称”的发展过程中，古今中外又有哪些神奇的发现呢？

1. 太极神图，光耀中华——神奇的太极八卦图

说起“太极八卦图”，你肯定不陌生. 在我们国家，凡是有道观或者道教文化比较盛行的地方，都能看到一个重要标识——太极八卦图（图 8.2）. 在道士衣袍上、道观墙上，甚至民风比较古朴的农村，都能发现它的踪影.

图 8.2　太极八卦图

从太极八卦图中可以看出，绕着图的中心将整个图顺时针（或者逆时针）旋转 180°，会发现“阴阳鱼”的阴鱼（图 8.3“太阴”和“少阳”两个部分）与阳鱼（图 8.3“太

阳”和“少阴”两个部分)的位置刚好完全调换,这说明除“阴阳鱼”的颜色不同外,整个图是中心对称的,对称中心即为整个图的中心.

其实,“太极八卦图”中不仅“阴阳鱼”在结构上是中心对称的,在卦爻的数量、结构以及空间排列上也都是对称的.关于太极八卦图,有这样的说法:人类先民,逐水而居,渔猎为生.鱼成为人类生存的保证.日中充鱼,而成为代表宇宙的“太极”图像,俗称“阴阳鱼”.“两仪”生“四象”,“四象”即太阳、太阴、少阳和少阴(如图 8.3).能量分大小,阳中寓阴,阴中寓阳,阴阳中互有所寓.“四象”生“八卦”,“八卦”即“乾、坤、巽、震、坎、离、艮、兑”相次,“乾、兑、离、震、巽、坎、艮、坤”列序.

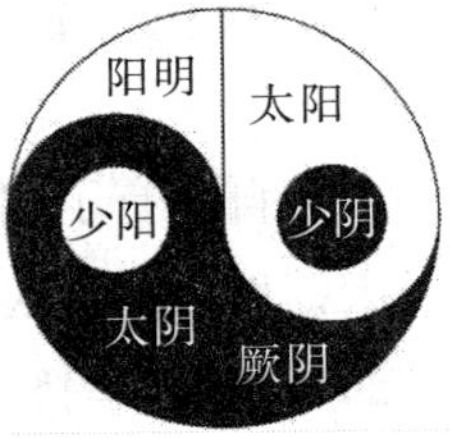

图 8.3 “阴鱼”与“阳鱼”

太极八卦图是中国古代劳动人民智慧文明的结晶,它不仅在古代为人民建立了不可磨灭的功勋,在现代也做出了极大的贡献.中国科学家刘子华发现了太阳系各星体与八卦的卦位存在着对应关系,依据这个关系,他证明出每一对应卦位所属星体的平均轨道速度和密度均分别为一特定值.经过反复运算,刘子华终于第一个算出了第十颗行星——木王星——的平均轨道运行速度、密度以及到太阳的平均距离.这可是中国科学家运用太极八卦图做出的贡献呢!

神秘而古老的太极八卦图也曾叩击现代科学殿堂的大门.在现代计算机的发展中,它也起过不可估量的推动作用.据说有一次,莱布尼茨(G. W. Leibniz,1646—1716)在巴黎参观博物馆时,一台加法机引起了他的注意.随后莱布尼茨萌生了创造乘法机的想法.30 多年后,当年过五旬的莱布尼茨仍在为创造乘法机而冥思苦想却又无计可施时,他收到了朋友从北京寄来的“伏羲六十四卦次序图”和“伏羲六十四卦方位图”.莱布尼茨从这两张图中受到了很大启发,最终悟出了二进制数的真谛.虽然莱布尼茨的乘法机采用的仍是十进制,但他率先系统地提出了二进制的运算法则,为计算机的现代化发展奠定了坚实的基础.谁曾料想,中国古老的太极八卦图对电子计算机这门现代科学也会有如此大的贡献呢!

太极八卦图还蕴含着深奥的哲理，我们的祖先常用太极八卦图算卦象、看风水.但是，由于年代久远，对今天的人说来，太极八卦图始终是一个令人费解的谜.

形式和内容上的对称性为“太极八卦图”增添了几分神秘的韵味，富有美感而不显得单调.也许，正是被其独特魅力吸引，滦平县药花谷才会如此设计，使其光彩夺目、暗含玄机，吸引着游客络绎不绝地来药花谷观赏.

做一做

你能用尺规作图法（只用圆规和没有刻度的直尺）作太极八卦图吗？

2. 盈虚相补，圭田术出——三角形面积公式的推导

众所周知，三角形的面积等于底乘以高再除以2.数学教材中三角形的面积公式的一般推导方法是将两个全等的三角形拼成一个平行四边形，然后利用平行四边形的面积公式得出结果.这是在知道平行四边形面积公式前提下推导出来的结论.假设只知道长方形的面积计算公式，我们如何直接推导出三角形的面积公式呢？

可不要以为推理证明是西方人的特长，我们的祖先也丝毫不逊色呢！一起来看看他们的法宝：研究平面图形面积的方法——割补法.割补法在我国古代数学著作中被称为“出入相补”，刘徽将其称为“以盈补虚”，即以多余补不足.《九章算术》中已经能十分灵活地应用“出入相补”原理来解决平面图形的面积问题了.

在《九章算术》中提到的三角形面积公式的计算方法是：“圭田术曰，半广以乘正从.半广知，以盈补虚为直田也.亦可半正从以乘广.”其中“圭田”指三角形，“广”和“从”分别指三角形的底和高，“半广以乘正从”的含义是“底的一半乘以高”.类似地，“半正从以乘广”的含义是“高的一半乘以底”.如图8.4所示，取三角形两边的中点进行割补，下盈上虚，以下补上，恰好割补成了一个长方形.而且由上下两对三角形的中心对称性可知，割补出的长方

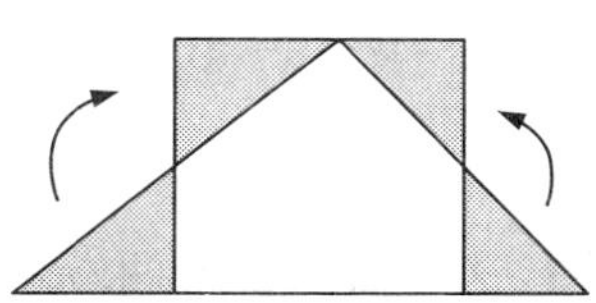

图8.4

形的长恰好是原三角形的底边长的一半，宽与原三角形的高相等. 由此得到三角形的面积公式为“底的一半乘以高”. 同样地，取三角形的两边的中点进行割补(图 8.5)，此时，内盈外虚，以内补外也恰好构成了一个长方形. 同样由左右两对三角形的中心对称性可知，割补出的长方形的长等于原三角形的底边长，宽等于原三角形的高的一半. 由此得到三角形的面积公式为“高的一半乘以底”. 可见，将对称思想应用到三角形面积公式的推导中，不仅形象、通俗易懂，而且令人震撼.

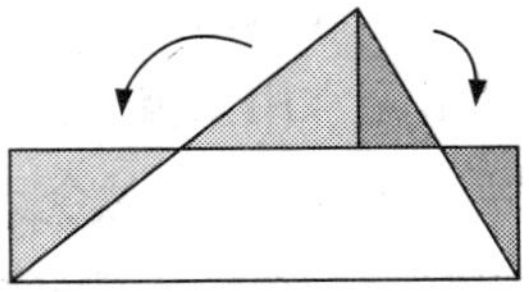
图 8.5

试一试

你能利用割补法推导出平行四边形的面积公式吗?

3. 沧海桑田，首尾共济——天地数之和

这里又不得不提起南宋杰出的数学家杨辉. 提起杨辉，大家可能会马上会想到闻名中外的“杨辉三角”. 其实杨辉研究的领域非常广泛，他在钻研民间算法的基础上，总结出了乘除简捷算法，提出了在“垛积术”、纵横图等方面的运算策略，为我国算法描绘了重要的一笔. 在对天地数之和的处理上，他就巧妙地运用了对称的思想，将现实问题赋予美学意义，施加数学魔法. 他在《续古摘奇算法卷上》中说：“天数一三五七九，地数二四六八十，积五十五. 求积法曰：‘并上下数共一十一，以高数十乘之，得百一十，折半得五十五，为天地之数.’”

从古人的空间观念看，天和地是对称的. 在这里天数表示奇数，是阳性的；地数表示偶数，是阴性的. 杨辉用最大的天数“9”加最小的地数“2”、倒数第二个天数“7”加上第二位地数“4”，依此类推，最后得出每一对数的和都是 11，共有 10 对，再用 11 乘以 10，再除以 2 得 55. 即：$1+2+3+\cdots+9+10=\dfrac{(9+2)\times 10}{2}=55$.

杨辉利用对称性原理构造了求天地数之和的新方法. 这种方法说明，这列数离首末两端距离相等的每两个数的和(对称性)，都等于首末两数的和(统一性). 观察到这个规律后，我们就得到了最简捷的计算方法. 对称性可真帮了解决这类问题的大忙呢!

1. 将军饮马，爱日惜力——海伦巧解将军饮马问题

传说亚历山大城有一位精通数学和物理的学者，名叫海伦. 一天，一位罗马将军专程去拜访他，向他请教一个百思不得其解的问题：将军每天从军营 A 出发，先到河边饮马，然后再去河岸同侧的 B 地开会，如图 8.6 所示. 应该怎样走才能使路程最短？这就是著名的将军饮马问题.

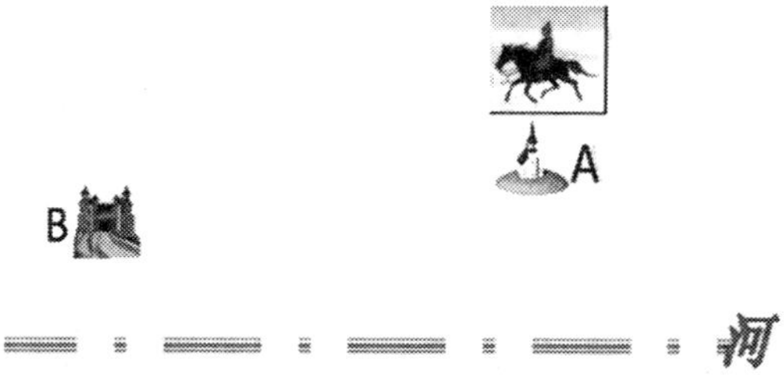

图 8.6 将军饮马问题

据说海伦略加思索就解决了它. 那么，海伦是如何解决这个问题的呢?

我们先来回忆一下数学知识中有关“线段最短”的定理、公理.

(1)两点之间所有的连线中，线段为最短，简称两点之间线段最短.

(2)直线外一点和直线上所有点的连线中，垂线段最短.

显然，我们可以把将军饮马问题转化为我们熟悉的数学问题. 即已知直线 MN 和其一侧的两点 A、B，在直线 MN 上求点 C，使得 $AC+BC$ 的值达到最小.

海伦是这样解决这个问题的：如图 8.7 作点 B 关于直线 MN 的对称点 B'，连接 $B'A$，交 MN 于点 C，则点 C 就是所求的点. 连接 BC，$A \to C \to B$ 就是最短路线.

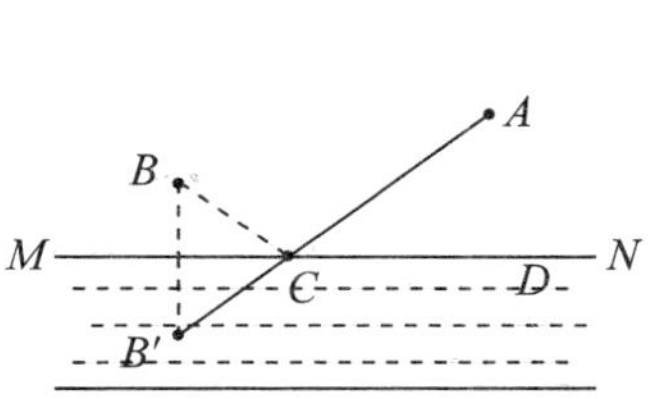

图 8.7

海伦的解法对吗?我们可以一起来验

证一下.

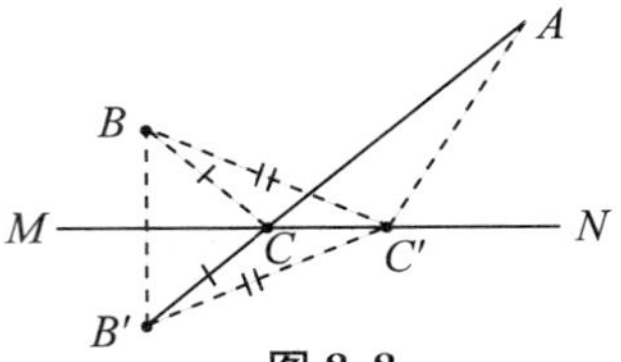

图 8.8

如图 8.8 在 MN 上任取另一点 C'(不与点 C 重合),连接 BC'、AC'、$B'C'$. 因为直线 MN 是点 B、B' 的对称轴,点 C、C' 在对称轴上,所以 $BC = B'C$, $BC' = B'C'$. 所以 $BC + AC = B'C + AC = B'A$, $BC' + AC' = B'C' + AC'$. 在 $\triangle AB'C'$ 中, $B'C' + AC' > AB'$(三角形两边之和大于第三边),又因为 $AB' = AC + BC$,所以 $AC' + BC' > AC + BC$,即 $AC + BC$ 较小. 由 C' 点选取的任意性可得, $AC + BC$ 最小,即所选取的 C 点是满足题意的点, $A \to C \to B$ 是使得路程最短的走法. 这证明海伦的解法是正确的,并主要运用了对称的解题思路. 古时候的数学家,还有谁不喜欢对称思想?

2. 河宽几许,以帽测之——泰勒斯智测河宽

一个风和日丽的早晨,你和朋友在河边走,或许你们会突发奇想:如何粗略计算出河的宽度? 此时你们可不能蹚水呢,能用到的恐怕只有身上的装束了,或许你们刚好戴了遮阳帽. 仅有这些,你们能想出巧妙的办法吗? 一定能,古人都有妙招呢!

对于这个问题,古希腊的泰勒斯(Thales,约前 624—前 546)就有特别的解决方法:一个军人站在岸边,将军帽戴得低一些,顺着帽檐,眼睛望向对岸岸边的某一物. 这时,视线、河宽和身高构成一个直角三角形. 现在转过身来,同样顺着帽檐看到此岸的一点,这一点和人的距离就是河宽(图 8.9).

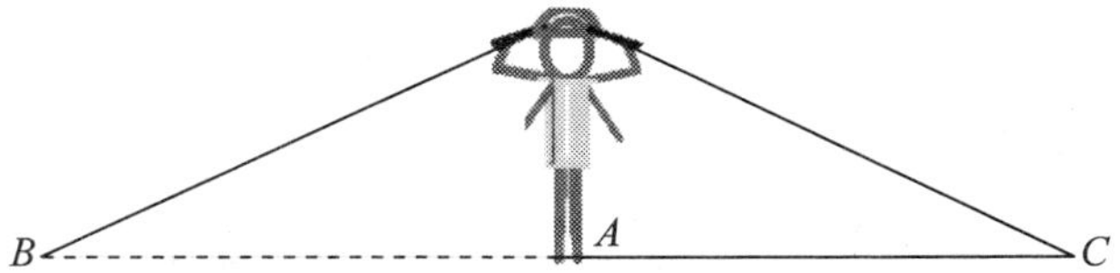

图 8.9

泰勒斯的解法被称为"一顶军帽定河宽". 这神奇的解法运用了什么原理呢? 我们来细细解说一番.

“一顶军帽定河宽”,其原理用数学的相关定理可以表述为:有两角夹一边分别相等的两个三角形全等. 从而可以简化为如下问题:如图 8.10 所示,在 $\triangle ABD$ 和 $\triangle ACD$ 中,已知 $\angle ADB=\angle ADC$,$DA\perp BC$ 于点 A,证明:$AB=AC$.

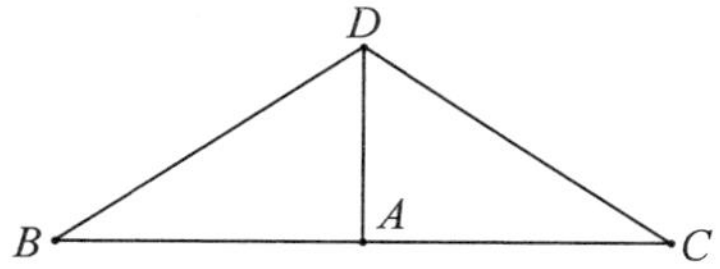

图 8.10

证明如下:因为 $DA\perp BC$,垂足为点 A,于是,在 $\triangle ABD$ 和 $\triangle ACD$ 中,有

$$\begin{cases}\angle ADB=\angle ADC,\\ AD=AD,\\ \angle BAD=\angle CAD=90^\circ.\end{cases}$$

得 $\triangle ABD\cong\triangle ACD$(ASA),从而 $AB=AC$.

事实上,这两个三角形是对称的,对称轴即为站立着的人,即这个问题的解决实际上用到了对称的思想. 由此可见,对称思想在实际生活中是多么有用啊!

3. 惊世全才,卓尔不群——赫尔曼·外尔追求对称

赫尔曼·外尔(Claus Hugo Hermann Weyl,1885—1955)是杰出的数学家,在数学的许多领域做出了许多重大贡献,在相对论和量子力学上的成就也十分突出. 在哥廷根上大学期间,外尔的工作几乎涵盖了整个数学领域. 外尔有本论著叫《对称》,通过这本书,我们大致可以体会他崇尚的对称思想.

外尔非常喜欢对称,他的研究曾被人认为到达了对称领域的新高峰. 此外,他对量子力学的诞生也充满了热情,把对称与群的思想首次引入了微观世界,写出了数理结合的《群论和量子力学》一书,稍感遗憾的是,由于他的立足点过高,能看懂或者理解其思想的学者少之又少. 1939 年他从动力学中提出辛对称,1952 年外尔又写出了《对称》(*Symmetry*)

这一精美小书作为普林斯顿丛书之一，是他去世前的最后一本重要著作(图 8.11). 有兴趣的话不妨拜读一遍.

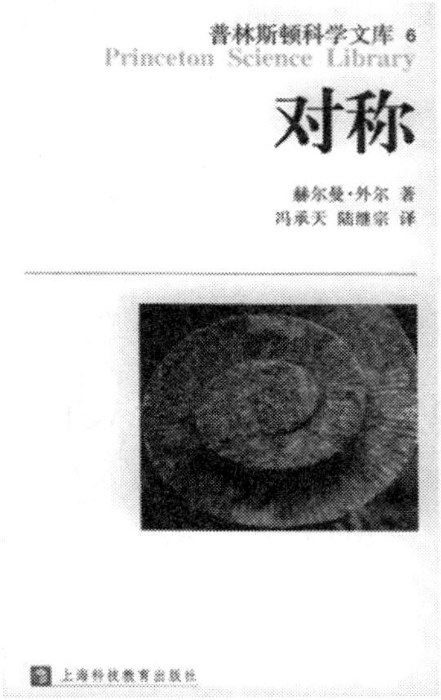

图 8.11　外尔的《对称》

对称的拓展应用

1. 画栋亦雕梁，百世散古香——中国古代建筑中的对称

中国古代建筑具有悠久的历史传统，向世人展示着辉煌的成就. 它独特的艺术风格和审美价值宛如璀璨的双子星，照耀在世界建筑史上空. 纵观中国的古代建筑几千年的历史演变过程，无论是宏伟的宫殿、庄严的寺庙和幽静的园林，还是丰富多彩的民宅，都以其独特的形式语言表达着丰富而深刻的中国传统思想和文化底蕴.

受儒家的“中庸之道”影响，中国古代很多建筑平面作对称均齐布置，布局上必须有一条庄重的南北中轴主线，起着“中枢神经”的作用. 这一格局成为中国古代各类建筑组合方式的缩影.中轴线对称的建筑观念虽然早在商周时代就开始了,但最典型的当数明清的北京城.整个明清时代的北京城自南向北,沿着一条长达 7.5 千米的中轴线有机地组织在一起,该中轴线以最南端的永定门为起点,以地安门北面的钟鼓楼为终点,其间建筑空间序列重重叠叠、高潮迭起又井然有序,尤以故宫三大殿的平面布局最富特色(图 8.12).此外,这种关于中轴线的建筑空间意识,也体现在北京一般的四合院民居住宅中(图 8.13).

图 8.12　北京城

图 8.13　四合院

2. 纸随刀剪转,须臾万象生——神奇的中国剪纸艺术

剪纸(又叫刻纸)是我国古老的民间艺术之一,在视觉上给人以透空的感觉和艺术享受(图 8.14).剪纸的载体可以是纸张、金银箔、树皮、树叶、布、皮革等.2006 年 5 月 20 日,经国务院批准,剪纸艺术被列入“第一批国家级非物质文化遗产名录”.

图 8.14　神奇的剪纸艺术

剪纸制作起来简便,能够反映生活内涵,具有浓郁的民俗特色,也是中国农村众多民间美术形式的浓缩.通过剪纸,我们可以便捷地了解到中国民间美术的各个方面.

中心对称剪法是最常见的一种剪纸方法,但是对于在刚开始接触剪纸的人,大多使用的是左右对称剪法.这种剪法简单易学,适用范围非常广泛,几乎任何题材和类型都可以使用.对称的剪纸艺术,既降低了创作者学习的难度,又给人一种非常和谐、平衡的美感.借助一把小小的剪刀或刻刀,利用对称性,灵活地在纸上镂空剪刻,精美的艺术作品便跃然纸上,真让人爱不释手!

3. 笔落惊风雨,诗成泣鬼神——品味中国古诗词的对称之美

古典诗歌是中国传统文化最精粹的代表.与现代新诗相比,古典诗歌更具有感情真挚、意象生动、韵律优美、朗朗上口的独特神韵.这在一定程度上得益于先人们将对称思想融入古典诗歌中.若整首诗除了对仗工整,韵律优美外,在诗句中也呈现形式上的对称性,那岂不更妙?

春 闺

李 旸

垂帘画阁画帘垂,谁系怀思怀系谁?
影弄花枝花弄影,丝牵柳线柳牵丝.
脸波横泪横波脸,眉黛浓愁浓黛眉.
永夜寒灯寒夜永,期归梦还梦归期.

玉楼春

樊增祥

其一	其二
蝶衣金瘦花房粉,	粉房花瘦金衣蝶,
雪燕双雕钗玉冷.	冷玉钗雕双燕雪.
霜情薄怨素心兰,	兰心素怨薄情霜,
月恨天如圆靥杏.	杏靥圆如天恨月.

迭笺秋雁书传锦，　　锦传书雁秋笺迭，
叶坠疏桐金蚀井.　　井蚀金桐疏坠叶.
人中画字写炉灰，　　灰炉写字画中人，
白露秋期归心准.　　准心归期秋露白.

欣赏这几首诗的形式，我们发现，它们有一个共同的特征——都以轴对称的形式呈现在我们眼前. 第一首李旸的《春闺》若在每句的中间画一条轴线，则这首诗呈现出两个轴对称图形，而樊增祥写的《玉楼春》其一和其二，若在它们中间画一条轴线，则两首诗呈轴对称图形，观之趣味盎然，读来也朗朗上口，不仅带来视觉上的冲击，又有韵律上的美感. 确实是妙哉，妙哉！

查一查

你还能找出在形式上具有对称性的诗吗？

1. 巧置数与积，算术宝塔现——对称与算术宝塔诗

说到对称在数学中的应用，可以说是无处不在. 从小学接触几何对称开始，在数学的学习过程中，我们一直和对称有着千丝万缕的联系. 很多数学问题的解答，都跟对称思想有关. 对称往往也和“群”联系在一起. “群”是大学高等数学里面的一个重要概念，在此不做过多描述. 前面，我们领略的是文学上诗词的对称之美，数学是否也有这样的“诗”呢？现在，让我们一起来看看吧！

寻一寻

你能找出类似的数学“诗”吗？

是不是被震撼到了？这叫作算术宝塔诗(图 8.15). 这个“塔”的等号左边全部为由数字“1”组成的数字的乘法，右边是由阿拉伯数字构成的轴对称图形，不仅对称，还呈宝塔的形状，居然有这样的等式，很神奇吧！

$$
\begin{aligned}
1\times1 &= 1\\
11\times11 &= 121\\
111\times111 &= 12321\\
1111\times1111 &= 1234321\\
11111\times11111 &= 123454321\\
111111\times111111 &= 12345654321\\
1111111\times1111111 &= 1234567654321\\
11111111\times11111111 &= 123456787654321\\
111111111\times111111111 &= 12345678987654321
\end{aligned}
$$

图 8.15 算术宝塔诗

2. 隐对称奥秘,谱华美乐章——对称与艺术

许多著名的画家通过运用简单的图形创造出了奇妙的作品.法国画家 V. 瓦萨雷利于 1969 年创作了名画《委加·派尔》,画中仅仅用了圆形图案,就形成了一幅动态的轴对称图形.从古至今,不仅画家大量运用了对称,其他艺术家们也经常运用对称.如雕刻家威廉斯·多佛 1971 年在加蓬《非洲人的设计》中创作的“木制卫兵雕像”就体现了雕刻艺术中的对称.

俄罗斯物理学家 G. V. 乌尔夫(G. V. Wulff)曾经说过:“音乐的精神是旋律.它包括有规则地、周期性地重复乐曲的各个部分……同一部分有规则地重复构成了对称的实质.”平移对称在音乐中的一个简单例子是莫扎特(Mozart,图 8.16)著名的《g 小调第 40 交响乐》.在乐谱的每一行,并且在第一行和第二行之间都是平移对称的.英国音乐学者和作曲家多纳德·托维(Donald Tovey)甚至认为,莫扎特乐曲对美丽和对称的平衡处理是它们受到欢迎的关键原因之一.在《音乐的奉献》中也体

图 8.16 莫扎特

现了更多的对称性.在卡农Ⅰ(变奏卡农)合奏曲中,每一把后面的小提琴都重复演奏前面的声部,从而造成某种特殊的对称方式.卡农的所有声部虽然都模仿同一个声部,但不同高度的声部依一定间隔进入,造成一种此起彼伏、连绵不断的效果.一般人认为,演奏卡农时,对时间的把握是对称的难题.好听的卡农乐曲竟然隐藏着这么多与数学有关奥秘,是不是特别神奇呢?

3. 车水马龙日,蝶桥来解急——对称与交通

随着经济的发展,人民生活水平的日益提高.现代各种交通给人们提供了越来越多的便利.在车水马龙的今天,立交桥越来越凸显其重要地位,特别是在一些大城市的交通中,更是有着举足轻重的地位.

图 8.17　蝶桥

图 8.17 是一对称蝶形畅通式立交桥——蝶桥.蝶桥的设计十分新颖,由躯桥、翼桥和腹桥三部分组成,桥顶面与翼桥构成空间平面,腹桥与躯桥间桥拱下的地面供行人、自行车行走.同时实现四个方向十二路机动车与行人、自行车的不交叉不间断地运行,确保路口的交通安全与畅通.蝶桥还可以在不影响四周建筑的情况下建造在主干道路口.对称式的蝶桥,不仅看起来令人赏心悦目,还最大限度地运用了有限的资源,很好地解决了交通拥堵的问题,无疑是实现交通畅通的理想工具.

经典赏与练

【例 1】　如图 8.18,四边形 $ABCD$ 中,$\angle BAD=120°$,$\angle B=\angle D=90°$.在 BC、CD 上分别找一点 M、N,使 $\triangle AMN$ 周长最小,则 $\angle AMN+\angle ANM$ 的度数为(　　).

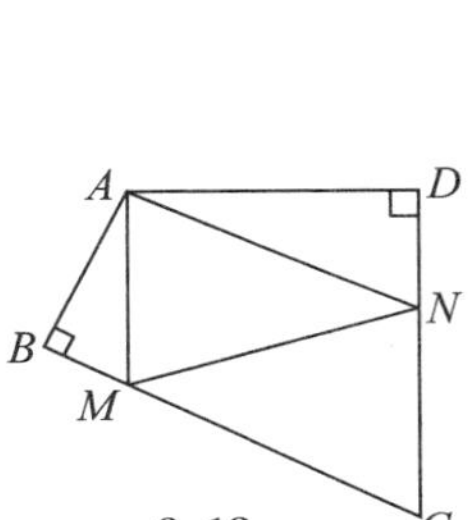

8.18

A. $130°$　　B. $120°$　　C. $110°$　　D. $100°$

解析:要使$\triangle AMN$的周长最小,则需利用点的对称,让三角形的三边在同一直线上,进而得出答案.具体解法为:

如图8.19所示,分别作点A关于BC和CD的对称点A'和A'',连接$A'A''$交BC于M,交CD于N,则$A'A''$即为$\triangle AMN$周长的最小值.作DA的延长线AH.

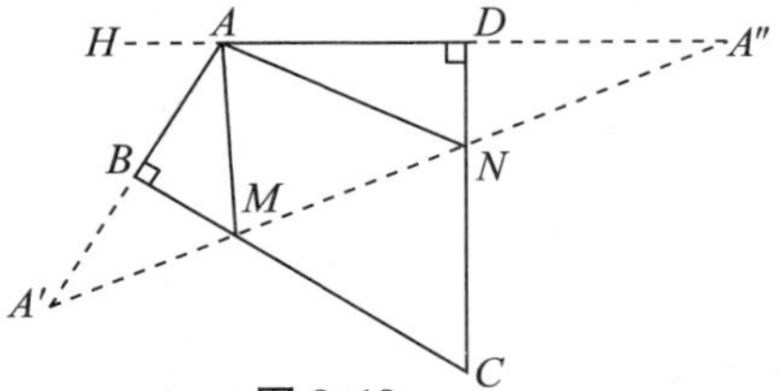

图 8.19

因为$\angle DAB=120°$,

所以$\angle HAA'=60°$,

所以$\angle AA'M+\angle A''=\angle HAA'=60°$,

又因为$\angle MA'A=\angle MAA'$,$\angle NAD=\angle A''$,

且$\angle MA'A+\angle MAA'=\angle AMN$,$\angle NAD+\angle A''=\angle ANM$,

所以$\angle AMN+\angle ANM=\angle MA'A+\angle MAA'+\angle NAD+\angle A''=2(\angle MA'A+\angle A'')=2\times 60°=120°$.

故选B.

此题主要考查了平面内最短路线问题的求法以及三角形的外角的性质和垂直平分线的性质等知识,根据已知,利用对称得出M、N的位置是解题关键.

【例2】 如图8.20,直线MN是四边形$AMBN$的对称轴,点P是直线MN上的点,下列判断错误的是(　　).

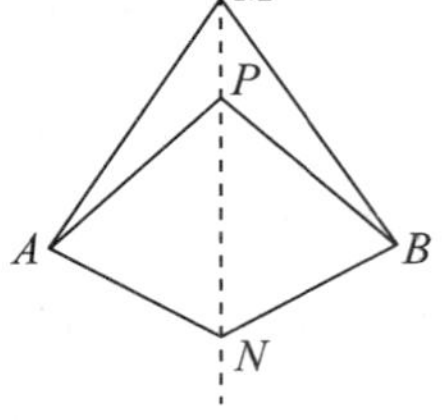

图 8.20

A. $AM=BM$　　B. $AP=BN$

C. $\angle MAP=\angle MBP$　　D. $\angle ANM=\angle BNM$

解析:根据直线MN是四边形$AMBN$的对称

轴，得到点 A 与点 B 对应，根据轴对称的性质即可得到结论. 具体解法为：

因为直线 MN 是四边形 $AMBN$ 的对称轴，

所以点 A 与点 B 对应，

所以 $AM=BM$，$AN=BN$，$\angle ANM=\angle BNM$，

因为点 P 是直线 MN 上的点，

所以 $\angle MAP=\angle MBP$，

所以 A，C，D 正确，B 错误，故选 B.

此题考查了轴对称的性质，熟练掌握轴对称的性质是解题的关键.

小试牛刀

1. 甲骨文是我国的一种古代文字，是汉字的早期形式，下列甲骨文中，不是轴对称的是（　　）

A. 　B. 　C. 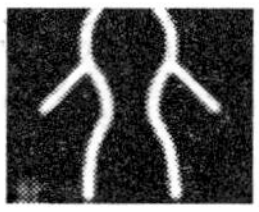　D. 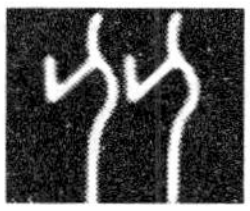

2. 在平面镜里看到背后墙上的电子钟示数如图 8.21 所示，这时的时间应是（　　）

A. 21：02　　B. 21：05

C. 20：15　　D. 20：05

图 8.21

3. 如图 8.22，一个牧童在小河的南 4km 的 A 处牧马，而他正位于他的小屋 B 的西 8km 北 7km 处. 他想把他的马牵到小河边去饮水，然后回家. 他要完成这件事情所走的最短路程是多少？

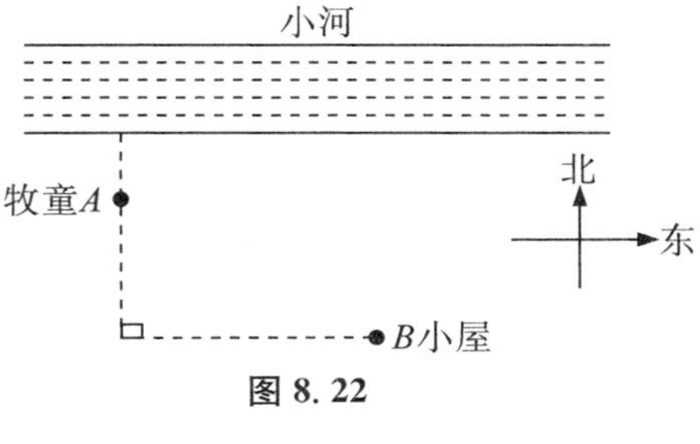

图 8.22

第9章

古来青史谁不见　勾股定理耀千年

——探究“千古第一定理”勾股定理

引子

《礼记·曲礼下》中记载：“天子之六工：曰土工、金工、石工、木工、兽工、草工，典制六材.”木工，作为周天子的“六工”之一，从先秦时期一直传承至今，有着自成一套的古老技艺.他们雕梁画栋，浑然天成，可谓“五架三间新草堂，石阶桂柱竹编墙”.而木工技术中最令人惊叹的当属木雕了，木工师傅利用精湛的技术将木头雕成各种各样的形状，使得“馀花攒镂槛，残柳散雕栊”.

今天，有着“中国木雕之乡”美称的浙江东阳仍然保留着数千年前的古老技艺，他们汲取先人们的技术经验，不断创造出许多精美的工艺品和家具(图9.1、图9.2).而东阳人制作家具时有一种独特的“钉子秘术”——在制作家具时，为了验证家具的某一个角是否是直角，他们会在家具的横向60厘米处和竖向80

图9.1　东阳木雕

厘米处分别钉两颗钉子. 你知道这两颗钉子有什么奥妙吗?

图 9.2 东阳木雕家具

勾股定理的探索之旅

其实呀,东阳人用两颗钉子验证直角的方法是对勾股定理的应用. 东阳人在钉好了两颗钉子后,再度量这两颗钉子间的直线距离是否为 100 厘米,借此判断这个角是否为直角,这可比鲁班用的曲尺还要精确呢! 而东阳木工技术据考察最晚出自唐朝,说明至少在唐朝,我国的普通民众就已经熟练地掌握并运用了勾股定理. 那么,勾股定理本身的发现和证明又经历了怎样的一番旅程呢? 让我们一起来探索吧!

1. 萌芽——商高发现“勾三股四弦五”

《周髀算经》开篇如下:

昔者周公问于商高曰:“窃闻乎大夫善数也. 请问古者包牺立周天历度. 夫天不可阶而升,地不可得尺寸而度. 请问数安从出. ”商高曰:“数之法. 出于圆方,圆出于方,方出于矩. 矩出于九九八十一,故折矩. 以为句广三，股修四，径隅五.”

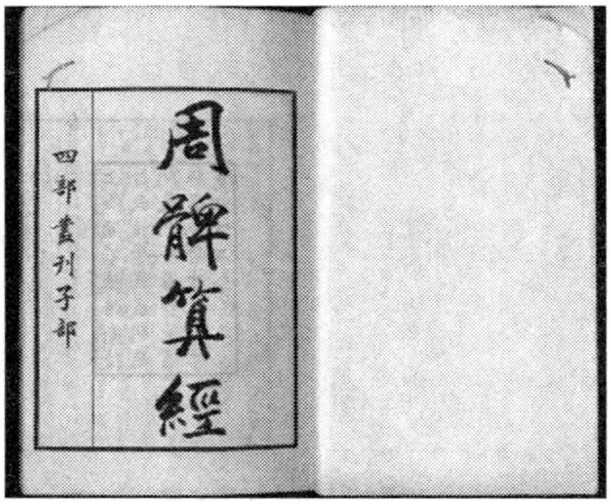

图 9.3　周髀算经

在解释这段话之前，我们先来了解一下《周髀算经》(图 9.3).《周髀算经》原名《周髀》，是算经的十书之一，约成书于公元前 2 世纪的西汉时期，是中国最古老的天文学著作，亦是中国最古老的数学著作，意义非凡. 周髀本意是测日影的表，因此该书主要阐明当时的盖天说和四分历法等天文知识，也介绍了分数运算以及勾股定理等数学知识. 唐初国子监的官员认为它是最宝贵的数学遗产，规定它为国子监明算科的教材之首，故改名为《周髀算经》.

在这部伟大的算经中，卷首第一段就是上文的周公与商高(西周初的贤大夫、数学家)的对话，这段话的现代解释为：

从前周公问商高：“我听说你善于演算，请问远古庖牺氏对整个天空逐一量度之事是如何完成的？那天不能由台阶而上，地不能用尺寸来量，请问相关的数据是从哪里来的?”商高说：“演算的法则来源于对圆形和方形的计算处理，方形来源于矩形，矩形面积的计算法来自乘法. 所以在对矩形沿对角线进行对折时，会产生短边(勾，古代写成‘句’)长为 3，长边(股)长为 4，斜边(弦)长为 5 的直角三角形.”

什么是“勾”“股”呢？将你的手臂弯曲成直角，短的部分我们的古人就命名为“勾”，长的部分就叫“股”. 商高的回答中提到了我们熟悉的“勾三股四弦五”，也就是勾股定理的特例. 据学者估算，商高的发现时间比毕达哥拉斯发现勾股定理的时间早了五六百年，这是多么值得我们骄傲的呀！

接着，商高又说：“既方之，外半之一矩，环而共盘. 得成三四五，两矩共长二十有五，是谓积矩.”这段话给出了勾股定理在边长为 3、4、5 的直角三角形上的证明思路，即将边长为 3 和 4 的矩形沿对角线切成两半，形成两个直角三角形，将四个这样的三角形围在一起(书中没有说明如何围在一起）. 这个边长为 3、4、5 的直角三角形两边长的平方之和就是斜边的平方之和.《周髀算经》中没有给出确切的论证方法和过程，并且该证明只针对“勾三股四弦五”这一特例，因此商高是否对普遍的勾股定理进行了推广和证明，成了后世学者争论的话题.

2. 绽放——陈子发现普遍勾股定理

由上文的介绍我们可以知道，商高是现存记载里面最早发现勾股定理特例（“勾三股四弦五”）的人，那么谁又是最早发现普遍勾股定理的人呢？

在《周髀算经》中还记载着这样一个故事：周公的后人、贵族荣方对天文学十分好奇，因此向当时的学者陈子请教，荣方说：“我听说用先生的方法能知道太阳的高度与圆径，以及日光照射的范围，能推算太阳日行度数及冬、夏至时分. 凡人目所及，日光所达，星宿的位置，天地的广袤，用先生的方法无所不晓，是不是这样呢？”陈子对此表示肯定，荣方接着又问，“我虽然缺乏悟性，但愿向先生请教. 您看像我这样的人能学会这种方法吗？”陈子认为，这种方法的奥妙全在于数学运用，对于已经学习了足够数学知识的荣方，还需要用心思考，才能明白个中道理. 于是荣方回去之后积极思考，认真钻研，但他仍然不能掌握测天量地的方法，只好又来向陈子请教.

这一次陈子没有再卖关子，他详细地向荣方介绍了各种天文测量的方法，包括周地到太阳的垂直距离（即日高）、周地到太阳的斜线距离以及周地到北极的距离测量等，并提出这些测量方法的一个关键原理——勾股定理，即“勾股各自乘，并而开方除之”，意为：勾长的平方加上股长的平方之和，再开平方即可得弦长. 这短短的 11 个字，意思浅显，却弥足珍贵，它证明了陈子已经发现并运用了普遍的勾股定理，这是值得载入史册的，它凝结了我国先人的极深智慧.

而陈子对于天文测法的叙述让荣方对天文知识大快朵颐的同时，也让后世的我们得以窥见我国古代天文、数学的造诣之深，足以令人叹为观止. 由于《周髀算经》中对此部分的叙述篇幅较长，陈子利用勾股定理进行测量的例子我们就不逐一介绍了，我们仅介绍一个较为简单的周地

到太阳的斜线距离求法. 其原文为:

“故以勾为首,以髀为股. 从髀至日下六万里,而髀无影. 从此以上至日,则八万里. 若求邪至日者,以日下为勾,日高为股,勾股各自乘,并而开方除之得邪至日.”

其大意是:一根长为 8 尺(前文所说)的周髀(专门用来测影长的表杆)垂直立于地面,当它的影长为 6 尺时,从此地向南 6 万里(1 里=500 米)则正在日下,日中立表无影. 求周髀所在地与太阳的斜线距离.

周髀是古代天文测量中的一种表杆,古代的学者们将其垂直立于地面,观测太阳照射下表杆的影长,根据影长与太阳相关距离的比例关系(古代学者也已经算出)进行天文测量. 如图 9.4,在陈子的叙述中,髀就是线段 DE,太阳照射下的投影为 AE,“以勾为首,以髀为股”就是说以投影 AE 为勾,以周髀 DE 为股,根据当时的天文测量比例得知,在投影为 6 尺这一天,周地到太阳的水平距离(AB)估算为 6 万里.

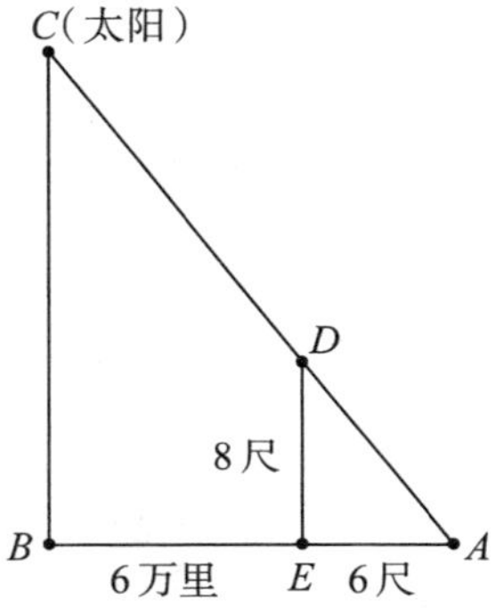

图 9.4

根据线段间的比例关系,可以求出周地到太阳的垂直距离 BC. 具体为:因为$\frac{AE}{AB}=\frac{DE}{CB}$,得 $BC=\frac{DE}{AE}\times AB\approx\frac{8\text{尺}}{6\text{尺}}\times 6$ 万里 $=8$ 万里. 在今天,我们可以用相似三角形原理简单地求出来,但在中国古代,是没有相似三角形这一概念的,一般是用比例来进行处理.

在求得了 AB 和 BC 长之后,我们就可以根据勾股定理求所在地与太阳的斜线距离了,陈子叙述为“若求邪至日者,以日下为勾,日高为股,勾股各自乘,并而开方除之得邪至日”. 即 $AC=\sqrt{BC^2+AB^2}=\sqrt{8^2+6^2}=10$(万里). 由此,我们就利用了比例关系和勾股定理求出了周地到太阳的斜线距离.

纵观陈子的求法可以知道,最迟在西周时期,我国的学者们就已经熟练地运用图形线段间的比例关系以及勾股定理进行天文测量了. 大家可能会好奇，既然国际数学界普遍认为勾股定理的第一个发现者是古希腊数学家毕达哥拉斯，勾股定理也因此被称为“毕达哥拉斯定理”，那么陈子与毕达哥拉斯究竟谁是第一个发现勾股定理的人呢?

中国地质学家章鸿钊(1877—1951)根据天文资料考证出陈子最晚是公元前六七世纪的人，因此陈子发现这个普遍勾股定理的时间可能要早于毕达哥拉斯，最晚也是和毕达哥拉斯同时独立地发现了勾股定理.虽然我们对陈子的生平几无了解，但他对普遍勾股定理的发现以及对勾股定理的娴熟应用却垂留青史，值得人们瞻仰.

3. 结果——赵爽证明勾股定理

前文说到，商高是第一个发现勾股定理特殊形式的人，陈子随之发现了普遍的勾股定理，那么谁又是我国最先证明勾股定理的人呢?

他就是东汉末至三国时期的吴国学者赵爽，字君倾，其生卒年不详，生平亦无从考证，但以他名字命名的“赵爽弦图”却是名震古今，闪耀千年.

何谓赵爽弦图? 赵爽对《周髀算经》十分推崇，觉得《周髀算经》言简意赅，意蕴深远，是我国数学界的一大瑰宝，他担心这部算经因内涵深奥、使人难以理解而被埋没于世间甚至失传，于是他为其撰序作注.他在书的序言中写道，自己根据古人测天的奥秘画了一组插图，称为“勾股圆方图”，其注文也叫“勾股圆方图说”，这组插图的第一幅图就是“弦图”，后世为纪念赵爽，将其命名为“赵爽弦图”(图 9.5).

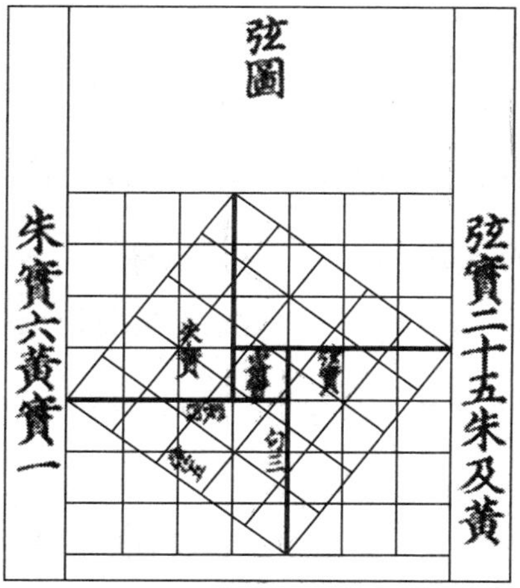

图 9.5　赵爽弦图

图 9.6 由四个相同的三角形围绕一个小正方形而成，其共同拼接成了一个大的正方形，这个大的正方形内接于一个更大的正方形. 古人将

面积、数的平方和被开方数等称为“实”. 因此，赵爽将三角形的三边称为勾、股、弦，将三角形的面积称为朱实，小正方形的面积称为黄实.

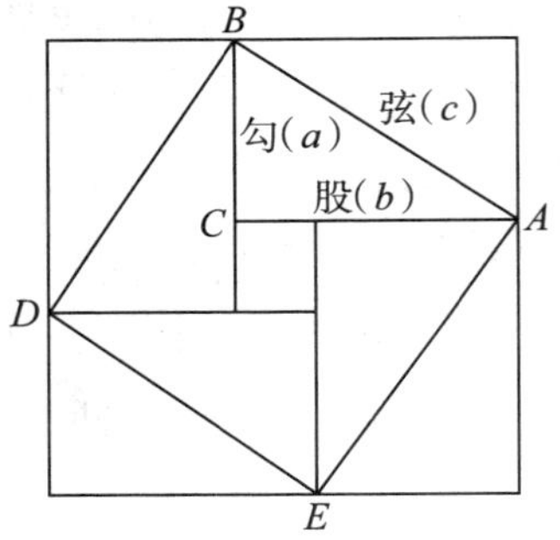

图 9.6　赵爽弦图证明

其原文为：勾股各自乘，并之为弦实，开方除之即弦. 案：弦图，又可以勾股相乘为朱实二，倍之为朱实四，以勾股之差各自相乘为中黄实，加差实亦成弦实.

用 a 表示“勾”，b 表示“股”，c 表示“弦”. “勾股各自乘，并之为弦实，开方除之即弦.” 意为：$a^2+b^2=c^2$ 和 $c=\sqrt{a^2+b^2}$，即勾股定理的一般形式. 后面的“案”即为赵爽的解释，他解释道：勾股相乘(ab)等于两个三角形的面积(朱实：$\frac{1}{2}ab$)，其两倍为四个三角形的面积. 勾股之差($b-a$)自乘[$(b-a)^2$]等于中间的小正方形的面积(黄实)，与前面的四个三角形拼在一起恰好等于以弦(c)为边长的大正方形的面积.

用今天的数学公式表示：$2ab+(b-a)^2=4\times\frac{1}{2}ab+(b-a)^2=c^2$. 又因为 $2ab+(b-a)^2=a^2+b^2$，所以可以得出勾股定理 $a^2+b^2=c^2$.

这是多么伟大的证明呀！甚至不用文字，只用这幅图就可以证明出来. 美国数学史学家、哈佛大学教授库里奇称其为“最省力的证明”，这一证明不同于希腊几何学中的公理思想，有着浓郁的中国特色. 2002 年 8 月 20 日，在庄严的人民大会堂，第 24 届国际数学家大会在这里隆重举行，大会主席台上的屏幕中央就悬挂着该届国际数学家大会的会标(图 9.7)，其原型就是“赵爽弦图”.

这一经过改编的赵爽弦图经由各国数学家们传扬四方，再次向世界展现了我国古代人民的智慧以及数学成就. 从商高到陈子，再到赵爽，我国古代的学者们从未停止过探索的脚步. 他们虽不是达官贵人，没有显赫身份，也没有万贯家财，但所谓“须知傲雪凌霜质，不是繁华队里身”，他们这种敢于钻研、不断探索的精神，却是时光的长河里最难能可贵的，如同松之傲雪凌霜质，值得人们歌颂、学习并传承下去.

图 9.7　第 24 届国际数学家大会会标

从遥远的西周时代我们的祖先发现了勾股定理，到三国时期，又证明了勾股定理，但你千万不要以为对勾股定理的探索止步于此. 人类的智慧是无穷的，勾股定理自被发现伊始，就不断地被人应用、证明，据统计，迄今已有 400 多种不同的证法，真可谓“百花齐放”. 这是人类证明的最多的定理，也因此被众多数学家称为“千古第一定理”. 让我们追随时光去探索古今中外的能人志士对勾股定理的不同认识及证明，去感受这一伟大定理的奥妙吧！

1. 走近文明古国

这里的文明古国指的是四大文明古国：中国、古印度、古埃及和古巴比伦. 勾股定理作为一个在现实生活中应用广泛的定理，对人们的生产生活都有着重要的意义，因此，我们从这四个古老的国家开始探索勾股定理.

中国作为四大文明古国中唯一没有文化断层的国家，对勾股定理的证明探索也是从未停止的. 赵爽证明勾股定理后不久，我国古代伟大的数学家刘徽也证明出勾股定理. 刘徽(图 9.8),山东邹平人,被认为是 3 世纪世界上最杰出的数学家. 他在 263 年撰写的著作《九章算术注》以及后来的《海岛算经》,不仅成为了我国最宝贵的数学遗产,而且奠定了他在中国数学史上的不朽地位. 作为中国数学的集大成者,他不仅整理了前人的数学成就,还创造性地提出了"牟合方盖""重差术"等方法,他是我国传统数学理论体系的奠基人.

图 9.8　刘徽

在《九章算术》的最后一章"勾股章",刘徽正式提出勾股定理,即"勾股术". 勾股术的原文为:"勾股各自乘,并而开方除之,即弦."刘徽在注中对勾股定理进行了证明,并用到了著名的出入相补法,即"以盈补虚,出入相补". 我国著名数学家吴文俊先生将刘徽的出入相补法解释为:"一个平面图形由一处移至他处,面积不变. 又若把图形分割成若干块,那么各部分面积和等于原来图形的面积,因而图形移置前后各个面积的和、差有简单的相等关系."立体图形也是这样. 刘徽利用了出入相补法对勾股定理进行了证明,他在注文中这样证明勾股定理:

勾自乘为朱方,股自乘为青方,令出入相补,各从其类,因就其余不移动也. 合成弦方之幂,开方除之,即弦也.

刘徽当时的注文附图丢失了,但清朝的李潢将其复原,我们一般将此图称为"青朱出入图"(图 9.9). 结合复原后的配图,我们可以看出,刘徽分别在直角三角形三边上作三个正方形,以勾边为边长的小正方形为朱方,以股边为边长的正方形为青方,还有一个以弦边为边长的大正方形. 青方和朱方与这个大正方形有部分重叠,而不重叠的部分则由三个小三角形组成,将这三个

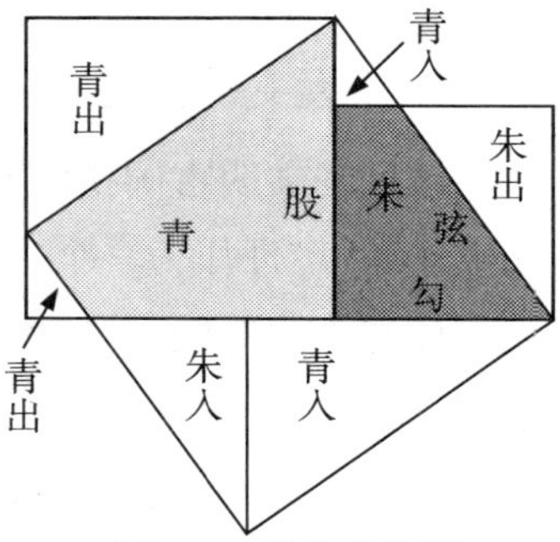

图 9.9　青朱出入图

小三角形按照图中所示方法进行位移，则拼接出边长为弦长的大正方形，正好出入相补，勾方（朱方）与股方（青方）之和等于弦方，将勾、股、弦长分别记为 a、b、c，即 $a^2+b^2=c^2$. 因此，勾股定理得证.

刘徽的证法其实与赵爽类似，但是刘徽明确地提出了出入相补这一中国古代数学体系中极其重要的方法，其体现出的“以形证数，数形结合”的思想方法具有独特贡献，让勾股定理的证明更进了一步. 此后的数百年时间里，无数的中国数学家们利用出入相补原理对勾股定理进行了证明，其中较为出名的有梅文鼎、李潢、李锐、项名达、李善兰以及华蘅芳等人，感兴趣的读者可以查阅相关资料.

同为文明古国的古印度对数学的贡献也很大，其几何学的造诣也较高. 古印度最早记载勾股定理的书籍为《绳法经》，成书于公元前 8 世纪到公元前 2 世纪，记载了古印度关于祭坛与寺庙建造中的几何问题和求解方法. 其中，记载了部分勾股数组（满足不定方程 $x^2+y^2=z^2$ 的正整数解）：(3，4，5)；(12，16，20)；(15，20，25)等. 同时，还记载了将两个正方形合成一个正方形的问题，即做一个正方形使得它的面积等于已知的两个正方形面积之和（图 9.10），其给出的解法就是对勾股定理的应用. 说明至少在《绳法经》编著的年代，古印度的学者们就已经知道并能灵活地应用勾股定理了.

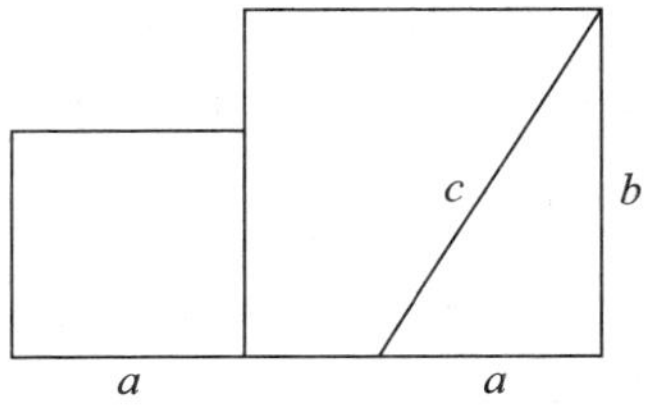

图 9.10

以泥板文书出名的古巴比伦也同样精于计算，迄今已发现了 300 多块记载数学内容和知识的古巴比伦泥板书，其中包含大量的数学用表，有乘法表、立方根表……甚至还有对数（指数）表. 最令人吃惊的则是编码号为“普林顿 322”的泥板书（书写年代约为公元前 1600 年），它记载了大量的勾股数. 这表明，最迟在公元前 1600 年，古巴比伦的学者们就已经知道了勾股定理.

古埃及人虽然没有对勾股定理的直接记载，但是他们能造出塔基底直角误差只有 12″的金字塔，若不是对直角研究极深，是难以造出来的. 而 1938 年发掘出的《开罗数学纸草书》（经考证约成书于公元前 300 年）

中，就有三组勾股数：(3，4，5)；(5，12，13)；(20，21，29)且给出了验证. 该书还有两个勾股定理的应用问题：

(1)一个梯子 10 尺长，梯底至墙 6 尺，求梯子可以达到的高度；

(2)矩形面积 60 平方尺，对角长 13 尺，求长与宽.

想一想

你能解答出纸草书上的这两道问题吗？

由此可见，最迟在公元前 300 年，古巴比伦人也发现了勾股定理.

四大文明古国历史悠久，贤才众多，数学的发展时间也较久，因此他们或多或少，或早或晚地对勾股定理进行了探究. 正所谓“滚滚长江东逝水，浪花淘尽英雄”，在历史的长河里，四大文明古国对勾股定理的探索也如大浪淘金般，是经过历史的打磨才得以呈现的.

2. 漫游其余众国

勾股定理之所以被称为“千古第一定理”，除了其应用十分广泛，在几何学中占有重要地位以外，还因为这是一个数学家与数学爱好者们研究得最多的定理. 除了文明古国以外，还有哪些国家同样对勾股定理有过研究呢？

先来说说和中国一衣带水的日本，日本深受中国文化的影响，其数学思想也和中国类似. 被誉为日本“算圣”的关孝和(约 1642—1708，图 9.11)在其专著《解见题之法》中给出了勾股定理的图证. 关孝和，通称关新助，字子豹，号自由亭，是江户时代(1603—1867)日本伟大的数学家、和算的奠基人，同时也是“关流”(即关氏及其弟子所建立的数学学派)的创始人. 他证明勾股定理仍然用到了出入相补法，其证法见图 9.12，这与我国刘徽的证法不谋而合，可谓是英雄所见略同呀！

图 9.11　关孝和

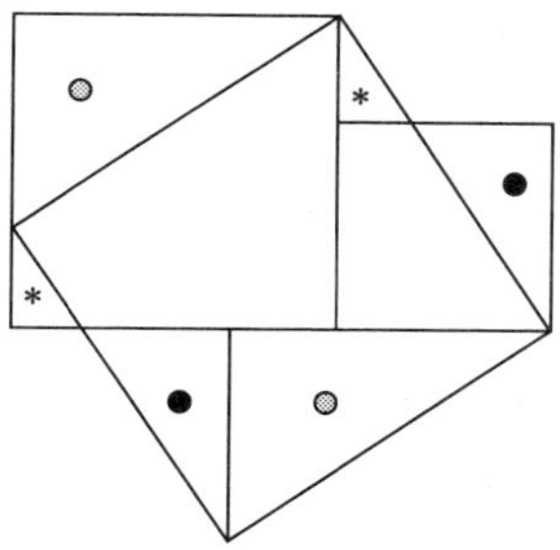

图 9.12

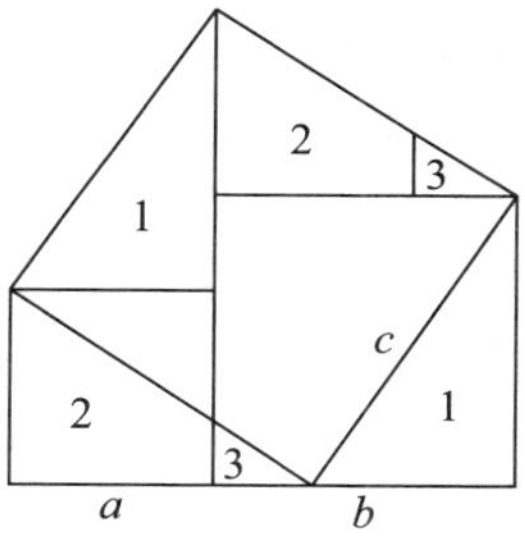

图 9.13

中世纪阿拉伯数学家伊本·库拉(Thglbitibn Qurra,826—901)也曾运用出入相补原理来证明勾股定理,其证法见图 9.13. 观察此图,将编号为 1、3 的三角形和编号为 2 的梯形移至上方相应位置,就可以得到一个以斜边长为边长的正方形. 根据出入相补原理,分割移置后的图形面积等于原来的图形面积,于是有:$a^2+b^2=c^2$. 因此,勾股定理得证.

应用出入相补法证明勾股定理的中外数学家不胜枚举,古印度数学家也偏爱此方法,最迟在 12 世纪婆什迦罗二世的著作《算法本原》中就出现过利用出入相补法证明勾股定理的叙述,他的证法和附图与赵爽的“弦图”基本相同. 但他还有一种不同于出入相补原理的证法,就是利用直角三角形的射影定理进行证明. 如图 9.14,过直角三角形的直角顶点 C 作斜边的垂线 CD,垂足为点 D,根据射影定理有:$AD=\dfrac{AC^2}{AB}$,$DB=\dfrac{BC^2}{AB}$,于是 $AB=AD+DB=\dfrac{AC^2+BC^2}{AB}$,从而有 $AB^2=AC^2+AB^2$. 这种证明简洁方便,但是由于涉及射影定理,对几何学要求较高,因此显得不如出入相补原理那么通俗易懂,但这一证法依然是对勾股定理的绝佳证明之一,它在 17 世纪被英国数学家沃利斯重新发现了.

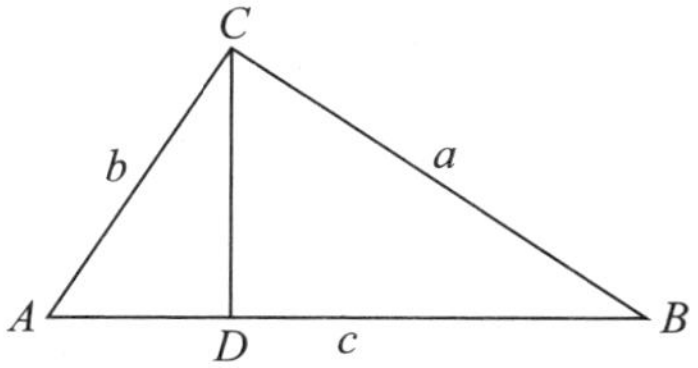

图 9.14

以上所列举数学家的证法都用到了出入相补原理，那么出入相补原理是否是证明勾股定理最流行的方法呢？让我们来看看西方国家，他们是否也同样使用这一古老的原理来证明勾股定理？

在西方，关于勾股定理流传最广的就是“百牛传说”．相传古希腊数学家毕达哥拉斯发现了勾股定理，整个毕达哥拉斯学派为之欢呼，学派门人曾宰杀 100 头牛来庆祝，颇有“烹羊宰牛且为乐，会须一饮三百杯”之势，勾股定理因此也被冠名为“百牛定理”．几乎所有的西方文献都认定毕达哥拉斯是第一个发现并证明勾股定理的人，因此勾股定理在西方也被称作“毕达哥拉斯定理”．由于毕达哥拉斯的生平扑朔迷离，不曾有著作留世，他对于勾股定理的证明也就无从得知了．数百年以后，2 世纪的罗马学者普鲁塔克（Plutarch，约 46—120）对毕达哥拉斯的证明方法提出了猜测，他利用了面积剖分法进行了证明．但普鲁塔克所处的时代距毕达哥拉斯毕竟有着六七百年之久，他的证法是否是毕达哥拉斯的想法也十分值得怀疑．甚至，毕达哥拉斯本人是否证明了勾股定理都是值得怀疑的．

古希腊数学史上明确记载的勾股定理证明最先出现在欧几里得的《几何原本》中．欧几里得被称为“几何之父”，是数学巨著《几何原本》的作者，也是世界上最伟大的数学家之一．《几何原本》卷 I 命题 47 即毕达哥拉斯定理，欧几里得的证明如下：

在图 9.15 中，$\triangle ABD \cong \triangle FBC$（边角边），又因为 $S_{矩形BDLI} = 2S_{\triangle ABD}$（同底等高），且 $S_{正方形GFBA} = 2S_{\triangle FBC}$（同底等高），所以 $S_{矩形BDLI} = S_{正方形GFBA}$．

同理，$S_{矩形ILEC} = S_{正方形ACKH}$，故有 $S_{矩形BDLI} + S_{矩形ILEC} = S_{正方形GFBA} + S_{正方形ACKH}$，最后得 $S_{正方形GFBA} + S_{正方形ACKH} = S_{矩形BDEC}$，即证得 $AB^2 + AC^2 = BC^2$．

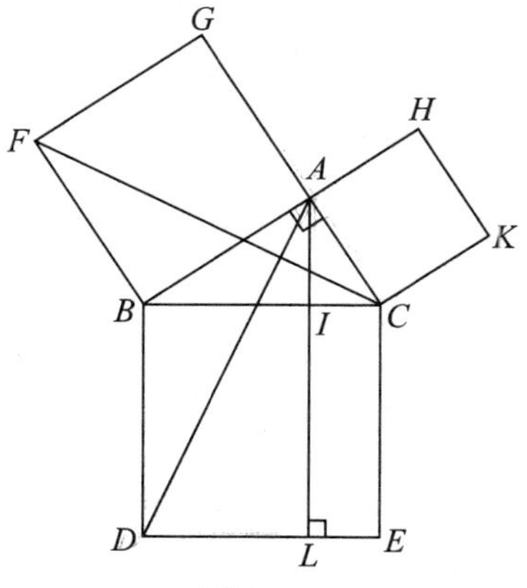

图 9.15

可以看出，欧几里得的这种证明方法跟我国乃至东方大部分国家的证明方法都有所不同. 这种证明强调数学的公理化体系，即通过严密地推理，环环相扣，完成严格的演绎证明. 而以赵爽为代表的中国数学家的证明方法则更强调一种几何直观，其原理一目了然. 东西方对这一定理的不同证明体现了不同的几何学思想，二者各有千秋，都不失为伟大的证明.

在欧几里得之后，西方还有许多数学家和数学爱好者对勾股定理进行了证明，这当中还包括一些政治家、艺术家等. 例如，美国第二十任总统加菲尔德(J. A. Garfield，1831—1881)就曾在《新英伦数学学报》上发表过有关勾股定理的证明方法(图 9. 16)，其利用的是面积拼补的方法. 而文艺复兴时期的著名艺术家达 · 芬奇(da Vinci，1452—1519)也曾证明过勾股定理(图 9. 17)，他的证明方法还有个独特的名字——新娘椅子法，因为达 · 芬奇所用的图特别像一把椅子.

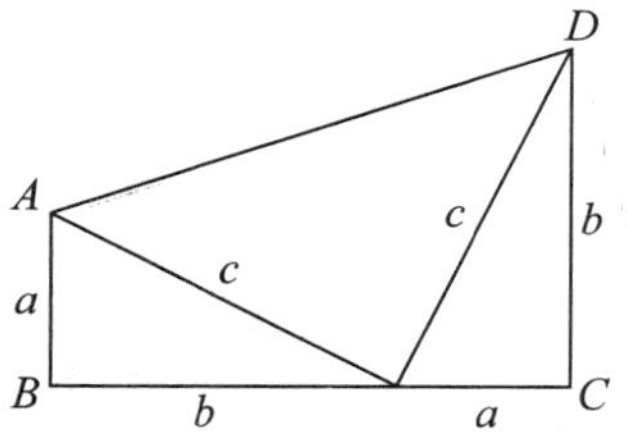

图 9. 16

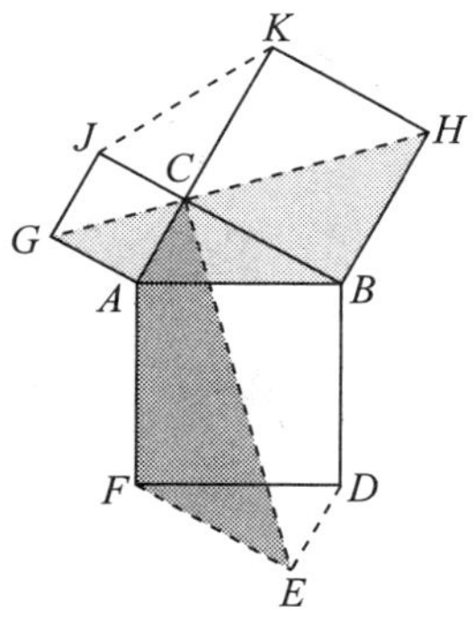

图 9. 17

“千古第一定理”勾股定理通俗易懂、应用广泛却又蕴含着十分重要的几何奥秘，在整个数学史上有着十分重要的地位. 本书所介绍的这些证明方法只不过是沧海一粟，还有几百多种证明方法值得大家去阅读，去探讨，所谓“吾生也有涯，而学也无涯”.

勾股定理的拓展应用

4000 多年前的尧舜时代，黄河水涨，洪波泛滥，百姓家园被毁，苦不堪言. 在这多灾多难的背景下，大禹接替其父亲鲧担起了治水的重担，经过 13 年的努力，终于彻底制服了洪水. 那么远古时期的大禹是用的什么方法呢？《史记》“夏本纪”中记载，大禹治水时“陆行乘船，水行乘舟，泥行乘橇，山行乘撵，左准绳，右规矩. ”这里的“规”就是圆规，矩就是“曲尺”. “行山表木，定高山大川”，从《史记》的记载中，我们可以知道大禹利用数学测量工具对山川数目进行了测量，根据山川的高度进行引水疏浚，因而得以治洪水. 而大禹又进行了怎样的数学测量呢？《周髀算经》开篇的周公与商高对话中，商高在提出勾股定理之后说：“故禹之所以得天下者，此数之所以生也. ”“此数”即为商高前文叙述的“勾三股四弦五”，意味着大禹治水过程中，在测量山川时以勾股定理为基础，用此勾股术去治水.《路史后记十二注》中也曾专门提道：“禹治洪水决流江河，望山川之形，定高下之势，除滔天之灾，使注东海，无漫溺之患，此勾股之所系生也. ”这段话的意思是说：大禹为了治理洪水，使其不决流江河，根据地势高低，决定水流走向，因势利导，使洪水注入海中，不再有大水漫溺的灾害，这是应用勾股定理的结果. 可见，勾股定理对水利方面有着十分重要的作用.

在远古时代，我们富有智慧的祖先除了治水，还不曾停止对茫茫宇宙、浩瀚星空的探索. 先民们根据天文测量的数据，规定了历法，指导着百姓春耕秋收，这些天文测量中用得最频繁的数学知识之一就是勾股定理. 在《周髀算经》中，西周学者根据勾股定理和其他数学知识测出了太阳高度、太阳直径、不同时间太阳的位移等天文知识. 当时的周公十分重视天文学，相传他曾亲自测量太阳的影长，在今河南登封境内还留有一座测量太阳影长的古代圭表（图 9.18），上书“周公测影台”字样，由此纪念周公对古代天文学的贡献.

图 9.18　周公测影台

勾股定理不仅可以测天，还可以量地. 刘徽在《海岛算经》（图 9.19）中，应用勾股定理解决了各种测量的难题，其中就涉及很多测量海岛高度、距离等方面的问题. 刘徽还在书中给出了著名的海岛公式. 此外，在中国古代涉及分田量地等实际问题时，勾股定理也是测量的基础. 由此推断，勾股定理因其较强的实用性在我国古代被应用广泛.

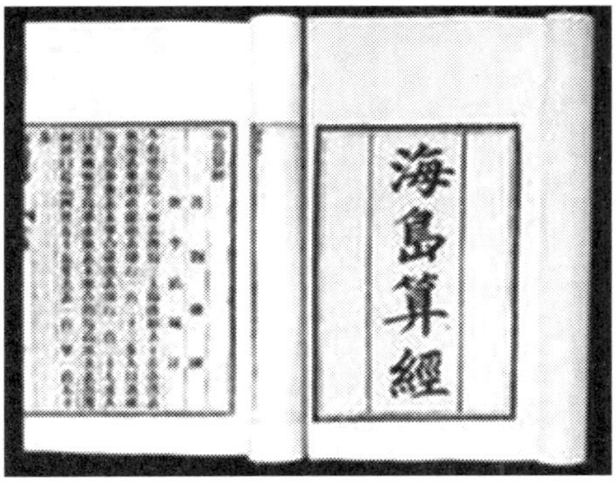

图 9.19　《海岛算经》

毕达哥拉斯树是由毕达哥拉斯根据勾股定理画出来的一个可以无限重复的树形图形. 又因为重复数次后的形状好似一棵树，故被称为“毕达哥拉斯树”（图 9.20），也叫“勾股树”. 其初始图形为图 9.21，每一个正方形的边长又可以作为弦长，画出一个直角三角形，接着再以直角边为边画出两个正

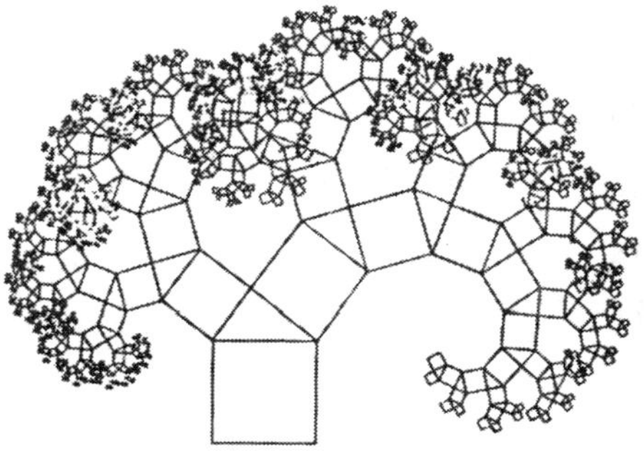

图 9.20　毕达哥拉斯树

方形，而三个正方形之间的三角形，其面积小于等于大正方形面积的四分之一，大于等于一个小正方形面积的二分之一. 根据所作的三角形的形状不同，重复作这种三角形的毕达哥拉斯树的“枝干”茂密程度就不同. 大家可以动手画一画，看不同人画出的毕达哥拉斯树有什么不同?

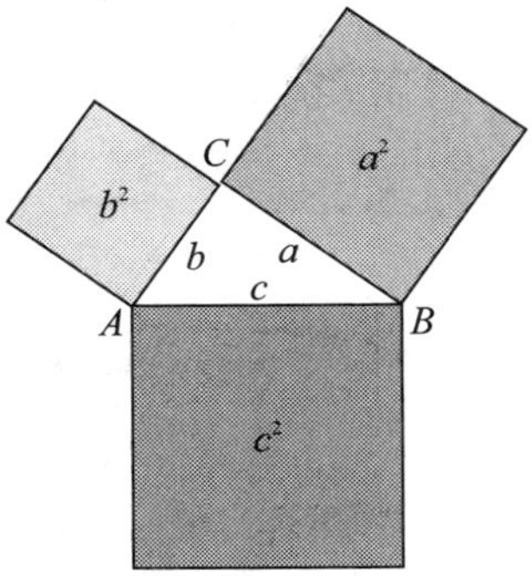

图 9. 21

中国大百科全书(数学卷) 中定义勾股数为:“商高数，满足不定方程 $x^2+y^2=z^2$ 的正整数，叫商高数(勾股数)，也叫毕达哥拉斯数. ”而不定方程 $x^2+y^2=z^2$ 又被称为勾股方程，它也可谓世界上较早的不定方程，由于毕达哥拉斯的时代奉行万物皆数，认为数只有整数和分数，所以只讨论它的正整数解，即勾股数.

商高提到的“勾三股四弦五” 就是一组数值为(3，4，5) 的勾股数，前文介绍的四大文明古国的文献中都曾出现过勾股数，但是都是具体的数组. 既然 $x^2+y^2=z^2$ 是一个方程，它是否有一般解呢?毕达哥拉斯曾给出了一些整数解的形式: $2n+1$，$2n^2+2n$，$2n^2+2n+1$(n 为正整数)，但这只是勾股方程的部分解，它仅限于斜边与一条直角边的差恒为 1 的情况. 此后，数学家们继续研究勾股方程的一般解法，希腊数学家丢番图(约前 246— 前 330) 在其著作《算术》 中提出了最著名的一个不定方程问题:将一个已知数的平方分为两个平方数，并给出了一组解，后来法国数学家费马在阅读此问题时引出了著名的“费马大定理”. 实际上，中国的刘徽比丢番图更早对勾股数的一般形式进行研究，并给出了勾股方程全部解的计算方法，其通过《九章算术》第九章《勾股》第 14 题给出了解决办法，原文和解法较为复杂，感兴趣的读者可以自行翻阅.

如今，勾股方程 $x^2+y^2=z^2$ 的解早已被研究出来，并有着简单易懂的通解形式：

$$\begin{cases} x = kab, \\ y = \dfrac{1}{2}k(a^2-b^2), \\ z = \dfrac{1}{2}k(a^2+b^2). \end{cases}$$ 其中 a、b 为互质正奇数，$a>b$、k 为正整数.

经典赏与练

【例 1】 我国汉代数学家赵爽为了证明勾股定理，创制了一幅“弦图”，后人称其为“赵爽弦图”(图 9.22). 由弦图变化得到，它是由 8 个全等的直角三角形拼接而成. 记图中正方形 $ABCD$、正方形 $EFGH$、正方形 $MNKT$ 的面积分别为 S_1、S_2、S_3，若 $S_1+S_2+S_3=10$，则 S_2 的值是________.

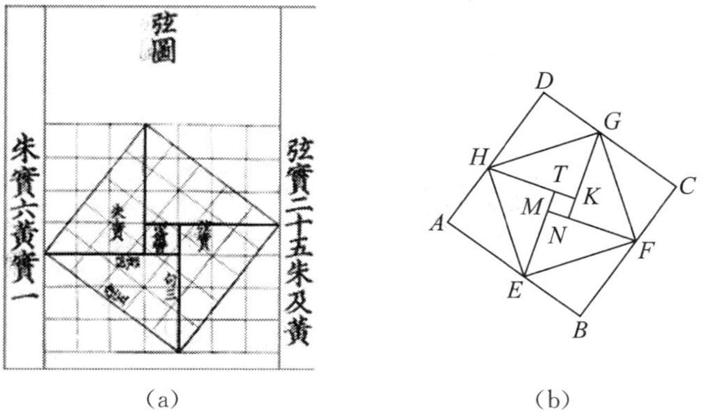

(a)　　(b)

图 9.22　赵爽弦图

解析：根据图形的特征可以得出线段之间的关系，进而利用勾股定理求出各边之间的关系，从而得出答案.

∵ 图 9.22(b) 中正方形 $ABCD$、正方形 $EFGH$、正方形 $MNKT$ 的

面积分别为 S_1、S_2、S_3，

$S_1=(CG+DG)^2=CG^2+DG^2+2CG\cdot DG=GF^2+2CG\cdot DG$.

$S_2=GF^2$,

$S_3=(NG-GK)^2=(NG-NF)^2=NG^2+NF^2-2NG\cdot NF=GF^2-2NG\cdot NF$.

$\because S_1+S_2+S_3=10=GF^2+2CG\cdot DG+GF^2+GF^2-2NG\cdot NF=3GF^2$.

$\therefore S_2=\frac{10}{3}$. 故答案为 $\frac{10}{3}$.

此题主要考查了勾股定理的应用，根据已知得出 $S_1+S_2+S_3=10=GF^2+2CG\cdot DG+GF^2+GF^2-2NG\cdot NF=3GF^2$ 是解决问题的关键.

小试牛刀

1. 如图 9.23 是一株美丽的勾股树，其中所有的四边形都是正方形，所有的三角形都是直角三角形. 若正方形 A、B、C、D 的边长分别是 3、5、2、3，则最大正方形 E 的面积是(　　).

A. 13　　B. 26　　C. 47　　D. 94

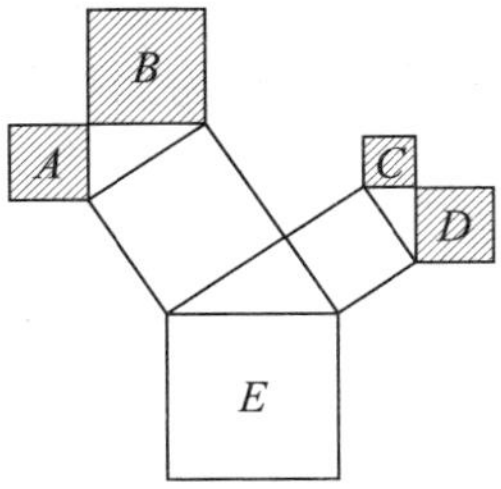

图 9.23

2.《九章算术》勾股章第六题：“今有池方一丈，葭生其中央. 出水一尺，引葭赴岸，适与岸齐. 问水深、葭长各几何. ”本题的意思是：有一水池一丈见方，池正中央生有一棵类似芦苇的植物，露出水面一尺，如把它引向岸边，正好与岸边齐，问水有多深，该植物有多长？(1 丈=10 尺)

第 10 章

绝处逢生化危机　无理数出平风波

——无理数的探究之旅

引子

“把这个叛徒扔出船去!”一伙人一阵又一阵地齐声叫喊着.

“我没有背叛我自己.”希帕索斯(Hippasus)严词回驳道.

“希帕索斯,你曾经宣过誓会效忠毕达哥拉斯学派,而现在你却违背了自己的誓言.”这伙人的头儿发话了.

“我只是发现了一件不寻常的事——存在着不可公度的数.你们要我保守这个秘密吗?你们这是要我封锁思想,压制真理.”希帕索斯理直气壮地说.

“那根本就不是数.”头儿回答道.

“但单位正方形的对角线$\sqrt{2}$确实就是一个数(图 10.1),而它就是不可公度的.”希帕索斯坚定地认为.

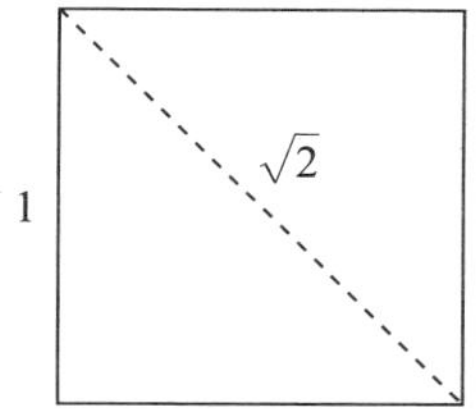

图 10.1

船上这伙毕达哥拉斯学派的信徒们变得越来越不耐烦了，这一真相令他们焦灼不安．“把他扔出船去．”他们叫喊着，因为他们努力地想要隐瞒$\sqrt{2}$这样不可公度的数存在的事实．他们抓住了希帕索斯，把他扔进了海里．希帕索斯的生命就这样被无情地剥夺了．这是传说中毕达哥拉斯学派一次海上集会的情景．

关于希帕索斯发现$\sqrt{2}$这样的无理数之后的故事主要有两种版本：一种认为希帕索斯确实发现了无理数的存在，动摇了毕达哥拉斯学派的根基，学派本身就有一条发现必须保密的严苛教规，因此在集会中把泄密的希帕索斯投入了大海；另一种说法是毕达哥拉斯学派将希帕索斯逐出学派，并为他立了一块碑，说他已经死了．毕达哥拉斯学派虽然戒律森严，但是相当团结、很有爱心，或许更多的可能性是希帕索斯被驱逐了．但无论怎么说，$\sqrt{2}$在当时的确引起了轩然大波．你想了解$\sqrt{2}$，想知道它的出现为何引发一场大风波吗？让我们一起来探索吧！

无理数的探索之旅

当我们说字母a表示一个无理数的时候，你会想到什么？a是无理数意味着它不是一个有理数，意味着它不能表示成两个整数之比，也意味着它不能写成一个简分数，即不存在任何分数满足$\frac{b}{c}=a$（其中b和c是整数，并且$c\neq 0$）．

首先我们来看几个简分数：

$\frac{1}{3}=0.333\cdots$（通常写作$\frac{1}{3}=0.\dot{3}$）

$\frac{1}{7}=0.142857142857142857\cdots$（也写作$\frac{1}{7}=0.\dot{1}4285\dot{7}$）

$\frac{1}{13}=0.076923076923076923\cdots$（也写作$\frac{1}{13}=0.\dot{0}7692\dot{3}$）

观察上面这几个简分数，我们可以初步得到一个结论：一个简分数的计算结果可以是一个循环小数，它有最小的循环节. $\frac{1}{3}$的最小循环节是 3，$\frac{1}{7}$的最小循环节是 142857，而$\frac{1}{13}$的最小循环节则是 076923. 是不是所有的简分数都能有最小循环节呢？我们以$\frac{1}{109}$为例，检验一下.

首先我们将$\frac{1}{109}$精确计算到小数后 102 位，结果如下：

$\frac{1}{109}=0.0091743119266055045871559633027522935779816513761$
46788990825688073394495412844036697247706422018348623…

此时我们并不能找到它的最小循环节，这是否意味着之前所得到的结论是错误的呢？我们可以尝试将所得到的值计算得更加精确一些，让我们再多计算 10 位：

$\frac{1}{109}=0.0091743119266055045871559633027522935779816513761$
$46788990825688073394495412844036697247706422018348623853211\underline{00}$
$\underline{91}$…

可以发现 0091 似乎是我们想要得到的循环节的开头，我们再进一步将计算进行到 222 位得到：

$\frac{1}{109}=0.0091743119266055045871559633027522935779816513761$
$46788990825688073394495412844036697247706422018348623853211\underline{00}$
$\underline{91743119266055045871559633027522935779816513761467889908256880}$
$\underline{7339449541284403669724770642201834862385321 1}009174$…

观察得到$\frac{1}{109}$的最小循环节一共有 108 个数字，如果我们将计算展开到 330 位就可以观察得更加明显了.

$\frac{1}{109}=0.\underline{0091743119266055045871559633027522935779816513761}$
$\underline{46788990825688073394495412844036697247706422018348623853211}00$

9174311926605504587155963302752293577981651376146788990825688
0733944954128440366972477064220183486238532110091743119266055
0458715596330275229357798165137614678899082568807339449541284
4036697247706422018348623853211009174…

至此我们可以判断，一个简分数的计算结果可以是一个循环小数，这个循环小数的循环节可能非常短（例如$\frac{1}{3}$），也有可能非常长（例如$\frac{1}{109}$）. 同样地，依据此法我们可以判断出$\sqrt{2}$确实是一个无理数.

如果我们用计算器来计算$\sqrt{2}$，可以得到：

$\sqrt{2}=1.414213562373095048801688724209698078569671875376948073176679737990732478462107038850387534327641572\cdots$

可以观察到以上的数字中不存在任何循环节，如果你有足够的耐心，其实无论将其计算值精确到小数点后的多少位，都不能找到循环节.

初看“无理数”一词，很容易把它理解为蛮横无理的数，而事实是否真的如此呢？其实无理数和有理数的命名过程是一个翻译上的失误. “有理数”一词最早被记载于古希腊，其英文词根为“ratio”，就是比率的意思. “ratio”一词很显然指的就是整数的“比”. 与之相对，“无理数”就是不能被精确表示为两个整数之比的数，而并非没有道理. “rational”通常是指“理性的”，19 世纪，日本学者将“rational”翻译为“有理数”，在中日文化交流的过程中，“有理数”和“无理数”被引入中国.

继希帕索斯发现$\sqrt{2}$这个无理数后，人们很快就发现除$\sqrt{2}$以外其他的一些无理数. 这些发现动摇了古希腊数学信仰的基础，毕达哥拉斯学派崇尚的信条“万物皆数”从根本上受到了冲击. 因为毕达哥拉斯学派的比例和相似形的全部理论，都是建立在“万物皆数”和“可公度”这一假设之上，发现$\sqrt{2}$这样的无理数使得这个根基突然之间被动摇了，照此下去，几何学的大部分内容就必须要抛弃，因为他们的证明失效了. 这就是数学史上著名的第一次数学危机的来历. 大约经过了 2500 年,这次数学危机才得以真正地解除,让我们一起来了解一下这段历史吧!

1. 标新立异,打破常规——危机的产生

$\sqrt{2}$可是个了不起的数,说起它,就得从古希腊的毕达哥拉斯(Pythagoras,约前 580—前 497,图 10.2)开始讲起. 毕达哥拉斯出生于靠近小亚细亚海岸的萨摩斯岛(Samos),是希腊演绎数学的鼻祖之一. 他最伟大的成就就是发现了后来以他的名字命名的毕达哥拉斯定理,即大家熟知的勾股定理. 据说他曾跟随著名的泰勒斯(Thales of Miletus,约前 625—前 547)学习过,青年时还到古埃及和古巴比伦游历,学习几何、语言和宗教知识,后来在一个叫作克罗顿的沿海城市定居. 在那里,他还招收了 300 多个门徒,建立了一个带有神秘色彩的团体,这个团体被人们称为毕达哥拉斯学派. 该学派将一切发现归功于学派领袖——毕达哥拉斯,并且严禁公开学派的秘密. 毕达哥拉斯学派以“万物皆数”为信条,他们所说的“数”仅仅指的是整数或整数之比.

图 10.2　毕达哥拉斯

和现代人不一样,他们不把两个整数之比看作是分数,而是看作另一类数,他们把那些能用整数之比表示的量称为可公度的,即相比两量可用公共度量单位量尽,而把不能这样表达的量称为不可公度的. 毕达哥拉斯学派认为任何两个量都是可公度的,如图 10.3 所示,任意两条线段 a 与 b,总能找到第三条线段 d,只要 d 的长度取得足够小,那么 a、b 的长度都是 d 长度的整数倍,即 a 是 d 的 m 倍,b 是 d 的 n 倍,其中 m 和 n 都是正整数.

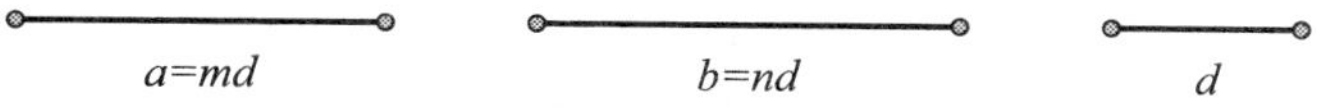

图 10.3

希帕索斯是毕达哥拉斯学派的成员之一，他是一个勤奋好学、善于思考的人. 由于毕达哥拉斯学派热衷于研究能形成直角三角形三边的三元整数组，因而希帕索斯很有可能是在做这项工作时发现正方形的对角线与其边长之比是不可公度的. 如图 10.4 所示，正方形的对角线将其分割为两个全等的等腰直角三角形，假设正方形的边长为 1，根据毕达哥拉斯定理可以求出对角线长度的平方就是 2，那么什么数的平方等于 2 呢？根据我们现在所学到的知识，可以很快知道$\sqrt{2}$的平方就是 2.

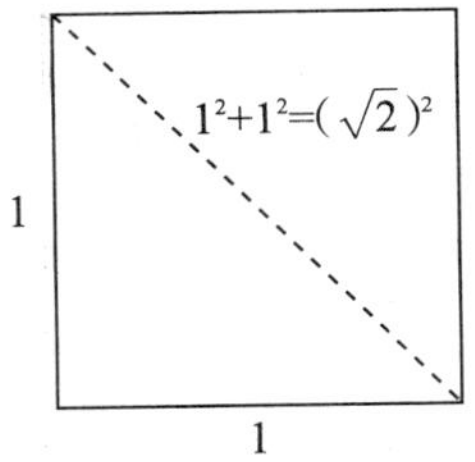

图 10.4

希帕索斯希望能找到两个整数相除得到$\sqrt{2}$，但无论找到的分子分母是多少，这个比值都只能很接近却不能精确等于$\sqrt{2}$，因而他判断$\sqrt{2}$与 1 就是不可公度的. 当天真的希帕索斯无意间与别人谈论到这个发现的时候，他被毕达哥拉斯学派的其他成员告发并受到惩罚，因为他的发现否定了毕达哥拉斯学派的信条：世界上的一切现象都可以归结为整数或整数之比.

尽管希帕索斯本人的说法已无从查证，但是不可公度量（无理数）被发现这个事实并未随之一起沉沦. 在此之后人们很快就发现了其他的一些不可公度量，如图 10.5 所示，利用毕达哥拉斯定理构造直角三角形，就可以得到诸如$\sqrt{3}$、$\sqrt{5}$等无理数，这些无理数均是不可公度量. 这些发现

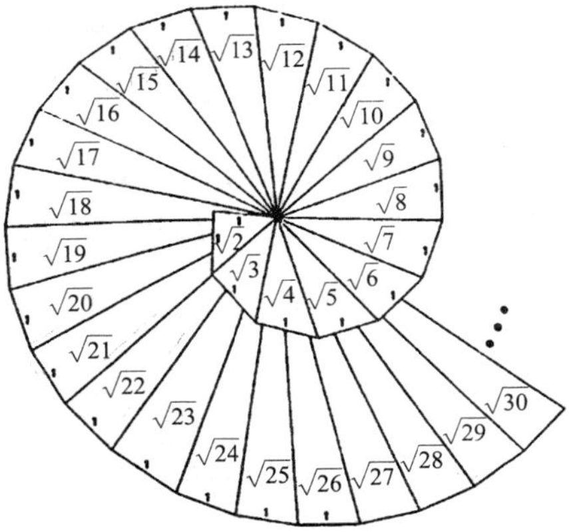

图 10.5

使毕达哥拉斯学派的“万物皆数”从根本上受到了冲击，第一次数学危机由此产生.

2. 另辟蹊径，独树一帜——危机的缓解

在缓解第一次数学危机方面做出了重大贡献的是希腊数学家欧多克斯(Eudoxus，约前 408—前 347，图 10.6). 欧多克斯出生于小亚细亚的奈达斯，曾跟随毕达哥拉斯学派的阿契塔斯(Archytas，约前 420—前 350)学习过，也曾到古埃及游历过，回到希腊后创立了自己的学派，即今天所说的欧多克斯学派. 欧多克斯是古希腊时代伟大的几何学家、天文学家和地理学家，他在数学上的一个重大贡献就是引入关于比例的新理论.

图 10.6　欧多克斯

越来越多无理数(不可公度量)的发现迫使古希腊数学家不得不研究这些数. 它们确实是数吗？以前用于可公度的长度、面积和体积的证明怎样才能推广到不可公度的这些量呢？为了解决这些问题，欧多克斯首先引入“量”的概念. 这里的“量”不是数，而是代表诸如线段、角、面积、体积、时间等这些能够连续变动的东西. 欧多克斯从量的概念出发给出了一种新的比例论. 欧几里得(Euclid，前 330—前 275)在《几何原本》的第五卷中引用了这种比例论，其定义为：

设 A、B、C、D 是任意的四个量，其中 A 和 B 是同种类型的量(即均为线段、角或面积等)，C 和 D 也是同种类型的量，如果对于任何两个正整数 m 和 n，mA 大于、等于、小于 nB 是否成立，相应地取决于 mC 大于、等于、小于 nD 是否成立，则称 A 与 B 之比等于 C 与 D 之比，即 A、B、C、D 四个量成比例.

该定义说的是如果 A 和 C 都乘以任意正整数 m，B 和 D 都乘以任意正整数 n 后，对于所有这样选取的 m 和 n，都有

$$mC < nD \Rightarrow mA < nB;$$
$$mC = nD \Rightarrow mA = nB;$$
$$mC > nD \Rightarrow mA > nB.$$

那么就可以得到$\frac{A}{B}=\frac{C}{D}$. 通过这一新的比例论，古希腊数学家们可以将可公度量的证明推广到不可公度量，从而解决了不可公度带来的逻辑上的矛盾. 不可公度量的存在曾经被称为“逻辑上的丑闻”，而今这一“丑闻”就这样被巧妙地消除了.

数学家波尔查诺曾讲述过一个关于他本人的小故事来印证欧多克斯比例论的微妙之处，故事是这样的：波尔查诺在布拉格度假的时候生病了，浑身发冷，疼痛难忍. 为了分散注意力，他读起了欧几里得的《几何原本》，当看到欧多克斯比例论的精彩论述时，其高明的处理方法使他无比兴奋，以至于从病痛中完全解脱出来了. 后来，当他的朋友生病时，他总会推荐读欧多克斯比例论来作为缓解痛苦的妙方.

诚然，欧多克斯的这个理论给不可公度量的比例提供了逻辑依据，从而使古希腊数学家大大推进了几何学，但也产生了一些不幸的后果. 这种后果之一是它将数同几何截然分开，因为只有几何能处理不可公度量. 在此后的几千年间，几何学变成了几乎全部严密数学的基础，而算术和代数则没有取得独立的地位.

欧多克斯处理不可公度量（无理数）问题的方法实际上是把以前古希腊数学的重点颠倒了过来，早期的毕达哥拉斯学派是重视数的，并且欧多克斯的老师阿契塔斯也曾说：“只有算术而不是几何能提供满意的证明.”为了避免接触到无理数的运算，当时的数学家们把大部分代数都化成了几何. 但是用几何来表示无理数与无理数的运算当然是不太实用的，在逻辑上我们可以接受一个矩形的面积为$\sqrt{2}\times\sqrt{3}$，但是如何在实际生活中精确地剪裁出一个面积为$\sqrt{2}\times\sqrt{3}$的餐桌桌布呢？这一点其实是很难做到的. 喜欢探究的你想不想试试？

3. 千回百折，柳暗花明——危机的解除

中世纪过后，欧洲数学逐渐复苏. 到 16、17 世纪，欧洲人已经越来越广泛地使用无理数了，但对无理数究竟是不是真正的数却产生了分歧.甚至到 18 世纪数学家们都没有弄清楚无理数的概念，直到 19 世纪无理数理论才真正建立.

19 世纪爱尔兰数学家哈密顿(W. R. Hamilton，1805—1865)提出了用划分有理数的方法来定义无理数，遗憾的是他最终没能完成. 1859 年魏尔斯特拉斯在柏林的授课中建立了无理数的理论，但是长期以来没有发表. 目前为大家所广泛接受的是德国数学家戴德金(R. Dedekind，1831—1916，图 10.7)1872 年在《连续性与无理数》中给出的无理数定义.

图 10.7　戴德金

戴德金在数学上有很多发现，不少概念和定理都是直接以他的名字命名的. 他在实数和连续性理论方面的主要贡献是提出了“戴德金分割”，给出了无理数及连续性的纯算术的定义.

张景中院士在其著作《数学与哲学》中对“戴德金分割”作出生动的阐释，其内容如下：

设想一条连续的直线，它由无穷多点组成，取定原点和单位长度，直线上的许多点都可以用分数表示，这是我们已经知道的，我们又知道一些不能用分数表示的点，比如$\sqrt{2}$代表的点，我们不知道的是，为了使直线是连续的，天衣无缝的东西，还需要添上什么？

试想用一把锋利无比的刀，猛地砍向直线，会发生什么情况？如图 10.8，这一刀应当砍在直线的某点 P 上，不然直线上就会出现缝隙。于是，如此细的直线被折为两截，点 P 不是在左边，就是在右边，这样一想，直线的连续性就归结为一个直观而简单的事实：无论从什么地方折断，折断的地方总有一个点.

直线上已经有了很多用有理数表示的点，直线一断，就把这些有理点分成了较大和较小的两个集合，而直线的折断之处也给两个集合之间确定了一个位置.

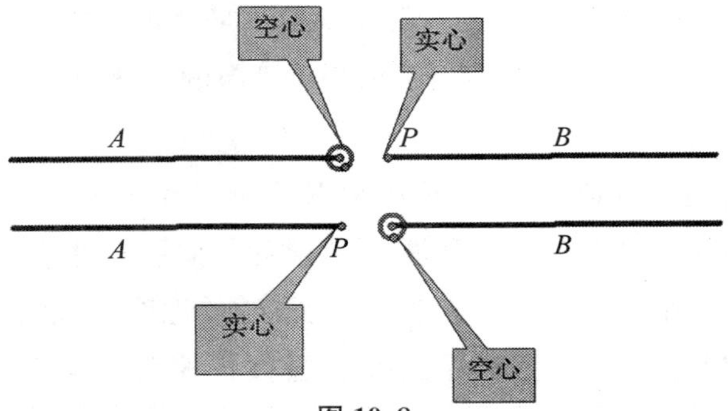

图 10.8

用数学家的语言说，就是把有理数分成两个集合 A、B，如果 A 中每一个数都比 B 中每个数小，那么这一对集合 (A,B) 就叫有理数的一个分割，有理数的分割确定了上、下两个集合之间的位置.

有时这个位置已经被有理数占据了，比如，A 是所有的负分数，B 是其余的有理数，则 B 中有最小数 0，0 就是折断处，因此，要是 A 有最大数或 B 有最小数，就说分割 (A,B) 确定了一个有理数 —— 即 A 的最大数或 B 的最小数. 但是如果 A 中没有最大数，B 中也没有最小数呢？这也是可能发生的. 例如，所有平方大于 2 的正有理数组成 B，其余的有理数组成 A，这个空隙就应当用一个无理数填补，这个无理数便是 $\sqrt{2}$.

这样就可得出一个结论：有理数的一个分割确定一个实数，这个实数也许是有理数，也许是无理数，这个分割称为"戴德金分割"，说得明了一点，实数就是有理数的分割.

至此，在古希腊时期就被发现的无理数终于有了严格的定义，数学史上第一次数学危机才得以真正彻底地解除. 严格的无理数理论的建立是现代分析学和几何学发展的基础，也是数学发展史上一次重大的进步.

与希腊人不同，我国古代数学家是在开方（即解方程）的过程中遇到无理数的. 但是由于时代原因，我国数学家们并没有对无理数这类数的特殊之处进行深入地探究，而是直接很坦然地接受这类数并且在计算中很随意地运用它们.

最早记录无理数的是《九章算术》(图 10.9).《九章算术》“少广”章中的“开方术”和“开立方术”分别给出了开平方和开立方的算法,在对整数开方的过程中必然会遇到开方开不尽的情况.《九章算术》对开方开不尽的数起了一个新名字——“面”.例如,面积为 2 的正方形求边长时,应对 2 开平方,而结果是开不尽的,于是称面积为 2 的正方形的边长为 2“面”,这是中国传统数学中对无理数的最早记载.

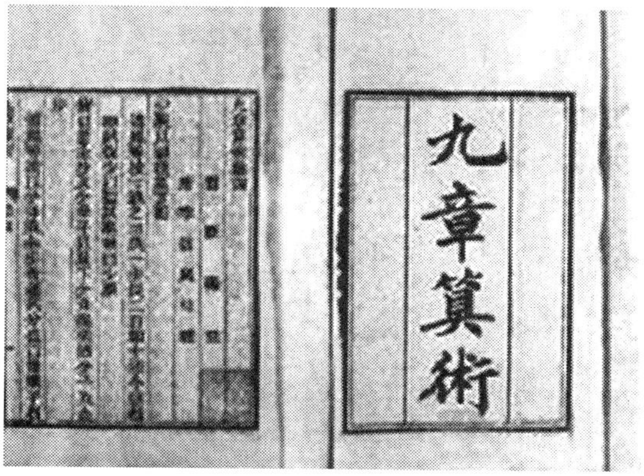

图 10.9　《九章算术》

在无理数的表示方面做出了重大贡献的是数学家刘徽(图 10.10),他在注释《九章算术》中提道:

“凡开积为方,方之自乘当还复其积分.令不加借算而命分,则长微少;其加借算而命分,则又微多,其数不可得而定,故以面命之,为不失耳.”

这里所说的“方”指正数的算术平方根,“积”指被开方数,如:$a\cdot a=s$ 中,s 为积,a 为方.当时我国数学家只知道整数和分数,不知有理数为何物.所谓“其数可得而定”,是指可以由积 s 算出一个用整数或分数表达的方,否则,“其数不可得而定”,即方不可表示成整数或分数,这种开平方“不可得而定”的数,被定义为“面”,可见古人所称的“面”就属于今天所说的无理数.

图 10.10　刘徽

刘徽在注释《九章算术》时，还提出了$x=\sqrt{a^2+r}=a+\frac{r}{a}$这个式子取平方根的近似值是不准确的，于是他用不足近似和过剩近似来逼近平方根的近似值，用式子表达出来就是：

$$a+\frac{r}{2a+1}<\sqrt{a^2+r}<a+\frac{r}{2a}.$$

为了求出更准确的近似值，刘徽还提出用十进分数求无理数近似值的方法. 他曾说：

“微数无名者以为分子，其一退以十为母，其再退以百为母，退之弥下，其分弥细，则朱幂虽有所弃之数，不足言之也.”

刘徽的想法是当某一整数单位（例如尺）开方开不尽时，可以用该单位的$\frac{1}{10}$，$\frac{1}{100}$，…，$\frac{1}{10^n}$为新单位继续开方，当分母10^n大到一定程度时，剩余部分就可以忽略不计了. 这种方法被称为“求微数”，它与我们现在计算无理数的十进小数近似值的方法是一样的.

出于实际需要，我国古代数学家们还研究了分数开方问题.《九章算术》中详细提到了关于分数开方的正确论断：如果分母是完全平方数，把分母开平方，然后除以分母的方根，用字母来表示就是：

$$\sqrt{\frac{b}{a}}=\frac{\sqrt{b}}{\sqrt{a}}.$$

如果分母不是完全平方数，分子乘以分母的积，开平方，所得之数除以分母，用字母来表示就是：

$$\sqrt{\frac{b}{a}}=\frac{\sqrt{ab}}{a}.$$

这实际上是分母有理化的运算，在当时绝对称得上是一个先进的算法.

对于无理数是否是数这个问题，在我国古代根本没有引起人们的太多关注，而古希腊人却费尽心思去思考这一问题. 数学是一门精确的学科，$\sqrt{2}$是一个无理数意味着没有任何有理数的平方能精确地等于 2，用求微数的方法只能得到$\sqrt{2}$的近似值，这并不是一个精确值. 在古希腊人看来这才是一个真正的难题. 从$\sqrt{2}$的出现在东西方产生的影响中,我们可以了解到东西方在古代的文化、数学观等方面上的差异.

众所周知,$\sqrt{2}$确实是一个无理数,但是你知道如何严格地证明吗?接下来让我们一起来看看$\sqrt{2}$是一个无理数的四种证明方法吧!

1. 由尾数分析

假设$\sqrt{2}$是一个有理数,那么$\sqrt{2}$可以表示为一个有理分数的形式,设$\sqrt{2}=\frac{a}{b}$,其中 a 和 b 是互质的,且 a 与 b 都是正整数,$b\neq 0$. 把$\sqrt{2}=\frac{a}{b}$两边同时平方就可以推出 $a^2=2b^2$. 由于完全平方数 a^2 和 b^2 的尾数(即个位数)只能是 0、1、4、5、6、9 中的一个,因此 $2b^2$ 的尾数只能是 0、2、8 中的一个. 因为 $a^2=2b^2$,a^2 与 $2b^2$ 的尾数只能都是 0,则 b^2 的尾数只能是 0 或 5,所以 a 与 b 有公因数 5,这与 a 和 b 是互质的矛盾,因此$\sqrt{2}$是无理数.

2. 由奇偶判别

假设$\sqrt{2}=\frac{a}{b}$,其中 a 和 b 是互质的,且 a 与 b 都是正整数,$b\neq 0$,从上一种方法中我们分析得到 $a^2=2b^2$,在这个等式中,等式的右边一定是一个偶数,因而可以推出 a 是偶数,不妨设 $a=2c$,就可以推出 $4c^2=2b^2$,进而得到 $2c^2=b^2$,同理可知 b 也是偶数,因此 a、b 都是偶数,这与 a 和 b 是互质的矛盾,因此$\sqrt{2}$是无理数.

3. 由构图抉择

由前两种方法的分析中我们可以知道要证明$\sqrt{2}$是无理数,只需证明 $a^2=2b^2$ 没有正整数解. 假设 $a^2=2b^2$ 有正整数解,可以如图 10.11 所示,分别以 b、a 为边构造正方形($b<a$),因为 $a^2=2b^2$,所以图 10.11 中空白部分的面积等于中间黑色阴影部分的面积,它们都是正方形,这就找到了一组

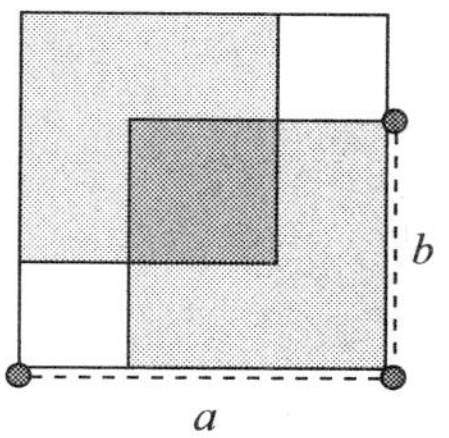

图 10.11

更小的正整数(a,b)满足$a^2=2b^2$.从观察中可以发现两个白色正方形的边长为$(a-b)$,可以通过分别连接两个正方形的对角线,计算得中间黑色正方形的边长为$\sqrt{2}(a-b)$.如图10.12所示,我们再分别以$(a-b)$和$\sqrt{2}(a-b)$为边长构造正方形.那么在图10.12中两个小黑色正方形的面积恰好等于中间的灰色正方形的面积.我们可以发现这个过程是可以重复无限地进行下去的,这就出现了矛盾,因此$\sqrt{2}$是无理数.

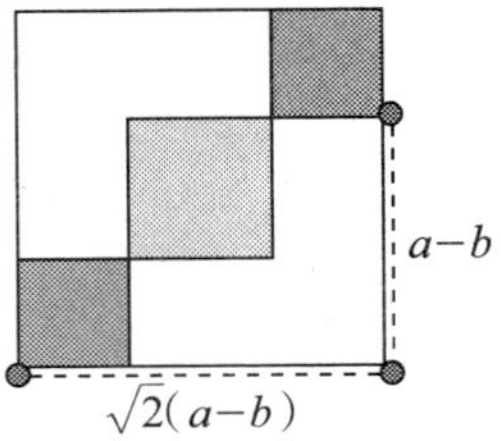

图10.12

4.由公度衡量

根据前面介绍的关于不可公度的知识,我们只需要证明$\sqrt{2}$与1是不可公度的.假设$\sqrt{2}$与1是可公度的,即存在线段AP使得正方形$ABCD$的对角线AC和边AB均为AP的正整数倍(图10.13).在线段AC上截取$CB_1=AB$,并在点B_1作AC的垂线交AB于点C_1,然后以AB_1为边向下作一个新的小正方形.如果连接CC_1,根据$\triangle AB_1C_1$为等腰直角三角形且$\text{Rt}\triangle BCC_1\cong\text{Rt}\triangle B_1CC_1$可以得到$BC_1=B_1C_1=AB_1$.又$AB_1=AC-B_1C=AC-BC$,$AC_1=AB-C_1B=AB-AB_1$,要证$AC$和$AB$是可公度的转化为证明$AC_1$和$AB_1$是可公度的.但是$AC_1$和$AB_1$分别是比原来那个正方形的一半还要小的正方形的对角线和边长,从而重复此过程我们总能得到一个正方形,其对角线AC_n和边AB_n是可用AP公度的,即AC_n和AB_n也是AP的整数倍,然而AC_n是无限缩小的正方形的对角线,此时应该有$AC_n<AP$,比较上式,得出矛盾,因而$\sqrt{2}$是无理数.

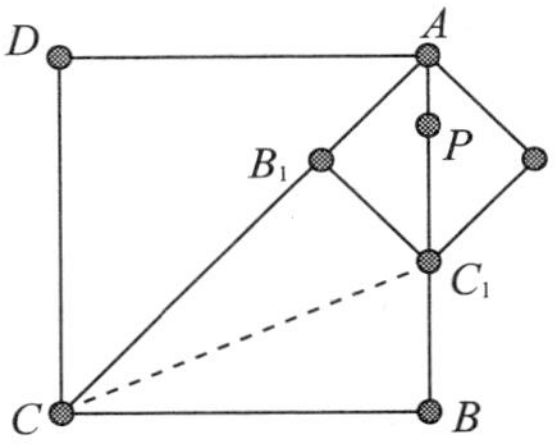

图10.13

想一想

聪明的你还能想到其他的证明方法吗?

无理数的拓展应用

在一支茎上，生长着一层一层的绿叶，绿叶是要进行光合作用为植物提供营养的，怎样使上层的叶子尽可能少地遮蔽下层的叶子，使阳光得到充分的利用呢？人们经过大量的观察和分析，发现了一个奥秘：原来叶子的分布规律和黄金数有着密切的关系. 设想如果叶子像图 10.14 那样分布，相邻的两层叶子叶尖所指的方向互相垂直，如果只有两层，上下可以错开，上面的叶子是挡不住阳光的，但如果层数多了上层的叶子就会挡住下层的阳光，这样就不利于叶子进行光合作用.

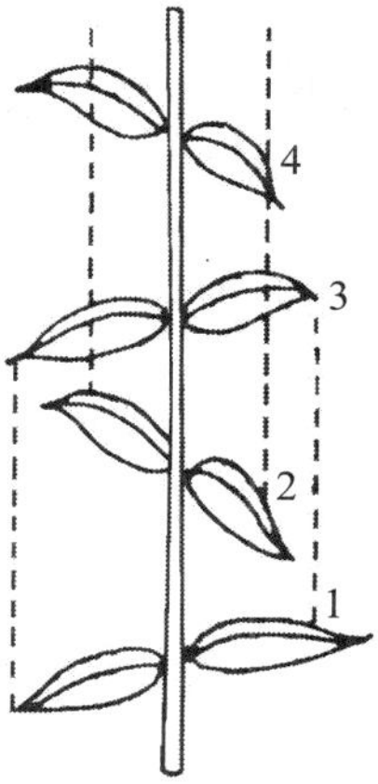

图 10.14

叶子是怎么长的呢？图 10.15 是从上向下俯视的示意图，每层叶子只画一个来代表，第一层和第二层之间，方向的角度大致是 137.5°，以后 2 到 3，3 到 4，4 到 5，5 到 6 大致都是这个度数，这样就可以比较均匀地把多层叶子铺开了. 137.5°这个数有什么特点呢？我们知道一圈是 360°，360°减去 137.5°等于 222.5°，而$\frac{137.5°}{222.5°}\approx 0.618$，即我们所了解的黄金分割比$\frac{\sqrt{5}-1}{2}$(此内容将在本书第 15 章中作详细介绍)，在植物的主茎上很多小枝的分布也是符合这个规律的. 黄金分割比这个无理数是不是也很奇特呢？

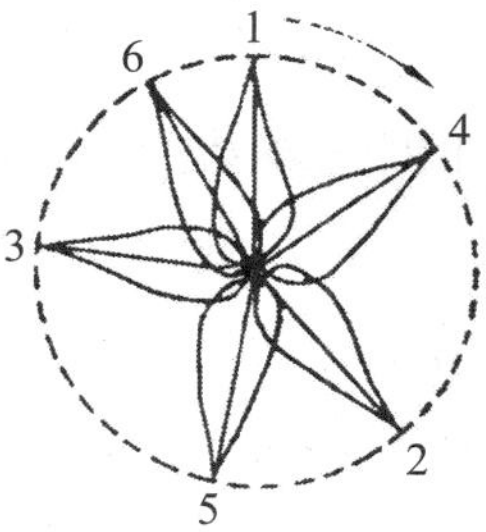

图 10.15

国际标准纸有三大类，分别是 A 号纸、B 号纸、C 号纸. 其中的 A 号纸应用得最为广泛.那么什么是A号纸呢？A号纸实际是一批大小不一的纸张，它后面携带的编号可以理解为相互对折的次数，而A4纸实际上就是A0纸第四次对折后得到的，所以给了它一个看上去学术而且直白的名字——A4. A号纸之间的关系如图10.16所示.

A0——841mm×1189mm
A1——594mm×841mm
A2——420mm×594mm
A3——297mm×420mm
A4——210mm×297mm
A5——148mm×210mm
A6——105mm×148mm
A7——74mm×105mm

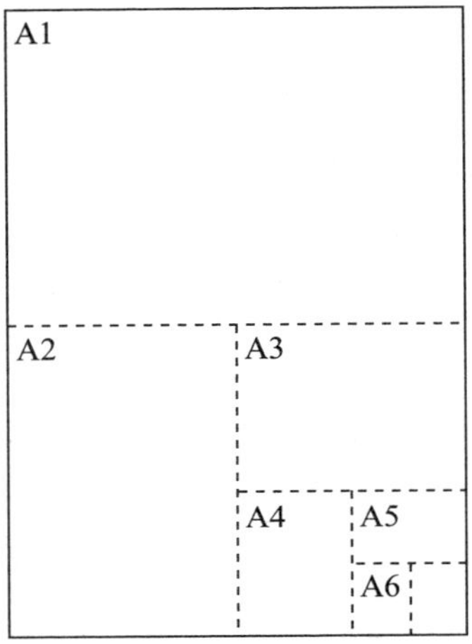

图10.16

从整套A号纸上来看，它的长和宽似乎遵循了某种比例，那么这个比例是多少呢？通过计算可以发现，A号纸的长与宽之比为$\sqrt{2}:1$，约为$1.414:1$.那么$1.414:1$的优势在哪里呢？以A0到A6这个区间来说，A0＝841mm×1189mm，其面积非常接近1平方米，不断将长边对折分割是不会改变原来的比例关系的，而且在大量的生产过程中不会造成任何的纸张浪费，所以说$\sqrt{2}:1$是最适合于标准化纸张型号的比例.

经典赏与练

【例1】 设边长为3的正方形的对角线长为a，下列关于a的四种说法：①a是无理数；②a可以用数轴上的一个点来表示；③$3<a<4$；④a是18的算术平方根. 其中，所有正确说法的序号是(　　).

A. ①②　　B. ③④

C. ①②④　　D. ①③④

解析:由勾股定理，得:$a^2=3^2+3^2$,即 $a^2=18$,故 ④ 正确;又由 $a^2=18$ 可得到 $a=3\sqrt{2}$,而 $3\sqrt{2}$ 是一个无理数,故 ① 正确;实数包括有理数和无理数,并且实数上的点和数轴是一一对应的,故 ② 正确;$3\sqrt{2}\approx 4.2$,故 ③ 错误. 综上所述,正确答案应为 C.

小试牛刀

1. 下列各数中,无理数有多少个?

$$3.14159,\frac{1}{2},0.131131113\cdots,-\pi,2,-\frac{12}{3}.$$

2. 已知直角三角形的两直角边的长度分别为 9cm 和 5cm,斜边长为 $a$cm.

(1) 估计 a 在哪两个整数之间;

(2) 如果把 a 的值精确到十分位,估计 a 的值.

第 11 章

闲来卧听风雨声　静思方程漫漫路

——走进一元二次方程

引子

古往今来，英雄人物都是文人笔下的“宠儿”. 诗人们喜欢通过描写英雄人物事迹来表达自己的志向，抒发自己的情感等，比如苏轼的古今绝唱——《念奴娇 · 赤壁怀古》. 在苏轼笔下，周瑜年少有为，文采风流，雄姿英发，谈笑间，樯橹灰飞烟灭，是值得我们仰慕的大英雄. 然而天妒英才，英年早逝，令人惋惜. 你能通过欣赏下面这首改编的诗歌，算出这位千古风流人物去世时的年龄吗？

大江东去浪淘尽，千古风流数人物.

而立之年督东吴，早逝英年两位数.

十位恰小个位三，个位平方与寿符.

哪位学子算得快，多少年华属周瑜？

一元二次方程的探索之旅

对于现在的我们来说，解一元二次方程自然是驾轻就熟，不在话下，但是你是否想过，一元二次方程是如何出现的呢？那时的人们又是怎样求解的呢？带着疑问，让我们开启一元二次方程的探索旅程，揭开一元二次方程的神秘面纱吧.

1. 追本溯源，几何之魅难掩

(1)文明先锋——古巴比伦

大约在公元前 3500 年，两河流域出现了美索不达米亚文明. 随后的 3000 多年中，这个区域先后建立了很多王国，其中最为著名的就是汉谟拉比在约公元前 1700 年建立的古巴比伦王国. 当时古巴比伦的文明是靠泥板书来记载的，后人解密这些泥板书时，发现在这些泥板书上已经出现了一元二次方程及其正确的解答过程. 例如在英国博物馆收藏的 13901 号古巴比伦泥板书上问题 1 的叙述：

"I added together the area and the side of my square. ($\frac{3}{4}$)"

用数学语言表达就是：$ax^2+bx=c;a=1,b=1,c=\frac{3}{4}$.

泥板书上给出的解题步骤如表 11.1 所示.

表 11.1　古巴比伦泥板书中问题 1 的解答

泥板书文字	公式
1	b
$\frac{1}{2}\cdot 1=\frac{1}{2}$	$\frac{b}{2}$
$\left(\frac{1}{2}\right)^2=\frac{1}{4}$	$\left(\frac{b}{2}\right)^2$
$\frac{1}{4}+\frac{3}{4}=1=1^2$	$\left(\frac{b}{2}\right)^2+c=z=(\sqrt{z})^2$
$1-\frac{1}{2}=\frac{1}{2}$	$\sqrt{z}-\frac{b}{2}=x$

由泥板书文字可知，早在公元前 19 世纪的古巴比伦人就已经发现了二次项系数为 1 的一元二次方程的求根公式. 而对于二次项系数不为 1 的方程，古巴比伦人在同一块泥板书上也留下了相应的文字，例如问题 14：

"The sum of my two squares is 1525. The side of one is two-thirds the length of the other, plus 5."

用数学语言表达：$x^2+y^2=1525, y=\frac{2}{3}x+5.$

即$\frac{13}{9}x^2+\frac{20}{3}x=1500.$

泥板书上给出的解题步骤如表 11.2 所示.

表 11.2　古巴比伦泥板书中问题 14 的解答

泥板书文字	公式
$1525-25=1500$	c
$1+\left(\frac{2}{3}\right)^2=\frac{13}{9}$	a
$\frac{2}{3}\cdot 5=\frac{10}{3}$	$\frac{b}{2}$
$\left(\frac{10}{3}\right)^2=\frac{100}{9}$	$\left(\frac{b}{2}\right)^2$
$\frac{100}{9}+\frac{6500}{3}=\left(\frac{140}{3}\right)^2$	$\left(\frac{b}{2}\right)^2+ac=z=(\sqrt{z})^2$
$\frac{140}{3}-\frac{10}{3}=\frac{130}{3}$	$\sqrt{z}-\frac{b}{2}=ax$
$\frac{9}{13}\cdot\frac{130}{3}=30$	$\frac{1}{a}\cdot ax=x$
$\frac{2}{3}\cdot 30=20$	$\frac{2}{3}x$
$20+5=25$	$\frac{2}{3}x+5=y$

古巴比伦的数学家们如此详尽地给出解题步骤，让人不禁折服于他们的智慧. 但同时也心存疑惑，在使用修辞代数的时代，他们究竟是如何获得解法的呢？没有代数符号，岂能有纯粹代数意义上的解题方法？从他们给出的步骤中我们可以推断，在面对一元二次方程的问题时，古巴比伦的数学家头脑中一定有一个十分直观的几何模型. 以问题 1 为例

(图 11.1)：将正方形与长为 1 的矩形合成一个大长方形，其面积为$\frac{3}{4}$；从这个长为 1 的矩形中割去一半，并移置于正方形的下方，得到矩尺形；最后补上一个边长为$\frac{1}{2}$的小正方形，得到一个大正方形，其面积为$\frac{3}{4}+\frac{1}{4}=1$；那么，大正方形的边长为 1，从而我们所求的原正方形的边长为$\frac{1}{2}$.

> **试一试**
> 你能给出问题 14 的几何证明过程吗？

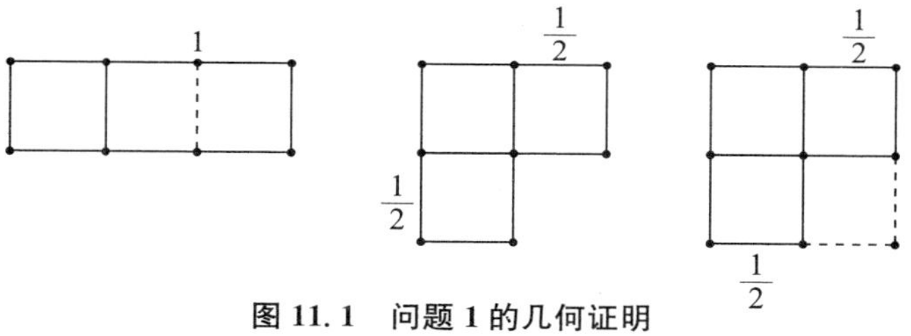

图 11.1　问题 1 的几何证明

(2)黄金时代——古希腊

从公元前 338 年古希腊诸邦被马其顿控制，至公元前 30 年罗马消灭最后一个希腊化国家托勒密王国的 300 余年，被历史学家称为古希腊数学的“黄金时代”. 这一时期古希腊数学的中心在亚历山大城. 亚历山大城是亚历山大大帝征服埃及后在地中海之滨建立的城市. 托勒密统治下的古希腊定都亚历山大城，并于公元前 300 年开始修建规模宏大的艺术宫和图书馆，提倡学术，罗致人才，使其成为古希腊文化的首府. 那里学者云集，先后出现了欧几里得、阿基米德、阿波罗尼奥斯三大数学家，他们的成就标志着古希腊数学的巅峰.

其中欧几里得是古希腊论证几何学的集大成者，他写过不少数学、天文、光学和音乐方面的著作. 在他的所有著作中，最重要的莫过于《几何原本》了. 在《几何原本》第Ⅱ卷中，他主要讨论了不同矩形和正方形的关系，多数可以用现代符号来解释. 这些命题形成了相对完整的结构，可以解释古巴比伦人解一元二次方程的标准步骤. 如：

【命题 1】 如果把一条线段既分成相等的线段，又分成不相等的线段，则由两个不相等的线段构成的矩形与两分点之间一段上的正方形和等于原来线段一半上的正方形.

该命题可表示为：$AD \cdot BD + CD^2 = AC^2$（图 11.2）.

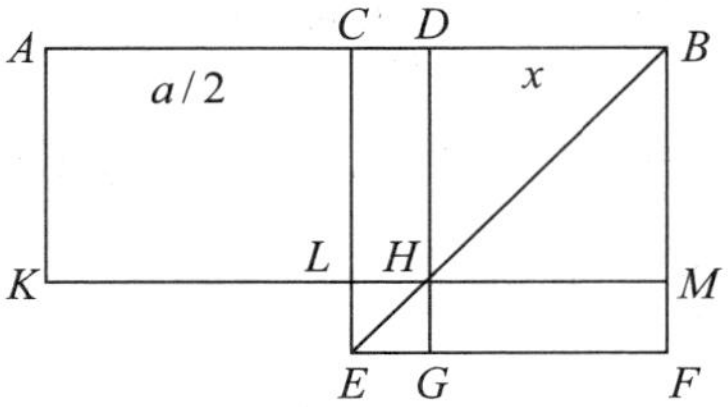

图 11.2 【命题 1】的几何模型

这个命题可以用来解决形如 $ax - x^2 = b$ 的一元二次方程. 此时只需设 $AB = a, BD = x, AD = a - x$，由该命题得 $(a-x)x + \left(\frac{a}{2} - x\right)^2 = \left(\frac{a}{2}\right)^2$. 通过代入 $(a-x)x = b$，有 $b + \left(\frac{a}{2} - x\right)^2 = \left(\frac{a}{2}\right)^2$，于是 $x = \frac{a}{2} - \sqrt{\left(\frac{a}{2}\right)^2 - b}$ 就是方程的解.

【命题 2】 如果平分一个线段并且在同一个线段上给它加上一个线段，则合成的线段与加上的线段构成的矩形及原线段一半上的正方形的和等于原线段一半与加上的线段的和上的正方形.

该命题可表示为：$AD \cdot BD + BC^2 = CD^2$（图 11.3）.

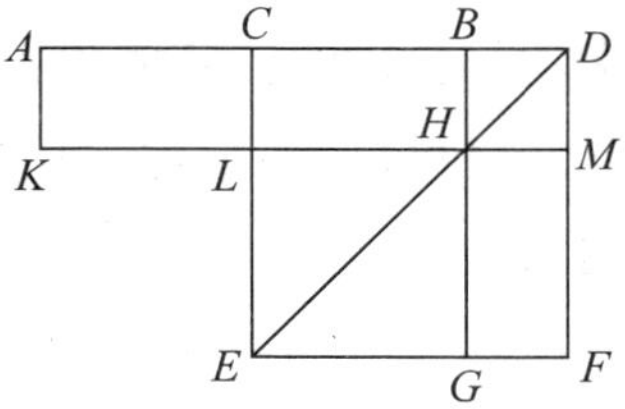

图 11.3 【命题 2】的几何模型

这个命题可以求解形如 $ax + x^2 = b$ 的一元二次方程. 令 $AB = a$, $BD = x$，则 $AD = a + x$，根据这个命题有 $(a+x)x + \left(\frac{a}{2}\right)^2 = \left(\frac{a}{2} + x\right)^2$.

代入$(a+x)x=b$，得到$b+\left(\frac{a}{2}\right)^2=\left(\frac{a}{2}+x\right)^2$，

于是$x=\sqrt{\left(\frac{a}{2}\right)^2+b}-\frac{a}{2}$.

试一试

你可以通过给出的几何模型，证明出命题 1 和命题 2 吗？

(3)匠心独运——中国古代

在中国古代，一元二次方程也是数学家们感兴趣的问题，《九章算术》《杨辉算法》等书中都有涉及.

3 世纪，我国出现了利用公式求一元二次方程的做法，三国时的赵爽对一元二次方程所做的贡献尤为突出. 赵爽在注释《周髀算经》时讨论了以下问题：已知长方形面积与长宽和，求长、宽. 他巧妙地应用了出入相补原理，已知长方形面积为 A，长宽和为 k，从直观的几何图形出发求解方程(图 11.4)：

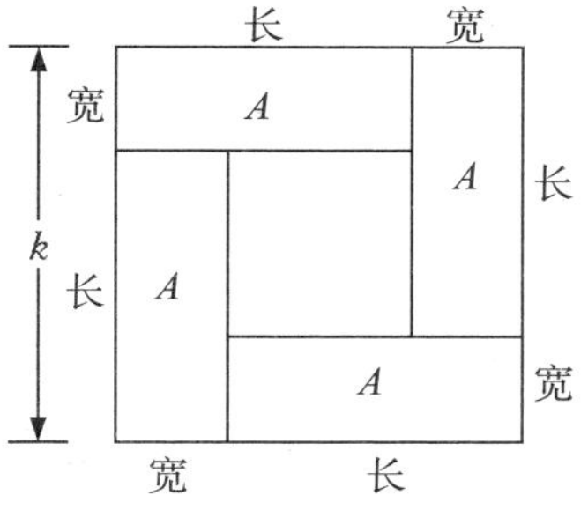

图 11.4　出入相补图

(1) 先构造一个边长为 k(长＋宽) 的正方形；

(2) 在其中构造一个面积为 A 的四个全等的长方形；

(3) 那么中间的正方形面积为 k^2-4A，边长即(长－宽)＝$\sqrt{k^2-4A}$；

(4) 从而宽＝$\frac{(长+宽)-(长-宽)}{2}$，即宽＝$\frac{k-\sqrt{k^2-4A}}{2}$，长＝$\frac{k+\sqrt{k^2-4A}}{2}$.

用现在的代数符号表示：设宽为 x，则 $x(k-x)=A$ 或 $-x^2+kx=$

A.解一元二次方程得 $x=\frac{k-\sqrt{k^2-4A}}{2}$.

值得一提的是,后来,聪明的程大位为了弘扬中国古算,将赵爽的这种解法以及推理过程改编成了一首有趣的诗歌《平方带纵歌》:

平方带纵法最奇,四倍积步不须疑.
纵多自乘加积步,又用开方法除之.
再以纵多并开积,折半方好长数施.
若问阔步知多少,将长减却纵多基.

如图 11.5 所示,诗歌中讲的是正方形内已知长方形的面积和长宽之差,求长方形长和宽公式的推导过程.由于这首诗歌给出的解法与赵爽的解法有异曲同工之妙,我们就不再赘述,感兴趣的读者可以自己尝试翻译一下.

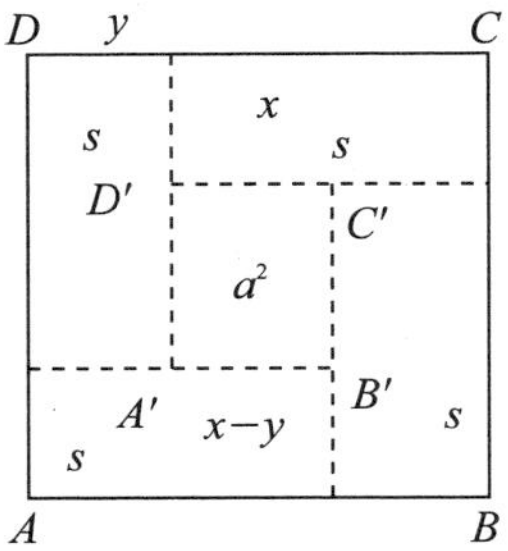

图 11.5　平方带纵图

总之,赵爽在 3 世纪就给出了一元二次方程的求根公式,比韦达早了 1000 多年.而程大位编出脍炙人口的诗歌,将赵爽的求根方法薪火相传,为更多人所知道,都让人击节赞叹!

通过这段历程可以看出,早期一元二次方程问题的求解是从几何角度出发的.在我国古代,一元二次方程问题起源于人们的实际生活,他们选择画图来解决这类问题,可谓别出心裁.比起我们现在所用的配方法,几何法千变万化,值得我们一探究竟.与此同时我们必须意识到:几何法也有遗憾之处,那就是它往往容易忽视负数解,这也解释了为什么早期人们探索一元二次方程解法时,往往只能得到正解的原因.

随着符号代数的不断进步,一元二次方程解法由几何向代数过渡是数学发展的必然规律.下面,让我们一起欣赏巧妙的代数法吧!

2. 方兴未艾,代数之妙尽显

(1)数学守护神

随着亚历山大学派的衰落,欧洲数学进入近一个世纪的冬眠期,阿拉伯数学家担负起了让数学复兴的使命,在很长的一段时间内充当数学守护神. 在阿拉伯数学家中不乏对一元二次方程展开深入研究的人，其中最为著名的就是 8 世纪的花拉子米(A. Khowarizmi，约 780—850). 花拉子米在其代表作《代数学》中比较完整地讨论了一元二次方程的一般原理及解法.

在书中，花拉子米给出了三个具体问题：

“问题 1：一个平方与它的根的十倍等于三十九迪拉姆(阿拉伯货币单位)，求平方.”即 $x^2+10x=39$.

“问题 2：平方与数字二十一的和等于同一个根的十倍.”即 $x^2+21=10x$.

“问题 3：根的三倍与简单数四的和等于一个平方.”即 $x^2=4+3x$.

对这三个问题，他都给出了文字解答和几何证明，这里我们给出问题 1 的具体解答，一起来感受花拉子米的过人智慧吧！

求方程 $x^2+10x=39$ 的根，花拉子米的解法是：“将根数折半，得五；自乘得二十五；加上三十九，得六十四；取它的根，得八；从中减去根数的一半，即五，差为三，即为所求的平方的根，其平方为九.”也就是：

$$x=\sqrt{\left(\frac{10}{2}\right)^2+39}-\frac{10}{2}=3.$$

> **想一想**
>
> 你能根据花拉子米的步骤给出这两种证明方法的一般表示形式吗？

花拉子米用几何法对上述解法做出证明，他的方法就是几何意义上的配方法. 第一种配方法如图 11.6 所示，第二种配方法如图 11.7 所示.

配方法一：

$$x^2+10x=39$$

$$\Rightarrow x^2+10x+4\times\left(\frac{5}{2}\right)^2=39+25$$

$$\Rightarrow (x+5)^2=64$$

$$\Rightarrow x=3.$$

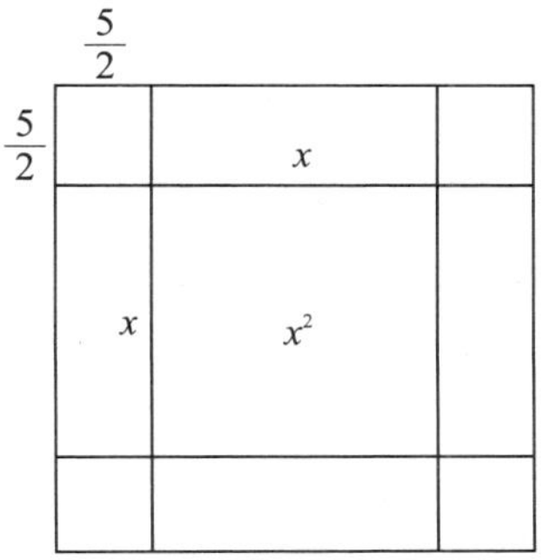

图 11.6　配方法的几何证明一

配方法二：

$$x^2+10x=39$$

$$\Rightarrow x^2+10x+\left(\frac{10}{2}\right)^2=39+25$$

$$\Rightarrow (x+5)^2=64$$

$$\Rightarrow x=3.$$

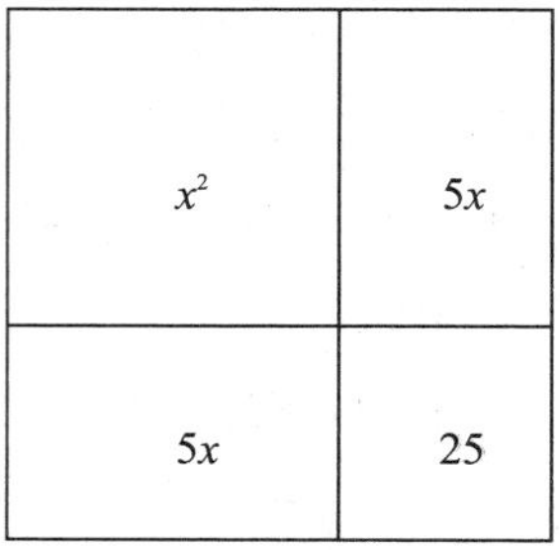

图 11.7　配方法的几何证明二

从花拉子米的解法中不难看出，他完全是从方程本身出发来作相关的几何图形，每个步骤都与解方程步骤对应，几何向代数的过渡在其中体现得淋漓尽致. 虽然证明方法是直观的几何法，但体现的却是代数思想.

(2)求根公式终定

历史上，一元二次方程的求根公式 $x=\frac{-b\pm\sqrt{b^2-4ac}}{2a}$ 又被称为"印度求根公式". 印度数学家给出了纯代数的方法，并且不再需要将二次项系数都化为 1.

7 世纪，婆罗摩笈多(Brahmagupta，598—660)设法解出了几个著名的丢番图方程，还首次解出了涉及负数的一元二次方程. 他认识到负数最频繁地出现在货币交易中，并把这样的数称为债务，依据同样的原理，他称正数为财富. 因此正数与负数相乘或者相除的规则被表述为："两份债务的乘积或者比率是一份财富；一份财富与一份债务的乘积或比率是一份债务."不过遗憾的是，尽管他认识到了负数的存在，但在解一元二次方程的时候还是舍去了负根，只求出了正根.

而在印度最为繁荣鼎盛的时期，婆什迦罗第二(BhaskaraII，1114—约 1185)从婆罗摩笈多手中接过研究一元二次方程的接力棒，对其进行更为深入地探讨. 婆什迦罗在婆罗摩笈多工作的基础上进行整合，给出了 $ax^2+bx=c(a\neq 0)$ 的求根公式：$\frac{-b\pm\sqrt{b^2+4ac}}{2a}$. 值得一提的是，在献给自己女儿的数学著作《丽拉瓦提》中，婆什迦罗用诗歌形式表达一元二次方程问题，生动优美，令人沉醉于此：

园内花开扑鼻香，诱得蜜蜂采蜜忙.
嘤嘤嗡嗡闹如市，熙熙攘攘数难详.
总数之半开平方，飞入花间把身藏.
又有总数九之八，徜徉园外戏春光.
一只雄蜂循香至，可怜身陷莲花旁.
一只雌蜂来救援，悲伤低回在花旁.
丽拉瓦提请教我，蜜蜂数目可只详?

一元二次方程求根公式的出现是方程发展史上的一座丰碑，它标志着人们对一元二次方程个别求解状态的结束，以其普遍性使得一元二次方程求根问题得到彻底解决.

(3)因式分解称奇

公式法早在公元前 19 世纪就为古巴比伦人所知，但因式分解法的出现却迟了整整 3500 年. 究其原因，这与方程的书写习惯不无关系. 17 世纪以前，人们不喜欢把方程写成一边等于零的形式，他们可以理解方程 $x^2=4x+12$，却无法理解 $x^2-4x-12=0$. 因此，因式分解法毫无用武之地. 但是，一旦将方程写成一边等于零的形式，因式分解法便应运而生了.

那么，数学家最初是如何想到因式分解法的呢?17 世纪英国数学家哈里奥特(T. Harriot，1560—1621) 在他的《实用分析》中提及一元二次方程. 他是先遇到了方程 $(x-b)(x+c)=0$，将左边展开得 $x^2-bx+cx-bc=0$，由此反过来想到用因式分解来解一元二次方程. 在笛卡尔所著的《几何学》中，也能够找到因式分解来源的痕迹. 笛卡尔将一元一次方程 $x-2=0$ 和 $x-3=0$ 相乘，得一元二次方程 $x^2-5x+6=0$，它的两个根为 2 和 3. 因式分解的出现方便了一元二次方程方程的求解.

让我们回到引子，为了算出英雄周瑜的年龄，不妨设周瑜去世时年龄的个位数字为 x，则十位数字为 $x-3$. 根据诗歌，得 $x^2=10(x-3)+x$，即 $x^2-11x+30=0$. 用因式分解法，我们可以快速地得到 $x_1=5$ 和 $x_2=6$. 当 $x=5$ 时，年龄为 25 岁，非而立之年，舍去；当 $x=6$ 时，年龄为 36 岁，因此我们可以知道周瑜这位千古风流人物是在 36 岁去世的.

正所谓纵横不过方圆，万变不离其宗，那些看起来和一元二次方程一般形式($ax^2+bx+c=0, a\neq 0$)相差十万八千里的方程其实质可能就是一元二次方程，比如看起来高大上的无理方程，听起来很厉害的双二次方程等. 接下来让我们一起领略一元二次方程的万般姿态吧！

1. 保护公众责任大，二元方程道真理

在犹太人民宗教法密码《塔木德》中有这样一个故事：一笔巨额罚款被强加到一位统领的头上，他不得不用小麦铺满底面积为 40×40 平方单位的谷仓. 这个不幸的人去找胡纳(Huna，97—212)征求他的建议，胡纳告诉他："说服他们分两部分从你那里取. 现在先给他们铺满底面积为 20×20 平方单位的小麦，过一段时间再给他们铺满另外 20×20 的部分，那么你将减少一半损失."显而易见，一个 40×40 的正方形面积为 1600 平方单位，而两个 20×20 的正方形面积加起来只有 800 平方单位. 在这里胡纳利用了古代常犯的一种错误：认为一个图形的面积完全取决于它的周长. 例如，希腊历史学家波里比乌斯(Polybius，前 207—前 125)告诉人们，周长为 48 视距的斯巴达，其容量可能是周长为 50 视距的麦加罗城的 2 倍. 但当时人们都不相信，甚至到了 5 世纪，某些城邦的成员仍习惯于欺骗他们的公民，所用的方法就是给这些公民相比自己周长较大而面积较小的土地. 更糟糕的是，这些恶棍使用这种方法竟赢得了慷慨的声誉.

让我们检查一下在解决这种周长和面积混淆时所要考虑的问题. 假定我们有一个周长 18 单位的长方形. 如果以 x 表示它的长，y 表示它的宽，有 $x+y=9$，进一步假定面积为 20 平方单位，即 $xy=20$. 那么可以得到含两个未知数的方程组：

$$\begin{cases} x+y=9, \\ xy=20. \end{cases}$$

解此问题的一个直接的方法，是将未知数 y 从第一个方程析出，得

到 $y=9-x$，并且将其代入第二个方程，得到 $x(9-x)=20$. 我们可以在古巴比伦的泥板书上找到很多类似的二元方程组，它们通过整理后可化为一元二次方程. 因此，我们推测为了保护公众不受规划土地的窃贼的伤害，尽责的古巴比伦数学家才将一元二次方程公之于众.

在感受到古巴比伦数学家们用心良苦的同时，我们还认识到了二元方程组化为一元二次方程的可能性.

2. 古印度难题比赛，无理方程来助兴

四大文明古国之一的古印度流传着一种特别的竞技，就是解答难题的公开比赛. 印度的一些数学教本往往以帮助争取这种智力问题比赛的优胜作为它的目的之一. 有这样一类教本，以散文形式写道："在这里写着规则，聪明的人能解出数千个问题，使太阳失去了光辉，星星失去了光彩，一些有名气的人在博学的人面前也显得渺小. 揭开这里的算术题吧！"

教本的题目是以诗的形式叙述的：

蜜　蜂

蜜蜂一大群，小部飞进枸杞丛；
要问有多少，总数一半平方根；
一只小蜜蜂，嗡嗡徘徊莲花旁；
被香花陷阱，单友呻吟所吸引；
大部随其后，全群的九分之八.

其大意是：有一些蜜蜂飞到了枸杞丛中，他们的数目相当于全体蜜蜂数一半的算术平方根；有一只蜜蜂在莲花周围飞来飞去，悲伤地听着一位掉进花丛中的朋友的哭诉；还有大部分蜜蜂紧紧跟在后面，数目相当于全体蜜蜂数的$\frac{8}{9}$. 问，这个蜂群一共有多少只蜜蜂？

根据题意不难得出：$\sqrt{\frac{x}{2}}+2+\frac{8x}{9}=x$. 乍一看这方程好像没有学过，但其实只要我们用 y 代替$\sqrt{\frac{x}{2}}$，就可以得到 $2y^2-9y-18=0$. 这不正是我们所熟悉的一元二次方程吗？不过在解方程时要注意的是，找出

$y>0$ 的解.

像这样$\sqrt{\frac{x}{2}}+2+\frac{8x}{9}=x$在根号下含有未知数的方程称为无理方程. 其实婆什迦罗在《丽拉瓦提》中给出了不少可化为一元二次方程的无理方程的实例,如:

试一试

你能解出天鹅数吗?

“一群天鹅,不知其数. 白云飘飘,其平方根之十倍数游往天鹅湖,八分之一部分飞往神山之森林,余下三对在莲叶田田的水中嬉戏. 亲爱的姑娘,请告诉我天鹅数.”

在古代这些已经称得上难题了,可对于现在的我们来说,这不过是一道只需要适当变换的解方程. 幻想一下如果有机会穿越回古代,你一定可以凭借所学的知识大放光彩,岂不美哉!

3. 脚尖之舞美如画,分式方程揭奥秘

芭蕾舞(图 11.8)是欧洲的古典舞蹈,孕育于意大利文艺复兴时期,17 世纪后半叶开始在法国发展流行并逐渐职业化,在革新中风靡世界. 对于芭蕾舞,我们并不陌生,在生活中或者电视上常可以见到芭蕾舞者的精彩演出. 她们欢畅淋漓的舞姿,优美娴熟的动作,千般娇姿,万般变化,似莲花绽放,给人不单是对美的愉悦、力的喝彩、生的赞叹,更是感化的激动、灵魂的洗礼和放飞.

图 11.8　芭蕾舞

你知道为什么芭蕾舞蹈会给人这样奇妙的感觉吗? 这是因为当人体的上身高度与下身高度的比和下身高度与身高的比相等时会让人感到非常协调。为了达到这一要求,芭蕾舞者常常需要穿特制的足尖鞋用脚趾尖端跳舞,所以也有人称之为脚尖舞. 这也解开了我们的疑惑：为什么芭蕾舞者总是踮着脚尖跳舞. 通过这个秘密我们或许可以参透评委是如何选模特的. 假设有一位身高为 2 米的选手，我们不妨设该模特的上半身为 x，得到当 x 满足 $\frac{x}{2-x}=\frac{2-x}{2}$ 时，模特会给人特别的美感. 在方程的两侧同乘 $2(2-x)$ 得到 $2x=(2-x)^2$，通过整理得 $x^2-6x+4=0$，是否又回到了我们所熟知的一元二次方程？

像 $\frac{x}{2-x}=\frac{2-x}{2}$ 这样分母含有未知数的方程称为分式方程，在分式方程两边同乘各分式的最简公分母后，约分可将其化为整式方程. 而我们不难看出有些分式方程可以化为一元二次方程. 而这所谓的秘密就是我们所熟知的黄金比例，这在后面的章节中会有专门介绍，这里就不再赘述.

分式方程应用广泛，而斐波那契对分式方程的研究更是透彻入骨. 在他的惊世著作《计算之书》中，他通过分 10 问题和分钱问题系统地阐述了分式方程，并且给出了不同类型的解法，感兴趣的你可以查阅相关书籍.

一元二次方程的变式精彩纷呈，远不止这些，但是只要我们认真对待，无论它怎么变，都逃不过我们的火眼金睛！

一元二次方程的拓展应用

1. 诗中品方程

数学是人类智慧的结晶，在冰冷的数学公式后面是火热的人文感情，数学意境一旦与人文意境相通，就会让人觉得数学不再如高岭之花般遥不可及，而是接地气的，平易近人的. 现在随我们去品味诗歌，感受一元二次方程碰上诗歌擦出的火花吧！

争荡秋千(西江月)

平地秋千来起,踏板离地一尺①.
送行二步②与人齐,五尺人高曾记.
仕女佳人争蹴,终朝笑语欢嬉.
良工高士素好奇,算出所长有几?

——程大位《算法统宗》

注释:①古时 1 丈=10 尺,1 尺=10 寸;②这里以后 1 步=5 尺.

其大意是:当秋千静止时,秋千上的踏板离地有 1 尺高,如将秋千的踏板往前推动两步(10 尺)时,踏板就和人一样高,已知这个人身高是 5 尺.美丽的姑娘和才子们每天都来争荡秋千,欢声笑语终日都不断.好奇的能工巧匠能算出这秋千的绳索长是多少吗?

程大位用朴素自然的语言渲染出了一幅古代少男少女们荡秋千欢乐嬉戏的生活画面,给人新颖别致的感觉.通过词意的窗口,我们仿佛看到古代浓郁的乡土气息和时代的风貌,引人遐想,韵味无穷.由此可见,当方程碰上诗歌,冰与火的碰撞亦可以有别样的精彩.接着让我们成为好奇的能工巧匠,算一算绳索长度吧.

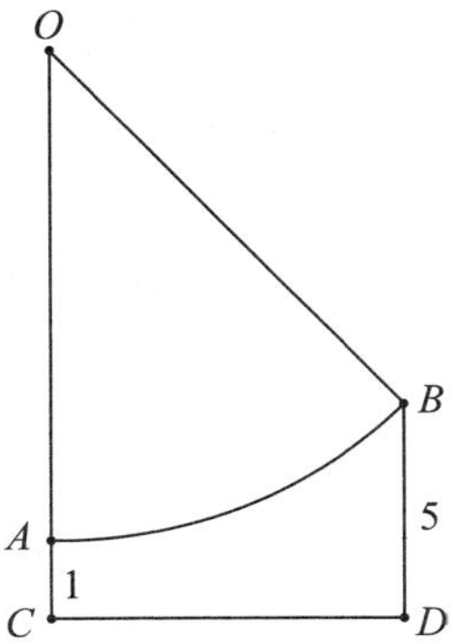

图 11.9

假设秋千的绳索长始终保持直线状态(图 11.9),设 OA 是秋千绳静止的位置,A 是板,CD 是地面,点 B 是推动后板的位置,弧 AB 为板移动的轨迹.已知 $AC=1$(尺),人高 $BD=5$(尺).

如图 11.10,设绳长 $OA=OB=x$,过点 B 作 $BE\perp OA$ 交 OC 于点 E,显然有 $CD=BE=10$(尺),$AE=5-1=4$,$OE=x-4$.

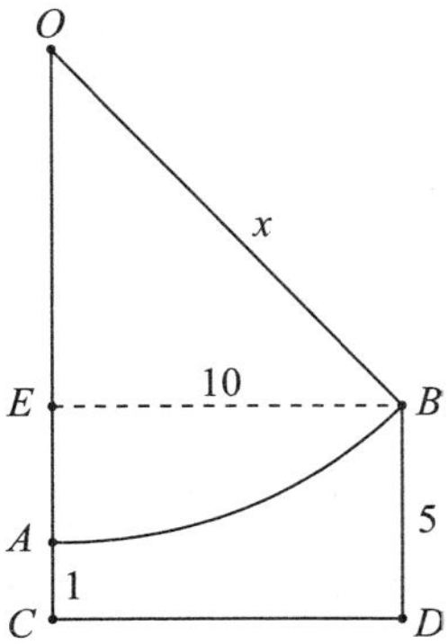

图 11.10

在 Rt$\triangle OEB$ 中,由勾股定理得:$OB^2=OE^2+BE^2$.

即 $x^2=(x-4)^2+10^2$,

解得:绳长 $x=14.5$(尺),

杆长 $CO = CA + AO = 15.5$(尺).

其实，在程大位的《算法统宗》里有很多关于方程以及方程解法的诗歌，当你去翻阅时，你一定会被程大位的聪明所折服. 程大位自幼酷爱数学，青年时代就漫游吴楚、遍访名师、广交益友、磋切数学，收集了大量散佚民间的古代数学书籍，苦读穷研. 晚年他隐居乡间，潜心著书立说，1592 年，他已年近花甲，终写出惊世杰作《算法统宗》十七卷.

2. 漫画趣味方程

漫画是一种艺术形式，它常用幽默诙谐的画面来描绘生活中发生的事. 图 11.11 就用漫画形式让方程题变得生动趣味了. 漫画中医生通过一元二次方程根的判别式 Δ，可以判断这个方程根的情况，即回答孕妇的问题，这相当于给孕妇的孩子(一元二次方程)做“B 超”. 也就是说，关于 x 的一元二次方程 $ax^2 + bx + c = 0(a \neq 0)$：

图 11.11 漫画《方程 B 超单》

当 $b^2 - 4ac > 0$，方程有两个不相等的实数根；

当 $b^2 - 4ac = 0$，方程有两个相等的实数根；

当 $b^2 - 4ac < 0$，方程没有实数根.

反之，通过一元二次方程根的情况，也可以知道方程判别式的情况. 因此，巧用一元二次方程的判别式这一“B 超单”，能快速简捷地处理一元二次方程中涉及根的情况的问题.

通过探索之旅部分，我们可以看出一元二次方程起源于实际问题，古代解一元二次方程最常见的方法是几何法，它是解一元二次方程的本源方法，而且形式多样. 正如华罗庚曾说："数形本是相依偎，焉能分作两边飞."我们在学习一元二次方程的过程中也不能忽略数形结合这一重要的数学思想.

1. 抛物线 $y=x^2$ 解一元二次方程

用平面几何解 $x^2+bx+c=0$ 的一般方法为：先在平面直角坐标系画出抛物线 $y=x^2+bx+c$，再确定抛物线与 x 轴的交点. 值得注意的是，我们可以应用标准抛物线 $y=x^2$ 来解上述方程. 在同一坐标系中画出抛物线 $y=x^2$ 和直线 $y=-bx-c$，然后找出它们的交点，交点的横坐标即是方程的根.

如图 11.12 所示，就是用这个方法来求解 $x^2-x-6=0$.

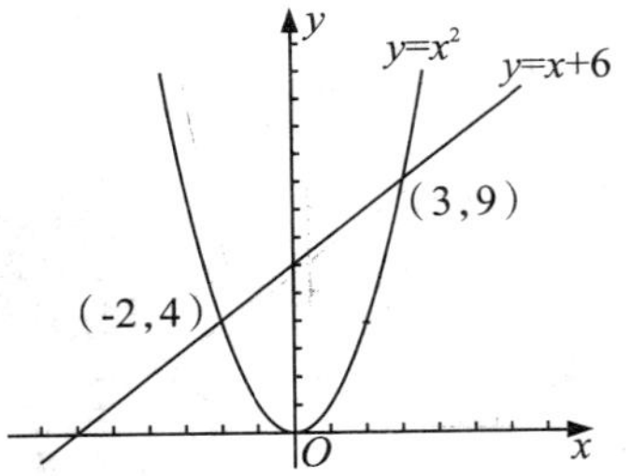

图 11.12

2. 等轴双曲线 $xy=1$ 解一元二次方程

1980 年美国数学家舒尔茨(Schultz)出版的《图形代数》一书中介绍了使用等轴双曲线 $xy=1$ 来解一元二次方程的方法.

在方程 $ax^2+bx+c=0$ 中，我们做代换 $x=\frac{1}{y}$，有 $a\frac{x}{y}+b\frac{1}{y}+c=0$ 或者 $ax+cy=-b$，再考虑 $ax+cy=-b$，$x=\frac{1}{y}$，作两者的图形，交汇处的横坐标就是 $ax^2+bx+c=0$ 的根. 我们一起用这个方法来求解 $x^2-x-6=0$. 如图 11.13

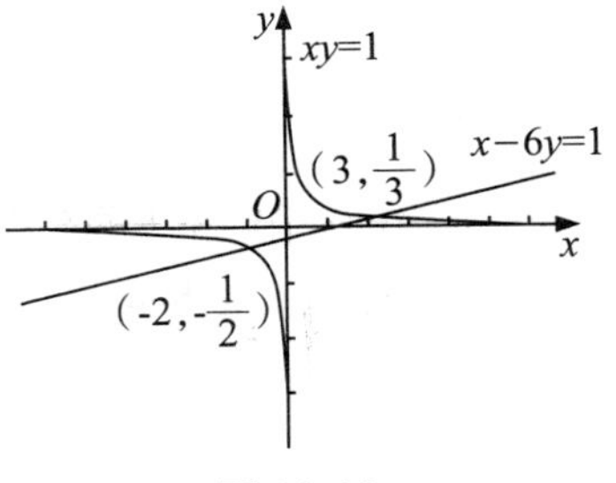

图 11.13

所示，等轴双曲线 $xy=1$ 和直线 $x-6y=1$ 交点的横坐标，即为一元二次方程解.

经典赏与练

【例 1】 在某市组织的大型商业演出活动中，对团体购买门票实行优惠，决定在原定票基础上每张降价 80 元，这样按原定票价需花费 6000 元购买的门票张数，现在只花费了 4800 元.

(1)求每张门票的原定票价；

(2)根据实际情况，活动组织单位决定对于个人购票也采取优惠措施，原定票价经过连续两次降价后为 324 元，求平均每次降价的百分率。

解析：(1)题中共有两组数量关系：第一组数量关系为票价的关系，设每张门票的原定票价为 x 元，降价后为 $(x-80)$ 元；第二组数量关系为门票的张数保持不变的关系.

(2)掌握增长率公式.

答案：(1) 解：设每张门票的原定票价为 x 元.

由题意得 $\frac{6000}{x}=\frac{4800}{x-80}$，

解得 $x=400$.

经检验 $x=400$ 是原方程的解.

答：每张门票的原定票价为 400 元一张.

(2) 解：设平均每次降价的百分率为 y.

由题意得 $400(1-y)^2=324$，

解得 $y_1=0.1$，$y_2=1.9$(不合题意，舍去).

答：平均每次降价 10%.

【例 2】 已知关于 x 的一元二次方程 $x^2+(2k+1)x+k^2=0$① 有两个不相等的实数根.

(1) 求 k 的取值范围；

(2) 设方程 ① 的两实数根分别为 x_1 和 x_2，当 $k=1$ 时，求 ${x_1}^2+{x_2}^2$ 的值.

解析:(1) 由方程有两个不相等的实数根知 $\Delta > 0$,列不等式求解.

(2) 将 $k=1$ 代入方程,由韦达定理得出 $x_1x_2=1, x_1+x_2=-3$,代入到要求的 $x_1^2+x_2^2$ 可得.

答案:(1) 解:因为方程有两个不相等的实数根,

$$\Delta=(2k+1)^2-4k^2=4k+1>0,$$

解得 $k>-\dfrac{1}{4}$.

(2) 解:当 $k=1$ 时,$x^2+3x+1=0$.

因为 $x_1x_2=1, x_1+x_2=-3$,

所以 $x_1^2+x_2^2=(x_1+x_2)^2-2x_1x_2=7$.

小试牛刀

1. 公园有一块正方形的空地,后来从这块空地上划出部分区域栽种鲜花(图 11.14),原空地一边减少了 1m,另一边减少了 2m,剩余空地的面积为 18m^2,求原正方形空地的边长.设原正方形的空地的边长为 xm,则可列方程为(　　).

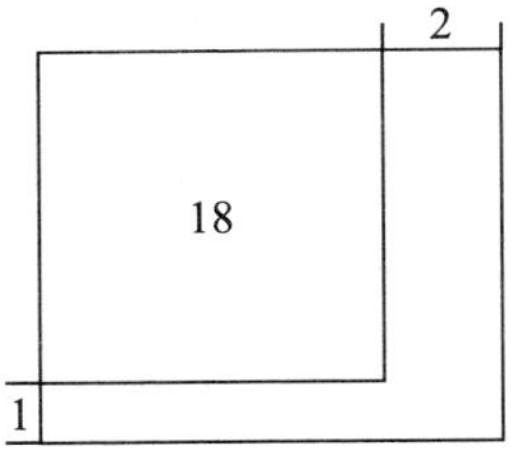

图 11.14

A. $(x+1)(x+2)=18$　　B. $x^2-3x+16=0$

C. $(x-1)(x-2)=18$　　D. $x^2+3x+16=0$

2. 已知实数 m 和 n 满足 $3m^2+6m-5=0, 3n^2+6n-5=0$,且 $m\neq n$,则 $\dfrac{n}{m}+\dfrac{m}{n}=$ ________.

3. 据报道,安徽省农作物秸秆的资源巨大,但合理利用量十分有限,2016 年的利用率只有 30%,大部分秸秆被直接焚烧了.假定安徽省每年产出的农作物秸秆总量不变,且合理利用量的增长率相同,要使 2018 年的利用率提高到 60%,求每年的增长率.($\sqrt{2}$取 1.41)

第 12 章

圆承千年古今喜　寄思寻用美中求

——走进圆的世界

引子

面对大千世界，人类总会因为各种各样的问题而不断去探索. 我们为宇宙的浩瀚而震撼，为粒子的轻小之微而吃惊，同样也为大千世界事物的千奇百怪兴奋不已. 各种各样的问题吸引着我们去思考. 但有时对身边一些寻常之事，却熟视无睹. 例如，走在马路上一不小心就会踩到一个圆形的下水道井盖，你是理所当然地踏过井盖继续前进，还是停下脚步开始疑惑：为什么踩到的是圆形的井盖，而不是方形的呢？

其实生活中很多寻常事物的存在都有其不寻常的意义，而圆形井盖正是因为有它无可代替的优势才得以在众多形状的井盖中脱颖而出(图 12.1). 圆的直径是相同的，井盖直径只要大于井口直径，无论何种原因被颠起，井盖都不会掉到井里. 相反，倘若井盖是方形的，可以发现方形井盖对角线的长度比它的边长要长，所以井盖受到颠簸就有可能掉下去，这样十分危险！

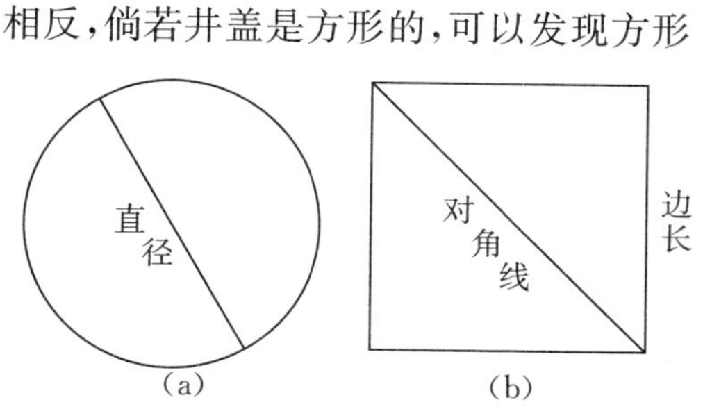

图 12.1　井盖形状分析图

这只是圆形井盖的一个优点，其实将井盖设计成圆形还有其他好处. 比如，圆形井洞便于施工人员检修，圆柱形井道更能承受周围环境的压力，圆形井盖便于滚动，移动起来会更方便. 除此之外，有些城市将市花印在井盖上，不仅给人一种视觉美感还提醒你要热爱家乡呢！

圆的神奇之处

圆无处不在，硬币、车轮、植物茎的横截面等都呈圆形. 人类与大自然在某些方面都选择了圆，这中间自有道理. 从古至今，圆一直受到人们的钟爱，古人用圆月寄托情怀——“大漠孤烟直，长河落日圆”；古埃及人认为圆是神赐予的；古希腊毕达哥拉斯学派也认为“一切立体图形中最美的图形是球形，一切平面图形中最美的图形是圆形”. 现代学者钱锺书云：“窃尝谓形之浑简完备，无过于圆. ”而黑格尔更有“以哲学比圆”之说，可见古今中外人们对圆赞赏有加！

奇妙的圆形融动、静于一身. 从动的角度来看，大至宇宙，小至粒子，圆可看成车轮之恒转，无始无终，无穷无尽；圆也可以看成从某一起点出发的动点，与另一定点保持一定距离，运动一周之后又回到起点的轨迹，有始有终. 因此圆集无限与有限于一身. 从静的角度来看，圆虽只有一个对称中心，但对称轴有无数条. 其形状增之显多，缺之嫌少，无论增减都将失其完美. 无论处在哪个位置，圆都具有同一的形状，给人一种匀称、稳定、和谐的美感.

1. 古人识圆

圆是一个看似简单，实则对人类有着深远影响的图形. 它如同万有引力的存在，只等被人发现与应用. 古代人最早是从太阳、满月得到圆的概念的，直到现在仍用日、月来形容一些圆的东西，如月琴、日月贝、太阳珊瑚等(图 12.2、图 12.3).

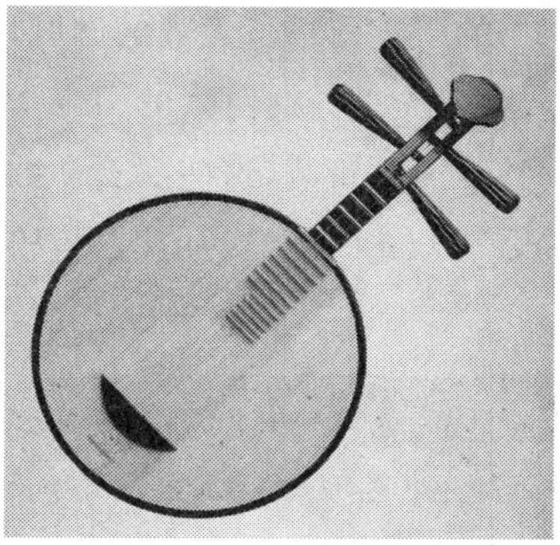

图 12.2 月琴

图 12.3 日月贝

在发现圆的特征和性质之前，人们还不能轻易地制作圆，即使制作出来，也不是规则的圆.世界上最早的不规则的圆大约是在 18000 年前出现的，山顶洞人(图 12.4)在兽牙、石砾、石珠上用一种尖状的石器来钻孔，一面钻不透再从另一面钻，石器的尖是圆心，它的宽度的一半就是半径，以同一个半径和圆心不停地转就钻出了一个圆形的孔(图 12.5).

图 12.4 山顶洞人

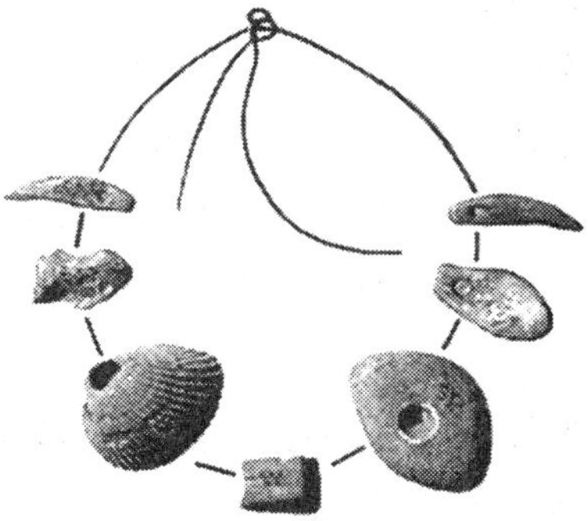

图 12.5 石砾上的圆

2. 圆之应用

(1)滚筒发明

古埃及最大的金字塔建成于公元前 2680 年左右，底面正方形的边长为 230 米，塔高 147 米.修建这个宏伟的建筑耗费了 20 年.这是一个何等了不起的工程.若干世纪以来，这个神秘的建筑留下了无数的谜题，很多学者都在思考这样一个问题：古埃及人是怎样把如此巨大的金字塔建造起来的？这个金字塔由数千块重达数吨的巨石筑成，这些巨石多数是从几十千米以外的地方运送过来的，在没有铁路和拖车的情况下，古埃及人是怎样运送巨石到目的地？

图 12.6　滚筒载物

事实上，在运送过程中古埃及人应用了滚筒（图 12.6）.滚筒的原理非常简单，找几株直径大致相同的笔直树干，把它们平行放到地面上，然后把重型物体放到树干上推动物体.树干向前滚动时物体也会随之向前移动，这比直接在地面上拖动物体省力得多.在地面上直接拖动物体，如果地面不平滑，物体与地面的摩擦力会很大，拖动起来相当费力，而滚筒刚好克服了这一困难.可想而知在那个没有车轮的年代滚筒起到了多大的作用啊！

我们知道树干之所以可以前后滚动，正是因为它的横截面是圆形的，倘若换成其他形状，都不可能顺利完成运输工作.在古埃及，人们对圆或许没有充分的了解，但却知道圆柱形树干便于滚动，那时的树木不难找到，他们借助自然的力量完成了这项伟大的工程.或许这也是古埃及人对圆崇拜的一个原因.

(2)滑轮发明

在平地上运输物资时，滚筒非常有用，但是当我们垂直提升重物时，就需要更复杂的器械.杠杆可以提供相当大的便利，但是只能使物体移动很短的距离，螺旋千斤顶和液压起重机功能很强大，但是需要很高的制造工艺，古代人没有如此先进的思想和技术.可是他们经常有垂直提升重物的需求，比如雅典卫城的巴特农神庙（图 12.7），横跨在柱子顶上的巨石每块重达 9 吨，离地 10～11 米高. 这些巨石正是用滑轮组运上去的.

图 12.7 巴特农神庙

滑轮(图 12.8)其实是滚筒的“变种”，将滚筒原理稍加修改就应用到滑轮上了. 世界上恐怕没有比圆形物体更容易转动的了，而滑轮的形状必定是圆形. 圆形滑轮的中心受到支撑，整体可以围绕中心转动，一根绳子绕在滑轮上，绳子始终与滑轮的一部分圆周保持接触，提升重物就可借助滑轮的转动大大提高工作效率. 时至今日，滑轮原理仍被使用中，而圆在其中起着无可替代的作用.

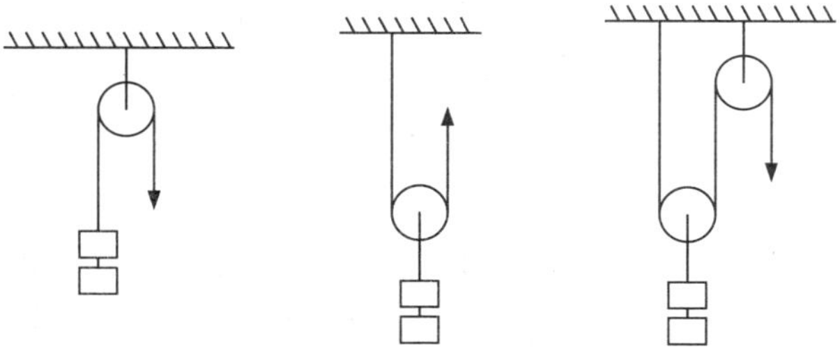

(a)定滑轮　(b)动滑轮　(c)滑轮组

图 12.8 三种滑轮

(3)轮子发明

在人类文明发展史上，轮子的发明几乎可以与火的使用相提并论. 而圆对于轮子的发明有着特殊的意义. 轮子的发展始于圆，而车的发展始于轮子，从笨拙的马车到轻便的汽车，历史如车轮般滚滚向前.

与滚筒相比，轮子具有更大的优势，它大大减轻了人们搬运滚筒的辛劳. 据说世界上最早的轮子是历史上两河流域(底格里斯河和幼发拉底河中下游)的苏美尔人发明的，后来人们将圆形木轮固定在木架上，这就成了最初的车子. 事实上在文明史的多数时期内，轮子的应用并不普遍，并不是因为轮子没有被发明，而是因为在实际应用中轮子也有不可靠的时候. 比如印加文明时人们已经掌握了相当发达的技术，却也仅仅在玩具中使用轮子，其原因在于轮子的轴承不够完美. 就算轮子本身不是很圆，问题也不大，它照样可以在路上跑. 但轴承是个关键部位，它必须非常圆，否则整体构件的使用寿命就会大大降低.

没有任何事情是可以难住智慧的人类，轮子最终也必将被普遍使用. 随着时代的进步，人们使用轮子的欲望越来越强，要求也越来越高，这就促使他们对轴承不断进行改进.

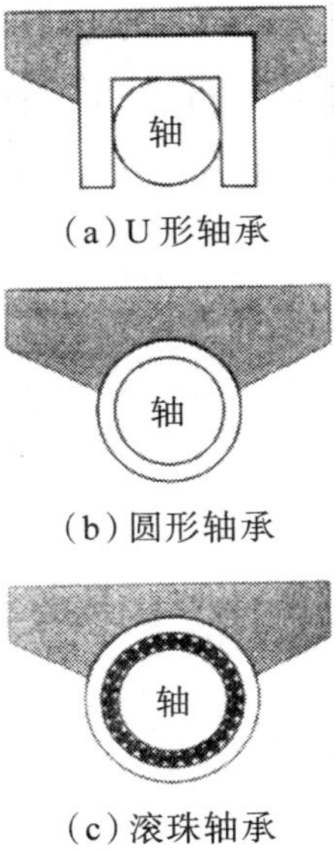

图 12.9　轴承的改进

轮子与滚筒的根本区别在于，轮子是被固定在轮轴上，所载货物与轮轴前进的距离相同，这是轮子的使用原理. 轮轴的功能是支撑车体. 车体与轮轴接触的部位称为“轴承”. 最早的轴承是 U 形轴承，如图 12.9(a) 所示，其结构非常简单. 这种设计在允许轮轴转动的同时带动车体与轮轴同步前进. 此轴承的特点是接触面积小而摩擦力大. 但对于轻型慢速货车来说，这种结构已经可以满足要求了.

圆形轴承是对 U 形轴承的改进. 如图 12.9(b) 所示，轴承环绕轮轴，这种设计使得轴承与轮轴的接触面积最大化，从而使局部材料的磨损最小化. 圆形轴承的另一个好处是可以在轴承和轮轴之间添加润滑剂，润滑剂不会像在 U 形轴承中那样直接漏下去. 圆形轴承要求轮轴和轴承都非常圆，这意味着需要相当高的加工工艺. 直到中世纪后期，人类才掌握简单而高效地制造圆形轮轴的技艺. 古埃及和古罗马的战车曾采用圆形轮轴，但是工艺很粗糙，所以只能短距离承载轻物.

19 世纪后期，人类发明了高速发动机，此时圆形轴承已经不能满足人们的需要. 即使是最精密的圆形轴承，在润滑之后依然无法适应高速旋转. 轮轴很快会因摩擦发热而被损坏. 因此要把轴承的摩擦降到最低，人们想到了减小接触面的方法. 在这种情况下滚珠轴承应运而生. 如图

12.9(c)所示，在滚珠轴承中，一组钢制的小球(或圆柱)被嵌在一个环绕轮轴的槽(这个槽称为“轴承套”或“座圈”)里，滚珠轴承虽然不能完全消除摩擦，但是可以很大程度上减少摩擦. 当然还需要润滑油来保护一下. 如果滚珠轴承中欠缺润滑油，就会发出刺耳的声音. 此外，滚珠轴承需要相当高的制造工艺，同样要求在制造过程中使用极其精密的制造工具.

(4)记里鼓车

中国是世界上最早使用车的国家之一. 关于中国古代车的起源，主要有三种说法：第一种说法“黄帝造车”，在刘熙《释名》中：“黄帝造车故号轩辕氏.”第二种说法是“吉光作车”，吉光作车只零星散落于一些文献，并不具代表性，而且很多文献都提到车是由他和他的父亲奚仲共同制作的. 由此便有了第三种说法，即“奚仲作车”. 此说法在各种文献上出现得最多，时间最早，影响也最为深远. 但无论哪种说法，都可证实车在中国的使用是历史悠久的. 我国古人勤于钻研，不满足用车载运货物或者出行代步，他们继续研究发明了战车、司南车、记里鼓车等各具用途的车辆.

记里鼓车(图 12.10)是中国古代用于计算行驶里程的车，它能自动记载里程，堪称是古代的“计程车”. 晋代崔豹《古今注》记载：“大章车，所以识道里也，起于西京，亦曰记里车. 车上为二层，皆有木人，行一里，下层击鼓，行十里，上层击鐲. 《尚方故事》有作车法.”

记里鼓车的基本原理是根据已知车轮的直径，便可求车轮的圆周长，由此便可以算出每走一里车轮要转多少圈，这个数也是恒定不变的. 因此只要能够自动把车轮的转数积累下来，然后除以每一里路对应的转数就可以得到行驶的里程了.

图 12.10　记里鼓车

记里鼓车的记程功能是由齿轮系完成的.车中有一套减速齿轮系始终与车轮同时转动,其最末一只齿轮轴在车行一里时正好回转一周,车子下层的木人受到凸轮牵动,由绳索拉起木人手臂击鼓一次,以示里程.至于“十里击镯”的记程,这一原理与现代汽车上里程表的原理相似.记里鼓车的创造可谓是近代里程表、减速器发明的先驱,也是科学技术史上的一项重要贡献.

3.定义出世

在遥远的古代,圆一直以一种神秘的身份隐藏于事物中,在人们心中与现实生活中占据着重要的地位,但人们对这个无比喜爱的形状却难以描述.在中国古代史上,墨子是最早给圆下了精确定义的学者.2000多年前墨子在《墨子·经上》给出圆的定义:“圆,一中同长也.”意思是说:“圆有一个圆心,圆心到圆周的长都相等.”这与近代数学中圆的定义是完全一致的,即“对中心一点等距离的点的轨迹”.墨子是中国历史上第一个从理性高度对待数学问题的人,他给出了一系列数学概念的命题与定义,这些命题与定义都具有高度的抽象性和严密性.

西方最早提到圆的是欧几里得的《几何原本》,其中是这样描述的:“圆是由一条线围成的平面图形,其内有一点与这条线上的点连接成的所有线段都相等,而且把这个点叫作圆心.”可见墨子关于圆的定义与欧几里得几何学中对圆的定义基本上是一致的,而墨子对圆的定义却比欧几里得给圆的定义大约要早100年.

宋代文学家苏东坡和秦观是好友.一天,苏东坡去秦观家,碰巧秦观外出游玩,等了很久不见他回来,于是便留了一张纸条离开了.秦观回来看到纸条后,趁游兴未尽,便挥笔写下即兴之作,命人送到苏家.苏东坡看后,连声称赞.秦观之作妙在何处,大家一起来欣赏吧!

图12.11 回环诗图

秦观所写的是一首回环诗.如图12.11所

示，这首回环诗实际上只有 14 个字，围成一个圆圈. 读出来有四句，每句有 7 个字. 按顺时针方向连读圆圈上的字，每句诗由 7 个相邻字组成. 第一句从圆圈下部偏左的“赏”字开始读；然后跳过两个字从“去”沿着圆圈顺时针方向开始读第二句；再往下跳过三个字，从“酒”开始读第三句；再往下跳过两个字，从“醒”开始读第四句. 四句连读，就是一首好诗：

赏　花

赏花归去马如飞，
去马如飞酒力微.
酒力微醒时已暮，
醒时已暮赏花归.

这四句读下来，我们眼前会出现这样一幅画面：姹紫嫣红的花，蹄声笃笃的马，颤颤巍巍的人，暮色苍茫的天. 如果继续顺时针方向往下跳过三个字，就回到“赏”字，又可以重新欣赏诗句了.

找一找

中国古代类似这样的回环诗有很多，试着找找其他的回环诗吧？

生活中的圆圈，在数学上叫作圆周. 一个圆周的长度是有限的，但是沿着圆周却能一圈又一圈地继续走下去，周而复始，永无止境. 回环诗把诗句排列在圆周上，前句的后半部分，兼作后句的前半部分，用数学的循环来增强文学的趣味，用数学美衬托文学美，岂不妙哉！

罗马诗人维吉尔(Vergil)对于建造伽太基城有这样一个描述，其中短短几十字，却包含了一个伟大的故事，平凡的字句中充满了无限的赞美和钦佩，大赞这个获得牛皮城的智慧. 描绘如下：

他们来到那里，
正乃你而今看到的新迦太基，
它的城墙高筑、城堡壮美，日臻伟奇；
他们购进的土地今名巴撒，

乃为建城而作成交易；
至于“哈特”一词，
正得名于黛朵这笔土地交易；
他们竟用一张公牛皮，
围成那么大的一片土地.

黛朵(Dido)是出身于泰尔城(今黎巴嫩)的腓尼基族公主，她的丈夫被其兄弟毕格梅林(Pygmalion)国王残忍杀害，于是黛朵带着她的子民乘船逃离泰尔.大约在公元前900年，黛朵抵达非洲西海岸，她想向当地首领——努米底亚的贾培斯(Jarbas)国王购买土地，以使他们安顿下来并建造家乡(图12.12).经协商双方达成协议:黛朵女王获得仅能用一张公牛皮围成的那么大的土地.此时的黛朵只能接受这个苛刻的协议，但是她却充分利用智慧走出了窘境.她并没有把公牛皮直接铺到地上，而是让人把牛皮切割成狭窄的皮带，并把皮带连接起来，然后利用海岸线作为边界，尽可能地拉成一个最大的半圆，于是获得了一块相当大的半圆形土地.黛朵在那儿建立了迦太基城.今天，那里还保存着迦太基城的古迹呢!

图12.12　黛朵女王购买土地

我们来思考一下，假设地面是完全平的，则可以想象黛朵解决了这样的数学问题："在给定长度的所有闭合曲线中，确定哪一条所围成的内部区域面积最大."我们足可推断，黛朵找到了正确答案：那就是圆. 再来看中世纪欧洲一些用城墙围起来的城市地图（图 12.13），我们发现这一结论在那个时期已经被广泛应用了.

图 12.13　中世纪的巴黎地图

圆的拓展应用

1. 头与脚之争

相信很多人都看过《小王子》（图 12.14）. 故事中的主人公小王子独自住在一个只比他大一点的星球上，在没有离开星球前他最大的乐趣就是坐在星球的赤道上看日出. 当太阳落山后，小王子就会走到赤道的另一端坐下继续看日出，如此只要围着星球赤道走，一天中就可以看到很多次日出. 在心疼小王子的同时，你有没有思考过这样一个问题：假设小王子的身高是 1.2 米，当小王子围绕星球走一周，头顶与脚底哪个经过的路程更远？远多少米呢？

图 12.14　小王子和他的星球

首先可以确定的是一定是头顶比脚底经过的路程远，那远了多少米呢？让我们一起来算一下吧！

假设星球的半径是 R，小王子的身高是 1.2 米. 如图 12.15 所示，这样，脚底经过的路程是 $2\pi R$，而头顶经过的路程就是 $2\pi(R+1.2)$，所以小王子的头顶和脚底经过的路程差是：

$$2\pi(R+1.2)-2\pi R=2\pi\times1.2\approx7.5(\text{米}).$$

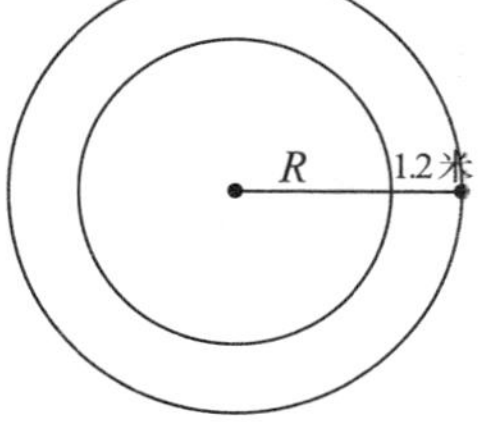

图 12.15

由此我们知道，小王子每绕星球走一圈他的头顶就比脚底多“走”了 7.5 米. 有意思的是，我们发现这个结果也就是距离差与星球的半径无关，只与小王子的身高有关. 那是因为小王子的头顶与脚底的路程轨迹刚好是两个同心圆，两个同心圆的周长之差只跟它们的半径差有关系. 也就是说，不管小王子是绕自己小小的星球走一圈，还是绕我们大大的地球走一圈，头顶经过的路程比脚底经过的路程多出的结果是一样的. 如果把地球轨道半径增加一毫米，那么地球周长的增加值与把一枚 5 分钱硬币的半径增加 1 毫米硬币周长的增加值完全一样，是不是觉得有点不可思议.

2. 一米藏玄机

我们知道小王子身边还有一只可爱的红色小狐狸，这个小狐狸机灵懂事，总能救主人于危难之中. 一天，自大狂挟持了小王子，并说道："在地球的赤道上我围了一根铁丝，如果你能从地球与铁丝之间穿过，我就放了你的王子."小狐狸想了想说："我可以答应你，不过我最近吃胖了，你得把铁丝延长一米才行."自大狂想了想："就延长一米，没啥影响."于是就答应了小狐狸. 聪明的小狐狸能否救出小王子？延长的这一米有何玄机吗？

你们可能都会不解，觉得小狐狸的要求简直就是白费力气. 因为赤道的长度是 4000 万米，铁丝延长一米跟赤道的半径比起来差远了，这个间隙肯定比一根头发丝还要细，小狐狸是不可能穿过去的.

事实并非如此，虽然地球半径很大，但铁丝与地球之间的距离，就类似于小王子的身高，与地球半径无关，实则只跟铁丝的周长有关. 这也正是小狐狸提出此要求的原因. 延长 1 米(100 厘米)以后的铁丝与地球之间的距离如下：

$$\frac{100}{2\pi}\approx 16(\text{厘米}).$$

16 厘米对于人类来说可能有点困难，但是对于这个小狐狸来说，就不在话下了，可见小狐狸还是个数学小能手呢！

3. 比萨的秘密

如今人们出去消费总是会被商家各种各样的营销策略所迷惑，稍不小心就有可能掉进陷阱. 比萨店里有这样一个优惠政策：为感谢新老顾客，本店将直径为 9 寸(1 寸≈3.33 厘米)的比萨换成两个直径为 5 寸的比萨，但价格不变. 你觉得真的优惠了吗？

相信多数人都会被尺寸所迷惑，两个 5 寸的比萨比原来多了 1 寸，一定是划算了，而比萨的实际面积却被忽略了. 其实仔细算一下，答案并不难揭晓. 根据圆的面积公式 $S=\pi r^2$(π 取 3.14) 得出：

$$S_{9\text{寸}}=3.14\times 4.5^2=63.585(\text{平方寸}),$$

$$S_{5\text{寸}}=3.14\times 2.5^2=19.625(\text{平方寸}),$$

$$2S_{5寸} = 2 \times 19.625 = 39.25(平方寸).$$

经过细算我们发现，两个 5 寸的比萨要比一个 9 寸比萨小得多，就算是三个 5 寸比萨仍不划算. 由此看来，所谓的优惠却是更贵了. 生活中这样的陷阱有很多，我们要勤动脑，不要让知识形同虚设，学以致用方为学习的真正目的.

哲学是一个民族和国家思想文化的核心和基础.《周易》是中国哲学的正宗，是中华传统文化的源头活水，几千年来被推崇为群经之首，大道之源.《周易》也是中国文化史上唯一一本被儒家和道家共同尊奉的书，儒家尊之为“六经之首”，道家奉之为“三玄之一”.

图 12.16　阴阳鱼图

《周易》的哲学观念是建立在天地万物均在不断变化、运动不止、生生不息的特性之上的. 在《周易》中，太极是化生万物的本原，也是世界万物运转的象征，更是生命追求的极致境界. 从周易太极图看，“阴阳鱼”(图 12.16)呈首尾相接的圆形旋转，以圆包裹阴阳. 阳自阴极处生，阴自阳极处生. 阴中有阳，阳中有阴，二者相互制约，相互渗透. 太极本无形，但却含有化生万物之能. 它由一团混沌之气始，动而生阳，静而生阴，阴阳二气相摩相荡，于是推动阴阳变动，在发展中逐渐产生新质，万物由此生焉.

也就是说，太极大圆乃一切生命之源. 苏轼曾说：“著有无穷之变，故其德圆，而象知来之神.”朱熹在《太极图说解》中说：“圆者，无极而太极也.”王夫之则说得更明确：“太极，大圆者也.”圆，无止境的旋转运动，显得玄妙神奇.

自《周易》问世以来，这种圆道观就成为中国传统文化中主要的观念之一. 它认为万物都在永恒地做周而复始的圆周运动，任何自然现象和社会事物的发生、发展和灭亡都在这样一种圆周运动中进行. 太极作为圆之美的最高体现,直接影响到古人对宇宙时空的认识方式,形成了传统的圆形思维. 圆形思维以一种整体、运动、变化的观点来看问题,将宇宙看成一个包容着动静、阴阳、虚实,刚柔等矛盾因素的"大圆".

圆是中国人所崇尚与追求的,时下在中秋,国人追求人的团圆、家的团圆、国的团圆. 除夕夜的"团圆饭"、元宵节的"汤圆"、中秋节的"团圆月饼"都离不开一个"圆"字. 又因圆特有的融合性与连续性等特质,逐渐累积、沉淀,使得人们在生活的方方面面都向往着趋于"圆合",达到一种圆满无缺的东方智慧的境界.

中国人喜欢喝茶,沏一壶浓茶,执一把团扇(图 12.17、图 12.18),品的是儒雅,执的是情怀.

图 12.17　茶道文化

图 12.18　团扇

优雅别致的古代建筑,宏伟高大的现代建筑(图 12.19、图 12.20),都因为圆而完美得无可挑剔.

图 12.19　月门

图 12.20　广州圆大厦

砚台之情藏笔下，笔过之处墨香留. 福字之爱藏圆中，贴于墙上住心头(图 12.21、图 12.22). 可见，圆自始至终受到人们的青睐呢!

图 12.21　圆形砚台

图 12.22　圆形贴花

圆的观赏价值，在很多时候甚至高于本身用途，或许正是因为其精神内涵的承载，使圆的寓意越发朦胧而神秘，也越发润入自然.

经典赏与练

【例 1】　“圆材埋壁”是我国古代著名数学著作《九章算术》中的一个问题：“今在圆材，埋在壁中，不知大小. 以锯锯之，深一寸，锯道长一尺，问径几何?”用现在的数学语言表述是：“如图 12.23 所示，CD 为 $\odot O$ 的直径，弦 $AB \perp CD$，垂足为点 E，$CE = 1$ 寸，$AB = 10$ 寸，求直径 CD 的长.”依题意，CD 长为(　　).

A. $\dfrac{25}{2}$寸

B. 13 寸

C. 25 寸

D. 26 寸

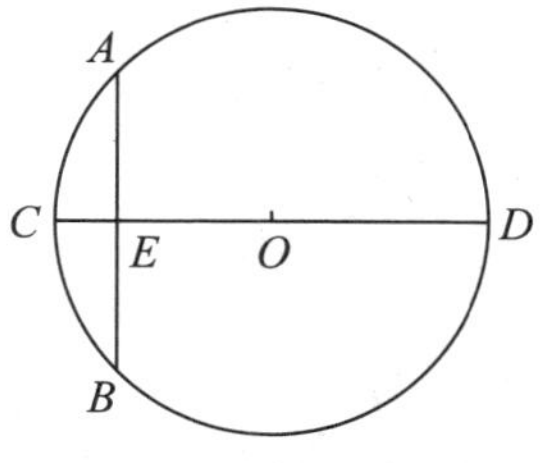

图 12.23

解析：如图 12.24 所示，连接 OA.

$\because CD$ 是 $\odot O$ 的直径，弦 $AB \perp CD$ 于点 E，

$\therefore AE = BE = \dfrac{1}{2}AB$.

又 $\because AB = 10$ 寸，$\therefore AE = 5$ 寸.

$\because CE = 1$ 寸，$OA = OC$，

$\therefore OE = OC - CE = OA - 1$.

设圆的半径为 x 寸，在 Rt$\triangle AEO$ 中，$\angle AEO = 90^\circ$，

则 $AE^2 + OE^2 = OA^2$.

即 $25 + (OA - 1)^2 = OA^2$，

$\therefore 2OA = 26$，即 CD 的长为 26 寸.

故选 D.

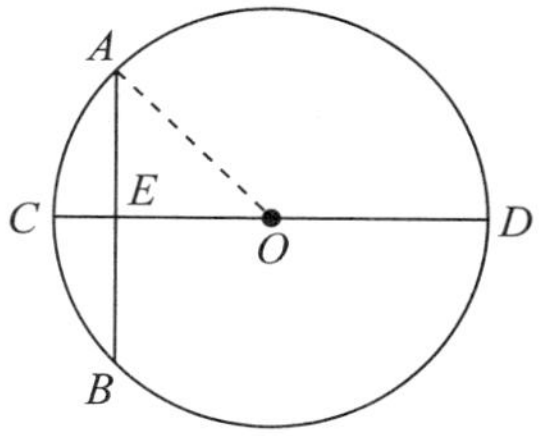

图 12.24

【例 2】 如图 12.25 所示，两个等圆 $\odot O$ 和 $\odot O'$ 的两条切线 OA、OB，A、B 是切点，则 $\angle AOB$ 等于（　　）.

A. 30°　　B. 45°

C. 60°　　D. 90°

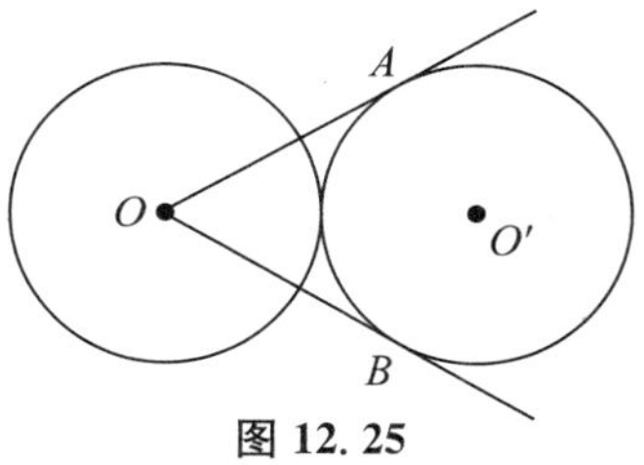

图 12.25

解析：如图 12.26 所示，

连接 OO'、$O'A$ 和 $O'B$，

根据切线的性质得：

$O'A \perp OA$，

根据题意得：

$OO' = 2O'A$，

则 $\angle AOO' = 30^\circ$，

再根据切线长定理得：

$\angle AOB = 2\angle AOO' = 60^\circ$

故选 C.

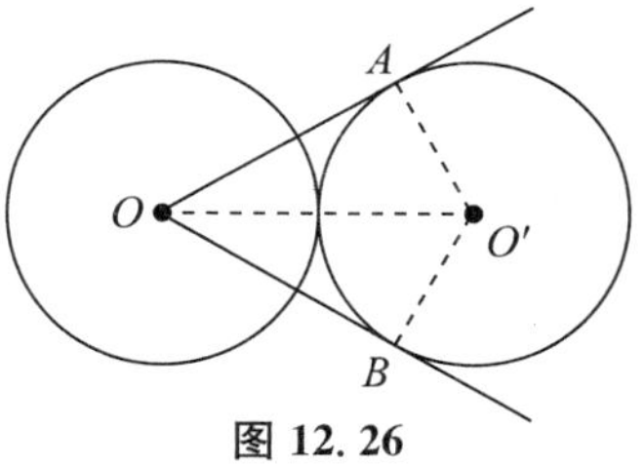

图 12.26

小试牛刀

1. 在我国明代数学家吴敬所著的《九章算法比类大全》中，有这样一道数学名题，其内容如下：

一段环田径不知，二周相并最幽微，

一百六十不差池，一亩皆知无零积，

只要贤家仔细推，三般可以见端的.

其大意是：有一段圆环田的直径不知是多少，已知内外圆周长之和等于160步，圆环的面积为1亩(240平方步)．只要有能力的人仔细推演，环田直径及内外圆周等三项便可知．你能否应用现代方法求解出答案？(π取3)

2．在梅榖成《增删算法统宗》中存有一首特殊的《西江月》，这是一首有趣的数学诗，此诗由明代程大位所写，其诗如下：

今有方田一块，中间有个池塘．
步量田地可耕犁，十亩无零在记．
方至池边有数，每边十步无疑．
外方池径果能知，到处芳名迹你．

其大意是：有正方形田一块，其正中有一圆形水池，测得水池以外的可耕地面积，恰好是10亩地．圆池的边到正方形田的每边的最近距离都是10步，如果你能求出正方形的边长和圆池的直径，那么处处将留下你的芳名．你能否求出呢？(240平方步为1亩，π取3计算)

第 13 章

描摹万象得神韵　圆周之率算古今

——品味 π 的神奇之旅

引子

名侦探柯南用他聪明睿智的头脑侦破了许多离奇的案件，带我们走进了“柳暗花明又一村”的侦探世界. 你知道吗？一个神奇的数字也可以拨开重重迷雾，揪出杀人真凶呢！

法国数学家伽罗瓦（Evariste Galois，1811—1832，图 13.1）和鲁柏是非常要好的朋友，家境相对较好的鲁柏经常接济伽罗瓦. 伽罗瓦因为言论激进以“反政府罪”被第二次关进监狱，他出狱之后打算去找鲁柏借宿，到了鲁柏的公寓门口，看门女人告诉他：“鲁柏前两天被杀害了，家里给他寄来的钱财也被洗劫一空.”伽罗瓦询问凶手是否找到，有没有留下什么线索. 看门女人说：“当时鲁柏手里紧紧捏着还没吃完的半个苹果馅饼，这栋公寓住的人很多，警察暂时还没有找到杀人凶手.”随后伽罗瓦请求看门女人带他上楼看一看，上楼时看门女人告诉伽罗瓦案发前她一直都在值班室，没有外人进入. 当他们走到 3 楼 314 房间门口时，伽罗瓦突然问道

图 13.1　伽罗瓦

这个房间住的是谁.看门女人说:"是米赛尔,他爱赌钱,好喝酒,昨天已经搬走了.""这个米赛尔就是凶手!"伽罗瓦肯定地说.看门女人非常吃惊,伽罗瓦分析道:"鲁柏手里未吃完的馅饼就是一条线索,馅饼的英语读音[par],在希腊语中就是圆周率 π 的谐音,人们在计算时常取 π 的值为 3.14,鲁柏是一位非常喜欢数学并且善于思考的人,临死前他想到要利用现成的物品来暗示杀人凶手所在的房间号码是 314,所以他便紧紧捏住馅饼不放."随后警察根据这个线索很快找到了杀害鲁柏的凶手——米赛尔.

原来一个小小的数字可以有这么大的用处!这个神奇的 π 从哪里来,还有哪些奇特的地方,它又要到哪里去呢?快来,让我们坐上时光机,一起去探索吧!

圆周率 π 的探索之旅

中国是世界四大文明古国之一,拥有着上下五千年的文明历史,积累了极其丰厚的文化遗产.在历史的长河中,数学无疑是一颗非常耀眼的明珠,承载着古人艰辛的探索与辉煌的成就.在我国,圆周率的历史可以追溯到 2000 年前最早的古算书《周髀算经》,这本书在周公与商高的问答中就出现了"周三径一"的说法,其意思是:直径为 1 时,圆周长为 3,此时圆周率 π 的值为 3.一直到《九章算术》中都取 $\pi=3$,后人称之为"古率".但是古率的误差比较大,随着社会的发展,数学家们通过各种测量和计算不断地精确圆周率的值,他们的成果不仅仅代表了历史上某个时期我国数学发展的状况,更犹如一条五彩斑斓的丝绸,连接着圆周率发展的盛世之路.

1. 与刘徽结识

刘徽(约 225—295),魏晋时期伟大的数学家,中国古典数学理论的奠基人之一.刘徽思维敏捷又聪明好学,在数学上有很多成就,其著作

《九章算术注》和《海岛算经》均是中国数学史上非常宝贵的遗产. 相传刘徽在孩提时代就对圆月有着特殊的感情，他对圆的痴迷使他终于在《周髀算经》的“圆一径三”中受到启发，他认为“古率”为 3 所计算出的圆的周长及面积与它们的真实值相比较小. 经过不断探寻，他将机械方法与极限思想应用于近似计算，第一次提出计算圆周率的科学方法——割圆术，开启了中国圆周率探索之路的新篇章.

刘徽在《九章算术》方田章“圆田术”注中写道：“割之弥细，所以弥少，割之又割，以至于不可割，则与圆合体，而无所失矣.”用朴素的极限语言概括了他的割圆术思想. 其方法依据是：从圆内接正多边形和圆外切正多边形的面积来考虑，如半径为 1 的圆，从图 13.2(a)中我们可以非常直观地看出圆的面积一定夹在圆内接正多边形和圆外切正多边形的面积之间，只要当多边形的边数 n 逐渐增大时，圆内接正多边形的面积就会逐渐增大，圆外切正多边形的面积则逐渐减小，此时圆的面积 π 的值就可以达到任意需要的精度.

刘徽首先从最简单的圆的内接正六边形开始进行割圆，如图 13.2(b)，记 $A(6)$ 为圆内接正六边形的面积，$\bar{A}(6)$ 为圆外切正六边形面积. 显然有：$A(6) < \pi < \bar{A}(6)$.

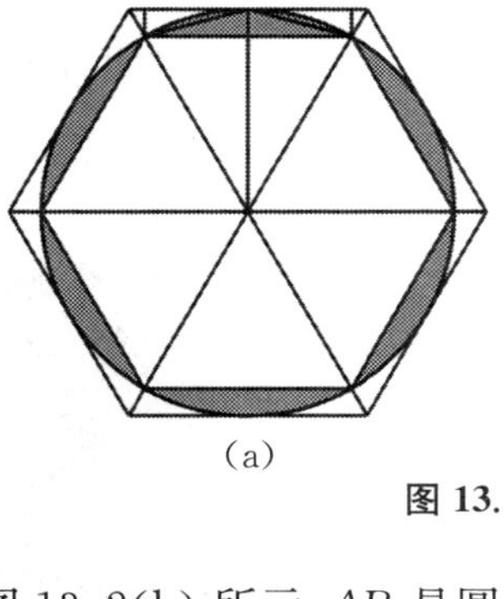

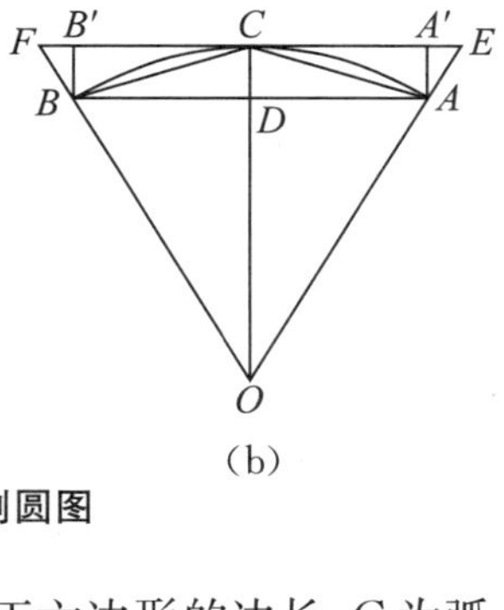

图 13.2　割圆图

如图 13.2(b) 所示，AB 是圆内接正六边形的边长，C 为弧 AB 的中点，则 AC、BC 为圆内接正十二边形的边长(其中 $AC = BC$)，由三角形面积可得：

$$6 \cdot S_{\triangle OAB} < \pi < 6 \cdot S_{\triangle OEF}.$$

聪明的你从图中就可以看出这样的关系：

$$6 \cdot S_{\triangle OEF} > 6 \cdot (S_{\triangle OAB} + S_{矩形A'ABB'}) = 6 \cdot [2S_{\triangle OAC} + (2S_{\triangle OAC} - S_{\triangle OAB})],$$

即上式等于：

$$A(12) + [A(12) - A(6)] = 2A(12) - A(6) > \pi,$$

于是综上可得：

$$A(6) < \pi < 2A(12) - A(6).$$

那么，一般形式可以表示为：

$$A(n) < \pi < 2A(2n) - A(n).\ (n \text{ 为} \geqslant 3 \text{ 的整数})$$

经过不懈努力，刘徽用正 192 边形求得了圆周率 π 的取值范围：$3.141024 < \pi < 3.142704$，这是多么值得庆祝的事情啊！但是一向精益求精的刘徽对这个结果仍然不是很满意，于是最终用正 3072 边形求得 $\pi \approx 3.14159$，精确到小数点后 5 位，这在当时是一个非常了不起的成果. 刘徽所创立的这种计算方法，避免了计算圆外切正多边形的面积，只需要计算圆内接正多边形的面积，这样就减少了很多计算. 更值得一提的是，刘徽采用比圆外切正多边形的面积还要小的图形面积来计算 π 的值，使得计算的结果更加精确. 刘徽的这一创举为后人对圆周率的探索开辟了一条新思路，我们必须要为之赞叹.

2. 与祖冲之畅谈

一提到大名鼎鼎的祖冲之(429—500，图 13.3)，那可真是无人不知. 他是南北朝时期一位杰出的科学家、数学家，同时在其他方面也颇有造诣，比如他在机械制造方面重造了指南车，改进了水碓磨；在文学方面，著有小说《述异记》十卷. 你可千万不要以为这位古人只喜欢研究数学和文字游戏，在音乐方面，他还精通“钟律”，独步一时呢！

图 13.3　祖冲之

祖家世世代代都对天文历法很有研究，这就使得祖冲之从小就对数学和天文学很感兴趣，他学习了许多古代资料并借鉴了前人成果，更难能可贵的是聪明勤奋的祖冲之绝不“虚推古人”，他始终保持着批判精神．例如在研究圆周率这件事情上，祖冲之首先肯定了前人刘徽所创造的割圆术思想，认为这是一项伟大的创举，并称赞他的功劳，同时他又认为刘徽所计算出来的结果还不够精确，于是又进行进一步计算，最终将 π 的值精确到小数点后第 7 位，得出 $3.1415926<\pi<3.1415927$．这样的精确值在欧洲直到 16 世纪才得到，我们中国足足领先了 11 个世纪，这是多么值得骄傲的事情啊！大家可千万不要低估了这个数据，要计算出这样的结果，其计算量是非常大的，更何况在当时计算工具简陋的情况下，祖冲之是用算筹来进行计算的，这需要怎样的耐心与毅力才能完成啊！他这种一丝不苟的治学态度，不厌其烦的精神，直到今天都是值得学习的．

祖冲之对圆周率的贡献，除了将其精确到小数点后第 7 位之外，更让人吃惊和感兴趣的就是他的约率（$\pi\approx\frac{22}{7}$）和密率（$\pi\approx\frac{355}{113}$），其中密率比约率更加精确，并且简单易记．祖冲之的数学专著《缀术》中记载着很多成就，但非常遗憾的是，此书早已失传．《缀术》的丢失无疑是人类文明发展史上的一大损失．

1．走进古埃及

古埃及是世界四大文明古国之一，位于尼罗河两岸，是公元前 3200 年左右形成的一个统一的国家，古埃及的数学在当时取得了较高的成就．从现今遗留下来的古埃及数学纸草文献《莱因德纸草书》《莫斯科纸草书》等可以看出，古埃及的数学知识涉及算术、代数和几何三个方面．

1858 年的冬天，有人在底比斯的拉美西斯神庙（为纪念拉美西斯二世而建立的神庙）附近一座小建筑物的废墟中发现一卷纸草书，此书被年轻的苏格兰古董商莱因德（A. Henry. Rhind）购得．5 年后他死于肺结核，这部纸草就归伦敦不列颠博物馆所有，定名为《莱因德数学纸草书》，简称《莱因德纸草书》（图 13.4）．它记载有 85 个数学问题，其中就有关于如何计算 π 值的问题．根据记载，圆面积的算法为直径减去它的 1/9，然后再平方，即 $s=(\frac{8}{9}d)^2$，按照这个方式计算，由此可以推出当时的圆周率大约是 3.16049. 这部纸草书的第 50 题：

"一块圆形的地，直径是 9 海特(古埃及的长度单位)，问面积是多少?"

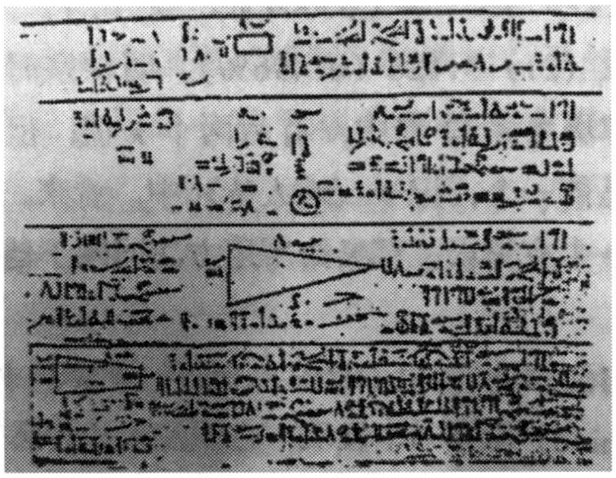

图 13.4 《莱因德纸草书》

根据以上算法，这个题中直径是 9 海特，减去它的 1/9 后还剩下 8 海特，平方后为 64 塞泰特(即海特的平方)，这就是圆面积，所以答案是 64 塞泰特. 虽然当时圆周率的取值相对于今天来说有很大误差，但对于几千年前的古埃及人来说，在没有精确测量仪器的艰苦条件下，计算结果能够精确到这种程度已经很了不起了，这一成就也为古埃及数学的发展提供了不少便利.

在了解了这部纸草书上的数学知识之后，你是不是对纸草也产生了兴趣呢? 纸草是一种类似于芦苇的水生草本植物，丛生于尼罗河三角洲沼泽地中，这种植物的茎秆有的像人的手腕那么粗，高度可达 3 米多，没有枝叶，非常光滑，越往上越细，顶端有一撮细长的针叶，像一把散开的硬毛刷，茎部有很多纤维，把外层除去之后，里面的芯剖为长条，彼此排列整齐，接连成片就形成了"纸"，这种"纸"的出现促进了古埃及文明的发展.

2. 漫步古希腊

古希腊文明璀璨的满天繁星中，有一颗最耀眼的科学巨星——阿基米德(Archimedes，前 287—前 212，图 13.5). 阿基米德不仅仅是物理学家，还是一个伟大的数学家，公元前 1 世纪阿基米德的狂热粉丝者们都尊称他是“数学之神”.

图 13.5　阿基米德

作为“数学之神”的他也热衷于对圆周率 π 的研究，阿基米德用“古典方法”来计算圆周率的值，这种方法的根据是：圆内接正多边形的周长比圆周长小，而圆外切正多边形的周长比圆周长大. 将圆内接正多边形及圆外切正多边形的边数不断加倍，它们就愈来愈接近圆周长. 当圆内接及外切正多边形的边数足够大时，它们的周长就是圆周长的近似值，其中一个略小，一个略大，若要提高计算的精度，只要将边数进一步加倍就可以了. 下面给出这种方法的简要计算过程，让我们紧随“数学之神”的脚步，一起来见证奇迹吧！

为了便于理解，在接下来的讨论中我们假设圆的半径 $r=1$，此时求得的圆周长就是 2π.

首先讨论圆的内接正多边形的情形：

设内接正 n（n 为 $\geqslant 3$ 的整数）边形的边长为 $S(n)$，内接正 $2n$ 边形的边长为 $S(2n)$. 如图 13.6 所示，$r=1$，根据勾股定理可得：

$$1 = OD^2 + AD^2 = (1-CD)^2 + AD^2,$$

$$AC^2 = CD^2 + AD^2, \qquad ①$$

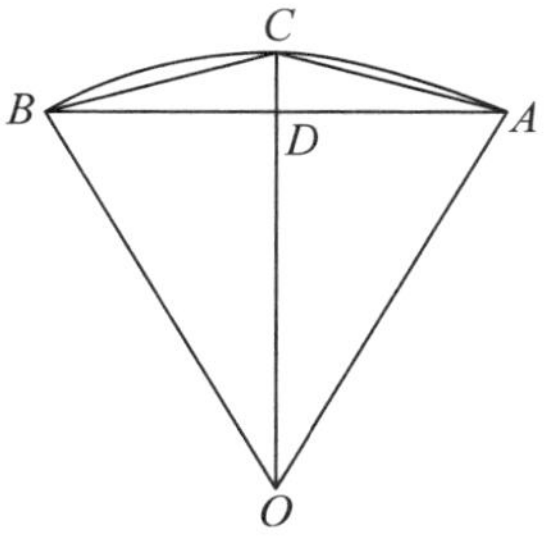

图 13.6　圆内接多边形

将两式相减可得：

$$CD = \frac{AC^2}{2},$$

将 CD 代入 ① 式中得：

$$AC^2=\frac{AC^4}{4}+AD^2.$$

因为 $AC=S(2n)$，$AD=\frac{S(n)}{2}$，由上式可得：

$$S^4(2n)-4S^2(2n)+S^2(n)=0.$$

由此解得：

$$S^2(2n)=2\pm\sqrt{4-S^2(n)}.$$

显然有 $n\geqslant 3$ 且 n 为正整数，$S(n)$ 的值一定小于圆的直径 2，故根号内为正值. 如果上式取“+”时，就会有 $S(2n)>\sqrt{2}$，然而 $\sqrt{2}$ 是圆内接正方形的边长，这是不可能的. 因此，上式中取“−”号才有意义，由此可得：

$$S(2n)=\sqrt{2-\sqrt{4-S^2(n)}}.$$

在求得了 $S(2n)$ 之后，可得到圆内接正 $2n$ 边形的周长即为 $2n\cdot S(2n)$ 就可取圆周长 2π 的近似值，于是可得：

$$\pi>nS(2n).$$

接下来看看圆的外切正多边形的情形：

设外切正 n 边形的边长为 $\bar{S}(n)$，如图 13.7 所示，$\triangle OAD\backsim\triangle OEC$，

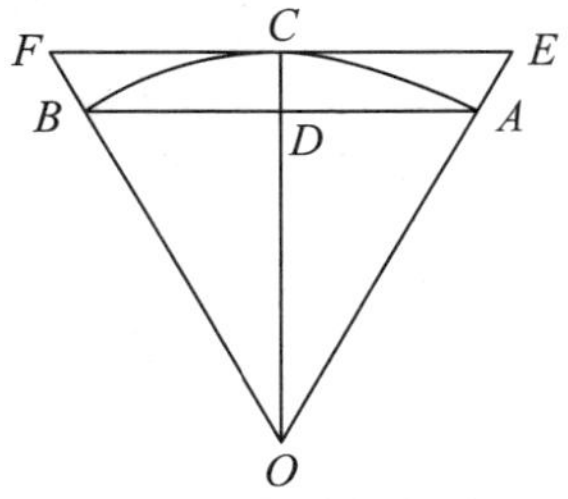

图 13.7　圆外切多边形

则有：

$$\frac{CE}{DA}=\frac{OC}{OD}.$$

又因为：

$$CE=\frac{\bar{S}(n)}{2},DA=\frac{S(n)}{2},OC=1,OD=\sqrt{1-\left(\frac{S(n)}{2}\right)^2},$$

所以：

$$\frac{\bar{S}(n)}{S(n)}=\frac{1}{\sqrt{1-\left(\frac{S(n)}{2}\right)^2}},$$

从而外切正n边形的边长$\bar{S}(n)$可由其内接正n边形的边长$S(n)$来表示：

$$\bar{S}(n)=\frac{S(n)}{\sqrt{1-\left(\frac{S(n)}{2}\right)^2}}.$$

这也就是说，只要知道了圆内接正n边形的边长$S(n)$，就可以通过开平方根求得其外切正n边形的边长$\bar{S}(n)$，因此外切正$2n$边形的周长为：

$$2n\bar{S}(2n)=\frac{2nS(2n)}{\sqrt{1-\left(\frac{S(2n)}{2}\right)^2}}.$$

它比圆周长2π要大，所以当n取适当大时就可以得到：

$$\pi<\frac{nS(2n)}{\sqrt{1-\left(\frac{S(2n)}{2}\right)^2}}.$$

综上所述，可得到圆周率π的取值范围：

$$nS(2n)<\pi<\frac{nS(2n)}{\sqrt{1-\left(\frac{S(2n)}{2}\right)^2}}.$$

李毓佩在《科学的发现(二)——圆面积之谜》中，形象地把这种方法比喻成两个小朋友从胡同的两头向里堵捉一只鸡.现在回想一下刚刚的证明过程，你是不是也觉得非常生动呢！阿基米德就是采用这种方法，不断地增加边数，一直算到96边形时，终于得到了$\frac{223}{71}<\pi<\frac{22}{7}$，在数学史上又树立起了一座丰碑.阿基米德这种不懈追求、潜心钻研的精神确实值得我们学习.

3.畅游法兰西

时间穿越到1777年，坐标定位于法国的一户人家中.客厅里高朋满座，欢声笑语，这时只见70岁高龄的主人从书房里拿出了一张纸铺在了桌子上，这张纸上画着间距相等的平行线. 客人们都很疑惑，你看看我，我看看你，不知所措. 原来，他们不仅是主人请来做客的，还要陪主人一起做游戏呢！他们每个人手里都分到很多长为平行线间距一半的小针，然后按照游戏规则将这些小针一根一根地往纸上扔，这些针有的落在纸的两条平行线之间，不与直线相交，有的则与某一条直线相交. 游戏结束之后，主人数了数，一共投针2212次，其中与平行线相交的有704次，这时主人做了一个简单的除法：用投掷的总次数除以与直线相交的次数，即$\frac{2212}{704}\approx 3.142$，他宣布这就是π的近似值，"天呐！"众人惊叹不已. 这个主人就是首次用概率法求π的法国数学家蒲丰（George-Louis Leclerc de Buffon，1707—1788，图13.8），这个游戏也就是历史上著名的蒲丰投针.

图13.8　蒲丰

1777年，蒲丰在1760年写成的《或然性算术试验》一书出版，书中给出了投针问题一般情况的解答. 如果向画有相等间距并且距离为a的一组平行线中投掷长为$l(l<a)$的小针，那么小针与直线相交的概率为$p=\frac{2l}{a\pi}$，从而可以得到$\pi=\frac{2l}{ap}$. 由于这部分的证明涉及微积分知识，这里就不详细讲解了. 此后很长一段时间里人们都沉迷于这个实验（图13.9），1901年意大利人拉查里尼进行了这个游戏实验，在耐心地投掷了3408次后，求得的结果是$\pi\approx 3.1415929$.

图13.9　投针实验

这是数学分支概率论中一个著名的随机事件问题.研究者发现,针越长相交的可能性就越大,一般相交的次数与针的长度成正比,而与针的形状(是否弯曲)无关.这是一个非常有趣的游戏,感兴趣的你可以和伙伴动手尝试一下!

试一试

和小组成员一起来试验一下吧!看看你的结果是多少?

圆周率 π 的拓展应用

畅游了圆周率 π 的探索之旅之后,我们忍不住要赞叹这些数学家的聪明才智,钦佩他们迎难而上、不懈追求真理的精神.你知道吗?圆周率 π 不仅仅是我们所看到的一个简简单单的数.你看,它的身后可还有万千世界呢!

每个人都有自己的生日,我们会把身边重要人的生日牢牢地记在心中.那么现在我要告诉你,一个数学名词——π,也和我们一样有它自己的生日哦,猜一猜会是哪一天呢(图 13.10)?

每年的 3 月 14 日,美国旧金山都要为 π 举办"π 的生日"聚会,这天下午 1 点 59 分的时候,众多 π 迷们会聚在一起围绕着当地的博物馆走上 3.14 圈,同时还会吃各种各样的馅饼,因为"馅饼"的英文与 π 同音,所以他们就用这种方式来表示 3.14159,以此来表达人们对圆周率 π 的痴迷.除此之外,美国麻省理工学院每年都会举行一次秋季足球赛,球迷们在为自己喜欢的球队加油助威时,也会大声喊出 3.14159 来庆祝"π 的生日".不只有外国人会

图 13.10 π 的生日

为 π 过生日，我们中国人也对 π 非常热爱呢！2004 年 3 月 14 日 15 点 9 分，武汉大学工学部体育馆内传出阵阵欢声笑语，原来是同学们在为 π 过生日呢！大家搜集了很多有关 π 的图片、电影，还喝着广告上印有 π 标记的饮料，热闹极了.

更神奇的是，π 和伟大的物理学家爱因斯坦（Albert Einstein，1879—1955，图 13.11）竟是同一天生日. 这位世界级的大师，经常能够放下工作，放下自我，在日常生活中去寻找乐趣，他平易近人且妙语连珠. 瞧，他的幽默在生活中不经意间流露出来：某一暑假前夕，爱因斯坦在美国普林斯顿大学演讲. 当时有同学询问爱因斯坦在学术上有没有新的发现，他即席宣布："我有一个发现：两点之间的最短距离，是指暑假的开端到暑假的结束. 祝各位同学暑假愉快！"

图 13.11　爱因斯坦

在浪漫的法国巴黎，有一座三层宫殿式建筑，这就是世界著名的科技馆——法国发现宫（图 13.12）. 发现宫建于 1937 年，法国物理学家、诺贝尔奖获得者让·伯林用自己的奖金修建了这座科技馆. 发现宫是以基础理论为重点的科技博物馆，包括数学、物理、化学、生物、医学、天文、航空等 50 多个活动厅，这里每天都进行各种科学实验的展演，有很多设备是供观众亲身体验的. 例如，脚踏发电机，参观者可以骑上去用双脚踏动踏板去感受发电的神奇；在航空活动室里，参观者也可以坐进协

图 13.12　法国发现宫

和式飞机的驾驶舱，体验飞行员的感觉.

数学作为科学的皇后，同样备受设计者们的青睐. 在发现宫的第二、三层展厅，那里设有"数学的历史(21 厅)""数学(30、31 厅)". 在这些数学厅里，有各式各样的几何模型，每个模型的前面都写着数学方程式. 这里还陈列着有关生物几何学的研究材料，在一些动物身上也有几何构图，这对造型设计起到了重要的参考作用.

除此以外，更值得一提的是"圆周率 π 厅"了(图 13.13)，设计者们将它从数学中分离出来，单独开辟为第 32 厅，在这个厅内的墙壁上以十位小数为一组，写着圆周率 π 小数点后的 707 位数字，经常有很多学生围绕着讲解员进行讨论，给人们留下十分深刻的印象. 如果有机会去巴黎，一定要到发现宫一睹 π 的风采，近距离地感受圆周率的魅力.

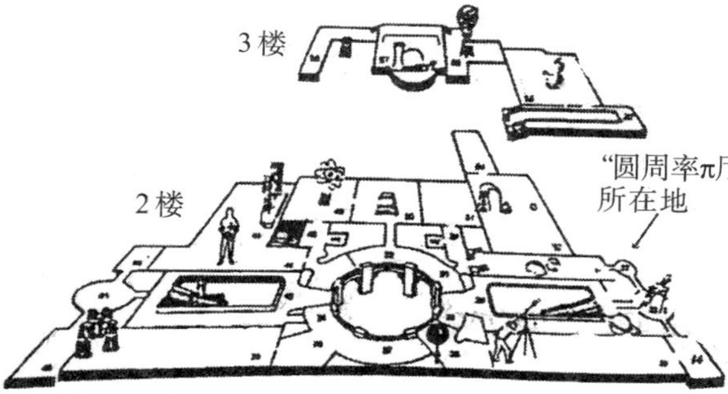

图 13.13　发现宫内"圆周率 π 厅"

很多人都认为自己的记忆力不太好，总是会丢三落四的，经常会问："我的钥匙又放到哪里了呢?"但是有些人就很喜欢去挑战一些很难的内容来提高自己的记忆力. 圆周率 π 是一个无限不循环小数. 我们要是把小数点后的数字排起来也可以绕地球好几圈呢！人们为了记忆 π 值小数点后更多位数字，想出了很多办法，例如，编顺口溜、写诗歌等.

我国著名数学家华罗庚为记忆圆周率 π 写了一个记忆口诀："山巅一寺一壶酒，尔乐苦煞吾，把酒吃，酒杀尔，杀不死，乐尔乐."以此来记忆

3.14159 26535 897 932 384 626. 也许这个记忆口诀大家并不陌生，但是你知道外国人是怎么记忆圆周率的吗？他们采用的是字长记忆法，就是用字母的个数代替相应的数字. 例如最简单的一句就是："How I wish I could calculate pi"（我好想算出圆周率），用它来记忆 3.141592. 20 世纪 20 年代初，在美国的《文摘》上曾经刊登了一首能够精确到 π 的小数点后 30 位的诗：

Now I, even I, would, celebrate
3 1 4 1 5 9
In rhymes inapt, the great
2 6 5 3 5
Immortal Syracusan, rivaled nevermore,
8 9 7 9
Who in his wondrous lore,
3 2 3 8 4
Passed on before,
6 2 6
Left men his guidance
4 3 3 8
How to circles mensurate.
3 2 7 9

记一记

考考你的记忆力，看看你能背到第几位？

这首诗的大致意思：

现在，
我甚至要庆祝，用那伟大的诗句，
叙拉古那无与伦比的伟人（阿基米德），
他有令人瞠目结舌的学识.
从古至今，
给来人指向导航，
怎样揭开圆的奥秘.

如果记住了这些，也许你就能在朋友聚会中大展身手. 聪明的你是否还能够想到更加有趣、更加简单的方法来记住小数点后更多位数的 π 的值呢？快来一显身手吧！

音乐是一门充满艺术情怀的学科，能够荡涤人们的心灵，给人们带来无尽的愉悦. 然而数学却往往给人们一种枯燥、无味、烦琐的假象. 很多人甚至都会谈“数”色变，避而远之，尤其当看到一堆堆无穷无尽的数字时，估计脑袋都快要炸掉了！但是，往往是因为某两种事物有着天壤之别，八竿子都打不着的缘故，更有可能创造出美妙的新事物. 就像是深受众多少女们所钟爱的甜品抹茶，当它与香醇浓郁的酸奶相结合，制作出无限丝滑的抹茶酸奶是多么美味啊！那么，当跳动的音符与顽皮的数字成为伙伴时，它们将又为我们呈现出怎样意想不到的绝世之律呢？

多年来，圆周率 π 都被当成神一样的数字为人们所传诵，它又好像是上天赐给我们的一份美妙礼物，当这些无限不循环的小数变成一个个音符时，每个数字就如同跳动的精灵，舞动出没有一段是重复的钢琴曲，侧耳倾听，犹如古典音乐大作一般，空灵美妙. 2017 年有一位帅气的外国大神通过网络上传了他用钢琴弹奏的曲目——《Song from π》(图 13.14)，是用圆周率小数点后面的数谱的曲(阿拉伯数字可代表简谱记谱法中的对应音高). 让人们为之叹服，圆周率居然也可以如此的美妙绝伦！

无独有偶，不仅圆周率 π 能够演奏出优美的乐章，有时也可以用数学的规律创作出不一样的乐曲呢. 华语流行乐男歌手林宥嘉在 2014 年推出了原创歌曲《口的形状》，当时林宥嘉找了一个台湾的三人乐团——大象体操，这个团队是林宥嘉在大学里听校园音乐会的时候发现的，他听到台上的几个年轻人弹唱的歌曲还不错，但是心里却在想，为什么他们音乐的拍子跟我的不一样呢？于是他经过一番研究之后，发现原来这就是所谓的 Math-rock——数学摇滚. 比如说，你是一个吉他手，你就可以用传统的四拍四拍的形式，把这个八拍完成；如果我是一个贝斯手，那么我可以不用四加四的方式，而用三加三再加二的形式完成一个八拍. 虽

图 13.14 《Song from π》简谱与对应音高

然吉他手和贝斯手的律动不一样，每个乐手都在用不同的数字计算，但是可以同时开始，并且能够同时结束，就这样用拍子的奇数与偶数的重叠，就可以编排出与众不同的乐曲.

一个是古老的数学名词，一个是现代的高性能机器，它们的相遇又会擦出什么样的火花呢？在互联网时代，我们的生活和工作处处都离不开电脑，大量的信息和数据需要计算机来处理，这对计算机性能的要求也就越来越高. 那么我们如何简便、高效地检验计算机和性能指标呢？

此时圆周率 π 就化作“超人”，带着“超能量”为我们人类科技的进步排忧解难.

目前，是否能够准确计算出小数点后更多位数 π 的值已经成为许多专家检验一台计算机的精确性、运算速度及其容量的一种简便方法（图 13.15）. 简单点说，就是在时间和运行公式等条件完全相同的情况下，如果机器算出 π 的值小数点后的数字越多，那就说明这台机器越先进. 每一台计算机投入使用之前都要经过各种函数测试，其中最常用就是这种计算 π 值的方法，具体的方法是：将一个程序用于能够正常使用的计算机，如果它能够精准地计算出小数点后很多位数 π 的值，则说明此程序能够正常运行. 这时再将这个已经测试过的程序用于待试的其他计算机，如果这些计算机在多次实验中都能够准确地计算出小数点后更多位数 π 的值，并且能够达到预设的各项指标，这就表明可以正常投入使用；如果计算出的 π 值有错误，那么就说明计算机软硬件中有故障，需要进行维修或者重新设计新的程序. 英特尔公司曾经在推出奔腾（Pentium）CPU 时，就是通过运行 π 的计算发现了一个设计上的小问题，从而避免了投放市场后的损失.

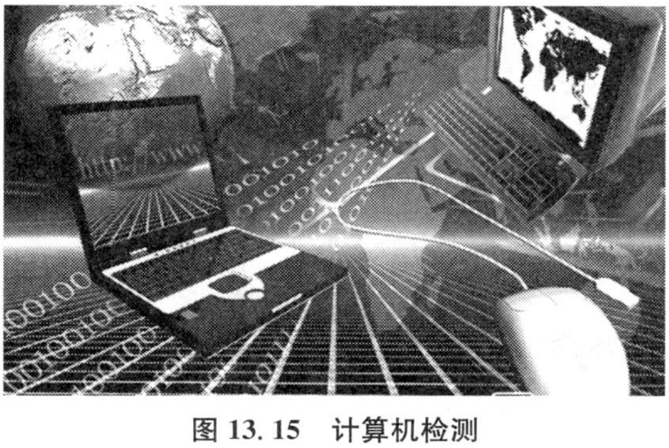

图 13.15　计算机检测

我们知道，任何事物都是一把双刃剑，在科学技术飞速发展的今天，人们在享受信息技术所带来的种种便利的同时，也会有一些危害悄悄来袭. 例如：个人信息的泄露、信息被篡改、计算机病毒和黑客入侵等威胁安全的问题，为了避免这些问题对我们的生活造成不利影响，一个神奇

图 13.16　密码与计算机

的数学分支——密码学就诞生了(图 13.16). 在编制密码的过程中,圆周率 π 也做出了不少的贡献呢! π 是一个无限不循环小数,数学家经过研究,神奇地发现在小数点后这些数字,0～9 所出现的频率是均匀分布的,正是 π 的这个性质,为它在密码的编制过程中提供了得天独厚的优势,我们可以把 π 当作一个取之不尽的“码源”,源文中的每个字符使用密码的个数与它出现的频率成正比,这使得使用传统的统计分析几乎也无法破译. 但是这个方法也有它的不完美之处,那就是密文的长度是源文的几倍,不过随着现代信息技术的迅猛发展,这已经不成问题了. 怎么样,圆周率的贡献不小吧,说不定曾经你所看过的谍战电影中就用到了 π 来充当密码传递情报呢!

经典赏与练

【例 1】 在半径为 6cm 的圆中,120°的圆心角所对应的弧长为____cm.

解析: 半径为 6cm 的圆中,直接利用弧长公式,120°的圆心角所对应的弧长为: $l=\frac{n\pi r}{180}=\frac{120\times\pi\times 6}{180}=4\pi$ (cm).

【例 2】 已知圆的内接正六边形的周长为 18,那么圆的面积为(　　).

A. 18π　　B. 9π　　C. 6π　　D. 3π

解析: 已知圆的内接正六边形的周长为 18,则正六边形的边长为 3,一个边长所对应的圆心角为 60°,此时一条边长与半径围成的三角形为等边三角形,所以圆的半径为 3,那么圆的面积: $S=\pi r^2=9\pi$. 故选 B.

小试牛刀

1. π 的游戏，将图 13.17 所示的火柴棍组成的等式，移动一根改为另一个近似等式.

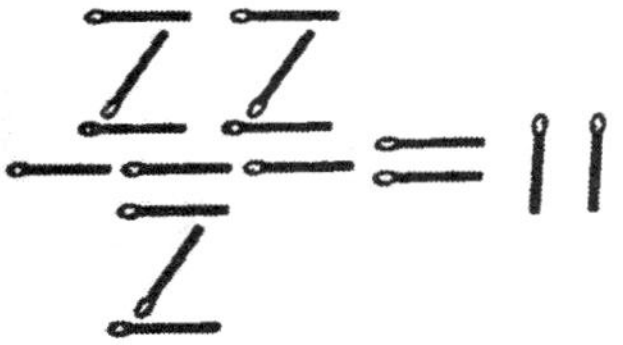

$\left(\frac{22}{2}=11\right)$

图 13.17

2. 我们知道，数学上用 $[x]$ 表示取 x 的整数部分，例如 $[3.18]=3$. 那么用若干的 π，仅仅通过若干次加、减、乘、除、乘方、开方之后取整，而不再用其他任何符号，你能不能得到指定的任何整数呢？例如，用 3 个 π 能不能得到 17、18、19、20 呢？

第 14 章

大千世界观豪芒　精义测量寻门径

——探究相似三角形的神奇奥妙

引子

魔术，一个多么诱人的词眼，它富于变化，神秘莫测. 魔术表演往往给人带来意想不到的惊喜与欢乐. 其实魔术与数学也有着千丝万缕的关系，你需要揭开它神秘的面纱，才能参透各中奥秘，找出隐藏在幕后的真相. 我们不妨先来看一个数学魔术热热身吧！

如图 14.1 所示，等腰三角形 MPQ 由 9 部分组成：4 个直角三角形，4 个矩形和 1 个正方形（为了醒目起见，我们特别用阴影标明，并称之为“洞”）. 图中各线段的长度，也已经一一注明. 现在请你求出 8 个区域面

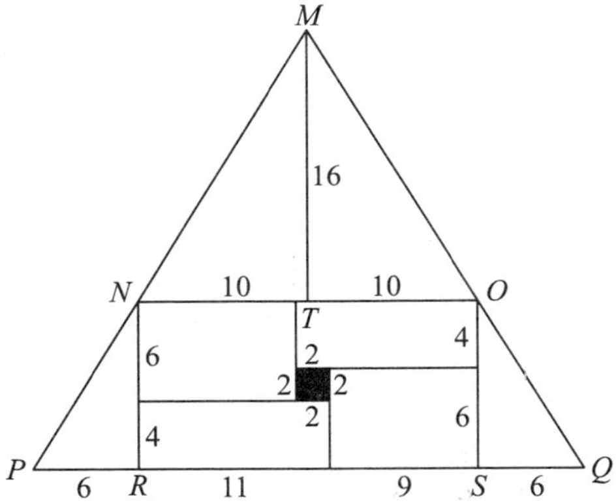

图 14.1　等腰三角形

积的总和(不包含小黑洞的面积),然后再求出大等腰三角形的面积(包含小黑洞的面积),此时你会发现求得两个图形的面积的答案竟然毫厘不差,这岂不是怪事一桩?

中国有句老话:“耳闻是虚,眼观为实.”然而眼睛所看到的也未必是事实真相,需要运用严谨的科学方法加以验证.那么聪明的你想揭开此谜题背后的真相吗?

现在就让我们一起踏上神奇的相似三角形之旅,一同去探个究竟吧!

相似三角形的神奇之处

我国著名数学家项武义对几何学的评价为:“几何学是一门源远流长、多姿多彩的学科,在人类理性文明中它是当之无愧的老大哥.”“几何”一词,在希腊语中具有测量术的意思,在天文学和地理学中,占据着举足轻重的地位.这主要包括两个方面:一方面是航海探险、贸易往来需要绘制精确的地图;另一方面是出于对神的敬仰,需要通过测量和计算来证明宇宙的完美.

相似图形又在几何学中占据着重要的地位.历史的脚步永远不会停滞,相似三角形有着悠久的历史渊源,它很早就被人们所认识.在古巴比伦泥板文献中已经出现相似三角形的应用问题,我国汉代的远距离测量技术,从今天看来也正是建立在相似三角形基础之上的.那么我们先来领略一番古人的聪明才智和风采吧!

1. 古存今有术,薪火永相传——比例概念的发展

中华文化博大精深,源远流长.信步三百米甬道,阅历五千年沧桑.几何学在这千百年间向我们展示了其独特的魅力.

我国古代没有相似概念,只有比例理论.这是由于我国古代的几何学善于解决实际问题,以实用性、计算性为主,用数字表达自然中客观存在的具体事物,并没有对几何学的基本概念、公理和定理等抽象的名词

给予界定.

比例理论在我国起源也很早.战国时期《墨子·杂守》就记载了复杂的比例运算.在古代,计算各种比例运算的方法被称为"今有术"."今有术"的数学基础是"率".率在《周髀算经》中已经出现了,在《九章算术》中又被广泛使用,在刘徽的《九章算术注》中,率理论被完整地建立起来.刘徽以率为基础,由此建立了中国传统数学的一系列分支:今有术、齐同术、方程术、勾股术等.

古代率的含义与现代率的含义是相同的吗?刘徽在《九章算术注》中,给"率"下了这样一个定义:

"凡数相与者谓之率、率者,自相与通、有分则可散,分重叠则约也,等除法实,相与率也."

意思是说:凡是一组相关的量叫作率.用来表示率的一组数,必须是成比例变化的量的一组对应值.而作为一组率(值),可以同时乘以或同时除以一个数(不为零).当各率(值)有公因数时,通常应当用公因数(等数)去约分化简.因此,用一组互质的正整数表示率(值)称之为"相与率".率的概念在古今有很大的差异,现今率的定义为:

"两个相关的数在一定条件下的比值."

《九章算术注》中率的概念不仅包含具有比例关系的一组量,还包括具有一般线性关系的一组量.可见在我国古代,率的概念包含的内容更加广泛.

"今有术"是由率理论衍生出来的重要算法,用于解决各种实际问题.例如已知三项a、b、c,需要求第四项d.常用的方法是如果$a:b=c:d$,则$d=\dfrac{bc}{a}$.在《九章算术》的粟米、衰分、勾股等章节都涉及各种比例问题.1607年,徐光启(1562—1633)与利玛窦(Matteo Ricci,1552—1610)合译《几何原本》前六卷时,创用"比例"一词,不过他们所说的比例,相当于现在的比.比例符号":"在欧洲被称作除号,许多国家叫比号.这个符号是1684年德国数学家莱布尼茨(G. W. Leibiz,1646—1716)在《组合的艺术》中首次提出的.

此外，印度的“三率法”也是比例问题的最初提法. 13 世纪意大利数学家斐波那契(L. Fibonacci，约 1170—1250)在著作《算盘书》中对比例问题进行了详细介绍，欧洲各国商人认为它是不可或缺的财富，并把它誉为“黄金法”. 其实“三率法”“黄金法”与我国“今有术”完全相同. 直到 17 世纪，欧几里得的《几何原本》经翻译后传入我国，才有了“相似”这个名词.

一粒米看大千世界，一叶舟看历史长河，回顾历史，展望未来. “今有术”解决了实际生活中正比例、反比例等问题. 如《九章算术》“衰分章”第 2 题：

“今有牛、马、羊食人苗，苗主责之粟五斗，羊主曰：‘我羊食半马.’马主曰：‘我马食半牛.’今欲衰偿之，问各出几何?”

其大意是：现在有牛、马、羊吃了别人的禾苗，禾苗主人要求牛、马、羊的主人各赔偿五斗小米. 羊的主人说：“羊吃的禾苗只是马吃的一半.”马的主人说：“马吃的禾苗只是牛吃的一半.”问牛、马、羊的主人分别赔偿多少?

《九章算术》中写道，要按 $1:\frac{1}{2}:\frac{1}{4}$ 比例分摊. 算出的结果与我们用现代数学解法求出来的答案完全相同，古人在比例方面的钻研真令人叹服啊！

想一想

你能解出上述这道问题吗?

我们再回过头看本章引文中提出的数学魔术，接下来就是见证奇迹的时刻：引文中的问题制造了一个假象，蒙蔽了我们的双眼. M、N、P 三点其实并不在同一条直线上. 换言之，这个图形并不是等腰三角形，而是一个五边形. 那么如何去论证此图形不是等腰三角形呢?

要论证一个含有否定意义的命题，我们自然想到利用反证法. 要证 M、N、P 三点共线，则需证 $\triangle MNT \backsim \triangle NPR$，利用相似三角形对应边成比例的关系，即需证$\frac{MT}{NR}=\frac{NT}{PR}$. 然而代入数字计算，我们发现两边比值虽然相差甚微，但是实际上却不相等，得出矛盾. 从而判断出 M、N、P

三点并不在同一条直线上，同理右侧的三点也不在同一条直线上，利用相似三角形的性质与反证法，我们获知此图形是五边形. 出神入化的数学魔术竟被我们如此巧妙地破解了.

2. 工欲善其事，必先利其器——测量工具矩

以天为幕，以地为席，仰望深邃的苍穹时，可能你也会遐想：天究竟有多高呢？

约在公元前 12 世纪，周朝政治家周公就思考过这个问题. 在《周髀算经》首页就记载了商高与周公如何测量天高的对话. 周公问商高，天到底有多高呢？ 商高当即胸有成竹地回答了周公. 商高认为：“一切数理的基础就是圆和方；而圆则是从方转化而来的，方形可以依靠使用矩来获得，于是可以联系到矩之中勾、股、弦的微妙关系来测量天的高度.”周公听完商高介绍勾股术（详见本书第 9 章）之后不由得惊叹：“数学实在是了不起啊，那么如何使用矩呢？”所谓工欲善其事，必先利其器，商高用六句话简括出“用矩之道”，可见商高对于测量工具矩的使用之灵活.

矩是从何演变而来的呢？ 相传，伏羲（又叫包牺或皇羲等）是最早的三个皇帝之一，在民间被描述成神，他是后人想象的科学家，被称为“数学之神”. 人们为了纪念伏羲氏打开了数学的大门，在山东嘉祥县汉武梁祠石室对其造像（建于前 147—前 129），其中就有关于“伏羲氏手执矩，女娲氏手执规”及“伏羲氏手执矩”两处浮雕画像的记载. 从图 14.2 中可以看到，矩的形状是一个直角直尺，在两个垂直边之间还有一个连杆进行加固.

图 14.2　伏羲氏手执矩

矩的应用理论就是商高发明的勾股术，商高在《周髀算经》中详细地阐述了用矩之道：

“平矩以正绳，偃矩以望高，覆矩以知远，环矩以为圆，合矩以为方.”

即把矩放平了，用矩的一边可以测量水平和垂直方向的线是否为直

线；把矩的一边垂直立起来，就能够测得高度；把矩的一边垂直向下，可以测深度；把矩平放着，可以测量两点间的距离；将矩环转一圈画出圆形，将两矩合起来便得方形. 我们可以发现前三句叙述用矩测量的方法，后两句则说明圆与方的形成.

商高善于灵活使用矩，使数与形紧密地结合在一起. 可见我国古代数学家数学造诣之深，测量技术之精妙.

3. 可望不可即，重差来丈量——重差理论

古人有一种测算太阳高远的方法，天文学家把这种方法称为“重差术”. 刘徽著文研究、整理这种方法，也用“重差”作为书名，所谓“重差”是一种测量方法，“重”字表示重复的意思，“差”表示日影长之差. 刘徽在为《九章算术》作注时，写了《重差》一卷. 唐代数学家李淳风(602—670)将《重差》单列出来取名为《海岛算经》.《海岛算经》是算经十书之一，巧妙地应用矩是《海岛算经》的特点.

重差测算理论是综合利用矩、表杆、测绳等测量工具进行测高、望远和量深的测算理论或方法. 刘徽在注释《九章算术》的自序中说：“要解决复杂的测量问题，必须要借助重差测量理论和方法，重差测量理论和方法是勾股术不可或缺的部分. ”刘徽把我国测量技术应用得淋漓尽致，不愧被誉为“中国数学史上的牛顿”.

在《海岛算经》中，刘徽从不同方面揭示了重差理论，并概括出了应用重差理论进行测量的三种方法：重表法、累矩法和连索法. 重表法适用于测量高低，通过竖立两根同高的表杆进行观测，其中《海岛算经》中“望海岛”算例就是运用的重表法；累矩法适用于测量深浅，通过两个上下叠合的偃矩去测量深度；连索法适用于测量孤立的目标，通过绳索连接两根表杆进行测量目标. 针对不同的测量目标，选用不同的测量方法. 运用重差术进行测量时，无须测量角度，只需测量出某些有关距离即可. 一般来说，测量目标的次数与被测目标的测量难度成正比.

刘徽对于重差理论的研究是很透彻的，针对实际问题活学活用. 知识要融会贯通，方能触类旁通. 重差术正是我国古代地图测绘学的基础，为实现直接测量向间接测量的飞跃架起了一座桥梁，正是有了刘徽的注

释,《九章算术》才得以成为古代一本完美的教科书.

4. 古算量岛屿,各有千秋处——求解望海岛

《海岛算经》共涉及九个算例,利用多次测得的数据,来推算远处目标的高、深、广和远.其中涉及的算法共有三种形式,分别是累矩法、重表法和连索法.如《海岛算经》中利用重表法测量"望海岛":

"今有望海岛,立两表,齐高三丈,前后相去千步,令后表与前表参相直.从前表却行一百二十三步,人目著地,取望岛峰,与表末参合;从后表却行一百二十七步,人目著地,取望岛峰,亦与表末参合.问岛高及去表各几何?"

其大意是:如图14.3,测量海岛(AB),放置两根表杆(CD、EF),表杆高均为5步,前后相距1000步(DF).两根表杆与海岛顶峰处在同一平面内,从前面的表杆后退123步(DG),可以观测到岛峰,从后面的表杆后退127步(FH),可以观测到岛峰,问海岛(AB)多高?海岛与前表杆(BD)相距多远?

学了相似三角形的同学都知道,如果利用相似三角形性质来做此题并不困难.从不同的方位审视同一道题目,有多重的解题思路,在这里就不一一列举了.先介绍现代的一种简便算法,即:

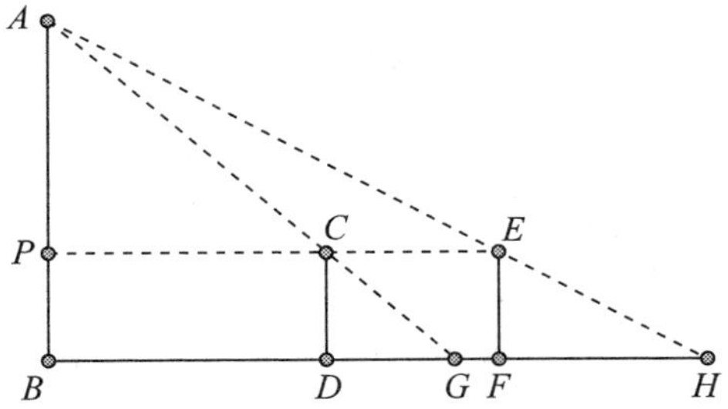

图14.3 望海岛

如图14.3所示,按题意可得$Rt\triangle ABG \backsim Rt\triangle CDG$,$Rt\triangle ABH \backsim Rt\triangle EFH$,根据相似三角形性质,则可得到如下方程:

$$\frac{AB}{CD}=\frac{BD+DG}{DG}, \quad ①$$

$$\frac{AB}{EF}=\frac{BD+DF+FH}{FH}. \quad ②$$

由①-②经过整理可得到:

$$AB=\frac{CD \cdot DF}{FH-DG}+CD,$$

$$BD=\frac{DF\cdot DG}{FH-DG}.$$

按照古代算法，1 步 = 6 尺，1 里 = 300 步，代入计算可得：

$AB=4$ 里 55 步，

$BD=102$ 里 150 步.

这样就得到了岛高是 4 里 55 步，望海岛与前表杆相距 102 里 150 步.

在古代，我国并未提出相似这一概念，那么刘徽是怎样求解的呢？在书中又是如何描述其解法的呢？刘徽在《海岛算经》中给出求海岛高、远的公式如下：

$$岛高=\frac{表高\times表间}{后表却行-前表却行}+表高,$$

$$前表去岛远近=\frac{前表却行\times表间}{后表却行-前表却行}.$$

刘徽是运用出入相补原理得到上述计算公式的，这正是“重差术”的特色所在.《海岛算经》原书有注有图，传至后世，所载算例已经只有方法和结果而无注释和图了. 现代一些数学史家做了很好的复原考证工作，如吴文俊院士根据古代出入相补原理补全古代证明方法：

如图 14.4 所示，过矩形 $ABHK$ 对角线 AH 上一点 E，作 $JF\parallel AB$，分别交 AK、BH 于点 J、F；再过 E 作 $PN\parallel BH$，分别交 AB、KH 于点 P、N. 可得面积关系如下：

$$S_{矩形JENK}=S_{矩形PBFE}.$$

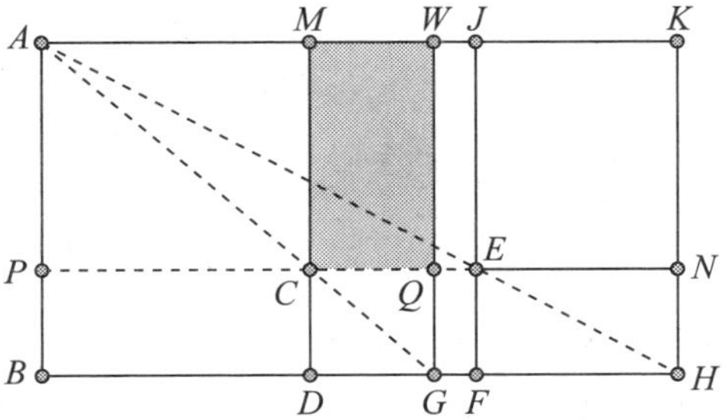

图 14.4　古代解法图解

在矩形 $ABGW$ 中：

$$S_{矩形MCQW}=S_{矩形PBDC}.\qquad ①$$

在矩形 $ABHK$ 中：

$$S_{矩形JENK} = S_{矩形PBFE}. \quad ②$$

由 ② − ① 可得：

$$S_{矩形JENK} - S_{矩形MCQW} = S_{矩CDFE}.$$

由矩形面积整理得：

$$岛高(AB)=\frac{表间(DF)\times 表高(CD)}{相多(FH-DG)}+表高(CD),$$

$$去表(BD)=\frac{表间(DF)\times 前表却行(DG)}{相多(FH-DG)}.$$

代入已知量整理可得：岛高为 4 里 55 步，望海岛与前表杆相距 102 里 150 步.

穿越历史的长河，古代学者刘徽算出的结果居然与我们今天用相似三角形的知识求出来的结果完全相同，古人在测量方面所做的工作真是令人惊叹！

1. 法老的困惑，何人助解——泰勒斯测量金字塔

图 14.5　胡夫金字塔

胡夫金字塔（图 14.5）建于公元前 2700 年左右，历时 20 多年才完成，被誉为“埃及最大的金字塔”. 这座金字塔除了因其规模巨大而令人惊叹外，还以其高超的建筑技巧而得名. 面对如此庞大的金字塔，众多数学家费尽心机研究如何求得金字塔的高度，然而并非易事.

公元前 6 世纪，从小天资过人的泰勒斯（Thales，约前 625—前 547）四处求学也来到了胡夫金字塔，想测量其高度. 当时法老和祭司们都聚集在胡夫金字塔脚下，他们心怀好奇，想看看泰勒斯究竟能用什么方法测量出金字塔的高度.

关于泰勒斯测量金字塔的高度的方法众说纷纭，其中一个版本说泰勒斯是利用影子进行测量的. 出人意料的是，泰勒斯当时并未攀爬金字塔，而是命令人时不时测量自己影子的长度，当影子的长度与自己的身高一样时，他立刻叫人在金字塔的影子尖处做了记号，然后测量金字塔影子的长度，最后得出金字塔的高度. 可以想象，当时法老和祭司们对泰勒斯的“壮举”是非常信服的. 那么你知道泰勒斯是如何利用影子就可以计算出金字塔的高度吗？

用今天的数学知识来看，泰勒斯的测量方法其实很简单. 我们知道，在同一时刻同一地方，阳光照射到地面上与邻近物体之间形成的角度都是相同的，也就是说人的身高、影长与光线构成的三角形，与金字塔的高、影长与光线构成的三角形是两个相似三角形，从而利用相似三角形性质定理得出：

$$\frac{\text{金字塔的高}}{\text{金字塔的影长}}=\frac{\text{人的身高}}{\text{人的影长}}.$$

当其他人在炎炎烈日中只看到金字塔阴影的时候，泰勒斯却能透过现象看本质，观察到了直角三角形以及相关的性质，他真是一个天才.

利用相似三角形的性质定理，在任何有影子的情况下，我们可以根据两个相似三角形比例关系求解金字塔的高度，这对于现在的我们来说不是什么难事，但是身处公元前 6 世纪的泰勒斯竟然也可以做到，其智慧真是让人佩服.

泰勒斯是希腊几何学的先驱，他发现了许多几何学的基本定理，例如他提出并证明了以下几何学的基本命题：

(1)相似三角形的各对应边成比例.

(2)等腰三角形的两底角相等.

(3)若两个三角形两角和一边对应相等，则两个三角形全等.

这些定理在今天的中学生看来简直是小菜一碟，但正是这些我们如今认为简单的理论，夯实了复杂而又高深的数学理论的根基.

2. 痴人绘遐想，巧测地球——埃拉托色尼测量地球周长

地球是圆的吗？今天的回答当然是肯定的. 但是关于地球形状的讨

论却经历了漫长的岁月.

早期,人们对地球的形状提出各种各样的观点.例如我国古代提出"天圆地方"的说法,古印度认为大地是"脚踩鲸鱼的大象".在那个时代,人们仅仅依靠于主观想象对地球的形状做出各种猜测.但是早在2000多年前,古希腊的科学家埃拉托色尼(图14.6)不仅推测出了地球是圆的,而且还结合了太阳观测法和几何学测出了地球的周长.

图14.6 埃拉托色尼

埃拉托色尼是古希腊著名的科学家.当时,亚历山大是地中海的一个港口城市,拥有一座当时藏书最齐全的图书馆.埃拉托色尼曾担任这个图书馆的馆长.他提出了一种编制素数表的有效方法,该方法被后人命名为"埃拉托色尼筛法".

测量地球的大小,很多人都认为这是异想天开的.但是埃拉托色尼却做到了.埃拉托色尼测量地球的方法简单而巧妙,这不得不令人折服.

埃拉托色尼天才般的想法是这样的:把一根长杆垂直插在水平地面上,当太阳由东向西运动时,阳光就会把杆投影到地面上,分别测量出长杆与影子的长度,再根据测量值画一个与之相似的直角三角形,便可以测量出影子所在的边对应的角,这就是太阳光与地面垂直方向的夹角.

埃拉托色尼通晓天文地理.他发现在亚历山大城的地面上从日出到日落总会有房屋、树木的影子,即使是夏至这一天,阳光与竖直立在地面的长杆也存在一个夹角.在亚历山大城附近的几个城市也是如此.

偶然之中,埃拉托色尼听说塞伊尼城的情况却截然不同.塞伊尼城位于亚历山大港的正南方(今埃及的阿斯旺),当地居民很早就发现了一个奇特的现象.当地有一口很深的井,在每年夏至那天的正午,太阳正挂中天,阳光笔直射到地面,可以一直照到井底.埃拉托色尼听闻此事后,敏锐地意识到人类居住的广袤大地是一个球体,并于同一天的同一时间在亚历山大港测量得到太阳照射的角度为 7.2°.

如图 14.7 所示，假设地球是一个球体，太阳光平行照射，运用几何定理“平行线的内错角相等”，得出亚历山大港和塞伊尼城纬度相差 7.2°，因为 7.2°乘以 50 正好等于圆周角 360°，刚好绕地球一周，所以地球的周长约为这两座城市之间距离的 50 倍. 埃拉托色尼根据商队经过两城所花费的时间，计算出两地的距离大约为 930 千米，只要乘以 50 就可以得到地球的周长了. 最终，他求得地球的周长约为 46500 千米. 现在科学家利用精密仪器测得地球的周长为 40076 千米，虽然埃拉托色尼计算的结果有些许误差，但是基于当时有限的测量技术，其精确度已经非同凡响了，真不愧为“地理学之父”.

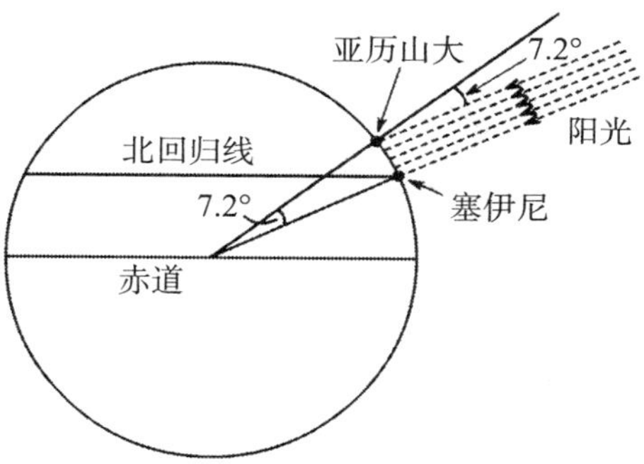

图 14.7　测量地球

埃拉托色尼运用数理结合的方法，巧妙地测算出地球的周长，这个实验被人们誉为物理学史上的十大美丽实验之一. 毛泽东也有诗云：“坐地日行八万里，巡天遥看一千河.”可见伟人也热爱科学呢！

3. 希腊的奇迹，独具匠心——欧帕里诺斯隧道

公元前 6 世纪，在古希腊第八大岛屿——萨摩斯岛上，修建了一个名为欧帕里诺斯的供水隧道，设计者为著名的工程师欧帕里诺斯（Eupalinos）. 此隧道堪称古希腊工程的奇迹，为什么欧帕里诺斯隧道如此出名呢？

欧帕里诺斯隧道全长 1036 米，宽和高均为 1.8 米，其笔直地穿过了

一座小山.为了在较短的时间内建成,设计师让两个工程队从山的南北两侧同时向内挖掘,最后在山底某处会合.试想,在 2500 年前没有现代化工具,如何保证两支工程队不偏不倚正好在山底的某处相遇呢?

令人惊叹的是欧帕里诺斯居然做到了.两个工程队完美地会合,隧道一线贯穿.你是不是也好奇,欧帕里诺斯究竟是用什么方法来确保两个工程队在彼此看不见的情况下能沿同一条直线挖掘呢?

告诉你吧,欧帕里诺斯灵活且巧妙地运用了相似三角形的知识,保证四点共线,创造这个水利工程奇迹的.他的方法是这样的:

如图 14.8 所示,首先,在隧道的两个入口(A 和 B)之间挖一条隧道.从其中一个入口 B 处出发任作一条线段 BC,过 C 作 BC 的垂线 CD,然后,依次作垂线 DE、EF、FG、GJ,直至接近 A 点.在每一条线段的一个端点处能看到另一个端点.

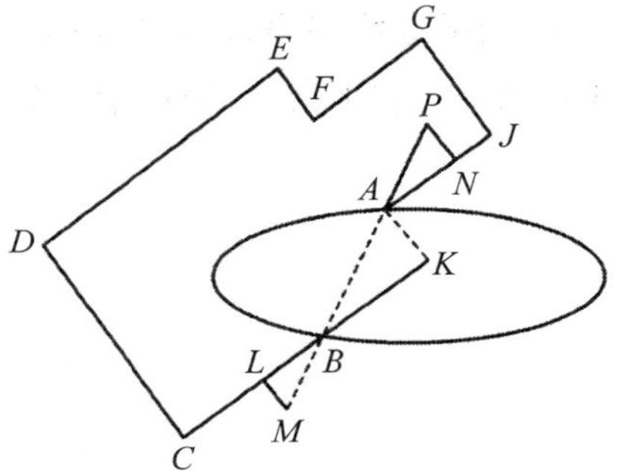

图 14.8　欧帕里诺斯隧道原理图

其次,在最后一条垂线 GJ 上选取点 J 使得 AJ 垂直 GJ.设 AK 为 CB 的垂线,K 为垂足,由此得:

$$AK = CD - EF - GJ,$$
$$BK = DE + FG - BC - AJ.$$

最后,分别在 BC 和 AJ 上取点 L 和点 N,过点 L 和点 N 分别作 BC 和 AJ 的垂线,在两垂线上分别取点 M 和点 P,使得 $\frac{LM}{BL}=\frac{PN}{AN}=\frac{AK}{BK}$.

明显地可以看出 $\mathrm{Rt}\triangle BLM$、$\mathrm{Rt}\triangle BKA$、$\mathrm{Rt}\triangle ANP$ 为相似三角形.因此,只要保证点 P、A、B、M 在一条直线上,即可创造出希腊水利工程的奇迹.

实际上像这样的生活奇迹有很多,创造者都是那些爱动脑筋、善于思考的人.希望我们能像那些勤劳的学者一样,将学习融入生活,创造出生活中的奇迹.

4. 不可及距离，隔河相望——别莱利曼测量河流宽度

前面提到不用攀爬金字塔，就可以测得金字塔的高度. 那么在现实生活中，如果有一条河流，不用渡河，是不是也可以测量出它的宽度呢？

从几何学原理来说，这是可行的. 我们可以构造几何图形，通过其他可测距离把河流的宽度计算出来，这个方法你想到了吗？

20 世纪苏联著名科普作家别莱利曼（1882—1942）在《趣味几何学》中就是利用相似三角形来测量河流宽度的. 他的测量方法仅仅只需要几根木桩就可以了，此举堪称神妙.

测量一条河流在某处的宽度，假定测量河流的宽度是 AB，A 是对岸的一个地点，B 位于你所在的河岸，而你所站的地方是 AB 延长线上的一个点 C.

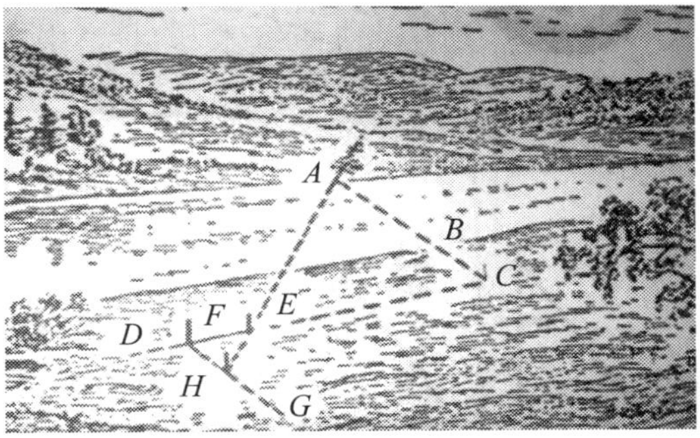

图 14.9　测量河宽

如图 14.9 所示，首先在点 A 处竖立一根木桩作为标记，在点 C 点找出垂直于 AC 的直线 CD.

其次在 CD 的方向上取一个任意点 E，并在 E 点竖立一根木桩，在线段 CE 的延长线上取一点 F，在点 F 处作垂直于 FC 的线段 FG.

最后沿着 FG 的方向前进，找到 H 点，使得从点 H 看向 A 时，点 A 正好被点 E 的木桩遮住，即 A、E、H 三点在一条直线上.

通过图形的展示，我们可以得到 $\triangle ACE \backsim \triangle HFE$ 得到：$\dfrac{AC}{HF} = \dfrac{CE}{FE}$，由此可以得到河流的宽度.

你可能会有疑惑，为什么不能使 $FE = CE$，形成两个全等三角形呢？这样岂不更省事？这当然没错！不过河流较宽时，为了确定点 H 我们就要走很远的路哦！

别莱利曼所提出的测量术不是凭空想象的，而是基于可付诸实施的测量学的基本方法. 现今，相信大家可能会看到这样的情形：有人在马路上放置一个三脚架，顶端有一个仪器，那就是在进行测量. 只不过现在的测量仪器更加精准，但是基本原理还是不变的. 由此可见，几何学的发展是跨越时代的奇迹.

相似三角形的拓展应用

假如你是个设计师，要设计如下方案：在直角三角形空地上设计一个正方形花坛. 你能根据所学的数学知识完美地呈现出设计图纸吗？

勾股容方源于《九章算术》勾股章中第 15 题：

“今有勾五步，股十二步，问勾中容方几何？答曰：‘三步十七分步之九.’”

即直角三角形的两条边长分别是 5 尺和 12 尺，问：直角三角形的内接正方形的边长是多少？

在《九章算术》中刘徽给出了勾股容方的著名公式：以直角三角形的勾股之和作为除数，勾股之乘积作为被除数，做除法运算，则得内接正方形的边长. 即内接正方形的边长 $x=\dfrac{ab}{a+b}$（a、b 分别为直角三角形两直角边长，正方形边长为 x）.

如今我们学习过相似三角形，就可以利用现代知识去推导详细的步骤，在这里只介绍一种算法. 如图 14.10 所示，设勾 $BC=b=5$ 尺，股 $AC=a=12$ 尺，正方形的边长设为 x 尺，因为 $\triangle ABC \backsim \triangle EBF$，所以 $\dfrac{AC}{EF}=$

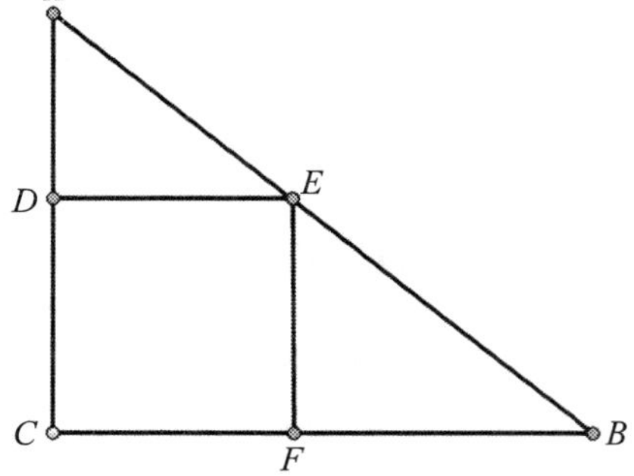

图 14.10　勾股容方

$\frac{BC}{BF}$，即可得出 $x=\frac{ab}{a+b}$（尺）.

现今，人们常常利用勾股容方解决实际生活中的问题，例如，在直角三角形空地上如何设计一个正方形花坛的问题. 经过上述问题的探究，你学会如何设计花坛了吗？

1. 简易测量仪

神奇的相似三角形不仅在数学领域大显身手，还在生活中大放异彩. 这里，我们要介绍一种简易测量仪，它是一种测量距离的仪器，制作非常简单且实用. 如图 14.11 所示，制作一个这样的仪器，只需在一根火柴的一端涂上毫米的刻度就可以了. 当然了，如果想让它看起来更加醒目一些，可以把它涂成黑白相间的颜色. 制作方法对你来说是不是小菜一碟呢？赶紧尝试制作这样一个简易的测量仪吧！

图 14.11 火柴测远仪

需要注意的是，在使用这个仪器的时候，必须事先知道被测物体的大小，只有这样才可以测量出它与你的距离. 下面我们就来了解一下这个仪器的使用方法吧！

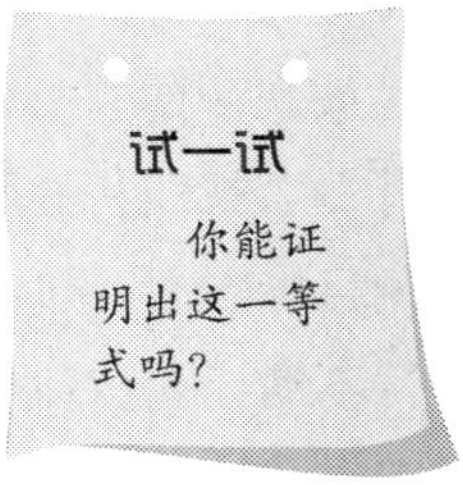

例如，远方有一个人，你想测量出他离你到底有多远，就可以使用“火柴测远仪”进行测量. 首先，把测远仪竖直拿在手中，伸直这条手臂并用一只眼睛看向那个人，使火柴顶端正好跟那个人的头顶重合在一起. 其次，固定住测远仪，在上面找到那个人的脚对应的点，记下这个地方的刻度. 最后，我们就可以利用这个刻度值来计算他和你之间的距离了.

下面的式子就是计算这段距离的公式：

$$\frac{\text{待测量的距离}}{\text{眼睛跟火柴的距离}}=\frac{\text{人的身高}}{\text{火柴上的刻度}}.$$

需要注意的是，利用这种仪器测量出来的数据只能算是估值，但是这种测远仪很容易制作. 如果你恰好比较擅长手工艺，并且足够细心，是完全可以制作出精美且简易的测量仪.

2. 大拇指测距

见到图 14.12 的手势，大家可能会想到“棒”“点赞”，实际上这个手势背后隐藏着无穷的数学奥秘. 这不单单指“棒”的意思，其实此手势可以用来侦测距离，称得上是“大拇指上的数学”. 早期，我国军队中狙击手、炮兵在没有测距仪的情况下，都是依据拇指测距法测量距离的.

图 14.12　拇指测距

小小的拇指居然可以产生如此大的作用，以后在户外目测距离时，当你摆出这个动作时，就能体会到原来数学也可以这么酷！那么如何利用拇指测距呢？其实原理非常简单，如图 14.13 所示，点 A、B 分别是人的左右眼，BC 是向前伸直的右臂，C 为右大拇指的位置，点 E 是被观测的目标. 首先闭左眼并举起右臂 BC，视线从右眼 B 经过大拇指 C 可观测目标点 E，此时从右眼 B 看到目标 E 被大拇指 C 遮住了；然后保持右臂不动，闭上右眼 B，用左眼 A 看拇指 C，发现拇指 C 本来是遮盖着 E 的，现在“跳”到了点 D. 通过这个方法就可以估算出人的位置到被观测物体的距离 BE. 那你能破解拇指测距法的原理吗？

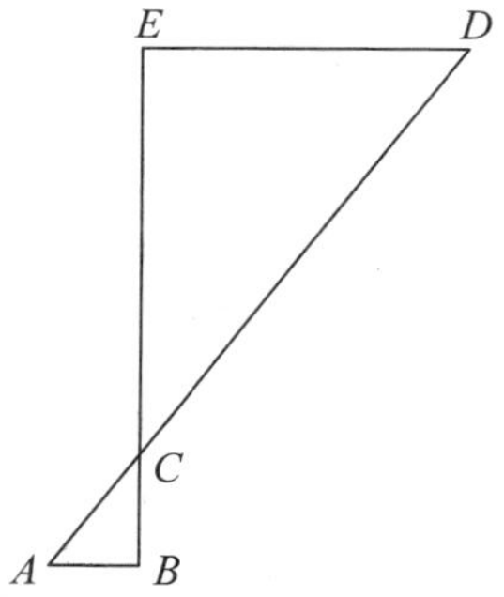

图 14.13　拇指测距法原理

对，其实这种测量法就是利用相似三角形原理的. 真是“拨开迷雾见真知”，是不是顿时豁然开朗了呢？

因为 $\triangle ABC \backsim \triangle DEC$，所以$\frac{AB}{DE}=\frac{BC}{EC}$，由于成人左右眼之间的距离与手臂的长度是可以大体估算的，一般情况下 AB 长大约为 6cm，BC 长大约为 60cm，所以只要估算出 DE 即可，这就要求大家平时对常见的参照物留心观察，从而利用拇指测距法测算距离，当你真正理解拇指测距法的原理，你就会体会到原来数学是如此有趣且实用.

想必大家都知道，在刑事调查中，公安机关常利用辨别指纹的设备锁定犯罪嫌疑人，并将其抓捕归案. 指纹是生物特性的一个典型标识，具有唯一性与不变性，所以利用指纹识别技术侦测犯罪嫌疑人是非常可靠的办案手段.

虽然指纹图像在提取过程中，用力不均和手指接触指纹采集仪的部位不同等因素，会导致指纹图像发生尺寸改变、平移和旋转等，但对指纹中的任何一个特征点来说，其相邻特征点之间的特征信息是不变的. 如：尺寸改变、平移和旋转都不会引起三个特征点所构成的三角形相似性的改变. 根据这些不变的信息，基于三角形局部特征点模型的匹配算法，可以使匹配有更高的可靠性和识别性. 根据生物特征不变的特性，即可利用三角形的相似性对指纹图像进行匹配. 侦查人员正是灵活利用这一特点鉴别出犯罪嫌疑人的. 正所谓，有了数学的神助，才能天网恢恢，疏而不漏！

经典赏与练

【例 1】 “今有邑，东西七里，南北九里，各开中门，出东门一十五里有木，问：出南门几何步而见木？”这段话摘自《九章算术》，意思是说：如图 14.14 所示，矩形城

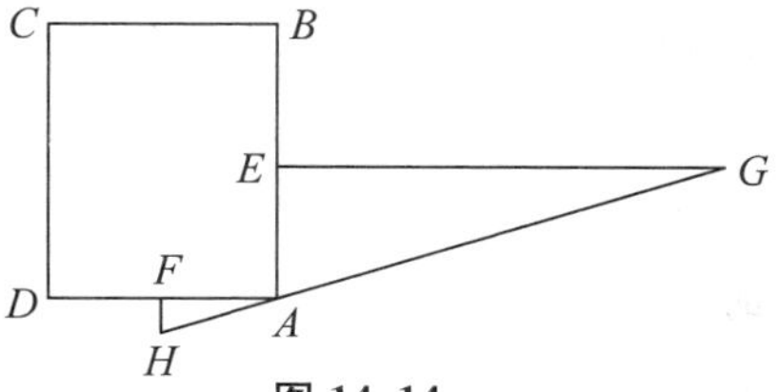

图 14.14

池 $ABCD$，东边城墙 AB 长 9 里，南边城墙 AD 长 7 里，东门点 E、南门点

F 分别是 AB、AD 的中点，$EG \perp AB$，$FH \perp AD$，$EG = 15$ 里，HG 经过 A 点，则 $FH =$ ________ 里.

解析：证 $\triangle GEA \backsim \triangle AFH$，可得 $\frac{EG}{FA} = \frac{EA}{FH}$，代入数字，解得 $FH = 1.05$ 里.

【例 2】 如图 14.15 所示，已知 $\triangle ABC \backsim \triangle DBE$，$AB = 6$，$DB = 8$，则 $\frac{S_{\triangle ABC}}{S_{\triangle DBE}} =$ ________.

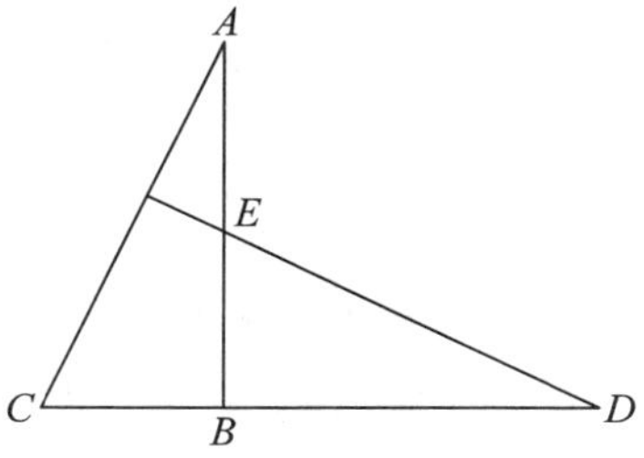

图 14.15

解析：因为 $AB = 6$、$DB = 8$，所以 $\triangle ABC$ 与 $\triangle DBE$ 的相似比为 $\frac{3}{4}$，又因为相似三角形面积的比等于相似比的平方，所以 $\frac{S_{\triangle ABC}}{S_{\triangle DBE}} = \frac{9}{16}$.

小试牛刀

1. 今有一座古方城，四面正中都开门.
南门直行八里止，脚下有座塔耸立.
又出西门二里停，切城角恰见塔形.
请问诸君能算者，方城每边长是几？

2. 有一块锐角三角形余料 ABC，它的一边 BC 长 12 厘米，BC 边上的高为 9 厘米，现要把它分割成若干个邻边长分别为 4 厘米和 2 厘米的小长方形零件，分割方式如图 14.16 所示（分割线的耗料不计），使最底层的小方形的长为 4 厘米的边在 BC 上，则按图 14.16 方式分割成的小长方形零件最多有多少个？

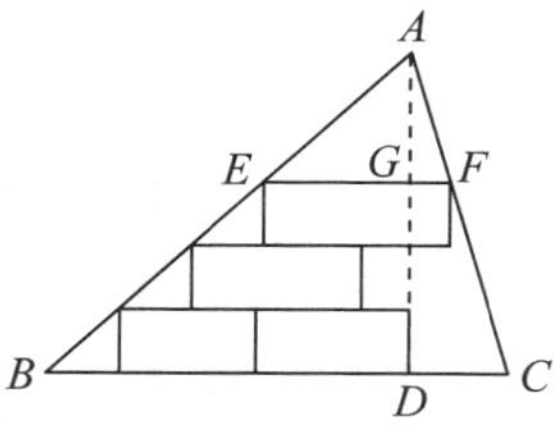

图 14.16

第 15 章

绣面芙蓉一笑开　黄金分割美人来

——走进美妙的黄金分割

引子

100 多年前，一位心理学家做了这样一个有趣的实验：他精心设计出 4 组图形，如图 15.1 所示，每组中包含几个不同的矩形，然后邀请许多朋友来参观，让他们分别从每组中选出自己认为最美的矩形. 结果 592 名来宾选出了 4 个大家共同认为最协调、匀称、舒适的矩形.

选一选

如果你是被邀请的宾客，你会选择哪些矩形呢？你认为你选出来的矩形有什么神奇的相同之处？

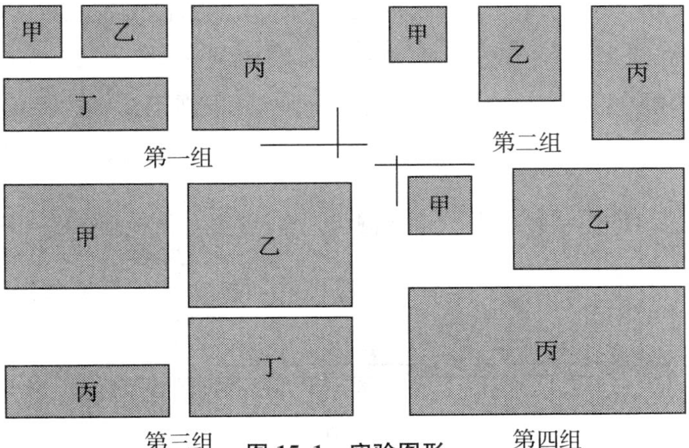

图 15.1　实验图形

黄金分割的探索之旅

在引子段的实验中，你选出了哪些矩形？你是不是也很好奇，100年前的人们会不会和今天的我们有一样的审美观呢？跨越百年的审美是传承还是转变，抑或颠覆？到底是什么左右着我们的审美观？答案马上揭晓.

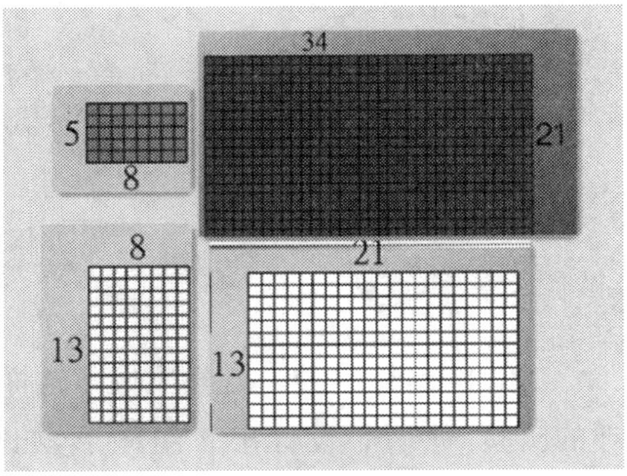

图 15.2　实验结果

图 15.2 的实验结果就是宾客们选出的四个矩形，它们虽然大小不同，粗一看没什么共同之处. 但是当我们从数学的角度去思考这个问题的时候，我们不难发现，这四个矩形的宽与长之比竟然都接近 0.618！聪明的你一定熟悉这个神奇的数字，对，它就是著名的“黄金分割比”. 其实这个实验结果不是巧合，正是数学的艺术之美的经典诠释！

如果把一条线段 AB 分成长度不相等的两部分 AM 和 MB，使较长的线段 AM 是较短线段 MB 与原线段 AB 长度的比例中项(即三个量成连比例，例如 $a:b=b:c$，b 叫作 a 和 c 的比例中项)，那么，我们把这种分割叫作黄金分割，分点 M 叫作黄金分割点. 根据定义，线段 AB、MB 有下列关系：$AM^2=AB\cdot MB$. 如图 15.3，设 $AB=1$，$AM=x$，则 $MB=1-x$，从而有 $x^2=1\times(1-x)$. 解此方程，并舍去负根，得 $x=\dfrac{\sqrt{5}-1}{2}\approx 0.618$，因此 $AM:AB\approx 0.618$. 一般地我们称 0.618 为黄金比例.

图 15.3　黄金分割图解

在数学中，有许多事物都是“美的”，不过有些时候，这种美并不是显而易见的. 但黄金分割却不一样，无论它以何种形式呈现出来，都能让人一眼看出它的美. 现在让我们来剖析黄金分割的数学奥妙吧！

1. 神秘的五角星——毕达哥拉斯

根据现代数学家推测，黄金分割是由公元前 6 世纪著名的古希腊数学家、哲学家毕达哥拉斯(Pythagoras，约前 580—前 497)发现的. 他从数学原理出发，在研究正五边形和正十边形的作图过程时，从五角星中发现了黄金分割的数学原理.

事实上五角星图形很早就出现了，在幼发拉底河下游乌鲁克(Uruk)出土的 5000 年前的泥板上就有一个不甚标准的五角星图案. 在希腊，五角星曾被赋予人形，象征着希腊健康女神海洁雅(Hygeia). 因此毕达哥拉斯学派称五角星为“健康”，学派成员之间互通重要信件也直接以“祝您健康”作为对肉体与灵魂最恰当的问候，而不是“祝您快乐”或其他.

毕达哥拉斯学派组织严密，成员之间有共同的哲学理想和政治信仰，五角星逐渐演变为秘密组织的徽章或联络的标志. 关于五角星标志，还有这样一个小故事：传说这个组织的一个成员流落异乡，贫病交迫，幸得一名好心的房主收留，由于苦于无力酬谢房主的款待，他在临终前请求房主在门廊上画上一个五角星. 多年后，同派的人看到了这个标志，询问起事情的经过，重金报答了房主当年对同门的恩情.

希腊科学史家欧德莫斯(Eudemus，约前 320—不详)将五角星用作联络标志的原因归于：五角星依赖黄金分割，代表了学派的荣誉. 但毕达哥拉斯学派的门徒清楚他们对于五角星与黄金分割的证明并不严格，所以将其保密并宣称如果泄露秘密将会遭到厄运.

原来看似普通的五角星竟有着如此神秘的历史背景，那么毕达哥拉斯学派誓死守卫的秘密真的不能被证明吗？五角星和黄金分割到底有什么关系呢？别着急，我们一起来揭开这层被尘封的秘密.

我们都知道，想要画一个标准的五角星可先画一个正五边形，然后连接它的对角线，就可以得到一个标准的五角星.如图 15.4 所示：

想一想

如何绘制一个正五边形？

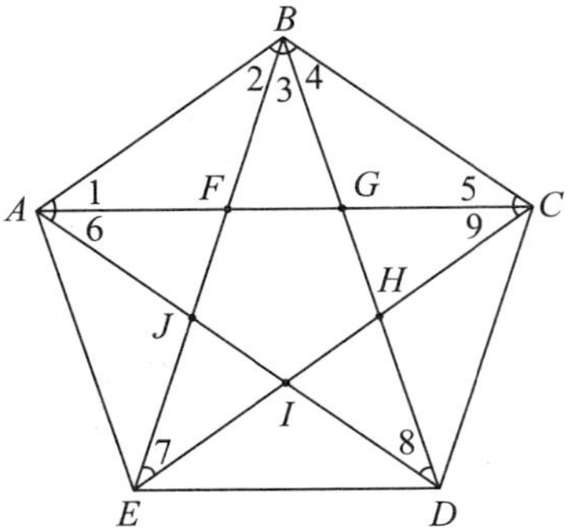

图 15.4　正五边形与五角星

解析：因为正五边形的内角和$=180°\times(5-2)=540°$，所以正五边形每个内角的度数$=540°\div5=108°$.

由等腰三角形的性质我们很容易证得$\angle1=\angle2=\cdots=\angle8=36°$，现在我们把其中一个$\triangle BED$单独拿出来研究，如图 15.5 所示.

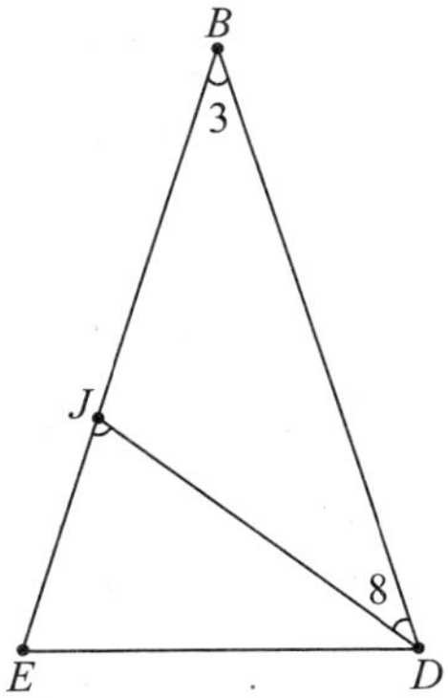

图 15.5

容易证得两三角形相似，即$\triangle BED\backsim\triangle DJE$，

所以$\dfrac{BE}{DJ}=\dfrac{ED}{JE}$.

再根据等腰三角形的性质，得

$ED=DJ=BJ$，所以$\dfrac{BE}{BJ}=\dfrac{BJ}{JE}$.

所以点 J 是线段 BE 上的黄金分割点.

同理，我们可以证得在这个五角星中，点 F、G、H、I、J 都是相应线段上的黄金分割点.同时，我们可以发现：

想一想

在一个五角星里有多少个黄金三角形呢？

$\triangle BED$ 的底边长比腰长也满足黄金比例，它的底角为 72°，顶角为 36°. 那么我们称这样的三角形为“黄金三角形”.

2. 消失的证明法——欧多克斯

欧多克斯出生于一个世代行医的家庭，年轻时就读于著名的尼多斯医科学校. 毕业后，欧多克斯当过医生赛奥梅顿(Theomedon)的助手. 公元前 368 年，在当助手的时候，他随同赛奥梅顿去雅典作为期两个月的访问. 赛奥梅顿在皮雷埃夫斯(Piraeus)为他安排了住所，但是求知欲望驱使他每天步行十几千米，往返于皮雷埃夫斯和雅典之间，只为了去“学园”聆听柏拉图等大师们的演讲. 在这两个月里，他深受大师们的激励，增强了研究数学、天文学和哲学的志趣，并和柏拉图建立了深厚的友谊.

根据欧德莫斯在《几何学史》中的记载，欧多克斯在研究中末比(后称黄金分割)时应用了分析法. 在这方面的工作痕迹，可用《几何原本》卷Ⅹ命题 5 来说明. 命题 5 是一个关于中末比的定理，一些古代手稿表明，命题 5 原先是根据比例的一般性质用分析法予以证明的. 这一证法很可能出自欧多克斯之手，因为他在解倍立方问题时，像阿尔希塔斯一样曾应用机械来解几何问题，为此还遭到主张把作图工具严格限制为直尺和圆规的柏拉图的批评. 埃拉托色尼(Eratosthenes，前 276—前 194)曾经在一本书中引述过欧多克斯的证明方法，可惜的是这段记述已经失传了.

3. 伟大的几何王——欧几里得

在欧几里得所著的《几何原本》中(图 15.6)，黄金分割正式登上数学历史舞台。该著作记载了黄金分割概念的历史发展，并第一次用几何的方法给出了黄金分割的

图 15.6 《几何原本》

计算.关于《几何原本》,史书中还记载了这样一个故事:有一天托勒密王问欧几里得,除了他的《几何原本》,还有没有其他学习几何的途径.欧几里得回答道:“在几何里,没有专为国王铺设的大道(There is no royal road to geometry).”后来,这句话成了传诵千古的学习箴言.欧几里得告诉我们,在数学面前,没有国王和平民之分.数学的宝藏平等地接受勇者们的探寻.

诗人埃德加·圣·文森特·米莱写过一首诗,标题是《欧几里得追求纯粹的美》,用这首诗来歌颂他在几何学上取得的巨大成就,而《几何原本》正是这位伟大的几何王创立几何国度的圣书.让我们一起踏上寻宝的旅程,在这本圣书中寻找黄金分割的线索吧!

首先,有关黄金分割的系统论述最早出现在《几何原本》卷Ⅱ命题11中,“分已知线段,使它和一条小线段所构成的矩形等于另一小段上的正方形.”该命题实际上用几何的方法找到了一条线段的黄金分割点.卷Ⅳ命题10中“求作一个等腰三角形,使它的每一个底角都是顶角的二倍”,这不就是我们上面所说的“黄金三角形”吗?欧几里得对于这个命题的证法也是依靠卷Ⅱ命题11的做法找到一条线段的黄金分割点的.在卷Ⅳ命题11:“求作已知圆的内接等边且等角的五边形.”这个命题的解法同样是在上一个命题10的基础上应用的.之后卷Ⅵ定义3给出黄金分割定义:“分一线段为二线段,当整体线段比大线段等于大线段比小线段时,则称此线段被分为中外比(即黄金分割).”随后卷Ⅳ命题30:“分已知有限直线成中外比.”正式提出如何作黄金分割的问题,该命题还用于卷ⅩⅢ命题1～6,8～11,16～18.这就是《几何原本》中关于黄金分割的全部内容.

细读这部分内容就不难发现,这些命题与毕达哥拉斯学派还有欧多克斯的思想方法很相似.由此很多数学家推断,欧几里得是在吸收前人的思想上,进一步总结归纳出对黄金分割的系统论述,如果你对这里的黄金分割感兴趣的话,不妨也仿照我们的寻宝之旅,去《几何原本》里探个究竟.

1. 初登历史——中外比

欧多克斯对数学的最大贡献是创立了关于比例的新理论，打破了不可公度量的限制. 在研究比例的过程中，他提出这样一个问题："能否将一条线段分为不相等的两部分，使较长部分为原线段和较短部分的比例中项？"他通过研究发现，可以将一条已知线段分为两段，使之满足长线段与短线段之比等于全线段与长线段之比，即长线段为全线段与短线段的比例中项. 于是，欧多克斯将这种比例中项特称为"中外比".

2. 化繁为简——分割

普罗克洛斯在《关于欧几里得几何原本第一卷的评注》中使用"分割"一词，学术界普遍认为这指的是"将一条线段分成中末比". 渐渐地，"中末比"又被"分割"取代了.

3. 顶礼膜拜——神圣比例

中世纪以后，黄金分割披上了神秘的外衣，这使得包括文艺复兴时期的数学家帕乔利（Luca Pacioli，1445—1517，图 15.7）在内的数学家们为之倾倒. 1497 年帕乔利应邀到米兰公爵 L. 斯福尔扎（Sforza）府上讲授数学，在那里遇到意大利文艺复兴时期的著名画家、科学家达·芬奇（da Vinci，1452—1519）. 从达·芬奇留下的笔记中得知，自 1496 年起，达·芬奇跟着帕乔利在米兰学了 3 年几何学，据说他还因为太过沉迷几何学而耽误了艺术创作. 在达·芬奇遗留的手稿中，他多次提到如何把学来的透视法及比例学，运用在绘画创作中. 为了答谢恩师，达·芬奇为帕乔利 1509 年的著

图 15.7　帕乔利

作《神圣比例学》(讨论几何学中所谓的“黄金比例”)画了60多幅精美的插图(图15.8). 1509年,帕乔利在威尼斯出版了3卷本著作《神圣比例》,书中他将黄金分割称作神圣比例,并认为世间一切美的事物都必须服从黄金分割这个奇妙的比例法则.

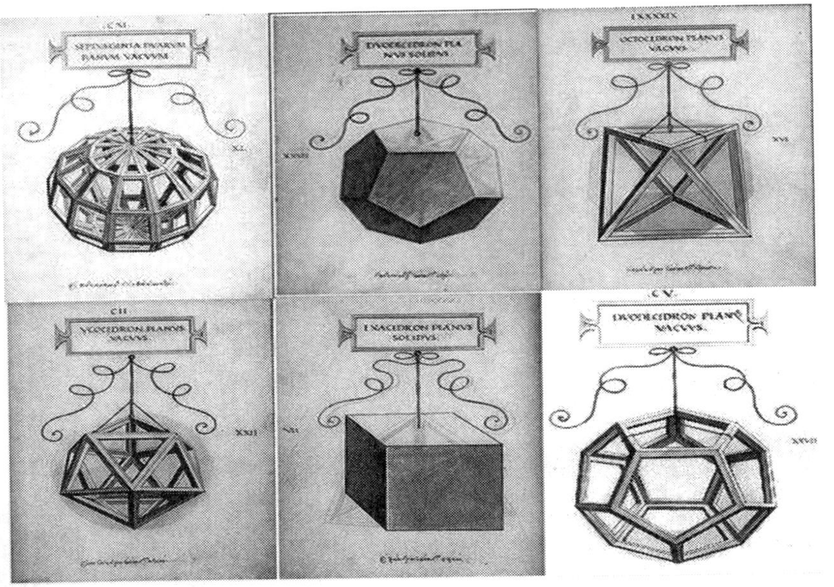

图15.8 《神圣比例》部分插图

帕乔利写这本书的部分原因是为了将艺术与数学融合得更加完美. 在书的第一页,他就公开表达了自己的意愿,即借助黄金分割向艺术家们展示“和谐结构的秘密”.《神圣比例》的出版引起人们对黄金分割的兴趣,许多艺术家因为帕乔利的著作开始接受黄金分割,它不仅仅是数学术语,还可以为艺术所用. 从几何学观点看,《神圣比例》比他的另一部著作《集成》更有价值. “神圣比例”一词的创用使人们对黄金分割产生顶礼膜拜的心境.

4. 几何宝藏——比例分割

1596年德国杰出的天文学家、物理学家、数学家约翰尼斯·开普勒(Johannes Kepler,1571—1630,图15.9)在宇宙论方面发表了第一本重要著作《神秘的宇宙》. 在书中他明确主张哥白尼体系,同时也沿袭了毕达哥拉斯和柏拉图用数来解释宇宙构造的神秘主义理论. 在这本书中,他介绍了黄金分割的相关内容——镶嵌式瓷砖问题,并且称黄金分割为比例分割. 书中他还写道:

“几何学有两大宝藏,一个是勾股定理,一个是黄金分割. 前者有如珠玉,后者堪称黄金.”

图 15.9　开普勒

5. 广为流传——黄金分割

德国著名数学家马丁·欧姆(Martin Ohm,1792—1872)(发明欧姆定律的著名物理学家乔治·欧姆的弟弟)在他 1835 年再版的《纯粹基础数学》的脚注中这样写道:“人们还常常把任意直线的这种划分称为‘黄金分割’……”而在他的第一版书中并没有出现,说明“黄金分割”这个术语在 19 世纪 30 年代才流行起来,并被广泛接受.

1. 群峰倒影山浮水——对称性

还记得毕达哥拉斯学派神秘的五角星吗?当时我们在五角星里找到了五个黄金分割点,也就是每条对角线上都有两个分割点. 你有没有发现什么奇妙的性质呢?现在我们不妨来看看这条线段,如图 15.10 所示.

图 15.10

若 C 是线段 AB 的黄金分割点,O 是 AB 中点,D 是 C 关于 O 的对称点,则 D 也为 AB 的黄金分割点.

证明:因为 $\frac{BD}{AB}=\frac{AC}{AB}=\frac{BC}{AC}=\frac{AD}{BD}$,所以 $BD^2=AD\cdot AB$,可得 D 也是 AB 的黄金分割点. 可以证明一条线段有两个黄金分割点,它们分

别靠近这条线段的两个端点，且关于线段的中心对称. 是不是很奇妙？

2. 年年岁岁花相似——迭代性

通过对称性我们知道一条线段上有两个黄金分割点，那么我们可不可以通过一些变化在这条线段上找到更多的黄金分割点呢？如图 15.11 所示，我们依然选取一条线段 RS，若点 P_1 是 RS 上的黄金分割点（RP_1 较长），在 RP_1 上作点 P_2 使 $RP_2 = P_1S$，则 P_2 是 RP_1 上的黄金分割点；在 RP_2 上作点 P_3 使 $RP_3 = P_2P_1$，则 P_3 是 RP_2 上的黄金分割点……这个过程可以无限进行下去，即若一条线段被分成黄金比例，则较长的线段也可以被较小的线段分成黄金比例.

图 15.11

证明：因为$\frac{P_1S}{RP_1} = \frac{RP_2}{RP_1}$满足黄金分割比，所以 P_2 也是 RP_1 上的黄金分割点.

同理可以证明 P_3 也是 RP_2 上的黄金分割点.

关于黄金分割的迭代性最有名的例子就是黄金矩形（将宽比长满足黄金比例的矩形称为黄金矩形）. 如图 15.12，在黄金矩形 $ABCD$ 内以 AD 为边长截取一个正方形，剩下的矩形 $EFCB$ 仍然是一个黄金矩形.

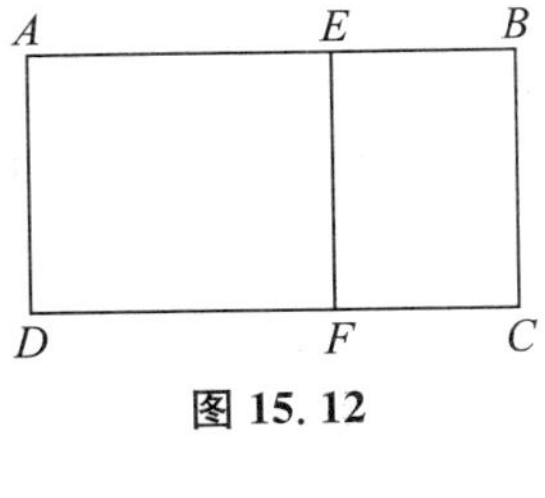

图 15.12

依此截取下去，我们会发现一个奇妙的图形：相邻边长之比为黄金比例并且依次呈螺旋形排列的正方形，并且如果将这些正方形内的$\frac{1}{4}$圆弧连接起来，会构成一个平滑的螺旋，即黄金螺旋，也称为等角（对数）螺旋，如图 15.13(a). 光滑的等角螺线随着正方形的不断缩小，将无限趋近于一点，这一点就是图 15.13(b)中虚线 AC 和 DF 的交点 O. 还记得数学家帕乔利称黄金分割为"神圣比例"吗？鉴于黄金分割所赋有的神秘色彩以及人们对黄金分割的顶礼膜拜，数学家克里福德·A. 皮克福将这个永远达不到的点称为"上帝之眼".

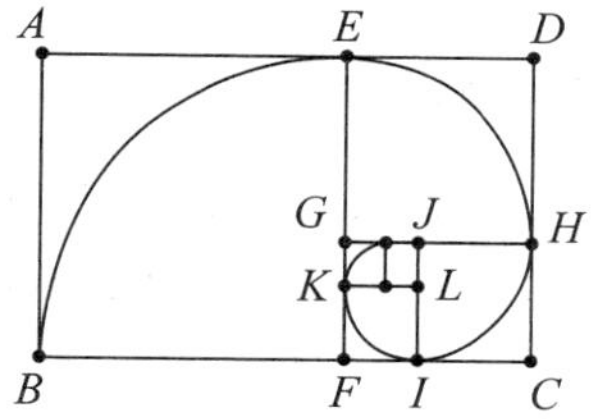

(a)

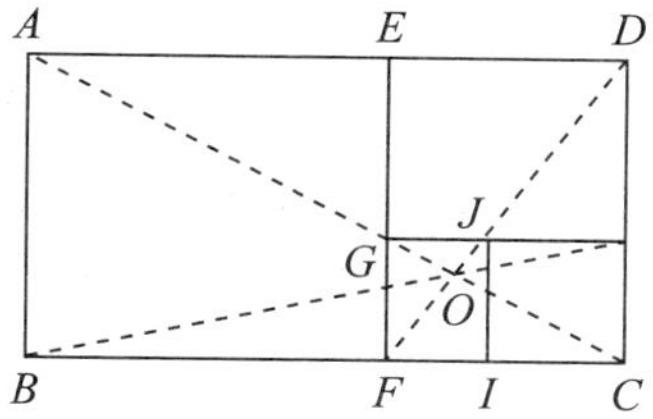

(b)

图 15.13

3. 横看成岭侧成峰——黄金比例

我们看到了那么多关于黄金分割的几何性质，在它们的证明过程中都离不开一个神奇的比例，正是我们在探索之旅的开端为大家介绍的 $x=\frac{\sqrt{5}-1}{2}\approx 0.618$，也被称为黄金比例，我们用 φ 来表示.

那么黄金数的精确值到底是多少呢？在深入了解之前，我们可以拿出计算器感受一下这个数字的趣味. 我们在计算器中输入 1.6180339887，然后按平方按钮，你看到令人惊讶的结果了吗？现在再次输入这个数字，然后按一下 $\frac{1}{x}$ 按钮，是不是很有意思？原来 1.618033988 的平方是 2.618033988，而且它的倒数是 0.6180339888. 哇，它们小数点后的数字都是一样的！

其实，根据黄金比例的推导过程我们可以也发现这样的特性，$\varphi^2=1-\varphi$ 或 $\frac{1}{\varphi}=\varphi+1$.

1977 年加利福尼亚康科德的保罗·S. 布鲁克曼在《斐波那契季刊》上发表了一篇趣味诗歌，名为《黄金分割之歌》. 这首诗的第一段是这样的：

黄金分割好荒谬，
它非普通无理数.
你若将它倒过来，(好玩)
它的倒数是自己，(加 1)
如你将它被 1 减，
它的平方在这里.(相信我没错)

黄金分割在那个时期不仅被数学家们津津乐道，还被编写进了诗歌，被大众广为传颂.学会了这首趣味诗，是不是被黄金比例的神奇性质所迷倒呢?

实际上根据黄金比例的表达式，我们可以通过计算机很容易地算出更精准的结果.1966 年 M.伯格在 IBM1401 计算机上用了 20 分钟计算到小数点后第 4599 位.1996 年 12 月黄金比例已经被计算到小数点后 1000 万位，这个过程仅需 30 分钟.

我们再来看看这样一道题目，求这个分数的值.

$$1+\cfrac{1}{1+\cfrac{1}{1+\cfrac{1}{1+\cfrac{1}{1+\cdots}}}}$$

这是一个连分数，我们可以设它的值为 $x(x>0)$，由此可以得到，

$$x=1+\cfrac{1}{1+\cfrac{1}{1+\cfrac{1}{1+\cfrac{1}{1+\cdots}}}}$$

因为连分数是无穷尽的，所以等式右边第二项的分母等于 x，因此得到 $x=1+\dfrac{1}{x}$.

两边再同时乘上 x，得到 $x^2=x+1$，解出 $x=\dfrac{1+\sqrt{5}}{2}$(另一根为负值，已舍去)，$\dfrac{1}{x}=\dfrac{\sqrt{5}-1}{2}$.这个连分数的倒数居然也是黄金比例.

保罗·S. 布鲁克曼的诗歌《黄金分割之歌》也提到了这个属性：

我能用连续分数来表达我，

我说 1,1,1，直到你心烦，

经过简化的我，又最简单，

是不是能打动你的心弦？

一个看似简单的无理数竟然有如此妙趣横生的性质，我们不得不想起那句老话："生活中不缺乏美，缺乏的是发现美的双眼."其实数学也从不枯燥，褪去"高冷"的外表，你就会发现里面藏着一颗"火热"的内心.

黄金分割的拓展应用

在探索之旅部分，我们介绍了欧多克斯和欧几里得对黄金分割的贡献. 欧多克斯擅长运用比例，而欧几里得更喜欢利用几何的方法. 在这里，我们不妨对比一下这两种方法，你更喜欢哪一种？

问题：在一条直线 AB 上，如何确定这条线上的黄金分割点？

1. 欧多克斯的方法

作法：如图 15.14，作线段 AB，过 B 作 $BC \perp AB$，且 $BC=\frac{1}{2}AB$，连接 AC. 以 C 为圆心，CB 长为半径作圆弧交 AC 于 D，以 A 为圆心，AD 长为半径作圆弧交 AB 于 E，则 E 为所求的点.

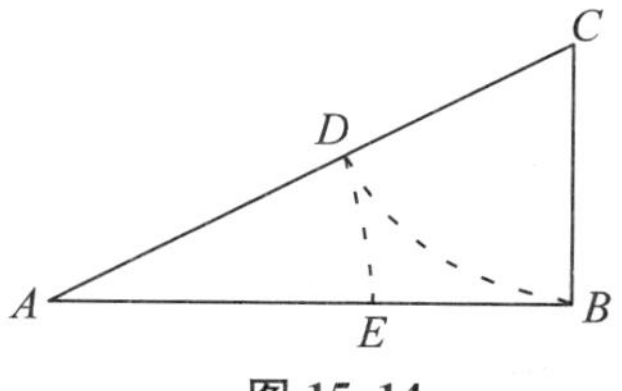

图 15.14

证明：根据勾股定理可得，$AB^2+CB^2=AC^2$，进一步化得 $AB^2+CB^2=AD^2+CD^2+2AD\cdot CD$，又根据 $CD=CB$，$AD=AE$，$AB=2CB$，

所以 $AB^2=AE^2+2AE\cdot CB=AE^2+AE\cdot AB$.

$AB(AB-AE)=AE^2$，即 $AB\cdot BE=AE^2$. 点 E 满足黄金点的定

义，是黄金分割点.

2. 欧几里得的方法

作法：如图 15.15，作线段 AB，以 AB 为边作正方形 $ABCD$，取 AD 的中点 E，连接 EB，延长 DA 至 F，取 EF 等于 EB. 以 AF 为边作正方形 $AFGH$，则可证 H 就是线段 AB 上所求的黄金分割点.

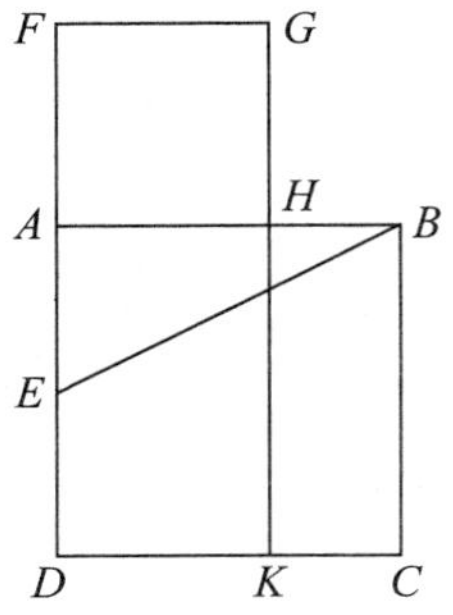

图 15.15

证明：由 E 是 AD 中点，AF 是线段 DA 延长线，利用《几何原本》卷 Ⅱ 命题 11 得 DF 和 AF 构成的矩形面积与以 AE 为边构成的正方形的面积之和等于以 EF 为边构成的正方形面积. 即：$DF \cdot AF + AE^2 = EF^2$.

又 $EF = BE$，且由勾股定理得 $BE^2 = AB^2 + AE^2$，所以

$$\begin{aligned} AB^2 &= BE^2 - AE^2 = EF^2 - AE^2 = DF \cdot AF \\ &= (AF + AD) \cdot AF = AF^2 + AD \cdot AF \\ &= AH^2 + AD \cdot AH \\ &= AH^2 + AB \cdot AH. \end{aligned}$$

所以 $AB(AB - AH) = AH^2$，$AB \cdot BH = AH^2$. 即 H 为线段 AB 上的黄金分割点.

看上去欧几里得的方法更复杂一点，但其实两种方法是类似的，他们都运用到了直角三角形的勾股定理，欧几里得更侧重用面积方法即几何思想来证明，这其实是大同小异的，也就进一步印证很多历史学家的猜想，欧几里得在黄金分割的理论中采用了欧多克斯的思想方法.

在介绍这一部分内容之前，让我们先介绍数学史上另外一个著名的数列——斐波那契数列，这个数列来源于兔子的繁殖问题. 但是在自然界中，有很多其他的例子也满足斐波那契数列，今天让我们翻翻雄蜂的家谱，了解什么是斐波那契数列吧！

我们知道，在蜜蜂家族中，有工蜂和蜂后这样的阶级划分，工蜂的蛋不能孵化为雄蜂，所以雄蜂只有母亲没有父亲. 另一方面，蜂后的蛋可以受精并孵化为雌蜂（成为工蜂或蜂后），于是雌蜂就有父亲和母亲. 因此一个雄蜂有一个母亲，两个祖父母，三个曾祖父母（他祖母的父母和祖父的母亲），五个曾曾祖父母（两个曾祖母的父母，一个曾祖父的母亲）等等. 家谱中的数字为 1，1，2，3，5，…这个数列有着这样的特征，除了最前两个数之外，任何一个数都等于前两个数之和，我们把这样的数列称为斐波那契数列，该家谱图如图 15.16 所示.

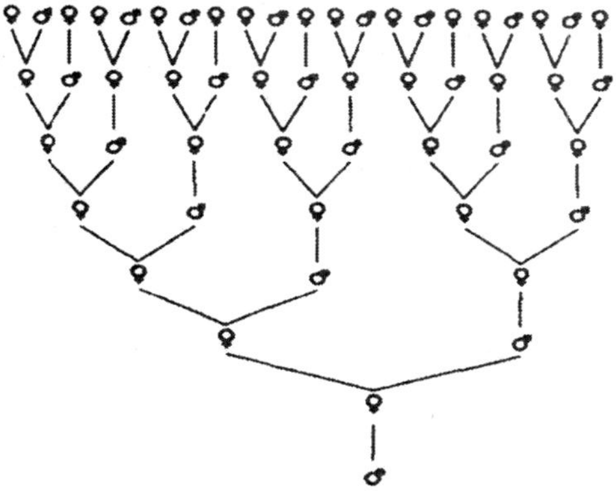

图 15.16

你们一定很疑惑，斐波那契数列和我们的黄金分割有什么关系呢？别着急，让我们再仔细瞧一瞧斐波那契数列：

1，1，2，3，5，8，13，21，34，55，89，144，233，377，610，987，…，这次，我们看连续数字的比值：

$$\frac{1}{1}=1.000000,\frac{2}{1}=2.000000,$$

$$\frac{3}{2}=1.500000,\frac{5}{3}\approx1.666666,$$

$$\frac{8}{5}=1.600000,\frac{13}{8}=1.625000,$$

$$\frac{21}{13}\approx1.615385,\frac{34}{21}\approx1.619049,$$

$$\frac{55}{34}\approx 1.617647, \frac{89}{55}\approx 1.618182,$$

$$\frac{144}{89}\approx 1.617989, \frac{233}{144}\approx 1.618056,$$

$$\frac{377}{233}\approx 1.618026, \frac{610}{377}\approx 1.618037,$$

$$\frac{987}{610}=1.618033.$$

最后的数字是不是很熟悉？当我们沿着斐波那契数列不断往后看时，会发现两个连续数字之间的比例虽然在波动，但是却越来越接近黄金比例的倒数！如果我们把第 n 个斐波那契数字定义为 F_n，第 $(n+1)$ 个为 F_{n+1}，则当 n 越大时，$\frac{F_n}{F_{n+1}}$ 的比值越接近黄金比例的倒数，并且我们将黄金比例的倒数称为黄金数. 这一特性在 1611 年被著名的天文学家开普勒发现，但是一百多年后，斐波那契数列与黄金比例之间的关系才被苏格兰数学家罗伯特辛森证实.

那么为什么斐波那契数列与黄金分割有关呢?还记得探索之旅中神奇的连分数吗?我们把黄金数表示成：

$$\frac{1}{\varphi}=1+\cfrac{1}{1+\cfrac{1}{1+\cfrac{1}{1+\cfrac{1}{1+\cdots}}}}$$

如果我们一直算下去，可以得到黄金数的近似值(也可以得到黄金比例的近似值)，我们不妨试试看这个过程，然后你就会明白为什么斐波那契数列的连续比值和黄金数有关.

$$1=1.000000,$$

$$1+\frac{1}{1}=\frac{2}{1}=2.000000,$$

$$1+\frac{1}{1+1}=\frac{3}{2}=1.500000,$$

$$1+\cfrac{1}{1+\cfrac{1}{1+1}}=\frac{5}{3}=1.666666,$$

$$1+\cfrac{1}{1+\cfrac{1}{1+\cfrac{1}{1+1}}}=\frac{8}{5}=1.625000.$$

此特性在著名博物学家达西·温特沃斯·汤普森爵士所著的《不规则碎片形论著》中得到了完美描述:“关于这个令人惊奇的数列,有位数学家朋友写信说道:‘所有有关连续分数,线形重复关系……的神奇都在这里体现.它们是无尽好奇心的源泉.看着它们奋力想达到永远无法到达的黄金比例是多么的有趣,而这只是众多关系中的一种.’”

1. 建筑的巧合

在探索之旅中我们介绍了黄金矩形,而举世闻名的完美建筑古希腊巴特农神庙(图 15.17),它的高和宽的比是 0.618,正是我们所说的黄金矩形.巴特农神庙是古希腊建筑的典范,坐落于阿提卡半岛上.神庙建筑于古希腊数学繁荣时代,它的美丽就在于遵循了严格的数学法则.建筑师们也发现了按这样的比例来设计建筑物会更加雄伟、美丽.

图 15.17　巴特农神庙

除了具有异域风情的国外建筑,我国的故宫(图 15.18)在设计上也与黄金分割的“巧合”,最突出的表现就是故宫的“门”.故宫中轴线的众多的门,含有空间上的阶段意义,也使“侯门深似海”的视觉效果达到了极致.著名作家汪曾祺(1920—1997)20 世纪 40 年代末曾在午门的历史博物馆工作,对此深有体会.他写道:“午门是真正的‘宫门’.进了天安门、端门,这只是宫廷的‘前奏’,进了午门,才算是进了宫.有午门没有午门是大不一样的.没有午门,进了天安门、端门,直接看到三大殿,就太敞了，好像一件衣裳没有领子. 有午门当中一隔，后面是什么，都瞧不见，这才显得宫里神秘庄严，深不可测.”俯瞰紫禁城，中轴线上“门”及其他宫殿建筑的排列并不等距，疏密不同的间隔，可以产生出韵律感. 从天安门至午门，一道狭长的空间，中间以端门相隔. 端门的位置近天安门而远午门，并不取中. 两段距离之比值为 0.692，接近于黄金分割比的 0.618. 午门至太和门，端门至午门的距离比值也接近黄金分割比. 再向前，午门、太和门、太和殿三点排列，太和门约略处于前后等距的位置上. 然而，太和门前，五座内金水桥并列于中轴线上，起到分割线段的作用. 内金水桥的位置偏近于午门，在午门与太和门之间形成黄金分割. 同时，以这五座桥与太和门的距离，来比较太和门至太和殿的距离，也会获得一个接近于黄金分割比的数值.

图 15.18　故宫

2. 比率的轮回

除了黄金矩形之外，被冠以“黄金图形”的几何图形还可以列出很多，如黄金三角形（图 15.19）、黄金椭圆、黄金立方体等，它们的共性是图形中包含了黄金分割比 φ. 还记得我们在探索之旅部分讲到的黄金三角形吗？它也是除黄金矩形以外的另一个比较好的黄金图形. 我们已知顶角为 36° 的等腰三角形是黄金三角形，它的腰长和底边的比值为 φ，以该三角形的底边为腰继续作等腰三角形，如此下去，就得到一系列的黄金三角形，且相邻黄金三角形的相似比为 φ.

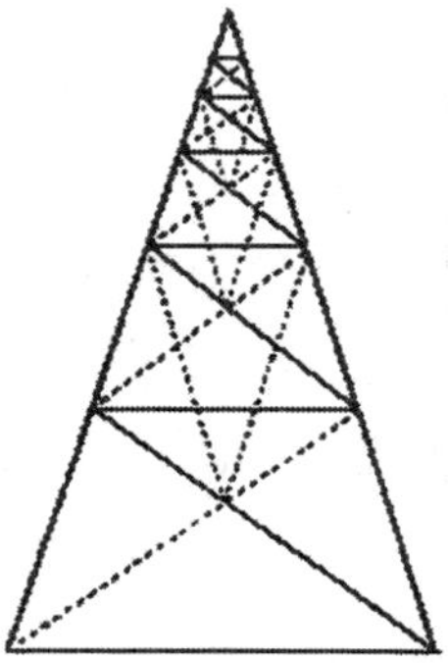

图 15.19　黄金三角形

同样在探索之旅部分，我们在五角星中探寻了很多有关黄金分割的性质，五角星出现在许多国家的国旗上，一个五角星里含有 20 个黄金三角形. 这个图形的奇妙之处在于:只需 10 条线段,你就可以一笔画成很多比例的线段和黄金三角形,其中包含了 35 个等腰三角形,且对角线交成一个缩小的五边形(图 15.20),它与外面一层五边形的相似比为 φ^2. 这个过程可以无限继续下去,向圆心 O 无限收缩.

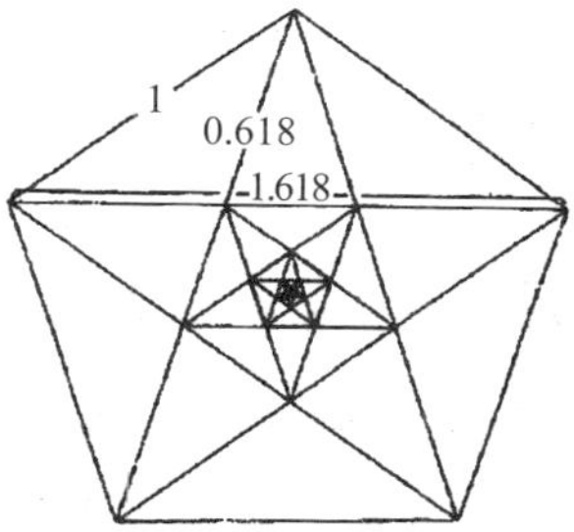

图 15.20 五角星

3. 大师的秘密

在文艺复兴前后,黄金分割经过阿拉伯人传入欧洲,并受到了欧洲人的欢迎,直接引发了黄金分割研究史上一次重要的变化,这个概念不再局限于数学领域,而成为很多艺术大师用来创作的工具.

我们之前介绍过达·芬奇为帕乔利的书作插画,黄金分割也深得达·芬奇的青睐,在他的许多作品中都能够看到黄金分割的身影. 在他最著名的代表作《蒙娜丽莎》(图 15.21)中,达·芬奇运用黄金分割,将人物的鼻子定位在黄金分割点,运用黄金分割使得人物变得更加鲜活动人. 为此,黄金分割从数学原理发展成了形体美的一个准则. 大约在 1483 年的时候,达·芬奇画了一个男子的身躯,后人称他为圣杰罗姆(图 15.22),可是那幅画并没有完成. 在那张画的周围,可以清晰地看到

图 15.21 《蒙娜丽莎》

图 15.22 《圣杰罗姆》

一些黑线，仔细研究，可以看出达·芬奇是想在那幅画中运用黄金分割来使人体达到最完美.

著名电影《达·芬奇密码》中有这样一个经典片段：卢浮宫馆长以一种奇特的姿态殒命卢浮宫，用自己的血在肚子上画下五芒星(代表维纳斯，是圣女与女神的象征)符号，并且留下一段隐秘的信息. 这个片段正是出自达·芬奇的名画《维特鲁威人》，画名由古罗马著名建筑家维特鲁威(Vitruvii)的名字而来，该建筑家在他的著作《建筑十书》中曾盛赞人体比例和黄金分割. 此书的重要性在文艺复兴时期被重新发现，并由此点燃了古典艺术的光辉火焰. 在这样的背景下，达·芬奇为此书写了一篇评论，《维特鲁威人》(图15.23)就是他在1485年前后为这篇评论所作的插图.

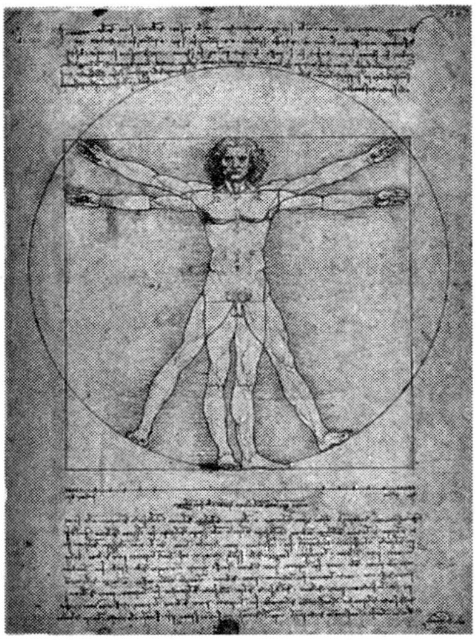

图 15.23 《维特鲁威人》

此画的构图由一个圆圈、一个正方形和一个裸体男子构成：正方形下面的边外切于圆周，外切点刚好是这条边线的中点；人体正面立在圆圈与正方形相重合的范围内，头部的顶点与正方形的上边线相切，切点也正好是边线的中点；两脚并拢于圆圈与正方形下边线的切点上，躯干与正方形的上下两边的边线垂直，两手平伸成180°，两手的指尖刚好抵达正方形左右边线，并与之垂直. 在此基础上，人体在画面中又摆出第二种姿势，两脚分开，脚掌面与圆圈相交；两手上举至正方形上边线与圆周的交汇点上，刚好与头顶同高. 整个人体，无论是第一个姿势还是第二个姿势，都在圆圈和正方形内显得十分匀称.

从图中可以发现整个手稿都是由钢笔完成的，描绘的是达·芬奇眼中人体的完美比例. 在这幅画中，达·芬奇不仅用黄金分割严谨构图，还在插图下部的阐释中提到，理想的身体比例应该是身体和头的比例，比值为 8 ∶ 1，这样的绘制才更生动形象，这些发现源自他对解剖学的学习，并将这些知识实践于绘画构图中. 后来的一些学者也认可手稿上达·芬奇应用的解剖学的理念.

经典赏与练

【例 1】 若一个矩形的短边与长边的比值为$\frac{\sqrt{5}-1}{2}$(黄金分割比)，我们把这样的矩形叫作黄金矩形.

(1)操作：请你在图 15.24(a)所示的黄金矩形 $ABCD$($AB > CD$)中，以短边 AD 为一边向其内部作正方形 $AEFD$；

(2)探究：如图 15.24(b)，在(1)中所作的四边形 $EBCF$ 是不是黄金矩形？若是，请予以证明；若不是，请说明理由；

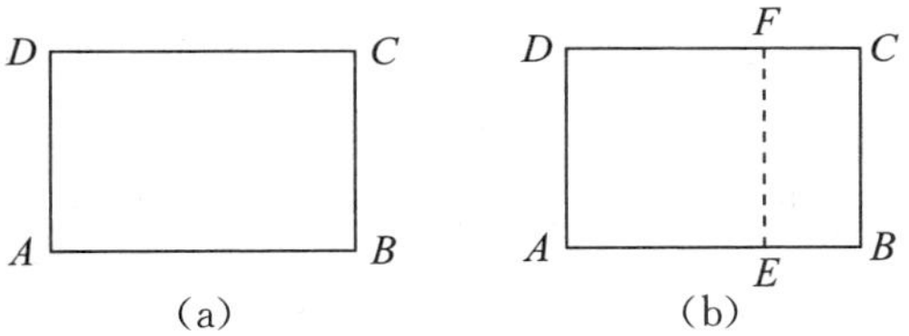

图 15.24

(3)归纳：通过上述操作及探究，请概括出具有一般性的结论(不需要证明).

解析：(1)如图 15.24(b).

(2) 四边形 $EBCF$ 是矩形，而且是黄金矩形.

$\because$ 四边形 $AEFD$ 是正方形，

$\therefore \angle AEF = 90^\circ$，

$\because$ 四边形 $ABCD$ 是矩形，

$\therefore \angle B = \angle C = 90^\circ$，

$\therefore \angle BEF = \angle B = \angle C = 90^\circ$，

$\therefore$ 四边形 $EBCF$ 是矩形.

【方法 1】 设 $CD = a$，$AD = b$，则$\frac{b}{a} = \frac{\sqrt{5}-1}{2}$，

$\therefore \dfrac{CF}{EF}=\dfrac{a-b}{b}=\dfrac{a}{b}-1=\dfrac{2}{\sqrt{5}-1}-1=\dfrac{\sqrt{5}-1}{2}$.

$\therefore$ 矩形 $EBCF$ 是黄金矩形.

【方法 2】 设 $CD=a$,

则 $AD=\dfrac{\sqrt{5}-1}{2}a, CF=CD-DF=a-\dfrac{\sqrt{5}-1}{2}a=\dfrac{3-\sqrt{5}}{2}a$.

$\therefore \dfrac{CF}{EF}=\dfrac{\dfrac{3-\sqrt{5}}{2}a}{\dfrac{\sqrt{5}-1}{2}a}=\dfrac{\sqrt{5}-1}{2}$.

$\therefore$ 矩形 $EBCF$ 是黄金矩形.

(3)归纳:在黄金矩形内以短边为边向其内部作一个正方形后,所得到的另外一个四边形是矩形,而且是黄金矩形.

【例 2】 为了弘扬雷锋精神,某中学准备在校园内建造一座高 2 米的雷锋人体雕像,向全体师生征集设计方案.小兵同学查阅了有关资料,了解到黄金分割数常用于人体雕像的设计中.图 15.25 是小兵同学根据黄金分割数设计的雷锋人体雕像的方案,其中雷锋人体雕像下部的设计高度是(　　)米.(精确到 0.01 米,参考数据:$\sqrt{2}\approx1.414$,$\sqrt{3}\approx1.732$,$\sqrt{5}\approx2.236$).

A. 0.62　　B. 0.76　　C. 1.24　　D. 1.62

雕塑上部(腰部以上)与下部(腰部以下)的高度之比等于下部与全部的高度比,这一比值是黄金分割比.

图 15.25

解析：设雕塑下部高度为 x 米，则 $\frac{2-x}{x}=\frac{x}{2}$，所以 $x=\sqrt{5}-1\approx 1.24$. 故选 C.

小试牛刀

1. 如图 15.26，在 $\triangle ABC$ 中，$AB=AC$，$\angle A=36^\circ$，$\angle 1=\angle 2$，请问点 D 是不是线段 AC 的黄金分割点. 请说明理由.

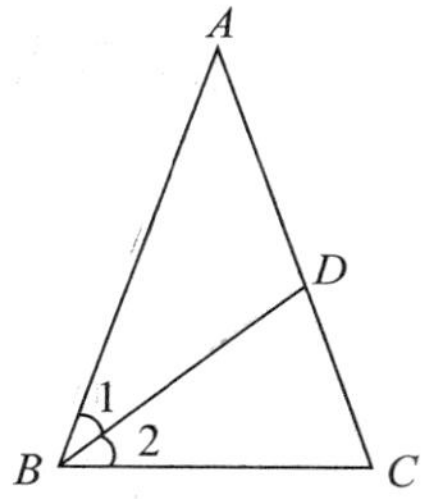

图 15.26

2. 五角星是我们常见的图形，如图 15.27 所示，其中，点 C、D 分别是线段 AB 的黄金分割点，$AB=20\text{cm}$，求 $EC+CD$ 的长.

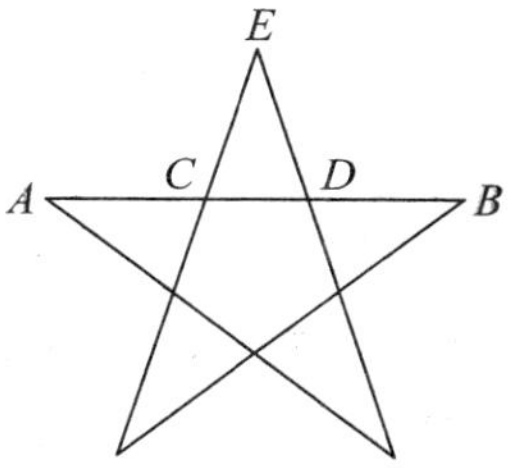

图 15.27

第 16 章

福祸依存有概率　风云变幻存天机

——走进神奇莫测的概率世界

引子

图 16.1　犯人处刑图

相传，有一位阴险狡诈、残暴凶狠的国王，他决定处死一位无辜的大臣(图 16.1). 他让这位大臣在行刑前再当众抽一次生死签. 所谓生死签，就是在两张纸片上分别写上“生”与“死”. 若抽到“死”，立即执行死刑；若抽到“生”，则可获释. 实际上，歹毒的国王暗地里命人将两张生死签全都改成了“死”，这样一来，无论这位大臣抽的是哪张签，都无法获释. 然而国王的诡计被有心人察觉，这个人偷偷告诉了这位大臣. 大臣想了一会儿，脸上焕发出兴奋的光芒. 在国王看来，这名大臣的死是一个必然事件. 然而聪明的大臣恰好利用了这一点使自己获释. 想知道这位大臣是怎样让自己免于一死的吗?

其实这个故事背后蕴含的是一个数学知识，好奇的你想了解吗?

概率的神奇之处

1. 筛选骰子做模型——骰子模型

我们知道，概率是一门关于机会的学问. 当我们抛掷一枚硬币时，我们并不知道硬币的哪一面会落地. 但是有了概率帮忙就可以将不可预知的事变成可预知的事.

概率游戏通常用骰子做工具. 骰子原本是用有蹄动物的踝骨所制，最古老的骰子是一组拥有五千多年历史的双陆棋. 古印度人喜欢将骰子做成棒状或者三角形状，后来有人建议将它做成正多面体. 然而只有 5 种形状的骰子符合这个要求，那就是柏拉图立体(图 16.2). 到目前为止，最受欢迎的是立方体形状(正六面体)的骰子. 因为立方体的骰子最容易制作，我们可以清晰地看到骰子的点数，滚动起来比较简单，而且骰子停下来时点数很明显，不会发生任何争议.

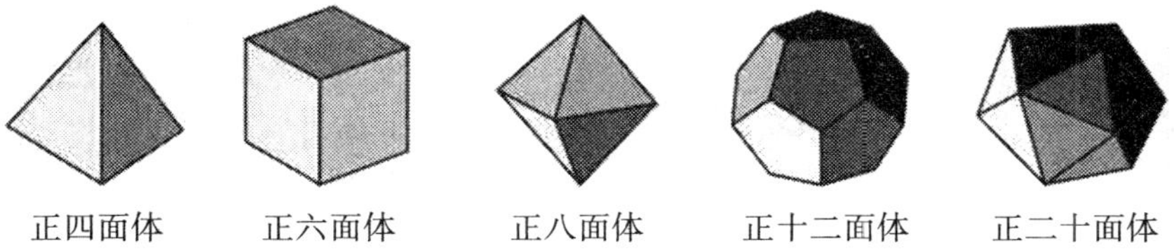

图 16.2　柏拉图立体

大概在 13 世纪，欧洲数学家们开始对骰子游戏进行系统地研究. 16 世纪，卡尔达诺(Girolamo Cardano，1501—1576)首次提出了概率理论. 他认为：如果某事件随机出现，有几个看似等可能的结果，那么任何一个结果出现的概率则为一种可能性占所有可能性之和的比率. 简单来说，掷一枚骰子出现每个点数是随机的，一共有 6 种等可能的结果，那么任何一个点数出现的概率为$\frac{1}{6}$. 虽然在希腊人和古印度人中有很多狂热的赌博者,但是没有一个人试图去探寻数学法则的随机性与必然性,他们都认为随机性并非像看上去那么随意,而是像神的旨义一样.迷信阻碍了用科学方法去探寻概率的道路,而概率的发现正是迷信衰败的原因之一,也许就是卡尔达诺的理论才使得概率走上了正轨.

2. 赢二输一分赌金——赌金问题

图 16.3 帕斯卡

在卡尔达诺提出概率理论之后,法国出现了两位大数学家——帕斯卡(Blaise Pascal,1623—1662,图 16.3)和费马(Pierre de Fermat,1601—1665).他们的努力促进了概率论的蓬勃发展.其中值得一提的竟是,一个赌徒向帕斯卡提出的请求打开了概率论深入探索的大门.赌局如下:

梅勒和保罗每人出 30 枚金币玩一局游戏,谁先赢满 3 局,谁就得到全部赌注.三局游戏后,梅勒赢了 2 局,保罗赢了 1 局,他们都不想再赌下去了.那么他们该如何分配赌桌上的 60 枚金币呢?

为了解决这个问题,帕斯卡给费马写信邀他共同进行商讨.对于这个问题,他们两个人都得出了正确的答案,但是所用的方法不同.后来这个问题被称为"赌金问题".那么他们是怎么解决这个问题的呢?

费马研究的是对梅勒来说的所有结果.剩余的结果一共有 12 种,其中赢的结果有 9 种,那么梅勒赢的概率为$\frac{9}{12}=\frac{3}{4}$,此时他应该拿所有金币的$\frac{3}{4}$,即 $60\times\frac{3}{4}=45$(枚)金币.表 16.1 列出了对梅勒来说的胜负结果.

不用列举法,费马是怎么计算的呢?他考虑到对梅勒来说,剩余 2 次赌博每进行 1 局可能就有 2 种结果(胜,负),那么进行 2 局之后可能出现的结果有 $2\times2=4$(种),分别为(胜,胜);(胜,负);(负,胜);(负,负).除了一种结果即(负,负)以外,其余情况都是梅勒获胜.因此得出梅勒赢得$\frac{3}{4}$赌金,也就是 45(枚)金币的结论.

表 16.1　对梅勒来说的胜负结果

已进行游戏			可能情况	预测结果出现			输赢
第一次	第二次	第三次		第四次	第五次	游戏局数	
胜	胜	负	1	胜	胜	4	赢
			2	胜	负	4	赢
			3	负	胜	5	赢
			4	负	负	5	输
胜	负	胜	5	胜	胜	4	赢
			6	胜	负	4	赢
			7	负	胜	5	赢
			8	负	负	5	输
负	胜	胜	9	胜	胜	4	赢
			10	胜	负	4	赢
			11	负	胜	5	赢
			12	负	负	5	输

帕斯卡则从计算方法的角度进行研究. 现在已有的比分是梅勒∶保罗＝2∶1,再进行一局,如果梅勒赢了,那么梅勒应该获得所有的金币,但是如果保罗赢了,那么两个人的比分为 2∶2＝1∶1,梅勒和保罗分别拿到 60 枚金币的一半,即取回自己的 30 枚金币. 对于预测的这一局游戏,梅勒赢和输的概率分别为$\frac{1}{2}$,即梅勒拿到 60 枚金币的概率是$\frac{1}{2}$,拿到 30 枚金币的概率也是$\frac{1}{2}$. 因此,如果接下来只进行一局游戏,那么梅勒应得的金币数为 $60\times\frac{1}{2}+30\times\frac{1}{2}=45$.

赌金问题成了概率论的起始标志. 费马和帕斯卡合作解决了“赌金问题”的这一事件被称为数学史上的一个里程碑. 继赌金问题之后,1657 年惠更斯(Christiaan Huygens,1629—1695)发表了最早的概率论著作《论赌博中的计算》. 这些数学家所定义的基本概念与探索证明的数学定理促进了概率论的产生. 其中, 数学家雅各布·伯努利(Jakob Bernoulli, 1654—1705)建立的概率论中第一个极限定理使得概率论成为一个重要的数学分支. 1812 年拉普拉斯(Laplace Pierre-Simon, 1749—1827)明确给出了概率的古典定义,并且用一系列的分析工具处理了概率论的基本内容,完成了概率论从单纯的组合技巧向分析方法的过渡,开创了概率论发展的新时期.

3. 猴子何时能敲成——猴子定理

我们知道,概率可以帮助我们根据现在预测未来,可以从现有的结果预测 n 局之后的结果. 当 n 越来越大时,一定程度上我们能够用现有的概率来预测无限局的游戏结果. 在历史上有关无限性最有趣的一个实验就是"无限的猴子定理". 这个定理在 E. 波莱尔(Borel, Emile, 1871—1956)于 1909 年出版的一本有关概率的书中被提及. 定理是这样阐述的:

一只猴子在一部打字机的键盘上随意打字,打字的时间是无限的,那么它必然能够打出一个完整的文本,比如《圣经》. 我们用一段英文版的圣经文字作为说明:"In the beginning, God created the heavens and the earth."(太初,上帝创造天地.)那么一只猴子究竟要花多长时间才能完成这么一个句子呢?

假设键盘上一共有 93 个不同的按键,在键盘上按下任意一个字符的概率为$\frac{1}{93}$,上述的英文句子(含空格与标点符号)共有 56 个字符. 那么猴子根据上述句子连续输入 56 个正确字符的概率为$\frac{1}{93^{56}}$,相当于这只猴子要尝试10^{100}次左右,才能顺利拼出上述完整的句子. 如果这只猴子每秒钟可以按下一个键,它拼出正确句子的时间将比宇宙诞生至今的时间还要久.

"无限的猴子定理"就类似于人们生活中的彩票问题. 如果你想要确保自己中奖,那么首先要保证你自己很富有,这样你才可以将足够多组合的彩票全部买下来.

4. 生死选择智者生——引子问题

对于概率论的研究现状大家也都有一些了解，让我们再回头看下本章引子中提出的问题吧，你解答出来了吗？

当执法官宣布抽签时，这名大臣以极快的速度抽出一张签，并迅速塞进嘴里. 待到执法官反应过来时，嚼烂的纸条早已咽下. 执法官忙追问道："你抽到的纸条是什么？"大臣说："我不知道，想要知道我吞下的签是什么，只要去看看剩下的签就可以了."这时在场的群众都赞成这个说法. 剩下的签肯定写着"死"字，这就意味着大臣已经抽到"生". 国王和执法官有苦难言，由于怕触犯众怒，只好当众赦免了他.

被大臣抽到"生"或者"死"是一个随机事件，抽到每一种签的可能性各占$\frac{1}{2}$. 国王想把$\frac{1}{2}$的随机事件变为"死"的必然事件，聪明的大臣却通过一个巧妙的行为将"死"的必然事件变为了"生"的必然事件，足见这位大臣的机智.

还有一个有趣的故事：一位仁慈的国王想释放一名犯人，国王给他 5 个黑球和 5 个白球以及 2 个盒子(图 16.4). 他命人将犯人的眼睛蒙住，然后要他选择一个盒子，并从里面拿出一个球. 如果他拿的是黑球，就将继续关在监狱；如果他拿的是白球，就将获得自由. 在蒙住眼睛之前，允许他来决定在两个盒子中如何放入这些球. 那么犯人应如何放置这些球才能使自己获得自由的可能性最大呢？

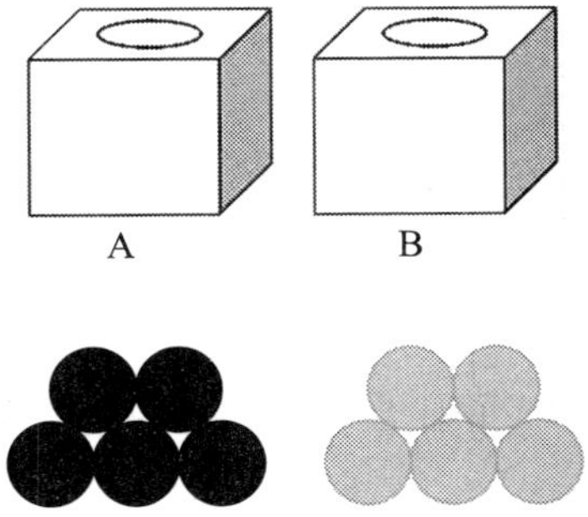

图 16.4　犯人摸球

假设两个盒子分别为 A 与 B，犯人选择每个盒子的可能性相等，黑球和白球除了颜色不同以外其他均相同且个数均为 5 个. 具体分配如表 16.2 所示.

表 16.2 黑白球分配

A	B	拿到白球概率
5 个白球,5 个黑球	0 个球	$\frac{1}{2}\times\frac{5}{10}+\frac{1}{2}\times 0=0.25$
5 个白球,4 个黑球	1 个黑球	$\frac{1}{2}\times\frac{5}{9}+\frac{1}{2}\times 0=\frac{5}{18}\approx 0.28$
5 个白球,3 个黑球	2 个黑球	$\frac{1}{2}\times\frac{5}{8}+\frac{1}{2}\times 0=\frac{5}{16}=0.31$
5 个白球,2 个黑球	3 个黑球	$\frac{1}{2}\times\frac{5}{7}+\frac{1}{2}\times 0=\frac{5}{14}\approx 0.36$
5 个白球,1 个黑球	4 个黑球	$\frac{1}{2}\times\frac{5}{6}+\frac{1}{2}\times 0=\frac{5}{12}\approx 0.42$
5 个白球	5 个黑球	$\frac{1}{2}\times\frac{5}{5}+\frac{1}{2}\times 0=\frac{1}{2}=0.50$
4 个白球	1 个白球,5 个黑球	$\frac{1}{2}\times\frac{4}{4}+\frac{1}{2}\times\frac{1}{6}=\frac{7}{12}\approx 0.58$
3 个白球	2 个白球,5 个黑球	$\frac{1}{2}\times\frac{3}{3}+\frac{1}{2}\times\frac{2}{7}=\frac{9}{14}\approx 0.64$
2 个白球	3 个白球,5 个黑球	$\frac{1}{2}\times\frac{2}{2}+\frac{1}{2}\times\frac{3}{8}=\frac{11}{16}\approx 0.69$
1 个白球	4 个白球,5 个黑球	$\frac{1}{2}\times\frac{1}{1}+\frac{1}{2}\times\frac{4}{9}=\frac{13}{18}\approx 0.72$
0 个白球	5 个白球,5 个黑球	$\frac{1}{2}\times 0+\frac{1}{2}\times\frac{5}{10}=0.25$

通过表格我们可以看出,当在 A 中放入 1 个白球,其余的 9 个球放入 B 中时取出白球的概率最大,值为 $\frac{1}{2}\times\frac{1}{1}+\frac{1}{2}\times\frac{4}{9}=\frac{13}{18}\approx 0.72$. 因此,犯人可以通过这种方法进行分配使自己获释的可能性最大. 可见,学好数学在有些情况下甚至可以救命.

概率论实在是太有趣了，甚至在某些情况下，它可以颠覆我们的直觉. 下面这几个例子肯定会让你们大吃一惊！

1. 有缘千里生日同——生日悖论

1939 年数学家米塞斯(Ludwig von Mises，1881—1973)提出了一个问题：某一个房间内的人素不相识，假设他们的生日随机分布在一年的 365 天之中. 那么房间内共有多少人才能保证至少有 2 人生日相同的概率大于$\frac{1}{2}$？在解决这个问题之前先来看一个简单的原理：

如果有 3 个抽屉，我们手里有 4 个小球，那么将这 4 个小球放入这 3 个抽屉时，肯定会有一个抽屉中至少是有 2 个小球的. 这个原理称为“抽屉原理”(图 16.5).

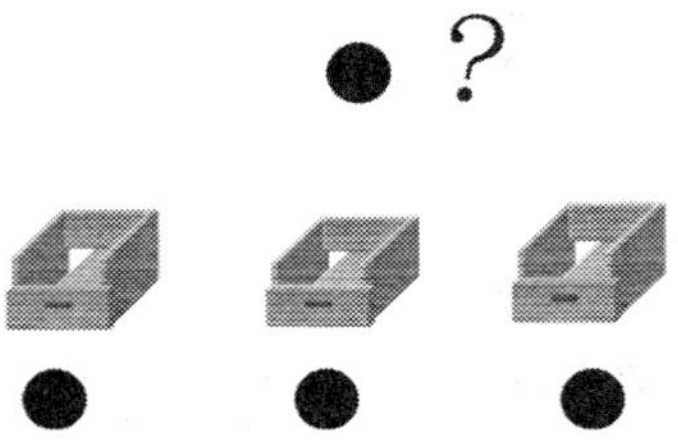
图 16.5 抽屉原理

抽屉原理又可以被描述为“鸽笼原理”，即在 n 个鸽笼中放 $(n+1)$ 只鸽子，则必然有一个鸽笼中至少放了 2 只鸽子. 同理，如果房间内有 366 人的话，那么“至少有 2 人的生日相同”的事件概率为 1，但是如果房间内一共有 365 个人，他们的生日可能是 365 天中的每一天，因此我们没有办法保证其中一定有 2 个人生日是相同的. 至少有 2 人生日相同的概率有多大呢？

至少有 2 个人生日相同的事件包含很多种情况，我们从正面分析时无法一一列举出来，于是我们可以从反面进行分析.

“n 个人中至少 2 个人生日相同”的相反情况为“n 个人中每个人的生日都不相同”. 我们接下来可以尝试分析“n 个人中每个人的生日都不相同”的事件.

第 1 个人的生日可以在 365 天中的任意一天，概率为$\frac{365}{365}$；

第 2 个人的生日与第 1 个人不同，可以在剩余 364 天中的任何一天，概率为$\frac{365}{365}\times\frac{364}{365}$；

第 3 个人的生日与前 2 个人的生日均不同，可以是在剩余 363 天中的任何一天，概率为$\frac{365}{365}\times\frac{364}{365}\times\frac{363}{365}$；

……

第 n 个人的生日与前$(n-1)$个人的生日均不同，可以在剩余 $365-(n-1)$中的任何一天，概率为$\frac{365}{365}\times\frac{364}{365}\times\frac{363}{365}\times\cdots\times\frac{365-(n-1)}{365}$；

经过计算当 $n=23$ 时，那么 23 个人中每个人生日都不相同的概率为：

$$\frac{364}{365}\times\frac{363}{365}\times\frac{362}{365}\times\cdots\times\frac{343}{365}=0.4927.$$

23 个人中至少有 2 个人生日相同的概率为 $1-0.4927=0.5073$. 我们发现当 n 在变大，n 个人中至少有 2 个人生日相同的概率也在变大(图 16.6). 当 $n=23$ 时，至少有 2 个人生日相同的概率为 0.5073，大于$\frac{1}{2}$. 从图 16.6 中我们也可以看到，当 $n=70$ 时，至少有 2 个人生日相同的概率接近 1. 或许你会感觉很不可思议，23 这个答案比想象中少得多，这个结果颠覆了人们的直觉. 原来，我们没有要求必须是哪 2 人同一天生日，也没有要求特定的出生日期. 事实上，23 人两两一对就能得到 253 种组合，

想一想

房间内要有多少人才可以保证至少有 2 人的生日在同一个月内的概率大于$\frac{1}{2}$呢？

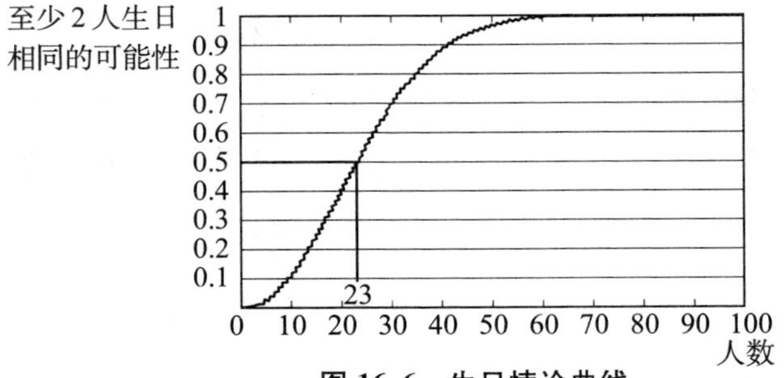

图 16.6　生日悖论曲线

并且其中任何一对都有机会在同一天出生. 通过上面的分析我们知道它绝对不是谬论. 这个颠覆直觉的问题又被人们称为“生日悖论”.

2. 不定变量值相异——贝特朗悖论

概率与随机现象是相关的，掷硬币是一个随机事件，因此才会有正反概率求值. 其中表示随机现象各种结果的变量叫随机变量. 一般情况下，产生随机变量的方法不同，概率是相同的. 但也有例外，如 1888 年约瑟夫・贝特朗(Joseph Bertrand，1822—1900)曾借助一个圆的内接等边三角形提出了这个问题：如果在圆内随机选择一条弦，那么这条弦大于内接等边三角形的边长的概率是多少呢？

(1)方法 1——随机端点法

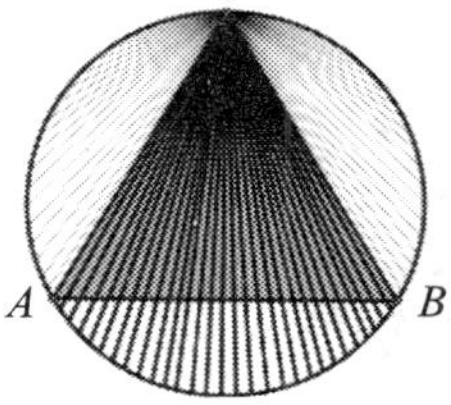

图 16.7

在圆周上随机地选取两点，其中一个点与三角形的顶点 C 重合，另一个点落在三角形另外两个顶点 A、B 之间的弧上(图 16.7). 我们发现粗弦比三角形的边要长，细弦比三角形的边要短，那么这些粗弦所对应的弧长是圆周长的 $\frac{1}{3}$. 所以随机选择的一条弦长度比三角形一边更长的概率约为 33%.

(2)方法 2——随机半径法

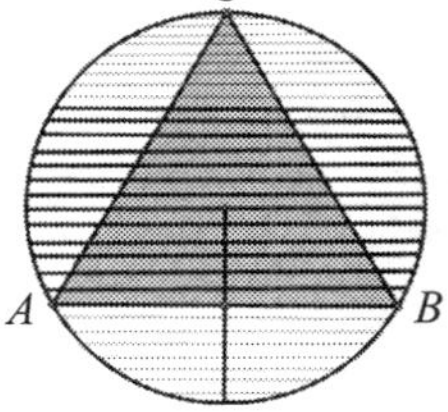

图 16.8

作一条将三角形一边二等分的半径(图 16.8). 在半径上选择一个点，做经过该点并且与这条半径垂直的弦. 如果选择的点比三角形一边与半径相交的点更接近圆心，那么这条弦长度就要长于三角形的边长. 因此，随机选择一条弦比三角形一条边更长的概率为 50%.

(3)方法 3——随机中点法

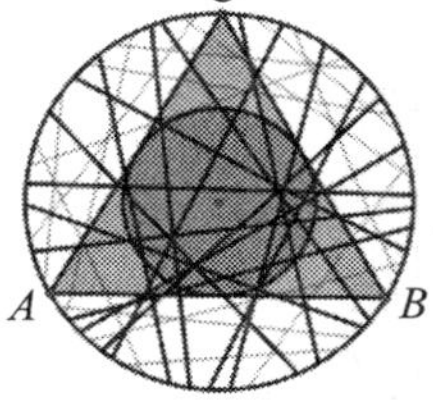

图 16.9

在圆内随机选取一个点，以这个点为中点作一条弦(图 16.9)，如果选择的点落在一个半径为大圆半径 $\frac{1}{2}$ 的同心圆上或圆内，而 $S_{小圆}=$

$\frac{1}{4}S_{大圆}$，那么这条弦的长度就要比三角形的边长更长，所以随机选择的一条弦长度比三角形一边更长的概率为25%.

通过贝特朗的分析，我们发现：当产生随机变量的方法不确定时，概率并不总是相同的.

3. 醉汉漫步终可回——随机漫步

一名醉汉从一处灯柱出发向任意方向随意行走(图16.10)，那么醉汉最后回到该灯柱的概率有多大呢？

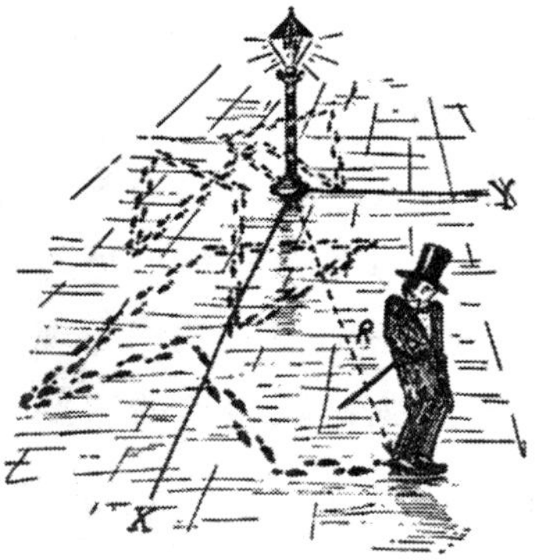

图16.10　随机漫步图

在数学的发展过程中出现了一种随机漫步模型. 所谓随机漫步，就是用数学形式展示出由一系列随机步伐所形成的轨迹，比如动物觅食所走的路线. 随机漫步这个名词是由卡尔·皮尔逊(Karl Pearson，1857—1936)在1905年提出来的. 现在随机漫步的理论已经在多个领域得到了运用.

对于醉汉问题，维恩(John Venn，1834—1923)是这样解决的：假设一张白纸中间有一个点即为原点，从这个点出发有8个方向并将数字0到7分配给这8个方向(图16.11，表16.3)：北(0)、东北(1)、东(2)、东南(3)、南(4)、西南(5)、西(6)、西北(7). 在0～7中随机选定一个数字之后，从原点位置出发，向选定的这个数字所代表的方向画一条线，经过一段距离之后停在某点，再从所处的位置开始，重复上述步骤无限次. 最后，他发现醉汉回到灯柱的概率竟然是100%. 也许他会在偏远的地方流浪数年，但有一点可以肯定，如果给他足够多的时间，醉汉最终会回到原点. 为了纪念维恩对随机漫步图的形象表示，故随机漫步图又被称为“维恩图”.

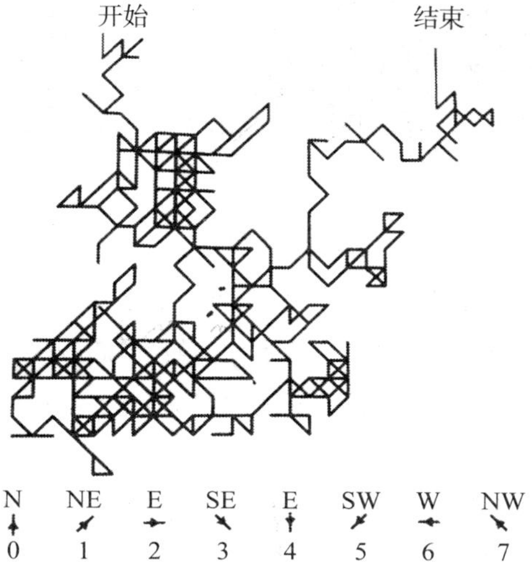

图 16.11　有限次随机漫步图

表 16.3　随机漫步方向

方向	北	东北	东	东南	南	西南	西	西北
数字	0	1	2	3	4	5	6	7

概率的拓展应用

1. 妙把必然伪巧合

1053 年(北宋仁宗时期)，南方蛮族首领侬智高(1025—1055)起兵反宋，大将军狄青(字汉臣，1008—1057)奉旨征讨(图 16.12). 将士们日夜兼行，士气渐渐萎靡不振，狄青看在眼里急在心里. 一天，他命人搬来 100 枚铜钱，当着所有将士的面设坛拜神许愿：此次用兵胜负难以预料，若能制敌，请神灵使钱面全都朝上.

图 16.12　狄青平南

下属们都大吃一惊，认为绝无百钱字面都朝上之理，这样做只会动摇军心，于是纷纷劝阻. 可是狄青不予理会. 他双手合拢，将铜钱“哗哗”地摇了几摇，只见百枚铜钱纷纷飞起，又“劈劈啪啪”地先后落下. 结果这100 枚铜钱的钱面竟然鬼使神差般地全部朝上，全军将士欢声如雷. 狄青命令士兵取来 100 枚钉子，把铜钱钉在地上，然后说道：“胜利归来，定将酬谢神灵，收回铜钱.”由于士兵个个认定神灵护佑，战斗中奋勇争先. 于是，狄青迅速平定邕州(今广西南宁).

回师时，按所约把钱取下，将士们一看原来那些铜钱两面都是钱面. 对狄青来说 100 个钱面全部朝上是个必然事件，但在别人看来这却几乎是一个不可能事件. 从“不可能”到“可能”，从“随机事件”到“必然事件”，这一切足以显示出大英雄狄青非凡的数学智慧.

2. 数学思维赏谚语

古谚语是我国古代人民智慧的结晶，我们生活中常见的一些简单谚语也能很好地体现出概率的思想. 你们能从数学的角度分析一下“常在河边走，哪能不湿鞋”吗(图 16.13)?

在河边走一次就湿鞋的概率是很小的，我们姑且假设为 $\frac{1}{100}$. 设事件 A 表示“在某次河边走不湿鞋”. 设 $P(A)=p$，这里 $0\leqslant p\leqslant 1$，假设 $p=\frac{99}{100}$，那么一个人在河边走 1 次

图 16.13　漫画《湿鞋》

不湿鞋的概率为 $p=\frac{99}{100}$；在河边走2次不湿鞋的概率为 $p^2=\left(\frac{99}{100}\right)^2=0.9801$. 以此类推(表16.4). 那么在河边走 n 次不湿鞋的概率为 $p=\left(\frac{99}{100}\right)^n$，即在河边走 n 次湿鞋的概率为 $1-\left(\frac{99}{100}\right)^n$. 当 n 逐渐在变大时，湿鞋概率也在逐步增加. "常在河边走，哪能不湿鞋" 的说法也是符合科学依据的.

表16.4　湿鞋概率

次数	不湿鞋概率	湿鞋概率
1	$\frac{99}{100}$	$\frac{1}{100}=0.01$
2	$\left(\frac{99}{100}\right)^2$	$\frac{199}{10000}=0.0199$
3	$\left(\frac{99}{100}\right)^3$	$\frac{29701}{10^6}=0.029701$
4	$\left(\frac{99}{100}\right)^4$	$\frac{3940399}{10^8}=0.03940399$
5	$\left(\frac{99}{100}\right)^5$	$\frac{490099501}{10^{10}}=0.0490099501$
…	…	…
n	$\left(\frac{99}{100}\right)^n$	$\frac{10^{2n}-99^n}{10^{2n}}=$

1. 物资巧避潜艇袭

在第二次世界大战中，大量军需物资要穿过大西洋运送到各个战场. 可是负责运送物资的英美船队常常受到德国潜艇的袭击，损失惨重. 当时英美两国实力有限无力增派更多的护航舰，一时间他们被德军的"潜艇战"打得焦头烂额. 在这进退两难之际，有位美国将领请教了几位数学家. 数学家们运用概率知识分析后发现，船队是否被袭击取决于航行过程中是否与敌潜艇相遇，而与敌潜艇相遇是一个随机事件. 从数学角度来看，它具有如下的情形：

（1）一定数量的船只，规模越小批次就越多；批次越多，与敌潜艇相遇的概率就越大.

比如，在 5 个口袋中分别放入 1 个球，每一次在口袋中摸球时，无论摸哪个口袋肯定会有 1 个球；如果将 5 个球都放入 1 个口袋，那么一次性摸到球的概率只有$\frac{1}{5}$，即 20%（图 16.14）.

图 16.14

生活中也不乏这样的例子：有 6 名学生在 5 个场所捉迷藏，1 名同学捉，其余 5 名同学藏。这 5 名同学怎样分配这 5 个场所才能使他们一次性被找到的概率最小呢？我们知道如果这 5 名学生分别藏在不同的场所，那么其中任何一名同学被找到的概率为 1；如果这 5 名学生都在同一个场所，那么任何一名同学一次性被找到的概率为 20%. 因此，当 5 个人都在同一个场所时被找到的可能性是最小的.

（2）一旦与敌潜艇相遇，船队的规模越小被击中的可能性就越大.

这是因为德军潜艇所载弹药有限，每次袭击，不论船队规模多大，被击沉的数目基本相等. 假设船的总量为 100 艘，按每队 20 艘船编队，要编成 5 队；而按每队 10 艘船编队，就要编成 10 队. 两种编队方式与敌潜艇相遇的可能性之比为 5 ∶ 10，即 1 ∶ 2. 假设每次遭到敌潜艇袭击损失 2 艘运输船，那么上述两种编队方式中每艘船被击中的概率之比为 $\frac{2}{20}:\frac{2}{10}=\frac{1}{2}$. 因此，两种编队方式中每艘运输船与敌潜艇相遇并且被击沉的概率之比为 1 ∶ 4. 这说明，100 艘运输船编成 5 队比编成 10 队的危险性小.

美国海军接受了数学家的建议，命令船队集体通过危险海区，然后各自驶向预定港口. 奇迹出现了，盟军船队遭袭击被击沉的概率由原来的 25%降低为 1%，大大减少了损失，保证了战略物资的供应. 美国军方赞扬道："一名优秀数学家的作用，超过十个师的兵力！"

2. 规律之中破谎言

张老师为了让同学们明白概率与频率之间的关系，布置了一道课后作业：每位同学课后抛一个骰子 100 次，记录下骰子点数是否为"不大于 3"的情况，以供下节课使用. 然而第二天有位不按时完成作业的学生这次竟然完成了作业，张老师怎样才能知道这位同学的数据是否真实呢？如表 16.5 是这位同学提交的数据情况.

表 16.5　掷骰子数据

否	是	是	否	是	是	是	否	否	是
否	是	是	否	是	否	是	否	是	否
否	是	否	否	是	是	是	否	否	是
否	是	是	否	是	否	否	否	是	否
否	是	否	否	否	否	是	是	是	否
否	是	是	否	是	否	否	是	否	否
是	是	是	否	是	否	是	否	是	是
否	是	否	否	是	是	否	是	是	是
否	否	是	否	否	否	是	否	是	是
是	否	是	否	否	否	是	否	是	否

我们现在记"否"为"1"，"是"为"0"，整理数据后记录如下：

10010001101001010101101100011010010111011011110001

10010110110001010100101100100011011101000101110101

经过统计后发现，"否"的次数一共为 51，"是"的次数一共为 49，两者分别接近平均数 50. 从结果看，"他掷过骰子了"这个结论好像是合理的. 但是事实真的是这样吗？

我们把一串连续(包括单独的0)的0称为一个"0—游程". 表16.5数据中一共有31个"0—游程". 表中记录一共有49个0. 所以在极端情况下,"0—游程"的个数是什么样的呢?

当所有0都在一起时,只有1串连续的0,因此只有1个"0—游程",即

0000000000000000000000000000000000000000000000000

111111111111111111111111111111111111111111111111111

当所有0都被1分开时,一共有49个0,因此共有49个"0—游程",即

10101010101010101010101010101010101010101010101010

10101010101010101010101010101010101010101010101011

因此,"0—游程"数最少是1,最多是49. 假如他真的掷过骰子了,那么"0—游程"的个数是1与49的概率应该都是非常小的,而在$\frac{1+49}{2}=25$个"0—游程"的概率是比较大的,而这位同学所提供的数据中"0—游程"个数一共是31. 从统计学角度上来看,"他掷过骰子了"的假设并不可信. 因此我们可以推测,这份数据很可能是造假的.

经典赏与练

【例1】 在一个不透明的袋子里装有4个小球,球上分别标有6、7、8、9四个数字,这些小球除数字外都相同,甲、乙两人玩猜数字游戏,甲先从袋中任意摸出一个小球,将小球上的数字记为m,再由乙猜小球上的数字,记为n. 如果m、n满足$|m-n|\leqslant 1$,那么就称甲、乙两人"心领神会",则两人心领神会的概率为(　　).

A. $\frac{3}{8}$　　　B. $\frac{5}{8}$　　　C. $\frac{1}{4}$　　　D. $\frac{1}{2}$

解析: 我们通过树状图(图16.15)发现,甲、乙两个人的游戏一共有$4\times4=16$(种)结果,并且每种结果的可能性相同,而当满足$|m-n|\leqslant 1$心领神会时只有(6,6);(6,7);(7,6);(7,7);(7,8);(8,7);(8,8);

(8,9);(9,8);(9,9)这 10 种可能,因此,两人心领神会的概率为$\frac{10}{16}=\frac{5}{8}$,故选 B.

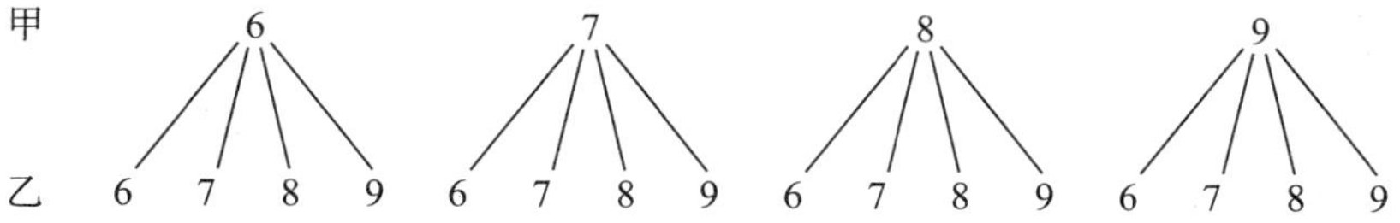

图 16.15 树状图

【例 2】 甲、乙两位同学参加物理实验考试,若每人只能从 A、B、C、D 四个实验中随机抽取一个,则甲、乙两位同学抽到同一实验的概率为(　　).

解析:解法 1:甲、乙两位同学的抽取情况有如下 $4\times4=16$(种)可能(图 16.16),其中甲、乙两人抽到同一实验的可能性有(A、A),(B、B),(C、C),(D、D)这 4 种可能,概率为$\frac{4}{16}=\frac{1}{4}$.

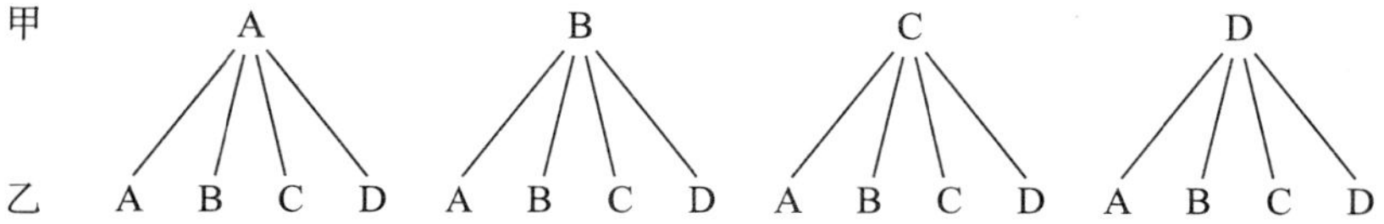

图 16.16

解法 2:甲抽到 A 实验的可能性为$\frac{1}{4}$,乙抽到 A 实验的可能性为$\frac{1}{4}$,那么在甲抽到 A 实验的情况下乙再抽到 A 实验的可能性为$\frac{1}{4}\times\frac{1}{4}=\frac{1}{16}$. 同理,甲乙同时抽到 B 实验的可能性为$\frac{1}{16}$,甲乙同时抽到 C 实验和 D 实验的可能性都是$\frac{1}{16}$,因此,甲乙抽到同一实验包含的所有可能性就是甲乙同时抽到 A 实验,甲乙同时抽到 B 实验,甲乙同时抽到 C 实验与甲乙同时抽到 D 实验. 那么甲、乙两人抽到同一实验的概率为这四个概率相加,即$\frac{1}{16}+\frac{1}{16}+\frac{1}{16}+\frac{1}{16}=\frac{4}{16}=\frac{1}{4}$.

小试牛刀

1. 有 3 个完全相同的房间，其中某一个房间只进入 2 个男人，第二个房间只进入 2 个女人，最后一个房间进入夫妇二人. 规定：在同一个房间的两个人，遇到有人敲门，一人答话，另一个人从房间里出来开门. 在敲击其中一间房门后，应答的是一名女性，请问男性出来的概率是多少呢？

2. X 君写了一篇文章，准备以纸质版的形式邮寄给报社，然而一个月没收到任何回信. 因为从文章的寄出到收到信的这个过程中存在有太多的未知因素. 其中信件在运输途中丢失的概率是 30%，交到报纸编辑部审稿人员的手中，但是他只是一笑投入纸篓的概率是 50%，审稿人员读了文章可能会比较满意，因回信人员比较忙还未来得及回信的概率是 70%，那么对于 X 君来说，有希望发表文章的概率是多少呢？

第 17 章

神通变化幻方术　如梦如幻复如戏

——探究神奇的幻方

引子

说起冯·诺伊曼(John von Neumann，1903—1957)，大家可能首先想到的就是“计算机之父”这个响当当的名头，其实啊，他还是一位伟大的数学家. 据说曾经有人向他请教了一个关于扑克牌的小游戏(图 17.1)：有 9 张扑克牌，分别代表 1、2、3、4、5、6、7、8、9 这 9 个数字，甲、乙两人轮流从中取出一张，且已经取走的牌不能重新放回去，谁手上率先有 3 张扑克牌的数字之和达到 15，谁就获胜. 如果甲先取牌，他想要

图 17.1　扑克牌游戏

保持不败，你觉得他应该采取怎样的策略，能不能给他一些小建议呢？

显然，选取扑克牌的原则应该是：在使自己获胜的可能性尽量大的同时，尽量破坏对方获胜的可能性. 但是具体应如何选取扑克牌呢？想想还真是有点儿费脑筋，有兴趣的你不妨充分发挥自己的聪明才智，试一试吧！

幻方的神奇之处

1. 追本溯源，回望历史

幻方，俗称方阵，国外又称之为“魔方”. 古时候常被视为一种神秘的东西，多用于占卜算命或作为护身符以辟邪. 据说现在印度的一些地区仍有儿童将雕刻有魔方阵的银牌挂在身上以祛病辟邪，就如中国孩子小时候喜欢挂银项圈以求长命百岁、万事如意一样.

幻方的历史源远流长，其最早起源于中国，“洛书”被公认为世界上最古老的幻方. 这里还有一个小故事呢：相传大约在公元前 2000 年，位于今河南西部的洛水常常泛滥成灾，影响着两岸人们的生活与生产. 大禹在治理洛水的过程中劳心劳力，三过家门而不入，带领人们开沟挖渠，疏通河道，最终完成了治水的大业. 他的行为感动了上苍，事后，一只神龟从水中跃出，驮着一幅图献给了大禹，图上有 9 个数字，大禹因此得到了上天赐给他的 9 种治理天下的方法. 这幅图就是鼎鼎大名的“洛书”(图 17.2)，如果把图中的每个小圆圈都记作 1，会发现洛书用数字表示出来就是一个由 3 行 3 列 9 个数

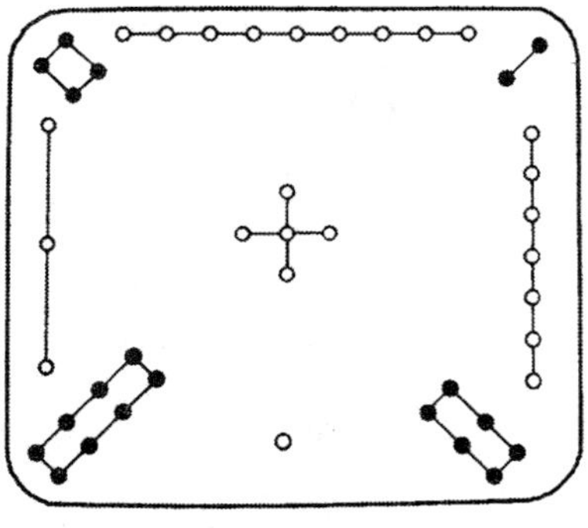

图 17.2　洛书

字组成的正方形排列(图 17.3),图中的每行、每列、每条对角线上 3 个数字的和都是同一个数 15,多么巧妙啊!

4	9	2
3	5	7
8	1	6

图 17.3　洛书翻译成的幻方

这种美妙的正方形排列,在我国历史上曾被叫作“九宫图”,北周甄鸾(535—566)在《数术纪遗》中写道:

“*九宫者,二四为肩,六八为足,左三右七,戴九履一,五居中央*”,其说法与洛书完全吻合.

南宋数学家杨辉继续研究洛书,首创“纵横图”之名,并在其所著的《续古摘奇算法》一书中,给出了洛书的构造方法.他将洛书的生成法和最后布局归结为:“*九子斜排,上下对易,左右相更,四维挺出,戴九履一,左三右七,二四为肩,六八为足.*”即如图 17.4 所示的四个过程,简简单单四个步骤,可见我国古人的智慧!具体来说,这个方法是这样的:

(1)先将 1~9 这 9 个数字按照顺序斜着排列;

(2)上下对调,即把 1 与 9 对调;

(3)左右互换,即把 3 与 7 互换;

(4)将中间的 2、4、6、8 这 4 个数向外挺出.

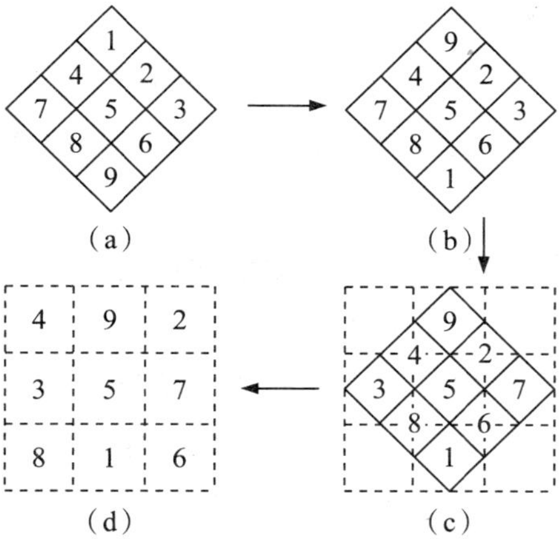

图 17.4　三阶幻方构造方法

继杨辉之后，我国古代数学家程大位(1533—1606)、方中通(1634—1698)、张潮(1650—1709)等人在幻方领域均取得了一些成果，使得幻方的研究朝更奥妙、更深邃的方向发展，形式也趋于复杂和多样.

2. 开宗明义，阐明概念

对于“幻方”这两个字，如果之前你没有接触过，可能会感觉特别的“高大上”，但又有点不明就里，“幻方”究竟是什么呢？

所谓n阶幻方，其实就是一个$n\times n$阶的方阵，在其中填入n^2个不同的整数，能使每行、每列和两条对角线上n个数字之和都相等，这个和被称为n阶幻方的幻方常数或幻和. 显然，一阶或二阶幻方是不存在的，只有$n\geqslant 3$的方阵才能构成幻方. 通常情况下，我们填入的是前n^2个自然数$1\sim n^2$，对应的幻和为$\frac{1}{2}n(n^2+1)$，计算过程如下：

$$\text{幻和}=\frac{1+2+\cdots\cdots+n^2}{n}=\frac{(1+n^2)n^2}{2n}=\frac{(1+n^2)n}{2}.$$

如果以阶数作为分类标准的话，幻方可以分为三类：奇数阶幻方、双偶数阶幻方和单偶数阶幻方. 双偶数阶幻方是指阶数是4的整数倍的幻方，记为$4k$型，例如4阶、8阶、12阶等；单偶数阶幻方是指阶数是2的整数倍，但非4的整数倍的幻方，记为$(4k+2)$型，例如，6阶、10阶、14阶等.

3. 幻中之幻，妙不可言

除了普通幻方外，幻方爱好者经过不懈的努力和探索，还陆陆续续发现了许多具有奇妙性质的幻方，我们一起来看看吧！

(1)与镜像有关的幻方

一个有趣的小问题：一张正方形纸片被划分为16个方格(图17.5)，其中已经填好10个两位数，还有6个两位数没填，用6个英文字母(I、S、H、N、O、X)代替，要求填入合适的数字不仅使每行、每列及两条对角线上4个数字之和相等，还要求把纸片上下颠倒过来看时仍然具有这一性质.

96	N	89	68
88	69	91	O
S	86	H	99
19	98	I	X

图17.5 暗含玄机的正方形纸片

这个问题乍一看很复杂，因为要求颠倒后仍是一个幻方，但其实只要利用每行、每列及两条对角线上 4 个数字之和相等这个性质，就能很快求出 I、S、H、N、O、X 所代表的值了，得到结果如图 17.6(a)所示，将其颠倒后得图 17.6(b). 不难发现，这两幅图中的任意一幅倒过来看就是另一幅，就像照镜子，惟妙惟肖. 问题的玄机就在纸片所含的这 16 个数中，仔细观察 96 与 69 这两个数，会发现它们互为颠倒，因此被称为一对镜像数，除此之外，这 16 个数中还有 6 对镜像数(89 与 68、91 与 16、61 与 19、86 与 98、18 与 81、66 与 99)，剩下的 11 和 88 这两个数比较特殊，颠倒过来仍是自身，因此又被称为自对偶数.

96	11	89	68
88	69	91	16
61	86	18	99
19	98	66	81

(a)

18	99	86	61
66	81	98	19
91	16	69	88
89	68	11	96

(b)

图 17.6　颠倒幻方

(2)与英语单词有关的幻方

通常情况下，幻方空格中填写的都是阿拉伯数字，突发奇想，如果将每个空格中的自然数变换成相应的英语单词，然后数一数单词中所含的字母个数，用字母个数替换原来方格中的数，会有什么结果呢？会得到一个新的幻方吗？其实啊，还真有这种神奇的情况存在.

图 17.7 中最左边的那个幻方就是如此的神奇，其每行、每列和两条对角线上 3 个数字之和为 45，将每个空格中的自然数变换成相应的英语单词，再用单词中所含的字母个数进行替换，如 5 对应的英语单词是 five，其中含 4 个字母，即用 4 代替 5，其他数字同理进行替换. 这样替换后得到的仍然是一个幻方，只不过幻和为 21，与原幻方略有不同.

如果你精通其他语言，不妨试试看在该语种中是否也能找到类似的例子，据研究，在法语、荷兰语、芬兰语中均存在相关现象. 难怪有学者认为语言和数学亲如“兄弟”，本来就是“一家人”呢！

5	22	18
28	15	2
12	8	25

five	twenty-two	eighteen
twenty-eight	fifteen	two
twelve	eight	twenty-five

4	9	8
11	7	3
6	5	10

图 17.7　与英语单词有关的幻方

幻方这个趣味无穷的“自然之谜”，将数字之美发挥得淋漓尽致，千百年来像磁石一般吸引着无数古今中外数学爱好者，让我们走近三阶幻方和四阶幻方，好好领略一番它们的神奇之处吧！

1. 走近三阶幻方

(1)探中数为何

在中国人的思想中，中间位置往往是很关键的，我们已经知道三阶幻方的中间数字是 5，不过这究竟是为什么呢？原来因为三阶幻方的幻方常数是 15，而从 1～9 中任取 3 个数使其和等于 15 只有以下 8 种可能，即

$$1+5+9=15、1+6+8=15、2+4+9=15、2+5+8=15、$$
$$2+6+7=15、3+4+8=15、3+5+7=15、4+5+6=15.$$

在上面 8 个等式中，奇数 1、3、5、7 各出现 2 次，偶数 2、4、6、8 各出现 3 次，奇数 5 出现了 4 次. 因此，为了构成三阶幻方，显然只能将 5 置于中间方格，将 2、4、6、8 分别置于四角，而 1、3、5、7 只能放在靠边的 4 个中央方格中.

除了刚刚的那种列举方法以外，还可以通过列方程的方法得到“三阶幻方的中间数字是 5”这一结论. 由于三阶幻方的幻方常数是 15，为了列方程时方便计算，我们将 1～9 这 9 个数字用 a、b、c、d、e、f、g、h、i 表示，依次填入幻方中，如图 17.8 所示. 根据幻方的定义，我们可以得到与

幻方中间数字 e 有关的 4 个方程：

a	b	c
d	e	f
g	h	i

图 17.8　字母表示幻方

$$\begin{cases} b+e+h=15, & ① \\ d+e+f=15, & ② \\ a+e+i=15, & ③ \\ c+e+g=15. & ④ \end{cases}$$

由①＋②＋③＋④得：

$$a+b+c+d+e+f+g+h+i+3e=60,$$

结合幻方的客义可知：

$$15+15+15+3e=60,$$

即 $e=5$，因此可知三阶幻方的中间数字是 5.

(2)解纸牌游戏

了解一些三阶幻方的性质后，我们再来看看引子中的取扑克牌游戏. 其实除了常规的做法外，这个小游戏也可以利用三阶幻方来解决. 联想到三阶幻方，这个取牌游戏就变成了另一种形式：对阵的双方，一方要尽可能使自己占据三阶幻方中某行、某列、某对角线上的三个位置，而另一方则要竭力阻拦这种局面的形成. 以“⊗”代表甲取的数字，以“×”代表乙取的数字.

我们知道三阶幻方中 5 位于最中心的位置，偶数 2、4、6、8 分别位于四个角上，奇数 1、3、5、7 位于其他位置. 若甲先选的话，选 5 比较占优势. 甲选完后轮到乙选，这时乙可能选奇数也可能选偶数.

①乙第一次取牌时取偶数牌. 此种情况下，如果玩游戏的甲乙两人都深谙游戏“套路”，那么最终谁也不会赢，不过甲能先做到“使对方绝无

获胜可能”,图 17.9 所示为两人的取牌情况,其中左上角的数字表示第几次取牌.从图中可以看出,甲第四次取牌时就断绝了乙获胜的所有可能性,随后乙进行第四次取牌,也断绝了甲获胜的所有可能性,最终谁也赢不了.

$^{1}\times$	$^{4}\times$	$^{2}\otimes$
$^{3}\otimes$	$^{1}\otimes$	$^{3}\times$
$^{2}\times$	$^{4}\otimes$	

图 17.9

②乙第一次取牌时取奇数牌.此种情况下,如果甲稍微懂一点游戏“套路”的话,就能做到稳赢啦.图 17.10 所示为两人的取牌情况,同样地,图中方格左上角的数字表示第几次取牌.从图中可以看出,甲第三次取完牌后,不管乙第三次取什么样的牌,甲都能在第四次取牌时保证手上有 3 张扑克牌的数字之和达到 15,在游戏中取胜.

$^{2}\otimes$	$^{1}\times$	$^{4}\otimes$
$^{3}\times$	$^{1}\otimes$	
$^{3}\otimes$		$^{2}\times$

图 17.10

看来这个小游戏的关键在于谁先取牌,这是否就是常说的“先下手为强”呢?有兴趣的你不妨找小伙伴一起来玩这个游戏,只要你先取牌,就保准不会输哦!

(3)观神奇性质

三阶幻方(图 17.3)中的这 9 个数除了能使每行、每列、每条对角线上的和相等,还具有一些其他的神奇性质,一起来看看吧.

①把每列数字看成一个三位数,则此 3 个三位数之和与其对应的 3 个逆转三位数之和相等,而且它们的平方和也相等,即:

$$438+951+276=834+159+672=1665,$$

$$438^2+951^2+276^2=834^2+159^2+672^2=1172421.$$

这种性质对行也同样成立.

②把每行、每列和每条主对角线上的 3 个数当作 1 个三位数正读和反读,会发现幻方中间一行、中间一列、两条主对角线所形成的数正读和反读相加之和均等于 1110,而第一行、第三行两行数与第一列、第三列两列数之和的一半也等于 1110.

第二行:$357+753=1110$,

第二列:$951+159=1110$,

对角线：258＋852＝1110，456＋654＝1110，

第一、三行：$\frac{1}{2}[(492+294)+(816+618)]=1110$，

第一、三列：$\frac{1}{2}[(438+834)+(276+672)]=1110$.

③将洛书三阶幻方中各数平方后，会发现除了第一行和第三行上的三数和相等、第一列和第三列上的三数和也相等外，又能够组合产生 5 个常数 190.

行：$4^2+9^2+2^2=101$，$3^2+5^2+7^2=83$，$8^2+1^2+6^2=101$，

列：$4^2+3^2+8^2=89$，$9^2+5^2+1^2=107$，$2^2+7^2+6^2=89$.

可以发现，第一行和第一列、第二行和第二列、第三行和第三列、第一行和第三列、第三行和第一列中两数之和均等于 190.

2. 走近四阶幻方

相比于三阶幻方，四阶幻方的形式更加多样，杨辉在《续古摘奇算法》中称四阶幻方为"花十六图"或"四四图"，并给出了阴阳两图（图 17.11、图 17.12）. 杨辉的四阶幻方包含许多神奇的性质，让我们以阴图为例来欣赏一番吧！

2	16	13	3
11	5	8	10
7	9	12	6
14	4	1	15

图 17.11　阳图

4	9	5	16
14	7	11	2
15	6	10	3
1	12	8	13

图 17.12　阴图

（1）对称性

①每行 4 个数字一、二列或三、四列相邻两两之和都是 13（如 4＋9）和 21（如 5＋16），一、四行 13 在左，21 在右，第二、三行 21 在左，13 在右；

②每行 4 个数字间隔两两之和都是 25（如 9＋16）和 9（如 4＋5），第一、四行和第二、三行次序正相反；

③每行 4 个数字，第一、四两行两端和中间两个数字之和分别是 20 和 14，成互补之势，第二、三两行两端和中间两个数字之和分别是 16 和 18，同样成互补之势.

列也具有和行同样的对称性.

(2)相等

第一、四两行上数字的平方和相等，第二、三两行上数字的平方和相等，第一、四两列上数字的平方和相等，第二、三两列上数字的平方和也相等.

第一、四行：$4^2+9^2+5^2+16^2=1^2+12^2+8^2+13^2=378$，

第二、三行：$14^2+7^2+11^2+2^2=15^2+6^2+10^2+3^2=370$，

第一、四列：$4^2+14^2+15^2+1^2=16^2+2^2+3^2+13^2=438$，

第二、三列：$9^2+7^2+6^2+12^2=5^2+11^2+10^2+8^2=310$.

(3)两条对角线上的 8 个数字以及非对角线上的 8 个数字的平方和相等，立方和也相等.

$4^2+7^2+10^2+13^2+16^2+11^2+6^2+1^2=9^2+5^2+2^2+3^2+8^2+12^2+15^2+14^2=748$，

$4^3+7^3+10^3+13^3+16^3+11^3+6^3+1^3=9^3+5^3+2^3+3^3+8^3+12^3+15^3+14^3=9248$.

(4)幻方的上半部、下半部、左半部、右半部 8 数之平方和都相等，且等于两条对角线上的 8 个数字以及非对角线上的 8 个数字的平方和，均为 748.

在对幻方有了进一步地了解后，有没有被数字之美与数学之奇惊艳到呢？你不妨动动笔，尝试用 1～16 的整数构造一个四阶幻方吧，这时你会发现要构造一个符合规律的幻方可不是一件简单的事情，如此神奇的幻方究竟是怎样被构造出来的呢？想要掌握其中奥妙吗？让我们一起走进幻方的神秘王国，慢慢解密吧！

下面针对幻方的每种类型各给出了一种构造方法，除所列方法以外

还有许多其他的构造方法，感兴趣的读者不妨去查阅相关资料学习一下.

1. 若遇奇阶切莫慌，依循口诀即可得

适用于奇数阶幻方的构造法则如图 17.13 所示：把 1 放在中间一列最上边的方格中，从它开始，按对角线方向（例如从左下往右上）依次把由小到大的数放入方格中，如果碰到顶，就折向右列最底格；如果到达右侧，就转向最左侧的上一格；如果进行中轮到的方格中已有数字或者到达右上角，那么退至当前格的下一格. 五阶幻方构造如图 17.14 所示.

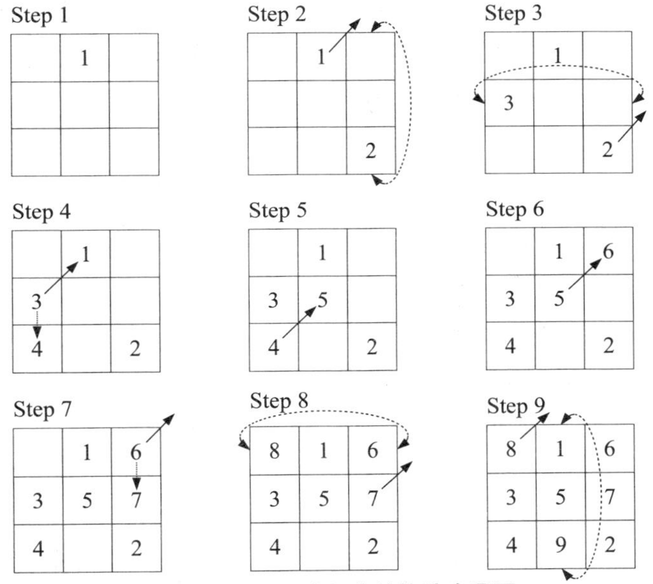

图 17.13　三阶幻方的构造步骤图

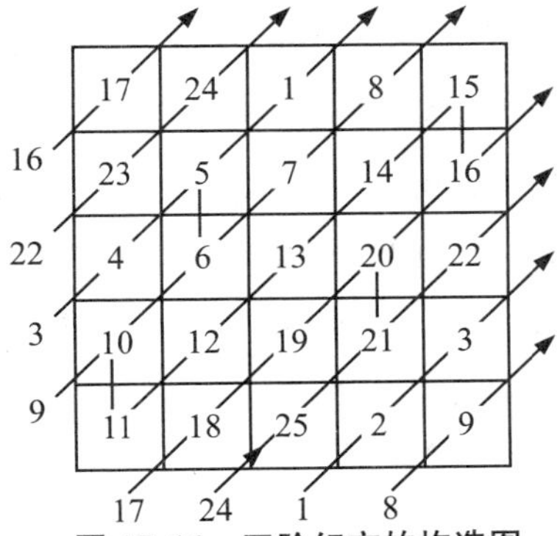

图 17.14　五阶幻方的构造图

由于其法则的特点，也有人形象地称其为“爬山法”，还编写了如下口诀：

一居上行正中央，依次斜填切莫忘，
上出框时往下写，右出框时左边放，
排重便在下格填，右上排重一个样.

2. 阶为双偶亦不惧，对角交换是关键

顾名思义，对角线法的关键肯定在于对角线上的数字啦，首先按从左到右、从上到下的次序把自然数 $1\sim n^2$ 填入 n 阶方阵中，然后按一定的规则交换对角线上的元素，即可形成幻方. 对于四阶的情况，只要把两条主对角线上的元素按中心对称原则互相交换就行，如图 17.15 所示.

1	2	3	4
5	6	7	8
9	10	11	12
13	14	15	16

16	2	3	13
5	11	10	8
9	7	6	12
4	14	15	1

图 17.15　用对角线法构造四阶幻方

但是对于八阶的情况，首先将自然数 1～64 从第一行起依次填入方格中，然后画上 4 个 4×4 的子方格阵的对角线，以 8×8 的正方形中心为对称中心，把各对角线上对称位置的数字互换即可得八阶幻方，如图 17.16 所示. 对于更高阶的 4k×4k 幻方，以此类推，即可构造出来.

3. 阶为单偶有何惧，分块微调再对换

在研究幻方构造方法的过程中，奇数阶幻方和双偶数阶幻方的构造很早就有了很多研究成果，但是对于单偶数阶幻方，直到 1918 年，数学家斯特雷奇(*Ralph Strachey*)才找到了一般的方法，这种构造单偶数阶幻方的方法被称为“斯特雷奇法”.

1	2	3	4	5	6	7	8
9	10	11	12	13	14	15	16
17	18	19	20	21	22	23	24
25	26	27	28	29	30	31	32
33	34	35	36	37	38	39	40
41	42	43	44	45	46	47	48
49	50	51	52	53	54	55	56
57	58	59	60	61	62	63	64

64	2	3	61	60	6	7	57
9	55	54	12	13	51	50	16
17	47	46	20	21	43	42	24
40	26	27	37	36	30	31	33
32	34	35	29	28	38	39	25
41	23	22	44	45	19	18	48
49	15	14	52	53	11	10	56
8	58	59	5	4	62	63	1

图 17.16　用对角线法构造八阶幻方

因为单偶数阶幻方的阶数可以表示为 $n=2(2m+1)$（m 为正整数），故将 $n=2(2m+1)$ 阶的方阵先均分成 4 个同样的小方阵 A、B、C、D，再在 A、B、C、D 中构造 4 个奇数阶幻方，其中 A 中填入自然数 $1\sim a^2$ $\left(a=\dfrac{n}{2}\right)$，B 中填入自然数 $a^2+1\sim 2a^2$，C 中填入自然数 $2a^2+1\sim 3a^2$，D 中填入自然数 $3a^2+1\sim 4a^2$. 接着进行调整，先在 A 的中间一行上从左侧的第二列起取 m 个方格，在其他行上则从左侧第一列起取 m 个方格，把这些方格中的数字同 D 中相应方格中的数字对调；然后在 C 中从最右一列起在各行中取 $(m-1)$ 个方格，把这些方格中的数字同 B 中相应方格中的数字对换.

如图 17.17 所示，用一个例子来说明如何利用上述方法构造六阶幻方，此时对应的 $m=1$、$a=3$，则 A 中有 3 个数要同 D 交换，C、B 保持不变.

	<u>8</u>	1	6	26	19	24	
A	3	<u>5</u>	7	21	23	25	C
	<u>4</u>	9	2	22	27	20	
	35	28	33	17	10	15	
D	30	32	34	12	14	16	B
	31	36	29	13	18	11	

35	1	6	26	19	24
3	32	7	21	23	25
31	9	2	22	27	20
8	28	33	17	10	15
30	5	34	12	14	16
4	36	29	13	18	11

图 17.17　用斯特雷奇法构造六阶幻方

幻方的拓展应用

《忧郁》(图 17.18)是丢勒(*Albrecht Dürer*, 1471—1528)于 1514 年创作的一幅铜版雕刻画，该画现藏于英国国家博物馆. 画面主体是一个深思的人物，背后张开巨大的双翼，坐在一栋石头建筑物前，身边围绕着各种古怪、诡异、也许只是源自想象的东西——量尺、衰竭的瘦狗、木匠工具、沙漏、各种几何形体、吊着的摇铃、天使像、一把刀、一架梯子等，而且彼此之间似乎毫无关联. 画面的远端是海平面，隐约可以看到海边的城市，以及在海面上的太阳，但其太阳的具体形状是三角形，有一种金字塔式的寓意(金字塔象征着人类灵魂得到升华而上升到神的高度)，表达了画面中主角那种渴望解开宇宙奥秘的迫切心情.

图 17.18　铜版雕刻画《忧郁》

这幅画之所以如此有名，还因为在画的右上角有一个四阶幻方. 这是欧洲最早记载的完整幻方，又被称为丢勒幻方(图 17.19). 更为神奇的是，丢勒幻方最下面一行中间两个数字合在一起，正是丢勒创作这幅画的年代——1514 年. 看来丢勒在数学领域也造诣颇深啊，难怪达·芬奇说：“能够真正欣赏我的作品的人，没有一个不是数学家. 那些不相信数学是极其精确的科学的人，是昏庸之辈，他们不可能澄清而只能日益加深诡辩中的矛盾.”

16	3	2	13
5	10	11	8
9	6	7	12
4	15	14	1

图 17.19　丢勒幻方

除此之外，丢勒幻方中还具有许多其他幻方所不具备的特点，以下列出其中几条：

试一试

仔细观察丢勒幻方，看看你还能发现其他的奇妙特点吗？

(1) 中间 4 个数字之和以及四个角的 4 个数字之和均等于 34.

$16+13+1+4=34, 10+11+6+7=34.$

(2) 对角线上的 8 个数之和等于非对角线上的 8 个数之和.

$16+10+7+1+4+6+11+13=3+2+8+12+14+15+9+5=68.$

(3) 对角线上 8 个数的平方和等于非对角线上 8 个数的平方和.

$16^2+10^2+7^2+1^2+4^2+6^2+11^2+13^2=3^2+2^2+8^2+12^2+14^2+15^2+9^2+5^2=748.$

(4) 每行上每一对左右相邻的数之和具有奇特的对称性(表 17.1).

表 17.1

第一行	16+3=19	2+13=15
第二行	5+10=15	11+8=19
第三行	9+6=15	7+12=19
第四行	4+15=19	14+1=15

我国古代诗词是中华文明的重要组成部分，是文学的瑰宝. 在文学这个百花园中，有时诗词还会同数学来场“联姻”. 当你细细品味这类有趣的诗词时，既能提高文学修养，又能巩固数学知识，还可以从感官上得到美的享受. 最常见的形式就是把数字嵌入诗词中或者诗词本身就是一道数学题，但你听说过幻方诗和璇玑图吗？我们不妨一起来欣赏一下吧！

1. 七言诗中幻方藏，何人堪能破乾坤

有些诗词中所隐藏的“数学密码”，一眼就能被看破，然而也有一些诗词比较“含蓄”，乍看不太起眼，需要细细研究一番才能发现其中奥妙. 下面这两首诗词，初看时可能以为仅仅只是每句中含有一些数字，其实

这些数字可不简单哦，将它们单独拎出来，放在一起看，会发现正好构成一个幻方，有趣吧！

婉　春

珍图一幅着丹青，六合天成五彩屏.
八景独钟花茂密，四时悉惧叶凋零.
多情自可呈三秀，二志焉能构七星？
细雨和风含雅韵，妍森大地吐芳馨.

上面这首诗暗含一个三阶幻方，其横行、纵行、对角线之和均为 12，对应幻方如图 17.20 所示.

1	6	5
8	4	0
3	2	7

图 17.20

接下来这首诗描写了一个少年学艺的过程：他住在 9 米高的围墙中，每天三更开始就苦练各种招式套路，一年四季无一日懈怠，11 岁就云游八方寻找师父，12 岁时已有七位师父传授功夫，13 岁时已有两手高招，到 14 岁时已身怀绝技. 诗中不仅暗含一个四阶幻方，而且幻方的构成数字恰好吻合少年学艺的各个时间节点，对应幻方如图 17.21 所示，是不是很神奇啊！

6	9	4	15
3	16	5	10
13	2	11	8
12	7	14	1

图 17.21

少年学艺

六面围墙九米高，四季苦练十五招.
三更始练十六套，五转飞空十分妙.
十三少年两手高，十一寻师八方找.
十二学艺七师教，十四内藏一身宝.

2. 玲珑心思附图中，内有千词惊世人

璇玑图，又常称为回文诗，相传为前秦时期秦州（今甘肃天水）刺史窦滔之妻苏蕙所作. 如今广泛流传的璇玑图总共 841 字，除了最中央的"心"字为后人所加外，原诗共 840 字. 图中纵横各 29 字，纵、横、斜、交互、正、反读或退一字、迭一字读均可成诗，诗有三、四、五、六、七言不等，据当前统计共可组成 7958 首诗，甚是绝妙.

苏蕙的璇玑图流传开后，引得古代众多文人志士纷纷效仿，据此进行一番文学创作. 大才子苏轼也不例外，他也创造了一幅璇玑图（图 17.22），虽然从变化的花样和难度上来说，难以与苏蕙所作的璇玑图相提并论，但也颇有几分璇玑图的意韵.

图 17.22　苏轼的璇玑图

这幅图由 29 个字组成，文字排成菱形，外圈任取一字开始，顺时针或逆时针旋读皆可，能得五言绝句 30 首；圈内十字交叉的 13 个字，纵读、横读、逆读，可得七言绝句 4 首；以中间的"老"字为枢纽，左右上下旋读，又可得诗若干首；若将所有 29 字任取一字随意回旋，取其押韵，还能得诗若干首. 据说以这 29 字反复变化，共可读出 780 首诗来，可以说是巧妙无比. 下面列出了几首从图中读出的诗词，一起来读读吧！

试一试

你还能从图中读出其他的诗来吗？

（1）外圈取一字，顺时针旋读：

蕊远含香吐，尖笋隐东注.

水远山藏雨，烟冷衬红花.

（2）圈内十字交叉的 13 个字，纵读、横读、逆读：

水流春老吟残蕊，烟云望老斗叉尖.

蕊残吟老春流水，尖叉斗老望云烟.

（3）以中间的"老"字为枢纽，左右上下旋读：

烟云望老吟残蕊，蕊残吟老斗叉尖.

尖叉斗老春流水，水流春老望云烟.

2015年9月3日为“中国人民抗日战争暨世界反法西斯战争胜利七十周年纪念日”，我国幻方专家梁培基为了向这一重大节日献礼，特意按照幻方的结构原理，设计出了一幅“抗日战争胜利七十周年五星图”(图17.23).

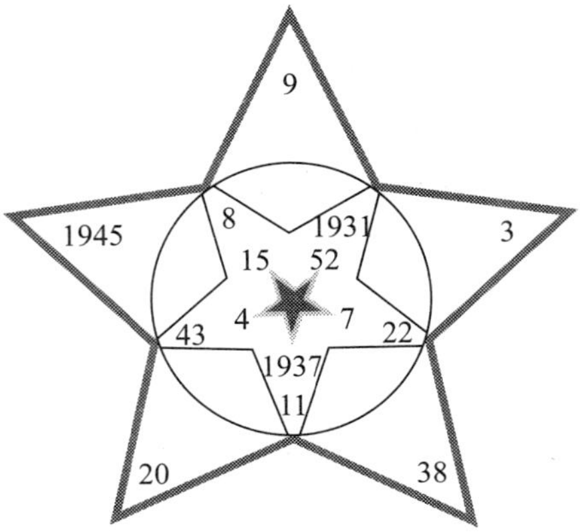

图17.23　抗日战争胜利七十周年五星图

这个五星图由三个五角星分三层组合而成，具有三个奇妙的数学性质：

(1)外、中、内3层，每层5个数字之和都等于2015，共3组；

(2)外、中、内3层，5个相邻数字之和都等于2015，共5组，如：

$$1945+8+15+4+43=2015;$$

(3)从外层的5个角过中心的直线上(3个数)与末端相邻的两个外层角上(2个数)的5个数之和都等于2015，共5组，如：

$$9+1937+11+20+38=2015.$$

最值得称奇的是，“抗日战争胜利七十周年五星图”仅仅使用了3组共15个不相同的自然数，就把抗日战争过程中许多重大事件的时间融入其中，例如：

(1) 1931年日本帝国主义发动九一八事变.图中直接嵌入了1931和9，18可由15和3相加计算得到.

(2) 1937年7月7日为卢沟桥事变发生的时间，标志着全面抗战的开始.内层嵌入了1937，7.

(3) 1937年9月抗日民族统一战线正式形成.直接嵌入1937，9.

(4)日本投降时间为1945年8月15日.直接嵌入1945，8，15.

(5) 1945年9月3日为抗战胜利日，1945年9月9日9时为日本第二次世界大战投降时间.外层嵌入了1945，9，3.

(6)自 1937 年 12 月 13 日开始,日军在南京及附近地区开始了长达 40 多天的大规模屠杀,杀害中国无辜百姓多达 30 多万. 图中直接嵌入了 1937,12 可由 9 和 3 相加计算得到,13 可由 9 和 4 相加计算得到.

(7)抗日战争经过了 22 次大会战、200 余次重要战役、20 万次战斗,才取得胜利. 中国在此过程中付出了沉重的代价,军民死亡 3500 多万人,财产损失及战争消耗达 5600 多亿美元.

22 直接嵌入,$200=20\times(7+3)$,

$$200000=20\times(1945+52+3)\times(9-4),$$

$$35000000=(38-7+4)\times[(43-22-11)^{9-3}],$$

$$\begin{aligned}5600\times10^{8}&=(5800-200)\times(10\times1)^{8}\\&=[(1945+1931+1937-9-4)-20\times(3+7)]\times\\&\quad[(43-22-11)\times(38+15-52)]^{8}.\end{aligned}$$

在 5600 亿的计算过程中用到了五星图中的全部数字,既不重复又无遗漏,可谓是妙不可言啊!

经典赏与练

【例 1】 如图 17.24(a)所示,在 3×3 的方阵图中,填写了一些数和代数式(其中每个代数式都表示一个数),使得每行的 3 个数、每列的 3 个数、斜对角的 3 个数之和均相等.

(1)求 x,y 的值.

(2)在备用图 17.24(b)中完成此方阵图.

3	4	x
-2	y	a
$2y-x$	c	b

(a)

3	4	
-2		

(b)

图 17.24

解析：(1)本题中的未知数已经设好，利用第一行与第一列的和相等，第一行与一个斜对角线上的三数之和相等，可以得到两个方程：

$$\begin{cases}3+4+x=3-2+2y-x,\\3+4+x=x+y+2y-x,\end{cases}\quad 即\begin{cases}x-y=-3,\\x-3y=-7.\end{cases}$$

解此方程组得$\begin{cases}x=-1,\\y=2.\end{cases}$

(2)由第(1)问结论可知：

3	4	−1
−2	2	6
5	0	1

小试牛刀

1. 著名的物理学家爱因斯坦曾经给一家杂志社设计过一道巧妙的填数题，如图 17.25 所示有 9 个小圆圈，这些小圆圈构成的图形中包含了 7 个等边三角形，分别为 3 个小等边三角形、1 个位于中心的较大的等边三角形和 3 个大的等边三角形. 将 1～9 这 9 个数字填入圆圈，要求这 7 个三角形中每个三角形顶点处的数字之和相等.

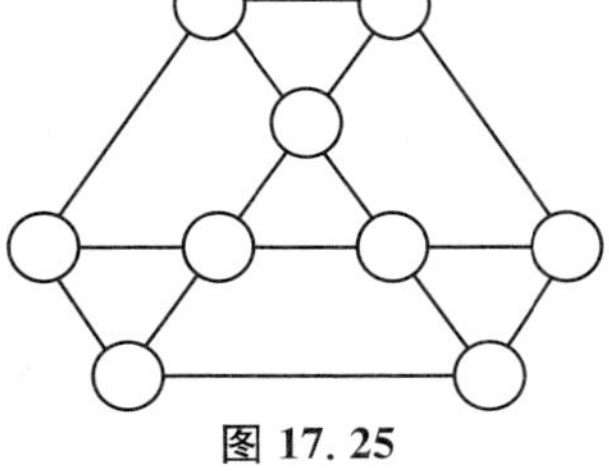

图 17.25

2. 用−2、0、2、4、6、8、10、12、14、16、18、20、22、24、26、28 这 16 个数构造一个四阶幻方.

第 18 章

七巧灵动遍乾坤　千形万象还复来

——走进魔力七巧板

引子

高宗皇帝仪凤年间，狄仁杰调任河北道北州刺史. 一日，狄公接到禀报，蓝大魁死了. 蓝大魁这个人，狄公是知道的，此人身材雄伟，相貌俊朗，嗜好是玩七巧板，能在一闪之间将见到的东西拼出来. 他经常拿这一绝活与人比赛打赌，从未输过，并且拼出来的图形惟妙惟肖，极富生趣. 狄公的助手陶甘曾让他拼一座鼓楼，他即刻便得图 18.1(a)；又让他拼一匹奔驰的马，他也一拼而就得图 18.1(b)；接着让他拼一个在公堂上告状的人，他也立马得之图 18.1(c)；又让他拼一个喝醉了酒的衙役和一个翩翩起舞的少女，他也不费吹灰之力便拼出了图 18.1(d)和 18.1(e).

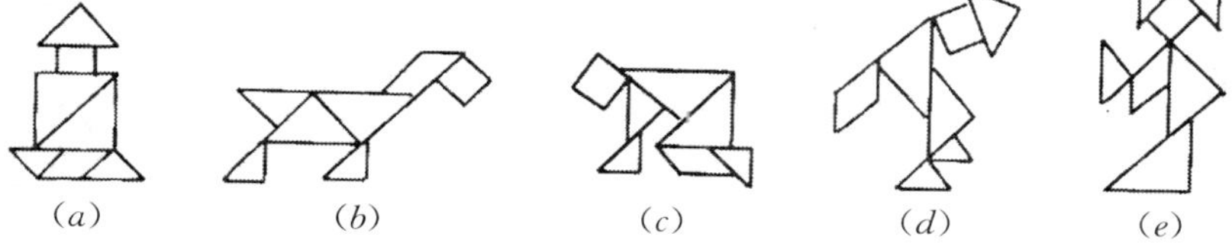

图 18.1　蓝大魁曾经拼出的七巧图

蓝大魁临死之前，想利用他最擅长的七巧板来指出凶手，便仓促地摆出了一个图形，但只摆了 6 块就死去了，最后一块三角形还紧紧地握在右手中.身体倒地时,又碰歪了已摆好的图形,如图 18.2 所示.

这可难住了狄公,蓝大魁到底是想摆出什么图形来指向凶手呢?冥思苦想之后,狄公摆出了一只猫的图案[图 18.3(*a*)],得到了答案.原来,和蓝大魁有牵连的人中,有一个叫陆陈氏的妇女,她的外号叫"猫".于是狄公信心十足地指出她是凶手.岂料陆陈氏也会玩七巧板,她三下五除二就把狄公所摆出的猫形图像变为了一只鸟,如图 18.3(*b*)所示.当然,神探狄公可不是浪得虚名.后来,狄公通过开棺验尸,找到了治罪于陆陈氏的证据,并将其绳之以法.

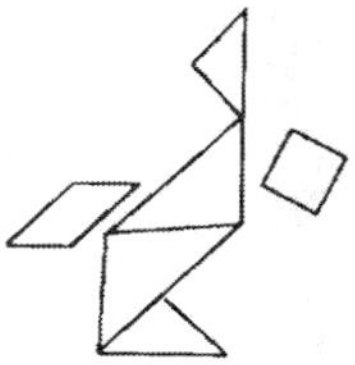

图 18.2　蓝大魁临死前未完成的图

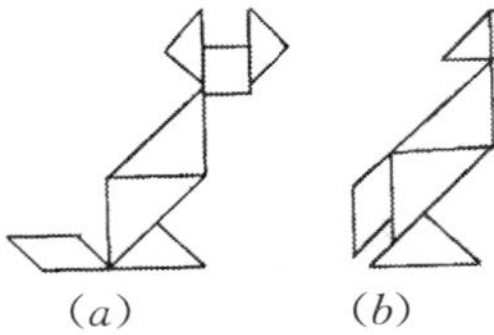

(*a*)　(*b*)

图 18.3

这是荷兰著名外交家、小说家——高罗佩(1910—1967)所创作的《大唐狄仁杰断案传奇》中的铁钉案.看,七巧板在其中起了多么重要的作用,那接下来就让我们去重新认识一下它吧!

七巧板的探索之旅

七巧板(图 18.4)是我们中国传统的智力玩具.顾名思义,它由 7 块板组成,分别为:2 个大等腰直角三角形、1 个中等腰直角三角形、2 个小等腰直角三角形、1 个正方形和 1 个平行四边形,亦称"七巧图""智慧板",与九连环、华容道并称为我国古代"智力游戏三绝".由于古代书籍缺乏必要的记载,七巧板具体是由谁发明的已经无从考证,现在专家们普遍认可七巧板是由宋代"燕几图"演变而来的,如《中国大百科全书》、党海政主编的《休闲娱乐百科全书》均支持了这一观点.

图 18.4　七巧板

清代陆以湉在《冷卢杂识》卷一中讲述了七巧板的演变过程，大致是：宋代“燕几图”—明代“蝶翅几”—清初的七巧板. 并且此书还给予七巧板精当的评价：

“近又有《七巧图》，其式五，其数七，其变化之式多至千余. 体物肖形，随手变幻，盖游戏之具，足以排闷破寂，故世俗皆喜为之.”

七巧板的构成虽然均是简单基础的几何图形，但是它们在智慧非凡的人类手中，却可以展示出多种多样的图形，如人物、动植物、房亭楼阁、车轿船桥等. 小小的几块板却有如此大的魅力，着实“令无数英雄竞折腰”，那就让我们一起穿梭时光门，去解密七巧板吧！

1. 黄君智设燕几图

画风一变，我们眼前宾客满座，美酒佳肴. 仔细一看，宾客们就餐的几案很是独特有趣，既可根据宾客人数来拼合，又可分开来陈设古玩书籍，它还有一个颇有韵味的名字——“燕几”. 原来时光门将我们带到了黄伯思(1079—1118)的府中.

“燕几”的创始人正是北宋晚期的黄伯思，他是南平邵武(今属福建)人，字长睿，别字霄宾，又号云林子. 他天资聪慧，喜欢古文奇字，是北宋时期著名的文字学家、书法家、书学理论家，著有《东观余论》《法帖刊误》等. 也正是这样一位赫赫有名的文人，设计了由 6 件长方形几案组成的“燕几”. “燕”通“宴”，其实“燕几”就是用于宴请宾客的几案，其特点是可以随宾客人数多少而任意分合. 因以六为度，故也叫“骰子桌”，在当时一下子就成了“无施而不宜”的器具，也难怪黄伯思会称它为“纵横离合变态无穷”. 黄伯思有一位朋友宣谷卿非常喜爱“骰子桌”，并为它增设了一件小几，这样一来它的变化就在无形之中增加了，“骰子桌”后又改名为“七星桌”.

黄伯思将这 7 件几案所拼组的图形“因体定名，因名取义”，创造出了“函三”“屏山”“回文”“瑶池”等诸多名目，详细地记载于《燕几图》中.

黄伯思在《燕几图》中首先明确制定出“燕几”的形制，即(1 米＝3

尺，1 尺＝10 寸，1 寸＝10 分）：

长卓一样二只，纵长七尺，可坐四人；横广一尺七寸五分，脚高二尺八寸.

中卓一样二只，纵长五尺二寸五分，可坐三人；横广并脚同前.

小卓一样三只，纵长三尺五寸，可坐二人；横广并脚同前.

聪明的你有没有发现长、中、小三种几案的尺寸之间有趣的关系呢？答案马上揭晓：

（1）几宽 1.75 尺，是长几长度的$\frac{1}{4}$，中几长度的$\frac{1}{3}$，小几长度的$\frac{1}{2}$.

（2）中几长度为长几长度减去宽度.

（3）小几长度为中几长度减去宽度.

前面我们已经提到《燕几图》中的诸多名目，接下来，我们就一起来欣赏部分趣图（图 18.5）吧！

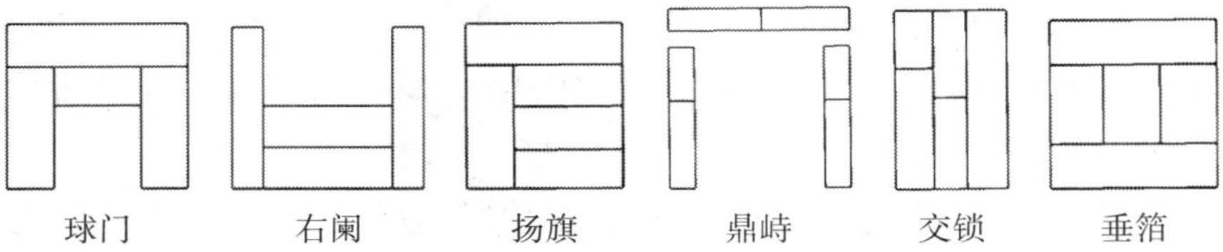

图 18.5 《燕几图》中部分趣图

黄伯思在《燕几图》中对各个名目都做了细致的介绍，并对它们的适用场合都进行了相关描述. 上面的趣图不仅展示了古人极高的生活情趣，也体现了他们的独具匠心. 七巧板的雏形，就在这兼备实用价值和艺术审美的图形拼合中产生了.

2. 严公巧制蝶翅几

黄伯思的“燕几”中只有长方形，虽然可以拼出多种巧妙的图形来，但是变化有限. 那可不可以把长方形换成其他形状呢？这样会不会有更棒的效果呢？在我们暗自寻思之际，眼前的画面又变了. 映入眼帘的是图 18.6 中的两个图形，它们的构成与“燕几”完全不一样了，原来我们来到了明代.

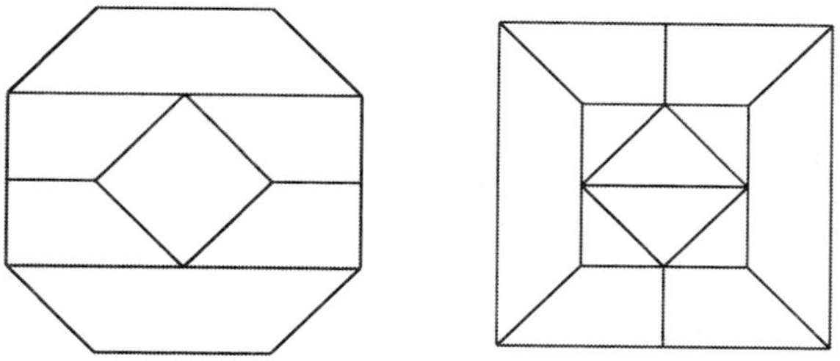

图 18.6

人类的智慧是无穷无尽的，这一时期出现了“蝶翅几”，它的发明人是严澄(1547—1625)，字道沏，祖籍常熟，他利用勾股之形，作三角相错而得之.他大赞“蝶翅几”“较燕几为巧”，一个“巧”字更是突显了之后七巧板的发展方向.严澄是明代著名琴家，是虞山琴派的创始人.他的演奏风格“清微淡远”，所编《松弦馆琴谱》有曲无词，最为近理.他工诗文、精鉴赏、喜收藏、工书法，尤擅行书，用笔飘逸潇洒，清韵淡远.著有《松弦馆琴谱(二卷)》《云松巢集(十二卷)》《云松巢谈桂编》.传世墨迹有《王宠自书诗卷题跋》《虞世南汝南公主墓志铭卷题跋》等.曾官至邵武知府，邵武恰是黄伯思的故乡，这也许就是冥冥之中注定的吧！

“蝶翅几”摒弃了只有长方形的基本形态，而采用多种形态组合在一起的方式.其中包括：长斜(即梯形)，半斜(即直角梯形)，三斜(即三角形).每套多至 13 件，基于此，严澄规定其组成为：

长斜几一样二只，左半斜几和右半斜几各样二只，大三斜几一样二只，小三斜几一样四只，而对于更小的小三斜几，则将其称为“闰”，一只.

由于“蝶翅几”组成的变化，其所拼图形的样式变得更多.不仅能拼成正方形、长方形、八边形，还可以拼成菱形、马蹄形、S 形及其他各种复杂有趣的形状(图 18.7).

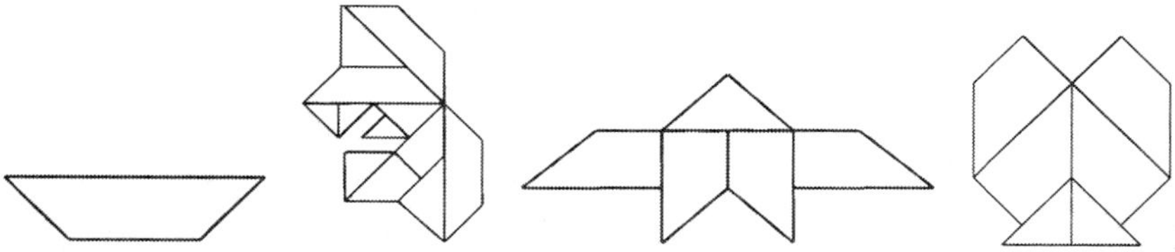

新月　　桐叶　　轻燕　　双鱼

图 18.7

图 18.7 中，仅由 1 只长斜几所拼，名为“新月”；5 只可拼成“轻燕”；6 只可拼成“双鱼”；12 只拼出“桐叶”等；而有些拼成规则几何形的则没有被命名.

“蝶翅几”虽然是严澄发明的，但流传于世的《蝶几谱》却是明人戈汕于 1617 年编著的. 其中记载有山、亭、叶、磬、鼎、瓶、花卉、席幔、飞鸿、蝴蝶等图像 100 余种，可谓“随意增损，聚散咸宜”，可以“时摊琴书而坐，亲朋至藉觞受枰”，实在是令人惊叹.

3. 玲珑七巧终现世

在感叹于“蝶翅几”巧妙的同时，我们又踏上新的旅途. 虽然七巧板的确切问世年代与发明人已不可考，但据现有资料来看，清初已有七巧板是毋庸置疑的. 这不，我们就来到了大清皇宫中. 远远地，皇宫内一群宫女围在一起有说有笑，凑近一看是在玩七巧板.

原来，在清代宫廷中七巧板游戏十分盛行，清宫中欢度新春佳节时，宫女们会用七巧板拼凑成“六合”来应景(图 18.8). 也难怪清代诗人吴士鉴(1868—1934)会特地作《清宫词》来描述七巧板游戏的引人入胜. 词中写道：“蕙质兰心并世无，垂髫曾记住姑苏. 谱合六合同春字，绝胜璇玑织锦图. ”更是将“七巧板”与“璇玑织锦”相媲美，可见他也被这奇妙的游戏给深深迷住了.

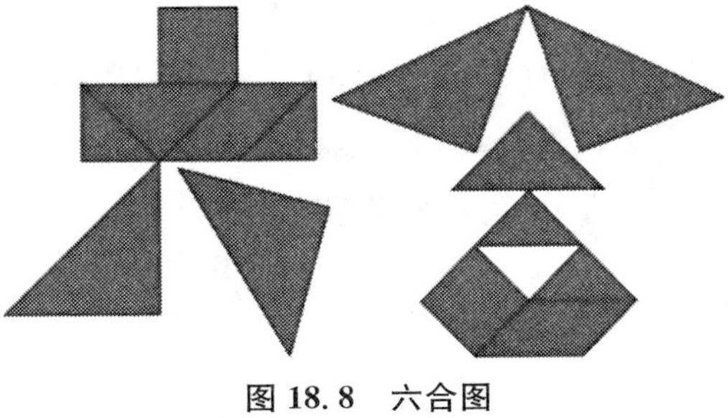

图 18.8 六合图

晚清著名民俗画画家吴嘉猷(又名友如，? —1894)曾画过一幅民俗画《天然巧合》(图 18.9)，图画描绘了妇女们玩七巧板时的热闹场景，以至于小孩子都被吸引过去观赏了，无不彰显七巧板的迷人魅力.

图 18.9　民俗画《天然巧合》

你以为古人们只是把七巧板当作玩具来排忧解闷吗？不，当然不是. 别忘了它的前身是“燕几”和“蝶翅几”，所以先人们自然而然就想到借用七巧板的形状来制作生活用具(图 18.10)，如几案、果品盒等.

图 18.10　清代七巧生活用具

一时间，七巧板变得家喻户晓，它自身的美妙绝伦也使得人们对它的喜爱只增不减. 说到这，你是否迫不及待地想拥有一副七巧板呢？那我们就来学着制作一下吧！

(1)方式 1——基于一个正方形底板制作七巧板[图 18.11(a)]

① 在正方形 $ABCD$ 中画两条对角线 AC 和 BD，交于点 G；② 连接 BC 边的中点 E 和 DC 边的中点 F，交 AC 于点 J；③ 过点 J 向上作 BC 的平行线，交 BD 于点 I；④ 过点 F 作 AC 的平行线交 BD 于点 H.

(2)方式 2——基于两个正方形底板制作七巧板[图 18.11(b)]

① 在第一个正方形 $ABCD$ 中任意连接对角线 AC 或者 BD;② 在第二个正方形 $EFGH$ 中,分别取 EH 和 GH 的中点 L 和 K,过点 L 作 EF 的平行线,与过点 K 所作的 FG 的平行线相交点 I;③ 取 EF 的中点 J,连接 LJ;④ 连接 FI 和 GI. [图(b)中两个正方形全等]

找一找

你能在一副七巧板中找出具有相似或者全等关系的三角形吗?能找到几对?

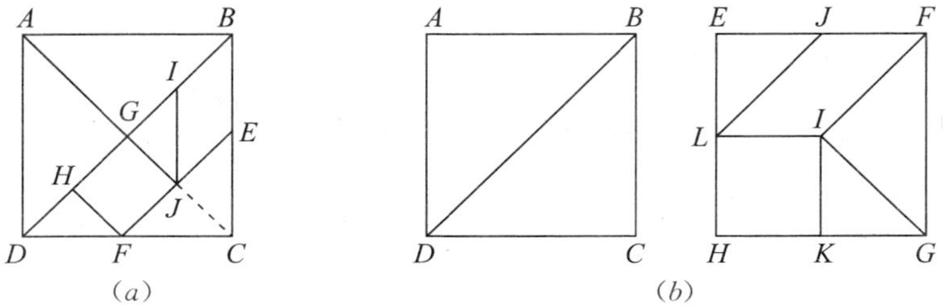

图 18.11　七巧板的两种制作方式图

是不是很容易就完成了?在制作的过程中还可以趁机回忆一下"相交线和平行线""三角形""四边形"等方面的知识.

目前,世界上公认七巧板是由中国人发明的,国外友人也拜倒在七巧板的魅力之下,掀起了一股玩七巧板的狂潮,比如法国拿破仑·波拿巴(*Napoléon Bonaparte*,1769—1821)就曾在流放生活中靠玩七巧板度日.不仅如此,他们还给七巧板起了很多好听的名字,如"唐图""东方魔板".七巧板流传至国外后,其他国家的人们发挥聪明才智对七巧板加以发展、改造,为拼图游戏又增添了更多丰富的元素,也为人类共同的文化宝库增添了财富.

1. 拜读美英七巧书

告别清宫,时光门将我们带到了 19 世纪的美国,出现在我们面前的是一本书——《关于七巧板的第八本书》(The English Book of Tan). 翻开书，书中的上百个七巧图立刻惊艳了我们(图 18.12)，看着这些图，我们不得不佩服作者非凡的智慧和丰富的想象力.

图 18.12 洛伊德创作的部分七巧图

这么棒的一本书究竟是出自谁人之手呢？答案就是美国 19 世纪的魔术师和科幻大师萨姆 · 洛伊德(*Sam Loyd*). 他于 1903 年出版了这本书，成为将七巧板介绍给西方的第一人.

继洛伊德之后，又一伟大人物为七巧板在西方的传播做出了重要贡献，他就是亨利 · 杜德尼(*Henry Ernest Dudeney*，1857—1930). 他是英国娱乐数学的先驱，在其流传于世的娱乐数学名著《数学中的娱乐》(Amusements in Mathematics)中，向欧洲读者进一步介绍了七巧板，并创作了一系列被视为经典的七巧图佳作(图 18.13).

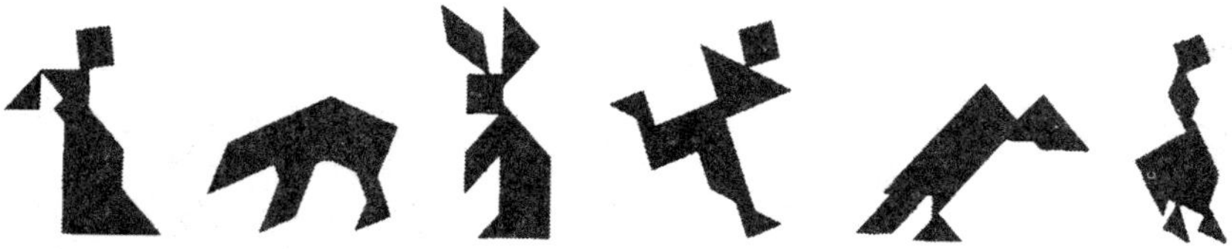

图 18.13 杜德尼创作的部分七巧图

智慧非凡的杜德尼还是最早用多副七巧板拼成复杂场景的人物之一，他用 4 副七巧板拼出一幅“七巧画”来描绘两个人打台球的场景，如图 18.14(a)，还觉得不够复杂？那请把目光锁定到图 18.14(b). 这幅七巧图展示了一个正在卖力演奏的乐队：激情满满的指挥；陶醉于音乐之中的钢琴演奏者；一个可爱的矮胖子吹着短号；低音提琴的演奏者离乐器稍远了些；最右端是一个小孩敲着鼓，他前面是一个乐谱架；不知细心的你有没有发现图中的一个独特的“观众”——一条狗趴在钢琴后静静地欣赏着美妙的音乐. 整幅图可谓栩栩如生，仅仅几副七巧板就有如此强大的表现力，妙哉妙哉！

(a)

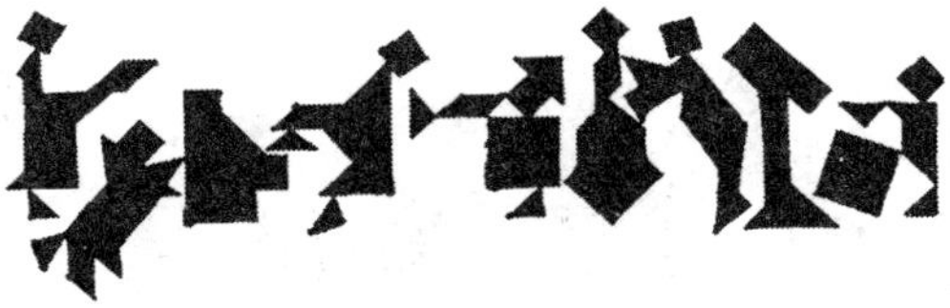

(b)

图 18.14　杜德尼拼出的“七巧画”

2. 观摩古希腊十四巧

脑海中的七巧图挥之不去，马上又迎来了一块与众不同的板(图 18.15). 它源于公元前 3 世纪古希腊最著名的数学家阿基米德发明的一个拼图游戏，名曰“*Stomachion*”(即“令人发疯的游戏”).

图 18.15

说起这块板，它的真实面目能够呈现于世其实是经历了一番曲折的. 最初它被认为是由一个长宽之比为 2∶1 的矩形底板被分成两个相同的正方形，再分割成 14 块而形成的，如图 18.16 所示. 直到 1906 年，在耶路撒冷的圣撒巴(*Saint Sabba*)修道院发现了一些写在羊皮纸上的 10 世纪的文稿，才弄清楚它应该是由一块正方形底板先分成两个长宽之比均为 2∶1 的矩形再分割成 14 块而形成的，由于其组块形状繁多，因此称为“超级七巧板”. 这副十四巧板的巧妙之处在于它的 14 个组块的面积之比全是整数，设两个最小三角形的面积为 1，则有面积为 2 的三角形四块，面积为 3 的三角形一块，面积为 4 的三角形四块，面积为 4 的四边形一块，面积为 7 的五边形一块，

图 18.16

想一想

你能证明这个结论吗?

面积为 8 的四边形一块. 是不是很神奇!

3. 赏玩日本七巧板

探索的旅途仍在继续着,这次我们来到了邻国日本. 其实中日两国"一衣带水",在文化上一直都有很深的渊源,因此中国七巧板最早传入日本是很自然的事.《七巧图合璧》的日文版早在 1839 年就出版了,这就是一大明证.

想一想

中国七巧板和日本七巧板分别有几种拼成正方形的方法?

但也有日本学者认为,在中国七巧板传入日本之前,日本就有了自己的七巧板. 1999 年,在为了向马丁·加德纳(*Martin Gardner*, 1914—2010)致敬而举行的一次娱乐数学研讨会上,日本学者高木茂在其提交的一篇论文中,认为在 10 世纪末、11 世纪初,一个名叫清少纳言的宫廷妇女就发明了七巧板(图 18.17),其构成为:1 个小直角三角形、2 个大三角形、1 个正方形、1 个平行四边形、1 个梯形和 1 个直角梯形.

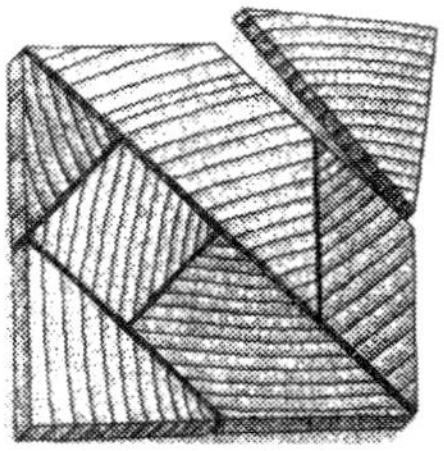

图 18.17 日本七巧板图

其实日本的七巧板还有一个小秘密,它可以拼出在中心有一个与边缘平行的正方形空洞的正方形(图 18.18),这可是我们中国七巧板做不到的呢!

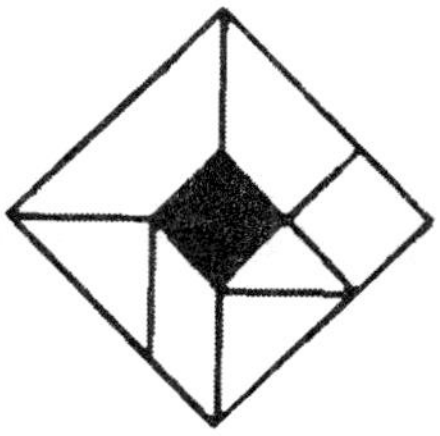

图 18.18

七巧板的拓展应用

你还沉浸在七巧板的千变万化之中无法自拔吗? 那就赶快动手拼一个平行四边形然后一起来验证一下它的面积公式吧(图 18.19)!

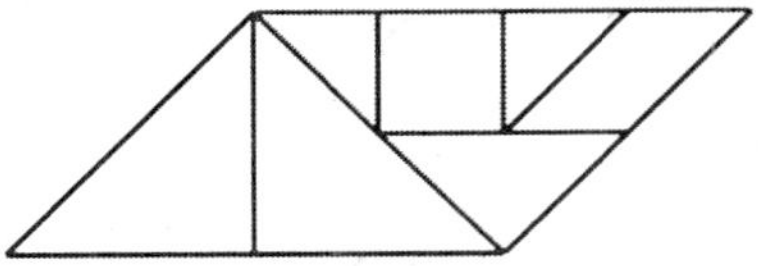

图 18.19　平行四边形

将上图的平行四边形按图 18.20 转换：

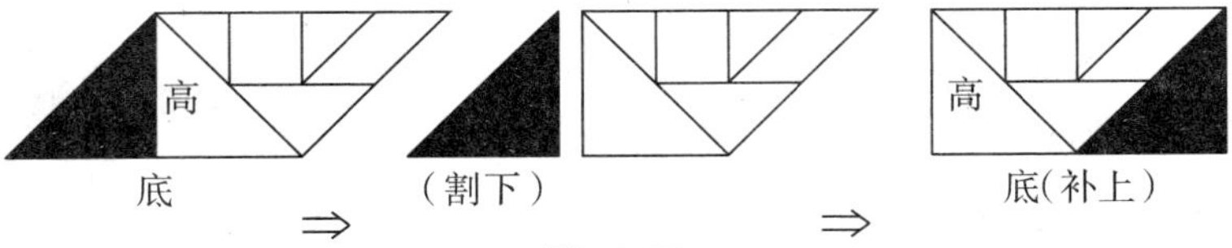

图 18.20

我们知道长方形的面积＝长×宽，又因为右边长方形的长和宽分别等于左边平行四边形的底和高，所以左边平行四边形的面积＝右边长方形的面积＝底×高.

那你能利用七巧板证明梯形的面积公式吗？接下来我们一起来看看吧！

如图 18.21，利用两副一样大小的七巧板将两个一样的梯形合为平行四边形. 借助上面已经证得的平行四边形的面积公式，我们不难得出：梯形的面积＝（上底＋下底）×高÷2.

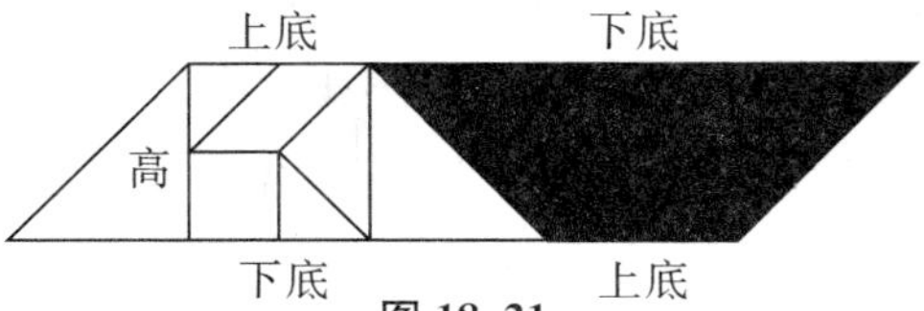

图 18.21

如果有两副同样大小的七巧板，那么我们可以验证千古第一定理——勾股定理. 让我们一起来见证一下吧！

先将一副七巧板拼成大正方形 $ABCD$，再将另一副同样大小的七巧板拼成 2 个小正方形 $BIHE$ 和 $CEFG$，并使它们与正方形 $ABCD$ 相接，如图 18.22 所示. 这时 ACG、DBI、BEF 和 GEI 必均为直线. 这样, 3 个正方形之间正好空出一个大三角形 BCE, 其斜边(弦)就是大正方形的一条边, 它的两条直角边(勾和股)分别是 2 个小正方形的一边. 由于两副七巧板面积相等, 这就证明了两个直角边的平方和等于斜边的平方, 也即勾方 + 股方 = 弦方.

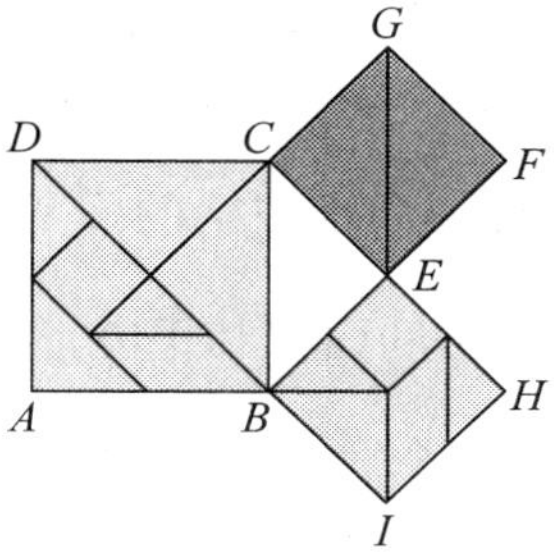

图 18.22　用七巧板验证勾股定理

组成七巧板的三角形、正方形和平行四边形都是规则多边形, 由直线围成, 缺乏变化, 很难说能给人以优美的感觉和艺术的享受. 其数量"7"则是一个素数, 不能分为对称的两半. 但就是这样一副看似平凡的七巧板, 却能拼出无数优美的图案来, 给人以极强的视觉感受, 这其中有什么奥妙呢? 追根溯源, 这首先要归功于制作七巧板时对正方形的巧妙分割, 以基于一个正方形底板的制作方法为例(基于两个正方形底板的制作方法一样), 如果把剪出来的小正方形边长定为 1, 那么, 七巧板中所有组块的边长只有以下四个值, 即 1、$\sqrt{2}$、2、$2\sqrt{2}$. 这四个长度之间近似形成 0.4、0.6 和 0.8 三个均匀递增的台阶, 如图 18.23 所示, 这是七巧板的第一个蹊跷.

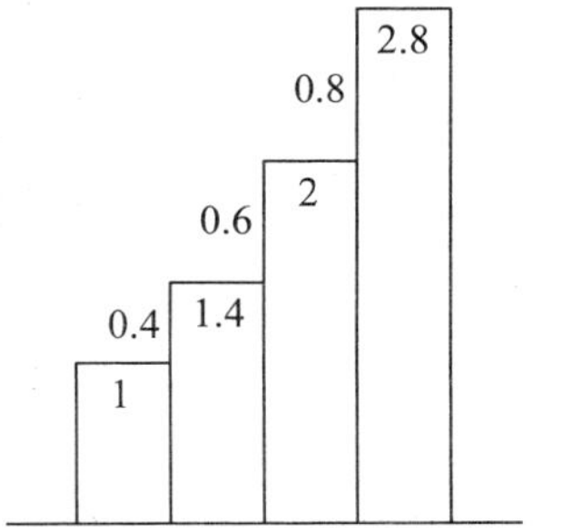

图 18.23　七巧板中四种线段的长度关系图

其次, 七巧板各组块几何形体之间的角度也有蹊跷. 我们不难看出, 由于七巧板的 5 个三角形(2 大 1 中 2 小)都是等腰直角三角形,另外 2 个组块一个是正方形,一个是边长比为 $1:\sqrt{2}$的平行四边形,因此,它们的内角都是 45°的整数倍. 即对于三角形而言,有一个直角(2×45°),两个 45°角;对于正方形而言,四个角都是直角(2×45°);对于平行四边形而言,2 个是 45°角,2 个是 135°(3×45°)角. 因此,7 个拼板的所有内角形成 1∶2∶3 的简单关系,为拼出丰富的图形奠定了数学基础.

你以为这样就结束了吗?其实七巧板各个组块的面积之间也有蹊跷. 我们定义图 18.24 中每一个小方格的面积为 1,则小三角形的面积为$\frac{1}{2}$,中三角形和平行四边形的面积和正方形相同,也为 1,它们都可以分为 2 个相同的小三角形;2 个大三角形的面积均为 2,而且各自可分为 2 个小三角形加一个正方形(或平行四边形),或者分为 4 个小三角形. 这样一来,一副七巧板可看成是由 16 个小三角形所组成,总面积为 8. 这 7 个组块的面积之间存在着 1∶2∶4∶8 的关系,这为它们相互替代、组合创造了条件.

想一想

怎么证明这一结论呢?

图 18.24　七巧板可分为 16 个相同的三角形

根据前文,我们不难用七巧板拼出正方形、长方形、平行四边形和梯形,那你是否有一个疑问:除此之外,用一副七巧板还能拼出多少个凸多边形？其实这一问题在早 20 世纪 30 年代就有日本数学家提出了，而它最终是由浙江大学的两位学者解决的，他们的结论发表在了 1942 年的《美国数学月刊》上. 图 18.25 就为我们揭晓了答案.

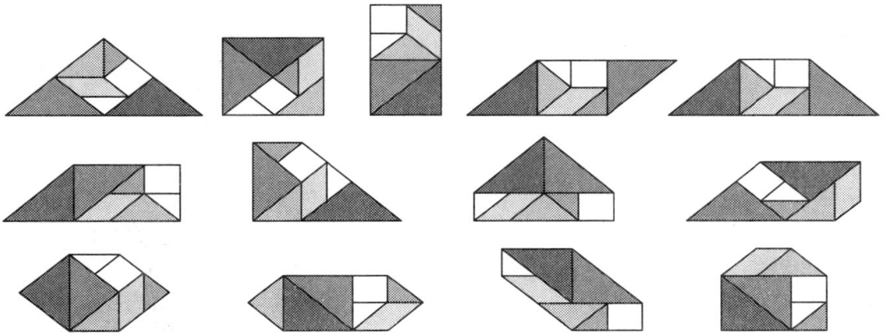

图 18.25　七巧板拼成的凸多边形

从上图中我们可以看到，用一副七巧板可以拼出 13 个凸多边形.

科学家们一直都很关注数学和逻辑学中出现的悖论问题，历史上也曾出现过一些著名悖论，如“飞矢不动”“理发师悖论”等，都曾引起过激烈讨论. 在七巧板的拼图游戏中，人们也发现了有趣的悖论，我们一起来看一下吧！

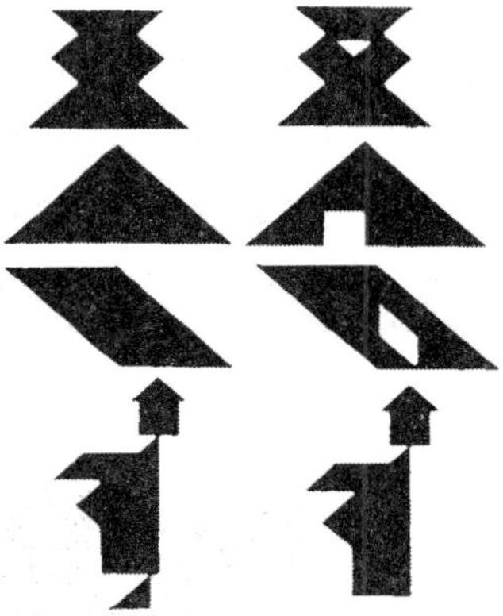

图 18.26　七巧板悖论图

如图 18.26，盯着这四组图像，你是否会产生这样的疑问：每一组图都很相似，既然是由同一副七巧板拼成的，那为什么前三组中，右边的图会有空洞而左边没有？第四组图中左边的为什么“有脚”而右边的没有？

这究竟是怎么回事呢？我们以上图第四组图为例加以说明.

如图 18.27，从图中我们可以很清楚地看到，由于 5 号板块和 7 号板块的摆放方式的不同才引发了我们的疑问，其实两个图形的面积是一样的，这就是七巧板变换的“等积原理”. 其他三组图像的问题同理可得.

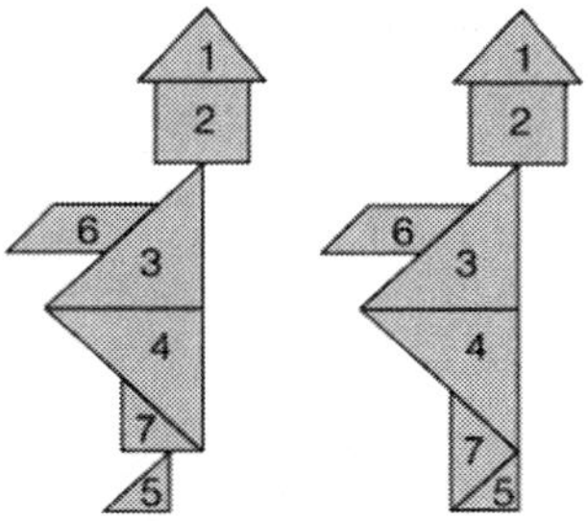

图 18.27

七巧板魅力无限，难道只能停留在平面拼图上吗？当然不是. 你是否已经对传统的矩形书架产生视觉疲劳了呢？那不妨换成图 18.28 中的书架，简洁又美观，是不是整个人都神清气爽了不少呢？再请把目光再移到图 18.29 上吧，这是俄罗斯旅游局宣布的一套全新的视觉形象，你或许不会相信，仅仅只有 10 个几何图形就组成了俄罗斯地图. 而这套视觉形象的灵感其实是来自 20 世纪早期俄罗斯抽象绘画的主要流派——至上主义. 至上主义强调的就是基本几何图形、注重有限几种颜色的艺术运动，是“纯粹艺术知觉而产生的崇高感”，这恰恰与我们的七巧板有异曲同工之妙. 也许很多女生的注意力都被图 18.30 吸引了，这条手链的吊坠就是由七巧板的组块拼成的，看似朴实却又不失调皮与个性，是不是又触动了你的少女心呢？相信大家都迫不及待地想要设计书架或者手链了，那就尽情发挥创意吧！

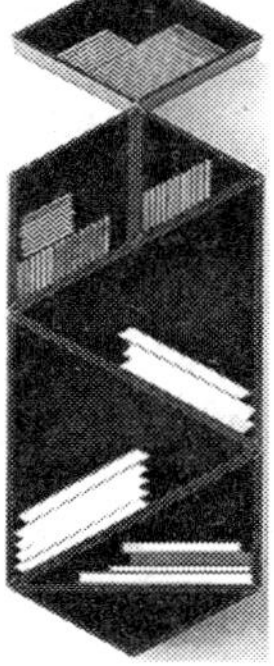

图 18.28　创意书架

图 18.29　几何图形的俄罗斯地图

图 18.30　七巧板手链

经典赏与练

【例 1】 用边长为 1 的正方形材料制作而成的七巧板拼成一位舞者做摆手舞图案，如图 18.31 所示，其中舞者头部占整个身体面积的多少？

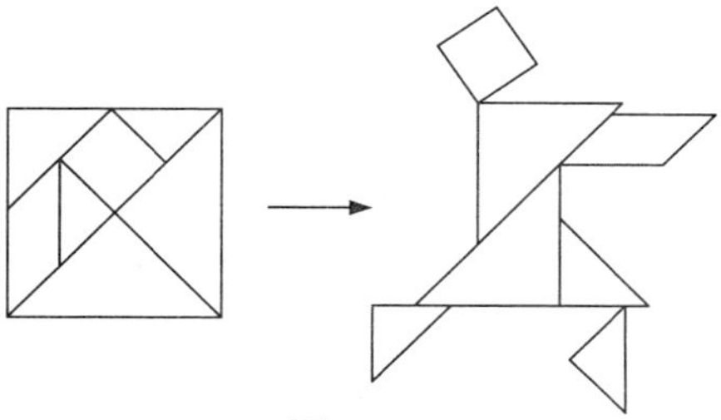

图 18.31

解析： 因舞者头部为小正方形，整个身体的面积即为大正方形的面积. 所以本题的实质就是求七巧板中小正方形的面积占边长为 1 的大正方形的比例. 由前面的分析可知小正方形的面积占边长为 1 的大正方形的 $\frac{1}{8}$，故舞者头部占整个身体面积的 $\frac{1}{8}$.

【例 2】 七巧板是我们祖先的一项创造，被誉为“东方魔板”，如图 18.32 是一副七巧板，若已知 $S_{\triangle BIC}=1$，请你根据七巧板的制作过程回答下列问题：

(1) 求一只蚂蚁从点 $A\to B\to C\to H\to E$ 所走的路线的总长（结果精确到 0.01）.

(2) 求平行四边形 $EFGH$ 的面积.

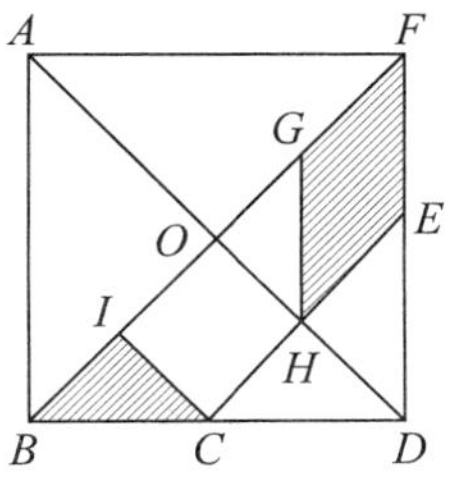

图 18.32

解析:由七巧板的分割方法可得到各边之间的等量关系,再结合面积关系即可解答.

(1) 由七巧板性质可知:

$BI = IC = CH = HE$.

又因为 $S_{\triangle BIC} = 1$,$\angle BIC = 90°$,所以$\frac{1}{2}BI \cdot IC = 1$,

所以 $BI = IC = \sqrt{2}$, $BC = \sqrt{BI^2 + IC^2} = 2$,

$$
\begin{aligned}
& AB + BC + CH + HE \\
= & 2BC + BC + BI + BI \\
= & 3BC + 2BI \\
= & 3 \times 2 + 2 \times \sqrt{2} \\
= & 6 + 2\sqrt{2} \\
= & 8.83 .
\end{aligned}
$$

(2) 连接 GE,则可知平行四边形 $EFGH$ 的面积 $= 2S_{\triangle BIC} = 2$.

小试牛刀

1. 如图 18.33,将一副七巧板拼成一只小动物,则∠AOB 等于多少?

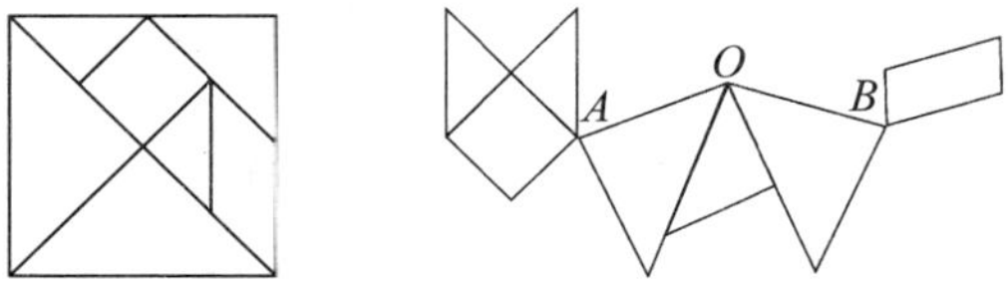

图 18.33

2. 教具制作车间有等腰直角三角形、正方形、平行四边形三种废塑料板若干，数学兴趣小组的同学利用其中 7 块，恰好拼成一个矩形（图 18.34），后来又用它们拼出了 X、Y、Z 等字母模型，如果每块塑料块保持图 18.34 的标号不变，请你参与：

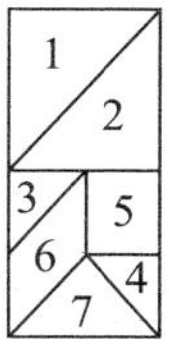

图 18.34

图 18.35

(1)将图 18.35 中每块塑料块所对应的标号填上去.

(2)图 18.36 中，只画了标号 7 的塑料板位置，请你适当画线，找出其他 6 块塑料板，并填上标号.

(3)图 18.37 中，请你适当画线，找出 7 块塑料板，并填上标号.

图 18.36

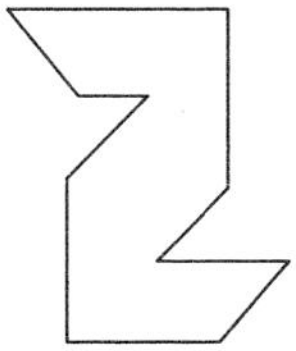
图 18.37

参考文献

[1] 汪晓勤. *HPM*:数学史与数学教育[*M*]. 北京:科学出版社,2017.

[2] 李文林. 数学史概论[*M*]. 北京:高等教育出版社,2011.

[3] 吴振奎,吴旻. 数学中的美[*M*]. 上海:上海教育出版社,2002.

[4] 钱宝琮. 中国数学史[*M*]. 北京:科学出版社,1964.

参考答案

扫一扫,答案会知晓